SECONDE SÉRIE

DE LA

BIBLIOTHÈQUE

LATINE-FRANÇAISE

traductions nouvelles

DES AUTEURS LATINS

AVEC LE TEXTE EN REGARD

DEPUIS ADRIEN JUSQU'A GRÉGOIRE DE TOURS

publiée

PAR C. L. F. PANCKOUCKE

OFFICIER DE LA LÉGION D'HONNEUR

COLUMELLE

DE L'ÉCONOMIE RURALE

traduction nouvelle

PAR M. LOUIS DU BOIS

Auteur de plusieurs ouvrages d'agriculture,
de littérature et d'histoire

TOME PREMIER

PARIS

C. L. F. PANCKOUCKE, ÉDITEUR

RUE DES POITEVINS, 14

—

1845

Columelle
De l'économie rurale
Tome 1

23654

I0061466

L.M

323,

SECONDE SÉRIE

DE LA

BIBLIOTHÈQUE

LATINE-FRANÇAISE

DEPUIS ADRIEN JUSQU'A GRÉGOIRE DE TOURS

publiée

PAR C. L. F. PANCKOUCKE

OFFICIER DE LA LÉGION D'HONNEUR

IMPRIMERIE PANCKOUCKE,
rue des Poitevins, 14.

L'ÉCONOMIE RURALE

DE

COLUMELLE

TRADUCTION NOUVELLE

PAR M. LOUIS DU BOIS

chevalier de la Légion d'honneur,
membre de plusieurs académies de Paris , des départements et de l'étranger,
auteur de plusieurs ouvrages d'agriculture , de littérature et d'histoire.

TOME PREMIER

BIBLIOTHÈQUE PUBLIQUE (MONTBÉLIARD)

PARIS

C. L. F. PANCKOUCKE, ÉDITEUR

OFFICIER DE L'ORDRE ROYAL DE LA LÉGION D'HONNEUR

RUE DES POITEVINS, 14

1844

NOTICE

SUR COLUMELLE.

QUOIQUE dès la plus haute antiquité les hommes se soient occupés de la culture des champs, et que l'on ait dû songer de bonne heure à recueillir des observations et à tracer des préceptes écrits, il ne nous est rien parvenu des auteurs géoponiques des diverses nations de ces temps reculés. Les Grecs eux-mêmes nous ont laissé peu de chose en ce genre; les écrits agronomiques des Carthaginois ont péri, et nous ne possédons de ce que leurs impitoyables vainqueurs s'approprièrent par la traduction, que quelques phrases de Magon, citées en langue latine.

Les Romains seuls nous ont légué sur l'agriculture des ouvrages étendus. Columelle surtout, le plus important de leurs écrivains géoponiques, en est aussi le plus élégant, et, plus que tout autre, offre dans son style le bon goût du siècle d'Auguste.

A la vérité, il était né en Espagne; mais celui que don Clémente[1] appelle avec raison « ce génie créateur, l'homme de l'Espagne et de l'agriculture, » vécut longtemps à Rome, et s'était formé à l'art de bien parler et de bien écrire, dans cette capitale du monde romain qui était devenue le véritable centre du mouvement intellectuel, de la civilisation et des affaires. C'était aussi aux environs de la ville éternelle que l'agriculture était exercée par les plus habiles et souvent les plus nobles mains : là il était vrai de dire que le soc s'enorgueillissait parfois du laurier des vainqueurs du monde qui le faisaient fonctionner.

Espagnol donc, formé vraisemblablement à l'agriculture par cet oncle paternel qu'il cite avec éloge et chez lequel s'étaient sans doute conservées quelques-unes de ces notions agronomiques que les compatriotes de Magon avaient dû répandre dans la péninsule Ibérique; ayant séjourné en observateur dans la Cilicie et la Syrie; devenu possesseur d'une terre dans le canton d'Ardée, à

---

[1] *Essai sur les variétés de la vigne en Andalousie.*

trois myriamètres de Rome, et n'ayant pas négligé d'étudier les saines doctrines dans plusieurs domaines bien cultivés, entre autres dans celui que Sénèque, son compatriote et son contemporain, possédait à Nomentum ; Columelle dut joindre aux connaissances qu'il avait acquises dans sa patrie et pendant ses voyages, les leçons de l'expérience romaine : pratique éclairée, patiente, comparée, et par conséquent présentant alors tout ce l'on pouvait apprendre de mieux pour exercer profitablement le premier des arts, pour en élaborer les aphorismes et en tracer les préceptes. L'auteur, en sa qualité d'étranger, se trouvait d'ailleurs placé dans une circonstance plus favorable aux études agronomiques, que ne l'étaient les nationaux : ce qu'il voyait de différences avec les procédés espagnols et orientaux devait le porter plus fortement à l'observation et aux expériences comparées. Quant à l'élégance de son style, c'est un mérite de plus, et il ne faut pas le dédaigner, quoiqu'il ne soit que secondaire dans les écrits sur les arts. En effet, il ne suffit pas de dire de bonnes choses, il faut les présenter avec la parure qui leur convient : un livre bien écrit, c'est-à-dire élégant, correct, précis et clair, employant toujours le mot propre, rend l'instruction plus accessible en donnant à la mémoire plus de moyens de retenir ce qui la frappe, et à l'intelligence plus de facilité pour apprécier ce qu'on lui enseigne. Au reste, à une époque où l'on parlait si bien, comment un homme supérieur n'aurait-il pas bien écrit, et comment eût-il résisté à la tentation d'écrire en vers la culture des jardins, ce sujet si poétique que Virgile regrettait de ne pas traiter, Virgile, le plus grand poëte des Romains, et dont Columelle cite si fréquemment les beaux vers et les bons préceptes, appréciant ainsi le savant agronome dans le versificateur harmonieux, et sachant bien que la maxime en vers éclaire plus l'esprit et se grave mieux dans la mémoire que l'aphorisme auquel la prose sert d'introductrice.

L'ouvrage de Columelle est donc à tous égards digne de la grande réputation dont il a toujours joui et qu'il conservera toujours.

Pour ne parler que d'un seul objet de son *Économie rurale*, nous remarquerons qu'il fit avancer la science agronomique autant qu'il pouvait dépendre de lui : tandis que le patriarche de l'agriculture romaine, Caton, n'avait signalé que huit variétés de la vigne, auxquelles Varron en avait ajouté deux, Columelle en caractérisa cinquante-huit, dont dix seulement avaient été désignées par le chantre des *Géorgiques*. Ainsi on voit avec quel

soin et à la suite de quelles études approfondies il élabora son savant ouvrage.

Si ce précieux monument des connaissances géoponiques d'un peuple grave, qui révérait au plus haut degré l'agriculture et les cultivateurs, est bien connu chez toutes les nations, il n'en est malheureusement pas de même de l'auteur, qui a très-peu parlé de lui, et dont les biographes ne se sont guère occupés. Le peu de notions qu'on a pu recueillir sur lui se réduit à ce que nous disons dans cette Notice.

LUCIUS JUNIUS MODERATUS COLUMELLA naquit, ainsi qu'il le dit lui-même[1], à Gadès, aujourd'hui Cadix, dans cette noble Espagne qui donna aux Romains Sénèque, Lucain, Martial, et les empereurs Trajan, Adrien et Théodose le Jeune. Il paraît qu'il appartenait à une famille qui n'était pas sans distinction; car il nous apprend[2] que son oncle paternel était instruit dans les hautes sciences, et qu'il était un des agriculteurs les plus habiles de la Bétique (l'Andalousie). On ignore l'époque de sa naissance ainsi que celle de sa mort; on sait seulement qu'il vivait sous le règne de Claude, qui monta sur le trône le 25 janvier 41 de l'ère vulgaire. Il est vraisemblable qu'il passa à Rome la plus grande partie de sa vie, et il est certain que ce fut dans la campagne des environs de cette ville qu'il posséda et cultiva des domaines. C'est là qu'il écrivit sur l'économie rurale le bel ouvrage dont nous donnons une nouvelle traduction. Plein des souvenirs de l'Italie, où nous avons passé trois ans (1811 à 1814); ayant étudié l'agriculture locale et l'ayant comparée avec la nôtre; auteur de treize volumes sur l'économie rurale, honorés de plusieurs réimpressions, nous nous sommes cru placé dans des conditions plus favorables que beaucoup d'autres pour bien entendre l'auteur du *Traité des Choses rustiques*, ou, comme on dit plus généralement, de l'*Économie rurale*.

Tout ce que Columelle dit d'excellent est digne de l'époque éclairée à laquelle il écrivait; ses erreurs et ses préjugés ne doivent être attribués qu'à la mauvaise physique de son temps, ainsi qu'à des notions erronées tellement accréditées qu'il est presque impossible de s'y soustraire, et qu'on les retrouve plus tard dans le grand naturaliste romain. Ce sont là les deux causes de tant de préceptes trompeurs, parfois même funestes, qui déparent les écrits des plus grands agronomes de l'antiquité, tels qu'Hésiode

---

[1] *Économie rurale*, liv. XIII, ch. 16, et liv. X, v. 185.

[2] *Ib.*, liv. v, ch. 5.

et Aristote chez les Grecs, tels que Virgile, les géoponiques latins, l'encyclopédiste Pline et tant d'autres chez les Romains.

On a prétendu que Columelle avait commencé par composer un traité d'Économie rurale, qui n'était divisé qu'en trois ou quatre livres; mais que, cette production ne remplissant pas suffisamment l'objet qu'il s'était proposé, il avait repris son travail et l'avait développé dans une proportion plus convenable : c'est l'ouvrage en douze livres, qui mérita les suffrages de ses contemporains et de ses rivaux, et qui est parvenu jusqu'à nous. Columelle lui-même ne parlant que des douze livres de son travail, qui est bien complet, on ne peut regarder que comme une erreur l'assertion de Cassiodore[1], qui cite les seize livres éloquens sur les différentes parties de l'agriculture, composés par le prince des géoponiques latins. Toutefois, Columelle ne s'est pas borné aux douze livres qui ont traversé les siècles et les barbares : on lui doit un traité *des Arbres,* qui a toujours été imprimé à la suite de son grand ouvrage, dont il est le complément, et dont nous ne connaissons pas de traduction antérieure à la nôtre. Ajoutons qu'il avait eu le projet de donner un traité sur les lustrations et les autres sacrifices qui ont pour objet la prospérité des productions de la terre cultivée : c'est ce qu'il nous dit[2]; c'est aussi tout ce que nous en savons, ainsi que d'un ouvrage contre les astrologues, qu'il avait composé[3].

Nos lecteurs remarqueront que Columelle ne s'est pas borné à écrire en prose élégante : il a, comme nous l'avons indiqué plus haut, chanté en beaux vers, dont plusieurs rappellent

> Le chantre harmonieux des douces Géorgiques,

la culture de ces jardins que Virgile avait omise, à son grand regret, et il s'est présenté comme

> Siderei vatis referens præcepta Maronis.

A cet égard, nous sommes loin de partager l'opinion de l'augustal Claudius, qui eût désiré que Columelle eût traité en prose aussi ce dixième livre de sa grande production. Les jardins sont bien dignes d'être célébrés en vers, et nous ne voyons pas que l'auteur ait été gêné en rien par la nécessité de soumettre son style à la mesure du grave hexamètre.

[1] *Divin. Lection.* c. XXVIII.
[2] *Économie rurale,* liv. II, ch. 21.
[3] *Ib.,* liv. XI, ch. 1.

Nous devons la conservation de l'œuvre de l'agronome de Gadès à plusieurs manuscrits, dont les plus remarquables sont :
1° celui de l'abbaye de Corbie, qui passa dans la bibliothèque de
Saint-Germain-des-Prés ; 2° ceux, au nombre de trois, de la bibliothèque de Médicis, à Rome ; 3° celui de la bibliothèque Saint-
Marc, à Venise ; 4° celui de la bibliothèque des Augustins de
Saint-Gal, à Florence : c'est de ces deux derniers que fit usage
Pierre Victorius pour l'édition de 1543. Jean-Conrad Schwarz pro-
fita du manuscrit de Leipzig, appartenant à la bibliothèque du Sénat.

Plusieurs autres travaux utiles sur l'œuvre de Columelle sont
dus à Barthius, à Richard Bradley, au savant auteur des *Obser-
vationes miscellaneæ Dorvillianæ*, à Jean-Matthieu Gesner, et
enfin à Ernesti.

Quelques auteurs ont pensé, les uns qu'il avait existé deux
auteurs portant le nom de Columelle, les autres que celui auquel
nous devons le traité de l'*Économie rurale* avait été connu comme
philosophe pythagoricien. Il est aujourd'hui fort difficile de prononcer pertinemment sur ces conjectures, qui d'ailleurs ont peu
d'importance.

Nous allons citer les principales éditions qui ont été données
du savant agronome de Gadès, et les traductions en langue française qui ont précédé la nôtre.

Les géoponiques du peuple le plus célèbre de l'antiquité étaient
des auteurs trop importants pour n'être pas, dès le berceau de
l'imprimerie, publiés par les presses les plus renommées ; aussi,
dès 1470, grâce aux soins de Georges Merula pour Caton, Varron et Columelle, et de François Collucia pour Palladius, Nicolas
Jenson imprima à Venise et y mit au jour, en un volume in-folio,
les quatre grands auteurs agronomes des Romains, avec ce titre :
*Rei rusticæ autores varii, Cato, Terentius Varro, Columella,
Palladius Rutilius.*

Cette première édition fut suivie, dans le xve siècle, de celles
que nous allons mentionner :

1472. Venise, in-fol. C'est la simple réimpression de l'édition pré-
     cédente.

1482. Reggio, in-fol.

1494. Bologne, in-fol. Plus correcte que les trois premières ; elle
     est d'ailleurs enrichie des notes de Philippe Béroalde et
     d'autres commentateurs. Voici son titre : *Opera agricolatio-
     num Columellæ, Varronis, Catonisque, necnon Palladii.*

1496. Reggio, in-fol.

—   Bologne, in-fol.

Depuis cette époque, un grand nombre de nouvelles éditions, de format in-f°, in-4° et in-8°, se succédèrent rapidement pendant les xvi° et xvii° siècles, à Bologne, à Florence, à Venise, à Paris, à Bâle, à Lyon, à Francfort, à Rome, à Leyde, à Genève, à Amsterdam et ailleurs. Les éditions du siècle suivant sont beaucoup moins nombreuses; en voici l'indication :

1730. Magdebourg, in-12.

1735. Erfurt, in-8°.

— Leipzig, 2 vol. in-4°. Cette excellente édition est enrichie des notes des divers commentateurs, et due aux soins habiles de Jean-Matthieu Gesner, dont la savante préface latine a été reproduite en tête du premier volume de l'édition de Deux-Ponts.

1773-1774. Leipzig, 2 vol. in-4°. Revue et très-perfectionnée par Jean-Auguste Ernesti.

1781. Manheim, 5 vol. in-12.

1787. Deux-Ponts, 4 vol. in-8°.

1794-1797. Leipzig, 9 tomes en 4 volumes in-8°. Donnée par J. - G. Schneider.

Tant d'éditions des auteurs géoponiques doivent faire croire qu'on s'empressa de les traduire dans les langues modernes. Dès 1551, Claude Cotereau, chanoine de Paris, y fit imprimer la version du plus célèbre de ces auteurs, sous ce titre : *Les douze livres de Columelle, des Choses rustiques;* in-4°, 1 vol. Cette traduction, revue et corrigée par Jean Thierry, de Beauvoisis, reparut à Paris dans le même format, chez Kerver, en 1556.

En 1772, l'avocat Saboureux de La Bonnetrie mit au jour la traduction entière de la *Collection des Géoponiques latins;* Paris, in-8°, 6 vol., dont les 3° et 4° sont remplis par Columelle. Cette traduction, un peu trop paraphrasée, accompagnée de quelques notes utiles, n'a point fait oublier celle de Cotereau, sous le rapport de la fidélité et de la précision.

Dans la traduction que nous venons offrir au public, nous avons tâché d'être fidèle au sens et même à la lettre du texte, d'être précis et clair, et, comme Columelle, nous n'avons pas dédaigné l'élégance et la pureté du style autant qu'il a pu dépendre de nous.

La division par chapitres n'appartient pas à Columelle; elle est souvent négligée, et les titres n'indiquent pas toujours positivement le sujet du chapitre. Il y a pis encore : les derniers éditeurs avaient bouleversé les intitulés d'une manière absurde.

Nous les avons rétablis d'après les anciennes éditions du xviᵉ siècle. Voici un aperçu de ces fausses indications : le chap. 13 du
livre iii porte pour titre : *Ne rubigo vineam vexet;* tandis qu'il
s'agit du défoncement d'un vignoble. L'intitulé du chapitre suivant est ainsi conçu : *Ne formica vitem ascendat;* et il n'est pas
question de fourmi, mais du mode de plantation des vignes usité
tant en Italie que dans les provinces.

Grâce à nos études, nous aurions pu faire beaucoup de rap-
prochements curieux et multiplier nos annotations : l'entreprise
offrait quelques tentations sans doute; mais, comme elles nous
eussent inévitablement entraîné trop loin, nous avons cru devoir
nous borner, et nous nous sommes renfermé dans le strict nécessaire.

Louis DU BOIS.

L. JUN. M. COLUMELLÆ

DE RE RUSTICA.

PRÆFATIO

AD PUBLIUM SILVINUM [1].

Sæpenumero civitatis nostræ principes audio culpantes modo agrorum infecunditatem, modo cœli per multa jam tempora noxiam frugibus intemperiem : quosdam etiam prædictas querimonias velut ratione certa mitigantes, quod existiment, ubertate nimia prioris ævi defatigatum et effœtum solum nequire pristina benignitate præbere mortalibus alimenta.

Quas ego causas, Publi Silvine, procul a veritate abesse certum habeo : quod neque fas existimare, humi naturam, quam primus ille mundi genitor perpetua fecunditate donavit, quasi quodam morbo sterilitate affectam : neque prudentis credere, tellurem, quæ, divinam et æternam juventam sortita, communis omnium parens dicta sit, quia et cuncta peperit semper, et deinceps paritura sit, velut hominem consenuisse.

Nec post hæc reor intemperantia cœli nobis ista, sed

L'ÉCONOMIE RURALE

DE

L. JUN. M. COLUMELLE.

PRÉFACE

ADRESSÉE A PUBLIUS SILVINUS.

Souvent il m'arrive d'entendre les principaux de notre ville accuser tantôt l'infécondité des champs, tantôt les intempéries du ciel qui nuisent pendant longtemps aux productions de la terre; quelques-uns même, *comme pour adoucir l'amertume de ces plaintes par une raison positive*, prétendent que le sol, fatigué, épuisé par la trop grande abondance du temps passé, ne peut plus, avec son ancienne libéralité, fournir des aliments aux hommes.

Je regarde comme certain, Publius Silvinus, que ces causes ne sont pas réelles; qu'il n'est pas permis de penser que la nature du sol, douée d'une perpétuelle fécondité par le premier créateur du monde, soit affectée de stérilité comme d'une certaine maladie : qu'il n'est pas non plus sage de croire que la terre, qui, ayant reçu en partage une divine et éternelle jeunesse, est appelée la mère commune de toutes choses, parce qu'elle engendre toutes choses et les engendrera toujours, soit comme l'homme sujette aux infirmités de la décrépitude.

D'après ces considérations, je suis persuadé que ce

nostro potius accidere vitio, qui rem rusticam pessimo
cuique servorum, velut carnifici, noxæ dedimus , quam
majorum nostrorum optimus quisque optime tractaverit.
Atqui ego satis mirari non possum, quid ita dicendi
cupidi seligant oratorem, cujus imitentur eloquentiam;
mensurarum et numerorum modum rimantes, placitæ
disciplinæ consectentur magistrum; vocis et cantus mo-
dulatorem, nec minus corporis gesticulatorem, scrupu-
losissime requirant saltationis ac musicæ rationis studiosi;
jamque qui ædificare velint, fabros et architectos advo-
cent; qui navigia mari concredere, gubernandi peritos;
qui bella moliri, armorum et militiæ gnaros; et, ne singula persequar, ei studio, quod quis agere velit, consultissimum rectorem adbibeat; denique animi sibi quisque
formatorem præceptoremque virtutis e cœtu sapientum
arcessat : sola res rustica, quæ sine dubitatione proxima,
et quasi consanguinea sapientiæ est, tam discentibus
egeat, quam magistris.

Adhuc enim scholas rhetorum, et, ut dixi, geometra-
rum, musicorumque, vel, quod magis mirandum est,
contemptissimorum vitiorum officinas, gulosius condiendi
cibos, et luxuriosius fercula struendi, capitumque et
capillorum concinnatores, non solum esse audivi, sed
et ipse vidi; agricolationis neque doctores, qui se profi-

qui nous arrive est moins l'effet des intempéries atmo-
sphériques que de notre propre faute, à nous qui avons
le tort d'abandonner nos affaires champêtres au pire de
nos esclaves, véritable bourreau de la culture, dont les
plus illustres de nos ancêtres s'occupaient avec le plus
grand soin. Aussi je ne saurais assez m'étonner de ce que
les hommes qui veulent se rendre habiles dans l'art de
la parole, font choix d'un orateur dont ils puissent imiter l'éloquence; de ce que ceux qui cherchent à apprendre
la science des mesures et des nombres, s'adressent à un
maître propre à les instruire dans les connaissances qu'ils
affectionnent; de ce que les amateurs de la danse et de la
musique appellent fort scrupuleusement, soit un professeur qui règle les modulations de la voix et du chant,
soit un artiste qui perfectionne les mouvements du corps;
de ce que le propriétaire qui veut bâtir fasse venir des
architectes et des ouvriers; de ce que le navigateur
emploie des pilotes expérimentés; de ce qu'avant de se
mettre en campagne, on s'entoure de militaires savants
dans les armes et la stratégie; et, pour ne pas entrer
dans une plus longue énumération, de ce que, en quelque chose qu'il entreprenne, chacun s'assure du guide
le plus expert; de ce que c'est aussi parmi les sages qu'on
va trouver le plus capable de former l'esprit et d'enseigner la vertu : tandis que la seule agronomie, qui sans nul
doute tient de si près à la sagesse, et qui a tant de rap-
ports avec elle, manque à la fois de maîtres et de disciples.

Nous avons encore (non-seulement je l'ai entendu dire,
mais j'ai pu m'en convaincre par mes yeux) des écoles
de rhéteurs, et, comme je l'ai dit, de géomètres, ainsi
que de musiciens, et, ce qui est plus étonnant, de véri-
tables boutiques des vices les plus méprisables, des ate-
liers soit pour préparer et servir avec somptuosité des
mets qui puissent flatter davantage notre gourmandise,
soit pour former des coiffeurs et des perruquiers; mais je

terentur, neque discipulos cognovi : quum etiam si præ-
dictarum artium professoribus civitas egeret, tamen,
sicut apud priscos, florere posset respublica; nam sine
ludicris artibus, atque etiam sine causidicis olim satis
felices fuere, futuræque sunt urbes : at sine agricultori-
bus nec consistere mortales, nec ali posse, manifestum
est. Quo magis prodigii simile est, quod accidit, ut res
corporibus nostris, vitæque utilitati maxime conveniens,
minimam usque in hoc tempus consummationem haberet; idque sperneretur genus amplificandi retinendique
patrimonii, quod omni crimine caret. Nam cetera diversa,
et quasi repugnantia, dissident a justitia; nisi æquius
existimamus cepisse prædam ex militia, quæ nobis nihil
sine sanguine et cladibus alienis affert. An bellum perosis,
maris et negotiationis alea sit optabilior, ut, rupto
naturæ fœdere, terrestre animal homo, ventorum et
maris objectus iræ, se fluctibus audeat credere, semperque ritu volucrum, longinqui litoris, peregrinus, ignotum pererret orbem? An fœneratio probabilior sit, etiam
his invisa, quibus succurrere videtur? Sed ne caninum
quidem, sicut dixere veteres, studium præstantius, locu-
pletissimum quemque allatrandi, et contra innocentes,
ac pro nocentibus neglectum a majoribus, a nobis etiam
concessum intra mœnia et in ipso foro latrocinium? An
honestius duxerim mercenarii salutatoris mendacissimum
aucupium circumvolitantis limina potentiorum, somnium-

ne connais personne qui s'avoue professeur ni disciple en agronomie. Cependant si la ville venait à être privée des maîtres dans les arts que je viens de mentionner, l'État pourrait assurément être florissant, comme il le fut chez les anciens. En effet, sans arts d'agrément, et même sans avocats, nos cités furent assez heureuses et les cités à venir le seraient encore; mais il est évident que sans agriculteurs les sociétés ne sauraient se soutenir, ni même les hommes se nourrir. Ce qui arrive est une sorte de prodige : l'objet le plus convenable à notre corps et aux besoins de la vie est jusqu'à ce jour resté au-dessous de ce qu'il devrait être; et l'on méprise le moyen d'augmenter et de conserver son patrimoine, quoiqu'on puisse le faire innocemment. Il n'en est pas de même des diverses autres occupations, qui s'écartent plus ou moins de l'équité, à moins que nous ne considérions le butin fait dans les batailles comme plus justement acquis que le bien que nous nous procurons sans effusion de sang et sans porter préjudice à personne. Est-ce que, pour ceux qui ont aversion de la guerre, les chances de la navigation et du commerce sont assez désirables pour que l'homme, animal terrestre, rompant le pacte fait par la nature, et s'exposant à la fureur des vents et de la mer, ait l'audace de se confier aux flots, et toujours, à la manière de certains oiseaux, hôte étranger de lointains rivages, soit errant sur des terres inconnues? Est-ce que l'usure est plus digne d'estime, odieuse qu'elle est à celui-là même qu'elle semble secourir? Préfèrera-t-on cette étude canine, comme l'ont appelée les anciens, dont l'emploi le plus lucratif est d'aboyer contre tout le monde, de poursuivre l'innocent, et de venir en aide aux méchants? brigandage flétri par nos aïeux, et qui n'en est pas moins autorisé par nous dans nos murs et sur la place publique. Considèrerai-je comme plus honnête le guet menteur de ce faiseur de salutations

que regis sui rumoribus inaugurantis? neque enim ro-
ganti quid agatur intus, respondere servi dignantur.
An putem fortunatius a catenato repulsum janitore sæpe
nocte sera foribus ingratis adjacere, miserrimoque famu-
latu per dedecus, fascium decus, et imperium, profuso
tamen patrimonio, mercari? nam nec gratuitæ servituti,
sed donis, rependitur honor.

Quæ si et ipsa, et eorum similia bonis fugienda sunt:
superest, ut dixi, unum genus liberale et ingenuum rei
familiaris augendæ, quod ex agricolatione contingit.
Cujus præcepta si vel temere ab indoctis, dum tamen
agrorum possessoribus, antiquo more administrarentur,
minus jacturæ paterentur res rusticæ : nam industria dominorum cum ignorantiæ detrimentis multa pensaret :
nec quorum commodum ageretur, tota vita vellent im-
prudentes negotii sui conspici; eoque discendi cupidiores
agricolationem pernoscerent. Nunc et ipsi prædia nostra
colere dedignamur, et nullius momenti ducimus peritis-
simum quemque villicum facere : vel si nescium, certe
vigoris experrecti, quo celerius, quod ignoret, addiscat.
Sed sive fundum locuples mercatus est, e turba pedise-
quorum lecticariorumque defectissimum annis et viribus,
in agrum relegat; quum istud opus non solum scientiam,
sed et viridem ætatem cum robore corporis ad labores

mercenaires, qui voltige sans cesse à la porte des grands, et y tire des présages de ce que l'on rapporte des songes du maître, tandis que les esclaves de la maison ne daignent pas répondre à ses questions sur ce qui s'y passe intérieurement? Dois-je regarder comme plus heureux de rester gisant devant une porte ingrate, souvent pendant toute la nuit, repoussé par le portier qu'on y tient attaché à la chaîne, et, par ce misérable asservissement, de marchander à force de déshonneurs les honneurs des faisceaux et quelque commandement, après avoir en outre prodigué son patrimoine? car ce n'est point par une servitude stérile, mais par des présents, que l'on obtient les emplois.

Si toutes ces misères et d'autres semblables doivent être l'objet de l'aversion des gens de bien, il ne reste plus, comme je l'ai dit, qu'un moyen honnête et libéral d'accroître sa fortune : c'est l'agriculture qui peut seule la procurer. Quand même cet art serait, comme autrefois, pratiqué témérairement par des ignorants, les affaires de la culture souffriraient des pertes moins préjudiciables : en effet, l'industrie du maître compenserait les pertes occasionnées par l'ignorance; ceux dont les avantages seraient en cause, ne voudraient pas toute leur vie être considérés comme ne sachant point gérer leurs affaires, et, devenant plus désireux d'apprendre, ils finiraient par connaître la science agronomique. Maintenant nous dédaignons de cultiver nous-mêmes nos domaines, et nous ne faisons nul cas du fermier le plus habile, ou, si nous le prenons ignorant, peu nous importe qu'il ait assez de capacité pour apprendre promptement ce qu'il ne connaît pas. Si un riche particulier fait l'emplette d'une terre, il y relègue le plus décrépit et le plus énervé de la troupe de ses valets et de ses porteurs de litière; et cependant le travail, pour qu'on en puisse supporter les fatigues, y exige, non pas seulement une certaine science, mais aussi toute la

2.

sufferendos desideret : sive mediarum facultatum dominus, ex mercenariis aliquem, jam recusantem quotidia-
num illud tributum, [qui vectigalis esse non possit] igna-
rum rei, cui præfuturus est, magistrum fieri jubet.

Quæ quum animadvertam, · sæpe mecum retractans,
ac recogitans, quam turpi consensu deserta exoleverit
disciplina ruris, vereor ne flagitiosa et quodammodo
pudenda, aut inhonesta videatur ingenuis. Verum quum
pluribus monumentis scriptorum admonear, apud anti-
quos nostros fuisse gloriæ curam rusticationis : ex qua
Quinctius Cincinnatus, obsessi consulis et exercitus libe-
rator, ab aratro vocatus ad dictaturam venerit, ac rursus
fascibus depositis, quos festinantius victor reddiderat,
quam sumpserat imperator, ad eosdem juvencos, et quatuor jugerum avitum hærediolum redierit : itemque
C. Fabricius, et Curius Dentatus, alter Pyrrho finibus
Italiæ pulso, domitis alter Sabinis, accepta, quæ viritim
dividebantur, captivi agri septem jugera, non minus
industrie coluerit, quam fortiter armis quæsierat : et ne
singulos intempestive nunc persequar, quum tot alios
Romani generis intuear memorabiles duces, hoc semper
duplici studio floruisse, vel defendendi, vel colendi
patrios, quæsitosve fines : intelligo, luxuriæ et deliciis
nostris pristinum morem, virilemque vitam displicuisse.

Omnes enim, sicut M. Varro jam temporibus avorum
conquestus est, patresfamiliæ, falce et aratro relictis,

vigueur de l'âge et les forces du corps. Si, au contraire,
le propriétaire est homme de médiocre fortune, il met
son bien entre les mains d'un mercenaire, qui n'est déjà
plus en état de se suffire par son travail journalier, et
qui, ignorant les opérations dont il est chargé, ne peut
lui procurer un revenu certain.

En faisant ces remarques, réfléchissant souvent en
moi-même sur cette matière, et voyant avec quel hon-
teux accord l'agriculture est passée de mode, j'ai lieu
de craindre qu'elle ne paraisse aux gens nés libres une
occupation immorale, honteuse et déshonnête. Toutefois je suis averti par plusieurs monuments de nos
écrivains, que la vie des champs fut en honneur chez
nos ancêtres : ce fut du domaine champêtre que Quinctius Cincinnatus, libérateur d'un consul et de l'armée
en péril, fut appelé de la charrue à la dictature. Vain-
queur, il déposa les faisceaux avec plus d'empressement
qu'il ne les avait acceptés comme général, puis retourna
à ses bœufs et au petit héritage de quatre jugères qu'il
tenait de ses aïeux. Ainsi cultivaient leurs champs, et
C. Fabricius, et Curius Dentatus : le premier, après avoir
chassé Pyrrhus des frontières de l'Italie, le second après
avoir soumis les Sabins, cultivèrent, avec une industrie
égale à la valeur qui les leur avait mérités, les sept
jugères de champ qui formaient leur part de la conquête.
Citer ici d'autres noms me paraît intempestif, et quand
je considère combien d'illustres chefs de la nation romaine se sont immortalisés par la double ardeur, soit
de défendre, soit de cultiver les terres, ou patrimo-
niales, ou conquises, je comprends que ce n'est qu'à
notre luxe et à notre amour des délices que nous devons notre éloignement pour les anciennes mœurs et
pour une existence virile.

Ainsi que du temps de nos ancêtres M. Varron s'en plai-
gnait déjà, nous, pères de famille, laissant là et faux et

intra murum correpsimus, et in circis potius ac theatris,
quam in segetibus et vinetis manus movemus : attoniti-
que miramur gestus effeminatorum, quod a natura sexum
viris denegatum, muliebri motu mentiantur, decipiant-
que oculos spectantium. Mox deinde, ut apti veniamus
ad ganeas, quotidianam cruditatem Laconicis excoqui-
mus, et exsucto sudore sitim quærimus, noctesque libi-
dinibus et ebrietatibus, dies ludo vel somno consumimus,
ac nosmetipsos ducimus fortunatos, quod nec orientem
solem videmus, nec occidentem. Itaque istam vitam
socordem persequitur valetudo; nam sic juvenum corpora
fluxa et resoluta sunt, ut nihil mors mutatura videatur.
At mehercule vera illa Romuli proles, assiduis venati-
bus, nec minus agrestibus operibus exercitata, firmissi-
mis prævaluit corporibus, ac militiam belli, quum res
postulavit, facile sustinuit, durata pacis laboribus, semperque rusticam plebem præposuit urbanæ.

Ut enim, qui in villis intra consepta morarentur,
quam qui foris terram molirentur, ignaviores habitos;
sic eos, qui sub umbra civitatis intra mœnia desides
cunctarentur, quam qui rura colerent, administrarentve
opera colonorum, segniores visos. Nundinarum etiam
conventus manifestum est propterea usurpatos, ut nonis
tantummodo diebus urbanæ res agerentur, reliquis administrarentur rusticæ.

charrue, nous nous sommes réellement blottis entre les
murailles des cités, et nous exerçons nos mains plutôt
dans les cirques et les théâtres, que dans les sillons et les
vignes : là, nous admirons avec enthousiasme les gestes
de ces efféminés qui, pour tromper l'œil des spectateurs,
empruntent à la femme ses mouvements, et imitent un
sexe que la nature ne leur a pas donné. Bientôt ensuite,
afin de venir dispos aux lieux de la débauche, nous ache-
vons de digérer, dans la chaleur des étuves, les mets
qui surchargent chaque jour notre estomac, nous cher-
chons la soif dans les sueurs provoquées, nous consu-
mons les nuits dans les voluptés et l'ivresse, comme les
jours dans le jeu ou le sommeil, et nous nous estimons
heureux de ne voir le soleil ni à son lever ni à son coucher. Aussi une vie si lâche n'engendre-t-elle que maladies; et la constitution de nos jeunes gens est si débile et
si frêle, qu'il semble que la mort n'aura rien à y changer.
Par Hercule! les vrais enfants de Romulus, se livrant à
une chasse assidue, exerçant leurs forces dans les rustiques opérations, excellèrent par la vigueur du corps,
soutinrent aisément, quand l'état des affaires l'exigea,
les fatigues de la guerre, endurcis qu'ils étaient par les
travaux de la paix, et prouvèrent toujours que la popu-
lation des campagnes l'emportait sur celle des villes.

En conséquence, de même que les hommes qui restaient
enfermés dans leurs maisons, passaient pour moins éner-
giques que ceux qui dehors labouraient les champs, ainsi
on considère comme plus nonchalants les citadins se
remuant à peine à l'ombre, dans l'enceinte de leurs murailles, que les villageois cultivant leur terrain et travail-
lant aux ouvrages de la ferme Il est évident que nos aïeux
avaient établi que les assemblées des marchés se tiendraient
tous les neuf jours seulement, afin qu'on pût seulement ce
neuvième jour s'occuper des affaires de la ville, et que le
reste du temps fût consacré aux travaux de la campagne.

Illis enim temporibus, ut ante jam diximus, proceres
civitatis in agris morabantur : et quum consilium publicum desiderabatur, e villis arcessebantur in senatum; ex
quo, qui eos evocabant, Viatores nominati sunt [2]; isque
mos dum servatus est perseverantissimo colendorum
agrorum studio, veteres illi Sabini Quirites, atavique
Romani, quanquam inter ferrum et ignes, hosticisque
incursionibus vastatas fruges, largius tamen condidere,
quam nos, quibus, diuturna permittente pace, prolatare
licuit rem rusticam. Itaque in hoc Latio et Saturnia
terra, ubi dii cultus agrorum progeniem suam docuerant,
ibi nunc ad hastam locamus, ut nobis ex transmarinis
provinciis advehatur frumentum, ne fame laboremus :
et vindemias condimus ex insulis Cycladibus, ac regionibus Bæticis Gallicisque. Nec mirum, quum sit publice
concepta, et confirmata jam vulgatis existimatio, rem
rusticam sordidum opus, et id esse negotium, quod nullius egeat magisterio præceptoris.

At ego, quum aut magnitudinum totius rei, quasi
quamdam vastitatem corporis, aut partium ejus, velut
singulorum membrorum numerum recenseo, vereor ne
supremus ante me dies occupet, quam universam disciplinam ruris possim cognoscere. Nam qui se in hac
scientia perfectum volet profiteri, sit oportet rerum naturæ sagacissimus, declinationum mundi non ignarus :
ut exploratum habeat, quid cuique plagæ conveniat,
quid repugnet : siderum ortus et occasus memoria repe-

Nous l'avons dit précédemment, les grands personnages de la république résidaient alors sur leurs domaines; lorsqu'il était nécessaire de tenir conseil, on les
appelait de leurs champs au sénat : aussi les officiers
qui leur portaient l'invitation s'appelaient-ils Viateurs.
Tant que cet usage subsista, grâce à l'amour persévérant
de la culture des champs, ces vieux Quirites sabins et
les autres pères de nos Romains obtenaient de plus fécondes récoltes, même au milieu des armes et des flammes
qui, dans les incursions de l'ennemi, venaient ravager
leurs sillons, que nous qui, à la faveur d'une paix
durable, avons la faculté de développer toutes les ressources des opérations agricoles. Aussi, dans ce Latium,
cette terre de Saturne, où les dieux mêmes avaient enseigné à leur race la culture des champs, nous mettons
aux enchères, de peur de mourir de faim, le transport
des blés des provinces d'outre-mer; et nous composons
nos approvisionnements de vins des îles Cyclades, ainsi
que des contrées de la Bétique et des Gaules. Il n'est
donc pas surprenant, quand une telle conduite est justifiée par une opinion généralement reçue, que l'agriculture soit regardée comme une œuvre ignoble, et qui
n'ait pas besoin d'enseignement pour s'y former.

Quant à moi, lorsque j'examine l'immensité de toutes
les sciences agronomiques, comme je le ferais d'un vaste
corps, ou bien leurs parties détaillées, comme autant
de membres en particulier, je crains fort que mon dernier jour ne survienne avant que j'aie pu acquérir toutes
les connaissances nécessaires pour bien cultiver les
champs. Sans nul doute, quiconque voudra se donner
pour avoir atteint la perfection dans cet art, doit être
fort savant dans les choses naturelles, fort au courant de
la différence des climats, afin de savoir par expérience
ce qui convient à chaque contrée ou ce qu'elle rejette; il
devra se souvenir à propos du lever et du coucher des

tat, ne imbribus ventisque imminentibus opera inchoet,
laboremque frustretur. Cœli et anni præsentis mores
intueatur; neque enim semper eumdem, velut ex præ-
scripto, habitum gerunt : nec omnibus annis eodem vultu
venit æstas, aut hiems : nec pluvium semper est ver, aut
humidus autumnus, quæ prænoscere sine lumine animi,
et sine exquisitissimis disciplinis non quemquam posse
crediderim. Jam ipsa terræ varietas, et cujusque soli
habitus, quid nobis neget, quid promittat, paucorum
est discernere. Contemplatio vero cunctarum in ea disciplina partium, quando cuique contingit, ut et segetum,
arationumque perciperet usum, et varias dissimillimasque
terrarum species pernosceret? quarum nonnullæ colore,
nonnullæ qualitate fallunt : atque in aliis regionibus nigra
terra, quam pullam vocant[3], ut in Campania, est laudabilis; in aliis pinguis rubrica melius respondet; quibusdam, sicut in Africa Numidia, putres arenæ fecunditate
vel robustissimum solum vincunt; in Asia Mysiaque
densa et glutinosa terra maxime exuberat. Atque in his
ipsis habere cognitum, quid recuset collis, quid campestris positio, quid cultus, quid silvester ager, quid humidus et graminosus, quid siccus et spurcus, ratione quoque dispicere, et in arboribus vinetisque, quorum
infinita sunt genera, conserendis, ac tuendis; et in
pecoribus parandis conservandisque : quoniam et hanc
adscivimus quasi agriculturæ partem, quum separata sit
ab agricolatione pastoralis scientia; nec ea tamen simplex;

astres, pour ne pas commencer ses travaux quand les
pluies et les vents menacent, et pour ne pas voir échouer
l'espoir de ses travaux. Qu'il observe la disposition du
ciel et la marche de l'année qui s'écoule : car ils ne suivent
pas toujours une règle fixe, et tous les ans l'été et l'hiver
ne se présentent pas avec la même face; le printemps n'est
pas non plus toujours pluvieux, l'automne toujours humide : circonstances que je ne croirai jamais qu'on puisse
prévoir sans un esprit éclairé et sans de profondes études. Il est même donné à peu de personnes de connaître la
variété des terres, l'aptitude du sol, ce qu'il nous refuse,
ce qu'il nous promet. Assurément, quand l'observation
de toutes les parties de la science serait le partage d'un
individu, possèdera-t-il bien la connaissance des variétés
du froment, fera-t-il ses labours à propos, distinguera-
t-il les différences des terrains, dont quelques-uns in-
duisent en erreur, soit par leur couleur, soit par leur
qualité? Dans certaines contrées, on vante, comme dans
la Campanie, la terre noire qu'on appelle *pulla;* en
d'autres pays, la terre grasse rouge est plus profitable;
dans la Numidie africaine, les sables humides l'emportent
en fécondité sur les terres les plus fortes; dans l'Asie,
dans la Mysie, une terre dense et visqueuse est d'une
admirable production. Pour ces choses, il importe d'être
au courant de ce que refusent soit la colline, soit la
plaine, soit la terre habituellement cultivée, soit les terrains boisés, soit le champ humide et herbeux, ou bien
sec et aride, afin de se bien diriger dans le semis et l'entretien des arbres et des vignes dont les variétés sont infinies, ainsi que dans l'acquisition et la conservation des
bestiaux. Nous nous sommes appliqué à distinguer l'agriculture proprement dite, d'avec la science des pasteurs.
Cette dernière, au surplus, n'est pas très-simple, puisqu'on ne traite pas de même le cheval, les bêtes à cornes,
et les troupeaux de brebis, et que pour ces dernières il

quippe aliud exigit equinum, aliud atque aliud bubulum armentum, aliud pecus ovillum, et in eo ipso dissimilem rationem postulat Tarentinum, atque hirtum; aliud caprinum, et id ipsum aliter curatur mutilum et raripilum, aliter cornutum et setosum, quale est in Cilicia. Porculatoris vero et subulci diversa professio, diversæ pastiones : nec eumdem glabræ sues, densæque, cœli statum; nec eamdem educationem, cultumve quærunt.

Et ut a pecoribus recedam, quorum in parte avium cohortalium, et apium cura posita est; quis tanti studii fuit, ut super ista, quæ enumeravimus, tot nosset species insitionum, tot putationum, tot pomorum olerumque cultus exercere? tot generibus ficorum, sic ut rosariis impenderet curam, quum a plerisque etiam majora negligantur? quanquam et ista jam non minima vectigalia multis esse cœperunt. Nam prata et salicta, genistæque et arundines, quamvis tenuem, nihilominus aliquam desiderant industriam.

Post hanc tam multarum tamque multiplicium rerum prædicationem non me præterit, si, quem desideramus agricolam, quemque describimus, exegero a participibus agrestium operum, tardatum iri studia discentium, qui tam variæ, tamque vastæ scientiæ desperatione conterriti, nolent experiri, quod se assequi posse diffident. Verumtamen, quod in *Oratore* jam M. Tullius rectissime dixit, par est eos, qui generi humano res utilissimas conquirere, et perpensas exploratasque memoriæ tradere

ne faut pas confondre les tarentines avec celles dont la laine est rude, puisque l'on ne doit pas donner les mêmes soins aux chèvres selon qu'elles sont dépourvues de cornes et garnies de poils rares, ou bien cornues et soyeuses, telles que le sont celles de la Cilicie. Les pourceaux qu'on mène paître et ceux qu'on engraisse à l'étable doivent être soumis par le porcher à un mode de nourriture différent; et les porcs, ou glabres, ou velus, ne s'accommodent pas de la même température, ne réclament ni la même éducation, ni les mêmes soins.

En quittant les animaux de la ferme, desquels font partie les volailles et les abeilles, qu'il ne faut pas non plus négliger, qui est-ce qui a fait assez d'études pour pouvoir, indépendamment des objets que nous venons d'énumérer, réunir des notions suffisantes sur tant d'espèces de greffes, de tailles, de fruits et de légumes dont il doit s'occuper, et tant de genres de figuiers et de rosiers, dont la plupart sont généralement négligés, quoiqu'ils aient commencé à devenir pour plusieurs un produit lucratif? Les prés aussi et les oseraies, les genêts et les roseaux, sans demander de grands soins, réclament pourtant quelques connaissances.

Après ces recommandations sur des objets si nombreux et si multipliés, je ne dois pas dissimuler qu'en décrivant toutes les qualités que je désire dans un bon agriculteur, je m'expose à écarter de la carrière les aspirants à l'agronomie, ralentis dans leur zèle pour l'instruction, et qui, effrayés par le désespoir de parvenir à une science aussi variée qu'immense, ne voudront pas tenter ce qu'ils craindront de ne pouvoir acquérir. Cependant, comme l'a très-bien exprimé Cicéron dans son traité *de l'Orateur*, il faut bien que les hommes qui ont le désir de connaître les choses les plus utiles au genre humain, et

concupiverint, cuncta tentare. Nec si vel illa præstantis
ingenii vis, vel inclytarum artium defecerit instrumentum, confestim debemus ad otium et inertiam devolvi :
sed quod sapienter speravimus, perseveranter consectari.
Summum enim culmen affectantes, satis honeste vel in
secundo fastigio conspiciemur. An Latiæ musæ non solos
adytis suis Accium et Virgilium recepere, sed eorum et
proximis et procul a secundis sacras concessere sedes?
Nec Brutum, aut Cœlium, Pollionemve cum Messala et
Catulo deterruere ab eloquentiæ studio fulmina illa Cice-
ronis. Nam neque ille ipse Cicero territus cesserat tonan-
tibus Demostheni Platonique : nec parens eloquentiæ,
deus ille Mæonius, vastissimis fluminibus facundiæ suæ
posteritatis studia restinxerat. An ne minoris quidem
famæ opifices per tot jam sæcula videmus laborem suum
destituisse, qui Protogenem, Apellemque cum Parrhasio
mirati sunt? Nec pulchritudine Jovis Olympii Minervæ-
que Phidiacæ sequentis ætatis attonitos piguit experiri
Bryaxim, Lysippum, Praxitelem, Polycletum, quid efficere, aut quousque progredi possent. Sed in omni genere
scientiæ et summis admiratio veneratioque, et inferiori-
bus merita laus contingit.

Accedit huc, quod ille, quem nos perfectum esse volumus agricolam, si quidem artis consummatæ non sit,
nec in universa rerum natura sagacitatem Democriti,
vel Pythagoræ [non] fuerit consequutus, et in motibus

de transmettre à la mémoire le fruit de leurs réflexions
et de leurs expériences, fassent toutes les tentatives nécessaires. Lors même que la force d'un esprit supérieur
et le secours des beaux-arts nous manqueraient, nous ne
devons pas tarder à nous arracher aux loisirs et à la
paresse, et à poursuivre avec persévérance ce qui a fait
l'objet d'un légitime espoir. Aspirants à parvenir au premier degré, il sera déjà assez honnête de nous faire
remarquer au second. Les muses latines n'ont - elles
admis dans leur sanctuaire qu'Accius et Virgile? n'ont-
elles pas accordé des places distinguées à ceux qui ont
approché du mérite de ces grands poëtes, et même à
des auteurs qui étaient loin du second rang? Les foudres
de la parole de Cicéron n'éloignèrent de l'étude de l'éloquence ni Brutus, ni Célius, ni Pollion, pas plus que
Messala et Catulle. Cicéron lui-même ne s'était pas retiré
épouvanté par le style tonnant de Démosthène et de
Platon. Et le père de l'éloquence, ce dieu de Méonie,
n'avait pas sous les flots de sa parole éteint l'ardeur de
la postérité. Pendant tant de siècles écoulés, voyons-nous
que des artistes d'un mérite inférieur aient abandonné
leur ouvrage parce qu'ils admiraient Protogène, Apelle,
ainsi que Parrhasius? Désespérant d'atteindre à la beauté
de Jupiter Olympien et de la Vénus de Phidias, ni
Bryaxis, ni Lysippe, ni Praxitèle, ni Polyclète n'eurent
regret d'avoir éprouvé ce qu'ils pouvaient faire, et jusqu'où ils pouvaient parvenir. Certes, en tout genre de
science, l'admiration et la vénération sont dues aux
hommes supérieurs, mais aux inférieurs une juste louange
n'est point refusée.

Ainsi, quand bien même l'agriculteur que nous voulons rendre parfait ne serait pas consommé dans son art,
et qu'il ne possèderait ni la profondeur de Démocrite ou
de Pythagore dans la connaissance de la nature des
choses, ni la prévoyance de Méton ou d'Eudoxe dans la

astrorum ventorumque Metonis providentiam, vel Eu-
doxi, et in pecoris cultu doctrinam Chironis ac Melam-
podis, et in agrorum solique molitione Triptolemi aut
Aristei prudentiam : multum tamen profecerit, si usu
Tremellios, Sasernasque et Stolones nostros æquaverit :
potest enim nec subtilissima, nec rursus, quod aiunt,
pingui Minerva, res agrestis administrari. Nam illud
procul vero est, quod plerique crediderunt, facillimam
esse nec ullius acuminis rusticationem.

De cujus universitate nihil attinet plura nunc disserere :
quandoquidem cunctæ partes ejus destinatis aliquot volu-
minibus explicandæ sunt, quas ordine suo tunc demum
persequar, quum præfatus fuero quæ reor ad universam
disciplinam maxime pertinere.

marche des astres et le mouvement des vents, ni la
science de Chiron et de Mélampe dans la médecine vété-
rinaire, ni l'habileté de Triptolème ou d'Aristée dans
la préparation du sol et la culture des champs : cet homme
pourtant sera déjà fort avancé s'il égale en pratique nos
Tremellius, nos Saserna, nos Stolon; car les affaires
rurales peuvent être convenablement conduites par des
hommes qui ne sont ni très-instruits, ni très-ignorants.
Au surplus, il n'est pas vrai, comme quelques personnes
l'ont pensé, que l'agriculture soit une opération tout à
fait facile et qui n'exige aucun esprit.

Il n'est pas nécessaire, en ce moment, de disserter
longuement sur toutes les parties de l'agronomie,
puisque nous devons expliquer chacune de ses parties
dans des livres spéciaux où elles seront traitées à leur
rang, lorsque j'aurai exposé les notions que je crois
convenir plus particulièrement à l'universalité de la
science.

DE RE RUSTICA

LIBER I.

I. Qui studium agricolationi dederit, antiquissima sciat hæc sibi advocanda, prudentiam rei, facultatem impendendi, voluntatem agendi; nam is demum cultissimum rus habebit, ut ait Tremellius, qui et colere sciet, et poterit, et volet. Neque enim scire, aut velle, cuiquam satis fuerit sine sumptibus quos exigunt opera : nec rursus faciendi aut impendendi voluntas profuerit sine arte, quia caput est in omni negotio, nosse quid agendum sit, maximeque in agricultura, in qua voluntas facultasque citra scientiam sæpe magnam dominis afferunt jacturam, quum imprudenter facta opera frustrantur impensas. Itaque diligens paterfamilias, cui cordi est ex agri cultu certam sequi rationem rei familiaris augendæ, maxime curabit ut ætatis suæ prudentissimos agricolas de quaque re consulat, et commentarios antiquorum sedulo scrutetur, atque æstimet quid eorum quisque senserit, quid præceperit : an universa quæ majores

DE L'ÉCONOMIE RURALE

LIVRE I.

Préceptes que doivent observer les agriculteurs.

I. Celui qui s'applique à l'agriculture doit savoir qu'il est obligé d'appeler à son aide ces trois choses qui remontent à l'antiquité la plus reculée : la prudence en affaires, les moyens de dépense, la volonté d'agir ; car, comme dit Tremellius, on ne possèdera un domaine très-bien cultivé qu'en réunissant le savoir, le pouvoir et le vouloir. En effet, la science et la volonté ne suffiront à personne sans la faculté de faire les dépenses que les travaux exigent. La volonté de faire ou de dépenser ne servira guère non plus sans la connaissance de l'art, parce que le principal en toute entreprise, est de savoir ce qu'il faut faire : cette maxime est surtout nécessaire en agriculture, dans laquelle la volonté et les moyens pécuniaires, sans la science, occasionnent souvent de grands dommages aux maîtres, puisque le travail exécuté sans expérience rend les dépenses inutiles. En conséquence, un père de famille diligent, qui a vraiment à cœur de trouver dans la culture les moyens d'accroître sa fortune, aura soin surtout de consulter en tout point les agriculteurs les plus instruits de son temps, d'étudier à fond les notes laissées par les anciens, et d'apprécier leur sentiment et leurs préceptes, afin de s'assurer si tout ce qu'ils ont prescrit répond à

prodiderunt, hujus temporis culturæ respondeant, an
aliqua dissonent? Multos enim jam memorabiles auctores
comperi persuasum habere, longo ævi situ qualitatem
cœli, statumque mutari; eorumque consultissimum astrologiæ professorem Hipparchum prodidisse, tempus fore,
quo cardines mundi loco moverentur : idque etiam non
spernendus auctor rei rusticæ Saserna videtur accredi-
disse. Nam, eo libro quem de agricultura scriptum reli-
quit, mutatum cœli statum sic colligit, quod quæ regiones antea propter hiemis assiduam violentiam nullam
stirpem vitis aut oleæ depositam custodire potuerint,
nunc, mitigato jam et intepescente pristino frigore,
largissimis olivitatibus, Liberique vindemiis exuberent.
Sed hæc sive falsa, seu vera ratio est, litteris astrologiæ
concedatur. Cetera non dissimulanda erunt agrorum
cultori præcepta rusticationis, quæ quum plurima tradi-
derint Pœni ex Africa scriptores, multa tamen ab his
falso prodita coarguunt nostri coloni; sicut Tremellius,
qui, querens id ipsum, tamen excusat, quod Italiæ et
Africæ solum cœlumque diversæ naturæ nequeat eosdem
proventus habere. Quæcumque sunt autem, quæ propter
disciplinam ruris nostrorum temporum cum priscis discre-
pent, non deterrere debent a lectione discentem. Nam
multo plura reperiuntur apud veteres, quæ nobis pro-
banda sint, quam quæ repudianda.

Magna porro et Græcorum turba est, de rusticis
rebus præcipiens : cujus princeps celeberrimus vates non

ce que nous faisons aujourd'hui, et si quelques parties
en diffèrent. J'ai trouvé plusieurs auteurs estimables qui
étaient persuadés que l'état et la nature de l'atmosphère
avaient changé par le laps d'un long temps; ils disaient
qu'Hipparque, leur grande autorité comme professeur
d'astrologie, avait découvert qu'il viendrait une époque
où les pôles du monde se déplaceraient : cette opinion
paraît même avoir été accréditée par Saserna, auteur
non méprisable d'une Économie rurale. En effet, dans
ce livre qu'il a laissé sur l'agriculture, il conclut que
la situation du ciel a éprouvé des changements tels,
que les contrées qui jadis ne pouvaient, à cause de la
longue rigueur de l'hiver, conserver un seul des pieds
de vigne ou d'olivier qu'on leur avait confiés, abon-
daient maintenant, grâce à l'adoucissement et à l'attié-
dissement des anciens froids, en larges récoltes d'olives,
en productives vendanges. Que cette opinion soit vraie
ou fausse, je m'en rapporte aux textes de l'astrologie;
mais l'agriculteur ne devra pas ignorer les autres préceptes agronomiques qui, la plupart, nous ont été
transmis d'Afrique par les écrivains carthaginois, quoique nos fermiers taxent d'erreur un grand nombre
de ces maximes. Ainsi Tremellius, tout en se plaignant
à cet égard, n'admet pas que le sol et la température
de l'Italie et de l'Afrique soient différents de ce qu'ils
ont été, et ne puissent plus donner les mêmes productions. Quelles que soient les différences entre les anciens
temps et l'époque actuelle, par rapport à l'application
des préceptes, cette considération ne doit pas éloigner
de leur étude celui qui veut s'instruire : car on trouvera
chez nos prédécesseurs infiniment plus de choses à approuver qu'à rejeter.

Le nombre des Grecs qui se sont occupés de ce qui
concerne les travaux champêtres est considérable : à leur

minimum professioni nostræ contulit Hesiodus Bœotius.
Magis deinde eam juvere fontibus orti sapientiæ Demo-
critus Abderites, Socraticus Xenophon, Tarentinus Architas, peripatetici magister ac discipulus, Aristoteles
cum Theophrasto. Siculi quoque non mediocri cura negotium istud prosequuti sunt, Hieron, et Epicharmus
discipulus, Philometor, et Attalus. Athenæ vero scriptorum frequentiam pepererunt, e queis probatissimi auctores Chæreas, Aristandros, Amphilochus, Chrestus,
Euphronius, non, ut multi putant, Amphipolites, qui
et ipse laudabilis habetur agricola, sed indigena soli
Attici. Insulæ quoque curam istam celebraverunt, ut
testis est Rhodius Epigenes, Chius Agathocles, Evagon,
et Anaxipolis Thasii. Unius quoque de septem Biantis
illius populares Menander et Diodorus in primis sibi vin-
dicaverunt agricolationis prudentiam. Nec his cessere Mi-
lesii Bacchius et Mnasseas, Antigonus Cymæus, Pergame-
nus Apollonius, Dion Colophonius, Hegesias Maronites.
Nam quidem Diophanes Bithynius Uticensem totum Dio-
nysium, Pœni Magonis interpretem, per multa diffusum
volumina, sex epitomis circumscripsit. Et alii tamen ob-
scuriores, quorum patrias non accepimus, aliquod sti-
pendium nostro studio contulerunt. Hi sunt Androtion,
Æschrion, Aristomenes, Athenagoras, Crates, Dadis,
Dionysius, Euphyton, Euphorion. Nec minori fide pro vi-
rili parte tributum nobis intulerunt Lysimachus, et Cleo-
bulus, Menestratus, Pleutiphanes, Persis, Theophilus.

tête le célèbre poëte béotien Hésiode n'a pas peu travaillé
pour notre profession. Elle reçut ensuite de plus grands
secours de ces hommes qui sortirent des sources de la
sagesse, Démocrite d'Abdère, Xénophon disciple de
Socrate, le Tarentin Architas, le maître et le disciple
des péripatéticiens, Aristote et Théophraste. Ce n'est
pas, non plus, avec un soin médiocre que cette même
occupation a été poursuivie par les Siciliens Hiéron,
Épicharme, Philométor et Attale. De son côté, Athènes
a produit une grande quantité d'écrivains, parmi lesquels les plus estimés sont Chéréas, Aristandros, Am-
philoque, Chrestus, et Euphronius, non celui qui naquit
à Amphipolis, comme beaucoup de personnes le pensent, mais celui qui était originaire de l'Attique; au surplus, l'Amphipolitain fut lui-même un agronome digne
d'éloges. L'agronomie ne fut pas non plus négligée dans
les îles, comme on le voit par Épigène de Rhodes, Aga-
thocle de Chio, Évagon, et Anaxipolis de Thasos. Des
compatriotes de Bias, l'un des sept sages, Ménandre et
Diodore surtout se signalèrent dans l'art agronomique;
les Milésiens Bacchius et Mnasséas, Antigone de Cymée,
Apollonius de Pergame, Dion de Colophon, Hégésias de
Maronée, ne leur cédèrent en rien. Quant à Diophane
de Bithynie, il rédigea un abrégé en six livres des nombreux volumes qu'avait écrits Denys d'Utique, l'in-
terprète du Carthaginois Magon. Plusieurs autres aussi,
mais plus obscurs, dont j'ignore la patrie, ont apporté
quelques contingents à la science qui nous occupe : ce
sont Androtion, Æschrion, Aristomène, Athénagoras,
Cratès, Dadis, Denys, Euphyton, Euphorion. Ce n'a
pas été avec moins de confiance que, pour une notable
partie, nous avons reçu le tribut de Lysimaque, de
Cléobule, de Ménestrate, de Pleutiphane, de Persis et
de Théophile.

Et ut agricolationem Romana tandem civitate done-
mus (nam adhuc istis auctoribus Græcæ gentis fuit), jam
nunc M. Catonem Censorium illum memoremus, qui
eam Latine loqui primus instituit; post hunc duos Sa-
sernas, patrem et filium, qui eam diligentius erudierunt;
ac deinde Scrofam Tremellium, qui eam eloquentem
reddidit; et M. Terentium, qui expolivit; mox Virgilium, qui carmine quoque potentem fecit. Nec postremo
quasi pædagogi ejus meminisse dedignemur, Julii Hygini:
verumtamen ut Carthaginiensem Magonem rusticationis
parentem maxime veneremur; nam hujus octo et viginti
memorabilia illa volumina ex senatusconsulto in Lati-
num sermonem conversa sunt. Non minorem tamen lau-
dem meruerunt nostrorum temporum viri, Cornelius
Celsus, et Julius Atticus; quippe Cornelius totum corpus
disciplinæ quinque libris complexus est; hic de una
specie culturæ pertinentis ad vites, singularem librum
edidit. Cujus velut discipulus, duo volumina similium
præceptorum de vineis, Julius Græcinus, composita
facetius et eruditius, posteritati tradenda curavit.

Hos igitur, Publi Silvine, priusquam cum agricolatione contrahas, advocato in consilium; nec tamen sic
mente dispositus, velut summam totius rei sententiis
eorum consequuturus: quippe ejusmodi scriptorum monu-
menta magis instruunt, quam faciunt, artificem. Usus
et experientia dominantur in artibus: neque est ulla
disciplina, in qua non peccando discatur; nam ubi quid

Enfin, pour donner à l'agriculture le droit de cité
romaine (car nous n'avons encore nommé que des auteurs
grecs), nous allons rappeler le souvenir de M. Caton
le Censeur, qui, le premier, lui apprit à parler le lan-
gage latin. Après lui vinrent les deux Saserna, père et
fils, qui perfectionnèrent cette science avec un grand
zèle; puis Scrofa Tremellius, qui lui prêta son éloquence, et M. Terentius Varron, qui polit son idiome;
bientôt après, Virgile, dont les vers la rendirent puissante Enfin, ne dédaignons pas de faire mention de
Julius Hygin, qu'on peut en regarder comme le pré-
cepteur : nous ne témoignerons pas moins cependant
une profonde vénération au Carthaginois Magon, père
des études sur les choses champêtres; en effet, ses vingt-
huit mémorables volumes méritèrent qu'un sénatus-
consulte les fît traduire en latin. Il est des hommes de
notre temps qui ont mérité d'aussi grands éloges : ce
sont Cornelius Celse et Julius Atticus, dont le premier
embrassa dans cinq livres tout le corps de la science, et
le second publia un livre unique relatif seulement à la
culture des vignes. Jules Grécinus, que l'on peut considérer comme son disciple, composa pour la postérité
deux volumes de préceptes sur la même matière, qu'il
écrivit avec plus de grâce et d'érudition que n'avait fait
son maître.

Ainsi, Publius Silvinus, avant d'embrasser la profession d'agriculteur, appelez ces auteurs dans vos conseils; non pas toutefois avec cette disposition d'esprit
qui vous ferait subordonner toutes vos entreprises à leur
sentiment : car les monuments de ces sortes d'écrivains
instruisent plutôt qu'ils ne font un bon ouvrier. L'usage
et l'expérience sont les maîtres des arts, et il n'existe pas
de science qu'on apprenne sans trébucher. En effet, là où
une chose mal à propos entreprise a produit un fâcheux

perperam administratum cesserit improspere, vitatur
quod fefellerat : illuminatque rectam viam docentis ma-
gisterium. Quare nostra præcepta non consummare
scientiam, sed adjuvare promittunt; nec statim quisquam
compos agricolationis erit his perlectis rationibus, nisi
et obire eas voluerit, et per facultates potuerit. Ideoque
hæc velut adminicula studiosis promittimus, non profu-
tura per se sola, sed cum aliis. Ac ne ista quidem præsidia, ut diximus, non assiduus labor, et experientia
villici, non facultates, ac voluntas impendendi tantum
pollent, quantum vel una præsentia domini : quæ nisi
frequens operibus intervenerit, ut in exercitu, quum abest
imperator, cuncta cessant officia; maximeque reor hoc
significantem Pœnum Magonem, suorum scriptorum pri-
mordium talibus auspicatum sententiis : « Qui agrum
parabit domum vendat, ne malit urbanum, quam rusticum larem colere; cui magis cordi fuerit urbanum do-
micilium, rustico prædio non erit opus. » Quod ego
præceptum, si posset his temporibus observari, non
immutarem. Nunc quoniam plerosque nostrum civilis
ambitio sæpe evocat, ac sæpius detinet evocatos, sequitur, ut suburbanum prædium commodissimum esse
putem, quo ut occupato quotidianus excursus facile post
negotia fori contingat. Nam qui longinqua, ne dicam
transmarina, rura mercantur, velut hæredibus patrimonio suo, et quod gravius est, vivi cedunt servis suis :

résultat, on évitera ce qui a induit en erreur, et les enseignements du maître éclaireront la bonne route. Aussi nos préceptes ne promettent pas de produire une science parfaite, mais de prêter leur secours; et nul homme, après les avoir lus, ne connaîtra bien l'agriculture, s'il ne veut les suivre, et s'il n'a les facultés nécessaires pour les mettre en pratique. C'est pourquoi nous les offrons à ceux qui nous étudieront, plutôt comme propres à les aider que comme devant seuls les conduire : encore faudra-t-il qu'ils aient recours à d'autres. Et même tous ces secours, dont nous venons de parler, un travail assidu, l'expérience du fermier, les moyens et la volonté de dépenser, ne produiront pas encore autant de bien que la seule présence du maître. A moins qu'il ne surveille sans cesse les travaux, tous les services, comme il arrive dans une armée pendant l'absence du général, sont bientôt désorganisés. J'ai lieu de croire que c'est ainsi qu'il faut entendre cette maxime que le Carthaginois Magon a placée au début de ses ouvrages : « Que celui qui achètera un champ, vende sa maison, de peur qu'il ne préfère donner ses soins à ses pénates de la ville qu'à ceux de la campagne. Celui qui prodigue tant d'affection à son domicile de la cité, n'a pas besoin d'un domaine champêtre. » S'il était praticable de nos jours, je ne changerais rien à ce précepte; mais, puisqu'aujourd'hui l'ambition des places retient souvent à la ville le plus grand nombre d'entre nous qu'elle y a appelés, je pense conséquemment qu'on doit avoir à proximité un domaine très-commode, afin que l'homme occupé puisse, après les affaires du forum, y faire tous les jours une facile excursion. Il est évident que, sans parler des possessions d'outre-mer, ceux qui en achètent d'éloignées, se comportent comme ces hommes qui, de leur vivant, abandonnent leur patrimoine à leurs héritiers, ou, ce qui

quoniam quidem et illi tam longa dominorum distantia corrumpuntur, et corrupti, post flagitia quæ commiserunt, sub exspectatione successorum, rapinis magis, quam culturæ, student.

Qualiter dispositus fundus maxime probetur.

II. Censeo igitur in propinquo agrum mercari, quo et frequenter dominus veniat, et frequentius se venturum, quam sit venturus, denuntiet; sub hoc enim metu cum familia villicus erit in officio. Quidquid vero dabitur occasionis, ruri moretur; quæ non sit mora segnis, nec umbratilis; nam diligentem patremfamilias decet agri sui particulas omnes et omni tempore anni frequentius circumire, quo prudentius naturam soli, sive in frondibus et herbis, sive jam maturis frugibus contempletur : nec ignoret quidquid in eo recte fieri poterit. Nam illud vetus est, et Catonis, « Agrum pessime mulctari, cujus dominus quid in eo faciundum sit non docet, sed audit villicum. » Quapropter vel a majoribus traditum possidenti, vel empturo fundum præcipua cura sit scire quod maxime regionis genus probetur : ut vel careat inutili, vel mercetur laudabilem.

Quod si voto fortuna subscripserit, agrum habebimus salubri cœlo, uberi glæba, parte campestri, parte alia collibus vel ad orientem vel ad meridiem molliter devexis; terrenisque aliis cultis, atque aliis silvestribus et asperis, nec procul a mari aut navigabili flumine, quo

est plus fâcheux, à leurs esclaves. Ces derniers, séparés du maître par une longue distance, se négligent, et, corrompus après les méfaits qu'ils ont commis, s'appliquent beaucoup plus, en attendant les successeurs, aux bénéfices de la rapine qu'aux fatigues de la culture.

Quelle disposition du fonds offre le plus grand avantage.

II. Je suis donc d'avis qu'il faut qu'un maître achète ses champs dans son voisinage, afin qu'il puisse y aller fréquemment et fasse présumer qu'il y viendra plus fréquemment encore qu'il n'y doit venir. Dans la crainte de ces visites, le fermier et ses gens seront toujours à leur devoir. Au reste, le propriétaire doit se trouver sur son bien toutes les fois qu'il en a occasion; mais non pas pour y vivre dans le repos et s'y tenir à l'ombre. Il convient, en effet, qu'un père de famille diligent parcoure souvent et dans tous les temps de l'année les plus petites parties de ses champs, afin de mieux en observer l'état, soit à l'époque des feuilles et des herbes, soit lors de la maturité des grains, et pour n'ignorer rien de ce qu'il pourra être à propos de faire. C'est un vieil axiome, et il est de Caton, « qu'une terre a grandement à souffrir quand le maître n'enseigne pas au fermier, mais apprend de lui ce qu'il faut faire. » C'est pourquoi le principal soin de tout individu qui tient un héritage de ses ancêtres ou qui se propose d'en acheter un, doit être de savoir quel fonds est le plus productif dans le pays, afin de se défaire de celui qui ne lui serait pas avantageux ou d'en acquérir un excellent.

Si la fortune a souscrit à nos vœux, nous jouirons d'une terre placée sous un ciel salubre, offrant une couche épaisse de terrain végétal; s'étendant en partie sur une plaine et dans une autre partie sur des coteaux légèrement inclinés vers l'orient ou vers le midi; consistant en cultures, en bois, en points sauvages; ayant à portée,

deportari fructus, et per quod merces invehi possint.
Campus in prata et arva, salictaque et arundineta di-
gestus, ædificio subjaceat. Colles alii vacui arboribus,
ut solis segetibus serviant, quæ tamen modice siccis, ac
pinguibus campis melius, quam præcipitibus locis proveniunt. Ideoque etiam celsiores agri frumentarii planities habere, et quam mollissime devexi, ac simillimi
debent esse campestri positioni. Alii deinde colles oli-
vetis, vinetisque et earum futuris pedamentis vestiantur,
materiam, lapidemque, si necessitas ædificandi coegerit,
nec minus pecudibus pascua, præbere possint. Tum rivos
decurrentes in prata, et hortos, et salicta, vivæ aquæ
salientes demittant; nec absint greges armentorum, ceterorumque quadrupedum, culta et dumeta pascentium.
Sed hæc positio, quam desideramus, difficilis et rara
paucis contingit. Proxima est huic, quæ plurima ex his
habet : tolerabilis, quæ non paucissima.

Quæ præcipue inspiciendo agro, antequam ematur, notanda sint.

III. Porcius quidem Cato censebat, in emendo inspi-
ciendoque agro præcipue duo esse consideranda, salu-
britatem cœli, et ubertatem loci : quorum si alterum
deesset, ac nihilominus quis vellet incolere, mente esse
captum, atque eum ad agnatos et gentiles deducendum.
Neminem enim sanum debere facere sumptus in cultura
sterilis soli : nec rursus pestilenti quamvis feracissimo
pinguique agro dominum ad fructus pervenire. Nam ubi

soit la mer, soit une rivière navigable, afin de pouvoir
exporter les produits et apporter les objets dont on a
besoin. Qu'une plaine, partagée en prés et en labours,
en oseraies et en roseaux, soit près des bâtiments. Quelques collines seront privées d'arbres, afin de les utiliser
pour les céréales, qui toutefois prospèrent mieux dans les
plaines dont la terre est grasse et médiocrement sèche, que
sur les pentes rapides. En conséquence, les champs à blé
les plus élevés doivent offrir une surface unie qui ne sera
que mollement inclinée, et qui approchera le plus possible
d'une plate campagne. D'autres collines seront revêtues
d'oliviers, de vignes, et de bois propres à fournir des
échalas; on y trouvera des pâturages pour les troupeaux,
et, si on a besoin de bâtir, de la pierre et du bois de charpente. Là, que des cours d'eaux vives viennent arroser
les prés, les jardins et les oseraies. On sera pourvu aussi
de gros bestiaux de toute espèce, qui trouveront leur
pâture dans les cultures et les broussailles. Mais un fonds
dans les conditions que je souhaite, est difficile à trouver et
peu de personnes en jouissent. Celui qui en approche le
plus réunit le plus de ces qualités; et celui-là est encore
tolérable qui n'est pas réduit à un trop petit nombre.

Ce que, avant de l'acheter, il faut principalement observer dans l'examen d'un domaine.

III. Porcius Caton était d'avis que, dans l'examen et
l'achat d'une terre, il fallait principalement considérer
deux choses : la salubrité de son exposition, et la fécondité du terrain; et que si, un de ces avantages man-
quant, quelqu'un se présentait pour l'habiter, il était
fou et méritait d'être mis sous la curatelle de ses parents. En effet, aucun homme d'un esprit sain ne fera
de dépenses pour la culture d'un sol stérile, et n'espè-
rera, dans une atmosphère pestilentielle, parvenir à
jouir des fruits du terrain même le plus fécond : car où

sit cum orco ratio ponenda , ibi non modo perceptionem
fructuum, sed et vitam colonorum esse dubiam, vel
potius mortem quæstu certiorem.

Post hæc duo principalia subjungebat illa non minus
intuenda, viam, et aquam, et vicinum. Multum conferre agris iter commodum : primum, quod est maximum, ipsam præsentiam domini, qui libentius com-
meaturus sit, si vexationem viæ non reformidet; deinde
ad invehenda et exportanda utensilia; quæ res frugibus
conditis auget pretium, et minuit impensas rerum in-
vectarum : quia minoris apportentur eo, quo facili nisu
perveniatur. Nec [non] nihil esse etiam parvo vehi, si
conductis jumentis iter facias, quod magis expedit, quam
tueri propria. Servos quoque, qui sequuturi patremfamilias sint, non ægre iter pedibus ingredi.

De bonitate aquæ ita omnibus clarum est, ut pluribus
non sit disserendum. Quis enim dubitet eam maxime
probatam haberi, sine qua nemo nostrum vel prosperæ
vel adversæ valetudinis vitam proroget?

De vicini commodo non est quidem certum, quem
nonnunquam mors, aliæque nobiscum diversæ causæ
mutant. Et ideo quidam respuunt Catonis sententiam :
qui tamen multum videntur errare; nam, quemadmodum
sapientis est fortuitos casus magno animo sustinere, ita
dementis est ipsum sibi malam facere fortunam : quod

il faut disputer avec la mort, les récoltes sont aussi incertaines que la vie des cultivateurs, ou plutôt le trépas est plus assuré que les productions.

Après ces deux considérations principales, Caton ajoutait qu'il fallait avoir presque autant égard aux chemins, à l'eau et au voisinage. Une communication commode avec le domaine présente de grands avantages : le premier, et il est fort important, est de faciliter la présence du maître, qui se rendra plus volontiers sur son bien, s'il n'a pas à redouter la difficulté du chemin; les autres sont relatifs à l'apport et à l'exportation des instruments de culture : ce qui donne plus de valeur aux articles produits et diminue la dépense de ce que l'on apporte, puisque le charriage est d'autant moins coûteux qu'on le fait avec de moindres efforts. En outre, on peut voyager à meilleur marché, surtout si l'on fait le voyage avec des animaux de louage, ce qui est plus avantageux que d'en entretenir à ses frais. Enfin les esclaves qui suivront le père de famille se fatigueront moins à faire le voyage à pied.

Les avantages d'une eau de bonne qualité sont tellement incontestables, qu'il n'est pas besoin, à cet égard, d'une longue dissertation. Car qui doute qu'on ne doive considérer beaucoup une substance sans laquelle nul de nous ne prolonge sa vie, dans la bonne comme dans la mauvaise santé?

Quant à l'avantage qu'on peut retirer des voisins, c'est une chose sur laquelle on ne saurait compter, puisque la mort et divers autres événements peuvent nous les enlever. Aussi certaines personnes rejettent l'opinion de Caton; mais je crois qu'elles sont dans l'erreur : car, comme c'est le fait d'un homme sage de supporter avec courage les coups du sort, c'est de même l'action d'un fou de se rendre malheureux; et c'est ce que fait celui qui paye pour avoir un

facit qui nequam vicinum suis nummis parat, quum a primis cunabulis, si modo liberis parentibus est oriundus, audisse potuerit,

Οὐδ' ἂν βοῦς ἀπόλοιτ', εἰ μὴ γείτων κακὸς εἴη [1];

quod non solum de bove dicitur, sed etiam de omnibus partibus rei nostræ familiaris. Adeo quidem, ut multi prætulerint carere penatibus, et propter injurias vicinorum sedes suas profugerint; nisi aliter existimamus diversum orbem gentes universas petiisse, relicto patrio solo, Achæos dico, et Hiberos, Albanos quoque, nec minus Siculos; et, ut primordia nostra contingam, Pelasgos, Aborigines, Arcadas, quam quia malos vicinos ferre non potuerant. Ac ne tantum de publicis calamitatibus loquar, privatos quoque memoria tradidit, et in regionibus Græciæ, et in hac ipsa Hesperia detestabiles fuisse vicinos, nisi Autolycus ille cuiquam potuit tolerabilis esse conterminus; aut Aventini montis incola, Palatinis ullum gaudium finitimis suis, Cacus attulit. Malo enim præteritorum, quam præsentium, meminisse, ne vicinum meum nominem, qui nec arborem prolixiorem stare nostræ regionis, nec inviolatum seminarium, nec pedamenti quidquam annexum vineæ, nec etiam pecudes negligentius pasci, sinit. Jure igitur, quantum mea fert opinio, M. Porcius talem pestem vitare censuit, et in primis futurum agricolam præmonuit, ne sua sponte ad eam perveniret.

Nos ad cetera præcepta illud adjicimus, quod sa-

voisin peryers , quand, depuis le berceau , il a pu entendre
dire, pour peu qu'il soit issu d'une bonne famille, que

« Jamais on ne perdrait de bœufs, s'il n'était pas de mauvais
voisins ; »

ce qui ne se borne pas aux bœufs, mais s'étend à toutes
les parties de nos propriétés. C'est à tel point, que beaucoup de gens se résoudraient à manquer de demeure, et
à fuir leur domicile, pour éviter les désagréments d'un
mauvais voisinage. Car que penser des peuples entiers
qui ont gagné diverses contrées étrangères après avoir
abandonné le sol paternel (je veux dire les Achéens, les
Ibères, les Albaniens, les Siciliens, et, pour parler de
ceux à qui nous devons notre origine, les Pélasges, les
Aborigènes, les Arcades), si ce n'est qu'ils ne pouvaient
supporter la méchanceté de leurs voisins ? Et pour ne
pas citer seulement des calamités publiques, le souvenir
nous a été conservé de malheurs particuliers ; et dans les
contrées de la Grèce et dans l'Hespérie aussi, existèrent
des voisins détestables : à moins qu'on ne prétende que
quelqu'un pouvait trouver supportable le voisinage
d'Autolycus, ou que Cacus, se fixant sur le mont Aven-
tin, devait être agréable aux habitants contigus du mont
Palatin. J'aime mieux me rappeler les anciens que mes
contemporains, pour n'avoir pas à nommer un de mes
voisins qui ne saurait souffrir dans le pays ni qu'un bel
arbre étende ses rameaux, ni qu'une pépinière subsiste
en bon état, ni qu'un échalas reste attaché à la vigne,
ni même que les troupeaux paissent sans surveillance.
C'est donc à bon droit, autant que me le dit mon opinion, que M. Porcius a pensé qu'on devait éviter une
telle peste, et surtout a prévenu celui qui veut devenir
agriculteur de ne pas, de son propre gré, s'exposer à un
tel malheur.

Ajoutons aux autres maximes celle qu'a léguée à la

piens unus de septem in perpetuum posteritati pronuntia-
vit [μέτρον ἄριστον], adhibendum modum mensuramque
rebus; idque, ut non solum aliud acturis, sed et agrum
paraturis dictum intelligatur, ne majorem, quam ratio
calculorum patiatur, emere velit; nam huc pertinet
præclara nostri poetæ sententia :

.... Laudato ingentia rura,
Exiguum colito.

Quod vir eruditissimus, ut mea fert opinio, traditum
vetus præceptum numeris signavit; quippe acutissimam
gentem Pœnos dixisse convenit, imbecilliorem agrum,
quam agricolam esse debere : quoniam, quum sit col-
luctandum cum eo, si fundus prævaleat, allidi dominum; nec dubium quin minus reddat laxus ager non
recte cultus, quam angustus eximie. Ideoque post reges
exactos Liciniana illa septena jugera[2], quæ plebis tri-
bunus viritim diviserat, majores quæstus antiquis retu-
lere, quam nunc nobis præbent amplissima vetereta.
Tanta quidem Curius Dentatus, quem paulo ante retulimus, prospero ductu parta victoria, ob eximiam vir-
tutem deferente populo, præmii nomine, quinquaginta
soli jugera, supra consularem triumphalemque fortunam
putavit esse : repudiatoque publico munere populari,
hac plebeia mensura contentus fuit. Mox etiam quum
agrorum vastitatem victoriæ nostræ, et interneciones
hostium fecissent, criminosum tamen senatori fuit supra
quinquaginta jugera possedisse, suaque lege C. Licinius

postérité un des Sept Sages « qu'il faut observer en tout un milieu et une juste mesure » [μέτρον ἄριστον] : ce qui doit s'appliquer non-seulement aux autres actions, mais aussi à l'acquisition d'une terre, afin qu'on ne veuille pas faire un achat supérieur à ses moyens pécuniaires. C'est ce point aussi que touche cette belle sentence de notre poëte :

« Vantez les grands domaines, cultivez-en un petit. »

Ce savant homme, comme je le crois, s'est borné à mettre en vers un adage transmis par les anciens: On reconnaît, en effet, que les Carthaginois, nation très-ingénieuse, disaient que le champ devait être plus faible que son cultivateur, puisque, dans la lutte qui s'établit entre eux, si le fonds est le plus fort, c'est le maître qui souffrira le dommage; car il n'est pas douteux qu'un vaste champ mal cultivé produit moins qu'un petit qui l'est bien. Aussi les sept jugères que le tribun Licinius assigna à chaque citoyen, après l'expulsion des rois, rapportaient à nos ancêtres de plus grands produits que ne nous en donnent aujourd'hui les plus vastes guérets. Aussi Curius Dentatus, dont nous avons parlé un peu plus haut, regarda-t-il comme au-dessus de ce que méritait un consul, un triomphateur, les cinquante jugères de terrain que, après une victoire remportée sous son heureux commandement, le peuple lui avait décernés comme récompense de sa valeur signalée : il refusa le présent populaire offert en public, et se contenta de la portion donnée aux plébéiens. Même après que nos victoires et la mort de nos ennemis eurent rendu disponible une immense quantité de terres, il fut défendu comme crime, à un sénateur, de posséder plus de cinquante jugères; et C. Licinius lui-même fut, en vertu de sa propre loi, condamné pour avoir, dans l'excès de

damnatus est, quod agri modum, quem in magistratu
rogatione tribunitia promulgaverat, immodica possi-
dendi libidine transcendisset : nec magis, quia superbum
videbatur tantum loci detinere, quam quia flagitiosum,
quos hostis profugiendo desolasset agros, novo more
civem Romanum supra vires patrimonii possidendo de-
serere. Modus ergo, qui in omnibus rebus, etiam parandis agris adhibebitur; tantum enim obtinendum est,
quanto est opus, ut emisse videamur quo potiremur,
non quo oneraremur ipsi, atque aliis fruendum eripe-
remus, more præpotentium, qui possident fines gentium,
quos ne circumire equis quidem valent; sed proculcandos
pecudibus, et vastandos ac populandos feris derelin-
quunt, aut occupatos nexu civium, et ergastulis tenent.
Modus autem erit sua cuique moderata voluntas, facultasque; neque enim satis est, ut jam prius dixi, possidere velle, si colere non possis.

De salubritate regionum.

IV. Sequitur deinceps Cæsonianum præceptum, quo
fertur usus etiam Cato, mercaturis agrum esse revi-
sendum sæpius eum, quem velint mercari. Nam prima
inspectione neque vitia neque virtutes abditas ostendit,
quæ mox retractantibus facilius apparent. Inspectionis
quoque velut formula nobis a majoribus tradita est, agri
pinguis ac læti : de cujus qualitate dicemus suo loco,

sa cupidité, dépassé l'étendue de terrain qu'il avait,
durant sa magistrature, fixée par sa réquisition tribuni-
tienne. Il faut ajouter que cette sévérité avait pour
objet de prévenir autant le soupçon d'orgueil que con-
cevait le possesseur de tant de fonds, que la honte qu'il
y aurait à se voir forcé d'abandonner des champs qui
étaient au-dessus des forces du nouveau propriétaire,
puisque, en fuyant, l'ennemi les avait dévastés. Ainsi
une juste proportion, qui convient en toutes choses,
doit s'appliquer aussi à l'acquisition d'un domaine. Il
n'en faut acheter qu'autant qu'il est nécessaire, afin
qu'on voie que nous en avons pour en jouir, et non
pour en être surchargés et pour l'enlever à ceux qui en
tireraient un bon parti, à la manière de ces maîtres de
propriétés immenses qui possèdent les terres d'une nation, et n'en peuvent pas même faire le tour à cheval,
mais les abandonnent au gaspillage des troupeaux, à la
dévastation et au ravage des bêtes sauvages, ou bien les
emploient à retenir des citoyens dans les fers et les prisons. Or, la juste mesure dépendra d'une sage volonté
et des ressources pécuniaires; car, comme je l'ai déjà
dit ci-dessus, il ne suffit pas de vouloir posséder, il
faut pouvoir cultiver.

De la salubrité de la contrée.

IV. Dans l'ordre des choses vient le précepte de Cé-
sonius, dont on assure que Caton faisait usage : « que ceux
qui veulent traiter d'une terre doivent souvent en renouveler l'examen. » Car la première inspection ne fait
connaître ni ses inconvénients ni ses avantages cachés,
qui bientôt se découvriront à une nouvelle visite. Une
sorte de formule d'inspection nous a été transmise par
nos ancêtres, c'est que le sol soit gras et d'un aspect
agréable : qualités dont nous parlerons en leur lieu,

quum de generibus terræ disseremus. In universum tamen
quasi testificandum, atque sæpius prædicandum habeo,
quod primo jam Punico bello dux inclytissimus M. Attilius Regulus dixisse memoratur, fundum, sicuti ne fe-
cundissimi quidem soli, quum sit insalubris; ita nec
effœti, si vel saluberrimus sit, parandum : quod Attilius
ætatis suæ agricolis, majore cum auctoritate suadebat
peritus usu : nam Pupiniæ pestilentis simul et exilis agri
cultorem fuisse eum, loquuntur historiæ. Quapropter
quum sit sapientis, non ubique emere, nec aut ubertatis
illecebris, aut deliciarum concinnitate decipi : sic vere
industrii patrisfamilias est, quidquid aut emerit aut acceperit, facere fructuosum atque utile : quoniam et
gravioris cœli multa remedia priores tradiderunt, quibus
mitigetur pestifera lues; et in exili terra cultoris prudentia ac diligentia maciem soli vincere potest. Hæc
autem consequemur, si verissimo vati, velut oraculo,
crediderimus dicenti :

> Ventos et varium cœli prædiscere morem
> Cura sit, ac patrios cultosque habitusque locorum
> Et quid quæque ferat regio, et quid quæque recuset.

Nec contenti tamen auctoritate vel priorum vel præsentium colonorum, nostra prætermiserimus exempla, no-
vaque, quæ tentaverimus, experimenta. Quod etsi per
partes nonnunquam damnosum est, in summa tamen fit
compendiosum, quod nullus ager sine profectu colitur :

lorsque nous traiterons des diverses espèces de terres.
Cependant, en général, j'atteste et proclame souvent
que déjà, dans la première guerre punique, l'illustre ca-
pitaine M. Attilius Regulus passe pour avoir dit qu'il ne
faut faire l'acquisition d'un fonds, ni très-fertile, s'il
est insalubre, ni épuisé, fût-il le plus sain du monde.
C'est ce qu'Attilius persuadait aux agriculteurs de son
temps, avec le poids d'une autorité que rendait plus
grande encore son expérience : car l'histoire rapporte
qu'il cultivait un champ à la fois pestilentiel et maigre,
à Pupinie. De même qu'un homme raisonnable ne doit
pas acheter indifféremment une propriété dans quelqu'endroit que ce soit, ni se laisser aveuglément entraîner par
l'attrait de la fertilité ni par la séduction des délices; de
même il convient à un bon père de famille de rendre utile
et productif ce qu'il aura acheté ou reçu par héritage. Il y
parviendra d'autant plus facilement, que nos pères nous
ont transmis beaucoup de moyens de remédier à l'insalubrité de l'atmosphère, d'atténuer la violence des maladies
pestilentielles, et d'autres à l'aide desquels l'habileté et
l'activité du cultivateur peuvent vaincre la maigreur d'un
sol improductif. Nous parviendrons à ce but, si nous
avons confiance, comme à un oracle, à un poëte éminemment véridique, qui dit :

« Ayez soin de connaître d'avance les vents et les variations
du ciel, les pratiques du pays, la disposition du terrain, et ce
que la contrée peut rapporter et ce qu'elle refuse de produire. »

Cependant, non contents de l'autorité des cultivateurs
tant anciens que présents, nous n'omettrons pas nos
propres exemples et les nouvelles expériences que nous
pourrons tenter. Quoique ces essais soient parfois préjudiciables pour quelques parties, ils sont pourtant
avantageux en somme, puisque ce n'est jamais sans pro-

simul attentando possessor efficit, ut in id formetur, quod maxime præstare possit : ea res etiam feracissimos agros utiliores reddit. Itaque nusquam experimentorum varietas omittenda est; longeque etiam in pingui solo magis audendum, quoniam nec laborem nec sumptum frustratur effectus.

Sed quum refert qualis fundus et quo modo colatur, tum villa qualiter ædificetur, et quam utiliter disponatur. Multos enim deerrasse, memoria prodidit, sicut præstantissimos viros L. Lucullum, et Q. Scævolam, quorum alter majores, alter minus amplas, quam postulavit modus agri, villas exstruxit, quum utrumque sit contra rem·familiarem. Diffusiora enim consepta, non solum pluris ædificamus, sed etiam impensis majoribus tuemur; at minora quum sunt quam postulat fundus, dilabitur fructus : nam et humidæ res, et siccæ, quas terra progenerat, facile vitiantur, si aut non sunt, aut propter angustias incommoda sunt tecta, quibus inferantur. Proportione etiam facultatum, quam optime paterfamilias debet habitare, ut et libentius rus veniat, et degat in eo jucundius. Utique vero, si etiam matrona comitabitur, cujus ut sexus, ita animus est delicatior : quamobrem amœnitate aliqua demerenda erit, quo patientius moretur cum viro. Eleganter igitur ædificet agricola : nec sit tamen ædificator, atque areæ idem tantum complectatur, quod ait Cato, quantum ne villa fundum

duit que l'on cultive la terre ; d'ailleurs, par ces tentatives, le possesseur parvient à se former dans les opérations qu'il lui convient le mieux d'entreprendre, et parvient à rendre plus productifs encore les champs les plus
fertiles. Il ne faut donc nulle part négliger de varier ses
expériences ; et c'est même dans un terrain gras qu'il faut
le plus tenter d'innovations, parce que le résultat y récompense toujours du travail et des frais.

Mais de même qu'il importe de connaître quelle est la
qualité du fonds et quelle est la culture qui lui convient,
il ne faut pas, non plus, ignorer comment doivent être
construits les bâtiments de la ferme, et quelle disposition
est la plus avantageuse pour son exploitation. On n'a pas
oublié que beaucoup de propriétaires se sont trompés à cet
égard, comme L. Lucullus et Q. Scévola, personnages
si distingués, dont l'un fit construire des édifices trop
considérables, l'autre de trop exigus, pour l'étendue de
leurs métairies : faute également préjudiciable à leurs
intérêts. En effet, de vastes enclos exigent plus de bâtiments et nécessitent de plus grandes dépenses; s'il y a
trop peu de constructions pour l'étendue du fonds, on
est exposé à en perdre la récolte : car les productions de
la terre, soit sèches, soit liquides, se gâtent facilement
si, pour les conserver, on n'a pas d'abris, ou que ces
bâtiments soient incommodes par leur insuffisance. Le
maître aussi bâtira pour lui-même, selon ses facultés, le
mieux qu'il lui sera possible, la maison qu'il doit habiter,
afin qu'il se rende plus volontiers à sa campagne et qu'il
puisse y séjourner avec plus d'agrément. Il aura pour ce
soin un motif de plus si sa femme l'y accompagne, puisque ce sexe a plus de délicatesse et de corps et d'esprit :
c'est pourquoi il faudra la séduire par les attraits
de la demeure, afin qu'elle y reste plus patiemment
avec son mari. Le propriétaire ne négligera donc pas
de bâtir avec élégance, sans toutefois se jeter dans la

quærat, neve fundus villam : cujus universum situm, qualem oporteat esse, nunc explicabimus.

Quod inchoatur ædificium, sicut salubri regione, ita saluberrima parte regionis debet constitui : nam circumfusus aer atque corruptus plurimas affert corporibus nostris causas offensarum. Sunt quædam loca, quæ solstitiis minus concalescunt, sed frigoribus hiemis intolerabiliter horrent, sicut Thebas ferunt Bœotias. Sunt quæ tepent hieme, sed æstate sævissime candent, ut affirmant Euboicam Chalcidem. Petatur igitur aer calore et frigore temperatus, quem fere medius obtinet collis, quod neque depressus hieme pruinis torpet, aut torret æstate vaporibus, neque elatus in summa montium perexiguis ventorum motibus, aut pluviis omni tempore anni sævit. Hæc igitur est medii collis optima positio, loco tamen ipso paululum intumescente; ne, quum a vertice torrens imbribus conceptus effluxerit, fundamenta convellat.

De aqua.

V. Sit autem vel intra villam, vel extrinsecus inductus fons perennis ; lignatio, pabulumque vicinum. Si deerit fluens unda, putealis quæratur in vicino, quæ non sit haustus profundi, non amari saporis aut salsi.

manie des constructions, mais en occupant seulement
une étendue telle, comme dit Caton, que les bâtiments
de la ferme n'en cherchent pas le terrain, ni le terrain les édifices. Nous allons maintenant faire connaître
toutes les conditions désirables pour l'établissement d'une
ferme.

Le bâtiment qu'on se propose d'élever doit être établi
dans un lieu salubre, et sur le point le plus salubre de
ce lieu : car lorsque l'air qui environne les constructions est vicié, il est pour eux une cause multipliée
de maladies. Quelques localités souffrent peu des chaleurs du solstice d'été, mais sont en proie aux froids
les plus cuisants de l'hiver : telle est Thèbes en Béotie;
quelques autres ont un hiver tiède, mais durant l'été
sont cruellement embrasés : c'est ce qu'on rapporte de
Chalcis en Eubée. Il faut donc chercher un air tempéré par le chaud et la fraîcheur, tel qu'on l'obtient
sur le flanc d'une colline, où l'on ne soit pas, durant
l'hiver, engourdi par les frimas, ni pendant l'été, rôti
par les ardeurs du soleil; en s'établissant sur le sommet d'une montagne, on aurait à souffrir du moindre
souffle du vent et des pluies qui y sévissent toute l'année.
La meilleure position est donc celle que présente le
milieu d'une colline, où le sol s'élève par une pente
douce, afin que, si un torrent formé par les orages
vient à rouler de la cime du coteau, il ne puisse détruire les fondements des édifices.

De l'eau.

v. Qu'au dedans ou aux confins de l'exploitation
coule un ruisseau qui ne tarisse jamais; que le bois et la
pâture soient à proximité. Si l'on manque d'eau courante, il faut près de là chercher un puits dont l'eau ne
soit ni à une grande profondeur, ni de saveur amère

Hæc quoque si deficient, et spes arctior aquæ manantis coegerit, vastæ cisternæ hominibus, piscinæque pecoribus instruantur, colligendæ aquæ tandem pluviali, quæ salubritati corporis est accommodatissima. Sed ea sic habetur eximia, si fictilibus tubis in contectam cisternam deducatur. Huic proxima fluens aqua e montibus oriunda, si per saxa præceps devolvitur, ut est in Guarceno Campaniæ. Tertia putealis, vel collina, vel quæ non infima valle reperitur. Deterrima palustris, quæ pigro lapsu repit. Pestilens, quæ in palude semper consistit. Hic idem tamen humor, quamvis nocentis naturæ, temporibus tamen hiemis edomitus imbribus mitescit : ex quo cœlestis aqua maxime salubris intelligitur, quod etiam venenati liquoris eluit perniciem. Sed hanc potui probatissimam diximus. Ceterum ad æstuum temperandos calores, et amœnitatem locorum, plurimum conferunt salientes rivi, quos, si conditio loci patietur, qualescumque, dummodo dulces, utique perducendos in villam censeo. Sin submotus longius a collibus erit amnis, et loci salubritas, editiorque situs ripæ permittet superponere villam profluenti, cavendum tamen erit, ut a tergo potius, quam præ se flumen habeat, et ut ædificii frons aversa sit ab infestis ejus regionis ventis, et amicissimis adversa, quum plerique amnes æstate vaporatis hieme frigidis nebulis caligent; quæ nisi vi majore inspirantium vento-

ou salée. Si l'eau courante n'existe pas et qu'on n'ait
pas l'espoir de trouver de l'eau de puits, on construira
de vastes citernes pour les hommes et des piscines pour
les troupeaux, dans lesquelles on rassemblera celles des
eaux pluviales qui seront les plus favorables à la santé
du corps. Elles seront très-bonnes si elles sont conduites
dans la citerne, bien couverte, par des tuyaux de terre
cuite. Il est une eau qui vaut presque celle des pluies :
c'est celle qui prend sa source dans une montagne, si elle
en descend à travers les rochers, comme on le voit en
Campanie dans le Guarcène. La troisième en qualité
est l'eau d'un puits creusé sur une colline, ou du moins
sur le penchant d'une vallée. La plus mauvaise de toutes
est celle des marais qui rampe en son cours paresseux.
Quant à celle qui reste immobile dans les marais, elle est
pestilentielle ; toutefois, quelque nuisible qu'elle soit, elle
devient moins malfaisante en hiver, amendée qu'elle est
par les pluies : d'où il faut conclure que l'eau du ciel est éminemment salubre, puisqu'elle dissipe ce qu'avait de per-
nicieux un même liquide empoisonné. Au surplus, nous
avons désigné celle qui est la meilleure à boire. Dans tous
les cas, pour tempérer les chaleurs de l'été autant que
pour l'agrément des lieux, on retire un immense avantage des ruisseaux que, si le gisement du terrain ne s'y
oppose pas, il faut, à mon avis, pour peu qu'ils soient
de nature douce, conduire à la métairie de quelque part
qu'ils viennent. S'il se trouve une rivière au-dessous et
à une certaine distance du coteau, pourvu que la salubrité du lieu et le sol élevé de ses bords le permettent,
on y élèvera les bâtiments à proximité du courant ; toutefois on fera en sorte qu'ils lui présentent plutôt le
derrière, afin que la façade de l'édifice soit à l'abri des
mauvais vents de la contrée et tournée vers les vents
favorables : car la plupart des rivières se couvrent en
été de vapeurs, et en hiver de froids brouillards, qui,

rum submoventur, pecudibus hominibusque conferunt
pestem.

Optime autem salubribus, ut dixi, locis ad orientem,
vel ad meridiem, gravibus ad septentrionem villa convertitur; eademque semper mare recte conspicit, quum
pulsatur, ac fluctu respergitur; nunquam ex ripa, sed
paulum submota a litore; nam præstat a mari longo
potius intervallo, quam brevi refugisse, quia media sunt
spatia gravioris halitus. Nec paludem quidem vicinam
esse oportet ædificiis; nec junctam militarem viam,
quod illa caloribus noxium virus eructat, et infestis
aculeis armata gignit animalia, quæ in nos densissimis
examinibus involant; tum etiam natricum serpentiumque
pestes, hiberna destitutas uligine, cœno et fermentata
colluvie venenatas, emittit, ex quibus sæpe contrahuntur
cæci morbi, quorum causas ne medici quidem perspicere
queunt; sed et anni toto tempore situs atque humor
instrumentum rusticum, supellectilemque, et inconditos
conditosque fructus corrumpit : hæc autem prætereuntium viatorum populationibus, et assiduis divertentium
hospitiis infestat rem familiarem. Propter quæ censeo
ejusmodi vitare incommoda, villamque nec in via, nec
pestilenti loco, sed procul et editiore situ condere, ut
frons ejus ad orientem æquinoctialem directa sit. Nam
ejusmodi positio medium temperatumque libramentum
ventorum hiemalium et æstivorum tenet : quantoque
fuerit ædificii solum pronius orienti, tanto et æstate

s'ils ne sont emportés par la force du vent, engendrent
des épidémies funestes aux hommes et aux troupeaux.

Comme je l'ai dit, l'exposition la plus favorable pour
la ferme sera l'orient ou le midi dans les localités saines,
et le nord dans les lieux insalubres. Il sera toujours
avantageux aussi de lui faire regarder la mer, pourvu
que celle-ci la batte et l'arrose de ses flots; mais on ne
devra jamais la placer ainsi sur le rivage, à moins qu'une
certaine distance ne la sépare des eaux : car il vaut
mieux, si l'on n'y touche pas, en être éloigné par un
grand que par un petit intervalle, puisque les exhalai-
sons dangereuses occupent l'espace intermédiaire. Il ne
convient nullement que les bâtiments soient voisins d'un
marais ni d'une voie militaire : les eaux stagnantes
laissent échapper, par l'effet des chaleurs, des miasmes em-
poisonnés, et engendrent des insectes armés d'aiguillons
offensifs, lesquels fondent sur nous en épais essaims : on
y est aussi infesté par des reptiles et des serpents qui,
privés de l'humidité des hivers, recueillent leur venin
dans la fange et l'ordure en fermentation. On contracte
souvent ainsi des maladies dont les caractères sont tellement obscurs que les médecins eux-mêmes ne peuvent
les reconnaître. Là, toute l'année, l'exposition et l'humidité détériorent les instruments rustiques, les meubles,
et même les fruits de la terre, tant ceux qui sont serrés
que ceux qui restent à découvert. Sur les voies publiques, on est exposé au pillage de la part des voyageurs
qui passent, et l'économie souffre de l'hospitalité fréquente à donner aux visiteurs. Pour éviter d'aussi graves
inconvénients, je pense qu'il ne faut construire la ferme
ni sur un chemin, ni dans un lieu malsain, mais loin
de la route et sur un point élevé, en tournant la façade
vers l'orient équinoxial. Une telle exposition offre un
juste tempérament entre les vents d'hiver et ceux d'été.
Plus le sol en sera exposé au levant, plus librement il

liberius capere perflatus, et hiemis procellis minus infestari, et matutino regelari ortu poterit, ut concreti
rores liquescant : quoniam fere pestilens habetur, quod
est remotum ac sinistrum soli, et apricis flatibus; quibus
si caret, nulla alia vis potest nocturnas pruinas, et quod-
cumque rubiginis aut spurcitiæ resedit, siccare atque
detergere. Hæc autem quum hominibus afferant perniciem, tum et armentis, et virentibus, eorumque fructibus.

Sed quisquis ædificia volet in declivibus areis exstruere,
semper ab inferiore parte auspicetur : quia quum ex de-
pressiore loco fuerint orsa fundamenta, non solum superficiem suam facile sustinebunt, sed et pro fultura et
substructione fungentur, adversus ea quæ mox, si forte
villam prolatare libuerit, ad superiorem partem appli-
cabuntur : quippe ab imo præstructa valenter resistent
contra ea quæ postmodum superposita incumbent; at
si summa pars clivi fundata, propriam molem susceperit,
quidquid ab inferiore mox apposueris, fissum erit, rimo-
sumque. Nam novum quum veteri adstruitur, rimosoque
recens, ædificium quasi surgenti reluctans oneri cedit;
et quod prius exstructum imminebit cedenti, paula-
timque degravatum pondere suo præceps attrahetur.
Igitur id structuræ vitium, quum primum statim fundamenta jaciuntur, evitandum est.

pourra recevoir le souffle du vent d'été, et moins il
aura à souffrir des tempêtes de la mauvaise saison, en
même temps que dès le matin le soleil y liquéfiera les
rosées glacées. D'ailleurs on considère comme à peu
près pestilentielle toute position arrière du soleil et des
vents chauds, en l'absence desquels aucune autre chose
ne saurait dessécher ni ressuyer la glace des nuits, et
tout ce qui s'est couvert de rouille ou d'ordures : choses
pernicieuses aux hommes, aux animaux, aux plantes et
à leurs fruits.

Quiconque veut bâtir sur un terrain déclive, doit
toujours commencer par le point le plus bas du sol,
parce que les fondations jetées dans ce renfoncement,
non-seulement supporteront facilement leur muraille,
mais aussi serviront de contre-fort et de soutènement à
ce qu'on construira bientôt sur le point supérieur, s'il
convient d'accroître la bâtisse. En effet, ce qui aura été
établi dans la partie inférieure opposera une puissante
résistance à ce qui, par la suite, sera édifié au-dessus;
tandis que si l'on commence vers le sommet du coteau à établir les fondations, elles auront à supporter
leur propre poids, et tout ce que l'on ajoutera au-dessous
s'entr'ouvrira et présentera des lézardes. Toutes les fois
qu'on relie des constructions nouvelles à de vieilles, et
du neuf à des ruines, le vieux bâtiment, surchargé par
celui qui s'élève, finit par céder à son poids, et ce qui,
bâti d'abord, menace de crouler, se dégrade peu à peu
et entraîne le tout dans sa chute. Il faut donc éviter ce
vice de construction dès que l'on commence à jeter ses
fondations.

De positione villæ.

VI. Modus autem , membrorumque numerus aptetur universo consepto, et dividatur in tres partes : urbanam , rusticam , et fructuariam.

Urbana rursus in hiberna et æstiva sic digeratur, ut spectent hiemalis temporis cubicula brumalem orientem : cœnationes, æquinoctialem occidentem. Rursus æstiva cubicula spectent meridiem æquinoctialem, sed cœnationes ejusdem temporis prospectent hibernum orientem. Balnearia occidenti æstivo advertantur, ut sint post meridiem et usque in vesperum illustria. Ambulationes meridiano æquinoctiali subjectæ sint, ut hieme plurimum solis, et æstate minimum recipiant.

At in rustica parte, magna et alta culina ponetur, ut et contignatio careat incendii periculo, et in ea commode familiares omni tempore anni morari queant. Optime solutis servis cellæ meridiem æquinoctialem spectantes fient : vinctis quam saluberrimum subterraneum ergastulum, plurimis, idque angustis, illustratum fenestris, atque a terra sic editis, ne manu contingi possint. Pecudibus fient stabula, quæ neque frigore, neque calore infestentur. Domitis armentis duplicia bubilia sint, hiberna atque æstiva; ceteris autem pecoribus, quæ intra villam esse convenit, ex parte tecta loca, ex parte sub dio, parietibus altis circumsepta, ut illic

De la position de la ferme.

VI. La distribution et le nombre des pièces à construire dépendent de l'étendue de la propriété. La division se fera en trois parties : l'habitation du maître, les
bâtiments rustiques et ceux à provisions.

L'habitation du maître sera distribuée en appartements d'hiver et en appartements d'été, de manière que
les chambres à coucher, pour l'hiver, regardent l'orient
de cette saison, et les salles à manger le couchant équinoxial. Les chambres à coucher, pour l'été, feront face
au midi, et les salles à manger, pour la même saison,
à l'orient d'hiver. Tournez vers l'occident d'été les salles
de bain, afin qu'elles soient visitées par le soleil de
l'après-midi, et jusqu'au soir. Les galeries pour la
promenade seront exposées au midi équinoxial, afin
qu'elles reçoivent plus de soleil en hiver et moins durant
l'été.

Dans la partie rustique, on fera une grande et haute
cuisine, afin que la charpente du plancher soit moins
exposée à l'incendie, et que les gens de la ferme puissent
en tout temps s'y tenir commodément. Il sera tout à fait
à propos de placer au midi équinoxial les chambres des
esclaves qui ne sont point enchaînés ; les autres occuperont une retraite souterraine la plus saine qu'il sera possible de trouver, éclairée par de nombreuses, mais étroites
fenêtres, assez élevées au-dessus du sol pour qu'ils ne
puissent y atteindre avec la main. Les étables des bestiaux n'auront rien à redouter ni du froid ni de la chaleur. Pour les bêtes de travail, on bâtira de doubles
étables, les unes pour l'hiver, les autres pour l'été. Quant
aux autres bestiaux qu'il faut tenir dans l'intérieur de la
ferme, on leur disposera des retraites, les unes couvertes,
les autres découvertes, entourées de hautes murailles,

per hiemem, hic per æstatem sine violentia ferarum conquiescant. Sed omnia stabula sic ordinentur, ne quis humor influere possit : et ut quisque, qui ibi conceptus fuerit, quam celerrime dilabatur, ut nec fundamenta parietum corrumpantur, nec ungulæ pecudum. Lata bubilia esse oportebit pedes decem, vel minime novem : quæ mensura et ad procumbendum pecori, et jugario ad circumeundum laxa ministeria præbeat. Non altius edita esse præsepia convenit, quam ut bos aut jumentum sine incommodo stans vesci possit.

Villico juxta januam fiat habitatio, ut intrantium exeuntiumque conspectum habeat. Procuratori supra januam [3] ob easdem causas: et is tamen villicum observet ex vicino : sitque utrique proximum horreum, quo conferatur omne rusticum instrumentum; et intra id ipsum clausus locus, quo ferramenta condantur. Bubulcis pastoribusque cellæ ponantur juxta sua pecora, ut ad eorum curam sit opportunus excursus. Omnes tamen quam proxime alter ab altero debent habitare, ne villici diversas partes circumeuntis sedulitas distendatur, et ut inter se diligentiæ et negligentiæ cujusque testes sint.

Pars autem fructuaria dividitur in cellam oleariam, torculariam, cellam vinariam, defrutariam, fœnilia, paleariaque et apothecas, et horrea, ut ex iis, quæ sunt in plano, custodiam recipiant humidarum rerum tanquam

afin que, placés dans celles-là pendant l'hiver, dans celles-ci durant l'été, ils puissent se reposer à l'abri des attaques des bêtes féroces. Toutes ces étables seront ordonnées de manière qu'il n'y puisse filtrer aucune humidité, et que celle qui s'y formera s'en écoule promptement, et ne pourrisse ni les fondations des murs ni la corne des pieds des animaux. Les bouveries devront être larges de dix pieds ou de neuf au moins : cette éten-due est nécessaire pour que le bœuf puisse se coucher, et pour que le bouvier puisse à l'aise circuler autour de l'animal. Il n'est pas nécessaire que les mangeoires soient plus élevées qu'il ne suffit au bœuf ou au cheval pour atteindre sa nourriture étant debout.

Près de la porte on établira l'habitation du fermier, afin qu'il puisse voir ce qui entre ou sort. Pour le même motif, le procurateur aura son logement au-dessus de la porte elle-même : ce voisinage lui fournira, en outre, les moyens de surveiller le fermier. A proximité de l'un et de l'autre sera le magasin destiné à recevoir les instru-ments d'agriculture, dans l'intérieur duquel les objets en fer seront serrés en une pièce bien fermée. Les chambres des bouviers et des bergers seront auprès des animaux confiés à leur garde, afin qu'il leur soit facile de les soi-gner aux moments convenables. Tous ces domestiques doivent, au surplus, habiter à peu de distance les uns des autres, pour que l'activité du fermier, en parcou-rant les diverses parties de son exploitation, ait moins à s'écarter, et que chacun d'eux soit témoin du zèle ou de la négligence de ses camarades.

Les bâtiments à provisions se divisent en huilerie, en pressoir, en cellier à vins, en pièce à cuire le moût, en fenil, en pailler, en magasins et en greniers, de manière que les pièces de plain-pied reçoivent les li-quides tels que le vin et l'huile destinés à la vente; et

vini aut olei venalium; siccæ autem res congerantur
tabulatis, ut frumenta, fœnum, frondes, paleæ, ceteraque pabula. Sed granaria, ut dixi, scalis adeantur,
et modicis fenestellis aquilonibus inspirentur; nam ea
cœli positio maxime frigida et minime humida est : quæ
utraque perennitatem conditis frumentis afferunt. Eadem
ratio est in plano sitæ vinariæ cellæ, quæ submota
procul esse debet a balneis, furno, sterquilinio, reli-
quisque immunditiis tetrum odorem spirantibus : nec
minus a cisternis, aquisve salientibus, ex quibus qui
extrahitur humor, vinum corrumpit.

Neque me præterit, sedem frumentis optimam quibusdam videri horreum camera contectum, cujus solum
terrenum prius quam consternatur, perfossum, et amurca
recenti non salsa madefactum, velut Signinum opus paviculis condensatur. Tum deinde quum exaruit, simili
modo pavimenta testacea, quæ pro aqua receperint
amurcam mixtam calci et arenæ, supersternuntur, et
magna vi paviculis inculcantur, atque expoliuntur, omnesque parietum et soli juncturæ testaceis pulvinis fibu-
lantur. Nam fere quum his partibus ædificia rimas ege-
runt, cava præbent et latebras subterraneis animalibus.

Sed et lacubus distinguuntur granaria, ut separatim
quæque legumina ponantur. Parietes oblinuntur amurca
subacto luto, cui pro paleis admixta sunt arida oleastri,
vel si ea non sunt, oleæ folia. Deinde, quum prædictum
tectorium inaruit, rursus amurca respergitur, qua sic-

qu'on entasse dans les greniers planchéiés les blés, le foin, les feuilles, les pailles et les autres fourrages. On arrivera aux greniers par des escaliers, et ils seront aérés au moyen de petites fenêtres du côté du nord, parce que ce point de l'horizon est le plus froid et le moins humide : double avantage qui assure la longue conservation des productions de la culture. Par la même raison, les celliers à vin seront établis au rez-de-chaussée, éloignés des bains, du four, des fumiers et autres immondices exhalant une mauvaise odeur, aussi bien que des citernes et des eaux courantes dont l'humidité peut gâter les vins.

Je ne dois pas oublier de dire que quelques personnes considèrent comme le meilleur emplacement pour serrer les grains une voûte pratiquée dans le sol, offrant une aire qui, après avoir été remuée et humectée de lie d'huile fraîche et non salée, a été battue et condensée avec des battes à la manière des maçonneries de Segnia. Quand le tout est bien sec, on le recouvre de pavés en brique qui, dans la fabrication, au lieu d'eau, ont aussi reçu de la lie d'huile mêlée avec de la chaux et du sable. Ces pavés sont enfoncés à grande force, puis polis, et l'on garnit toutes les jointures des murs et du sol avec du ciment. C'est une précaution d'autant plus nécessaire de ne laisser aucuns trous dans cette construction, qu'ils fourniraient des retraites aux animaux souterrains.

Les greniers seront divisés en compartiments, afin que chaque légume y soit déposé séparément. On recouvre les murs d'un enduit de terre détrempée avec de la lie d'huile dans lequel on substitue à la paille des feuilles sèches d'olivier sauvage, ou, à leur défaut, de tout autre olivier. Dès que cet enduit est bien sec, on

cata frumentum infertur. Ea res ab noxa curculionum, et similium animalium commodissime videtur conditas fruges defendere ; quæ nisi diligenter repositæ sint, celeriter ab eis consumuntur. Sed id genus horrei, quod scripsimus, nisi sit in sicca positione villæ, quamvis granum robustissimum corrumpit situ : qui si nullus adsit, possunt etiam defossa frumenta servari, sicut transmarinis quibusdam provinciis, ubi puteorum in modum, quos appellant siros[4], exhausta humus, editos a se fructus recipit. Sed nos in nostris regionibus, quæ redundant uligine, magis illam positionem pensilis horrei, et hanc curam pavimentorum et parietum probamus : quoniam, ut retuli, sic emunita sola et latera horreorum prohibent curculionem; quod genus exitii quum incidit, multi opinantur arceri posse, si exesæ fruges in horreo ventilentur, et quasi refrigerentur ; id autem falsissimum est : neque enim hoc facto expelluntur animalia, sed immiscentur totis acervis : qui, si maneant immoti, summis tantum partibus infestantur, quoniam infra mensuram palmi[5] non nascitur curculio : longeque præstat id solum, quod jam vitiatum est, quam totum periculo subjicere; nam quum exiget usus, facile est, eo sublato, quod vitiatum erit, integro inferiore uti; sed hæc, etsi extrinsecus, non tamen intempestive videor hoc loco retulisse.

Torcularia præcipue cellæque oleariæ calidæ esse de-

l'imbibe encore de lie d'huile; puis, lorsqu'elle est desséchée, on peut y déposer le froment. Ce travail paraît
protéger très-avantageusement les dépôts de grains contre
le dommage qu'occasionnent les charançons et les autres
insectes de même genre, qui, par faute de tels soins,
auraient promptement dévoré ces céréales. On ne saurait dissimuler néanmoins que ces greniers que nous venons de décrire, s'ils n'occupent dans la ferme une position très-sèche, ne pourront préserver de la moisissure
les grains le mieux en état d'y résister. Si un tel emplacement n'existe pas, on peut aussi les conserver sous
terre, comme on en use dans quelques contrées d'outre-
mer, où le sol, creusé en manière de puits qu'on y
appelle siros, reçoit les productions qu'il a données.
Mais, dans notre Italie où l'humidité est considérable,
nous croyons préférables les greniers élevés dont l'aire a
été préparée et les murs enduits, puisque, comme je l'ai
dit, le sol et la muraille, dans ces conditions, ne permettent pas aux charançons d'y pénétrer. Quand ce fléau
survient, beaucoup de personnes pensent qu'on peut s'en
délivrer en exposant, dans le grenier, les grains attaqués
à la ventilation et à une sorte de refroidissement. Cette
assertion est de toute fausseté; car par ce procédé les
insectes ne sont pas chassés, mais sont dispersés dans
tous les tas. Si, au contraire, on ne les déplace pas, ils
n'endommagent que la superficie de ces monceaux, puisqu'on ne voit pas le charançon naître au-dessous de la
profondeur d'un palme. Or, il vaut mieux sacrifier ce
qui est déjà gâté, que d'exposer toute la récolte. Quand
on aura besoin de grain, il sera facile d'enlever la partie
altérée et d'employer les couches inférieures. Au reste,
quoique ces observations soient étrangères à la matière
que nous traitons, je ne regarde pas comme hors de
propos de les rapporter en ce lieu.

Les pressoirs, surtout les celliers à huile, doivent être

bent, quia commodius omnis liquor vapore solvitur, ac
frigoribus magis constringitur; oleum, quod minus provenit, si congelatur, fracescet. Sed ut calore naturali
est opus, qui contingit positione coeli, et declinatione,
ita non est opus ignibus aut flammis : quoniam fumo et
fuligine sapor olei corrumpitur. Propter quod torcular
debet a meridiana parte illustrari, necesse ne habeamus
ignes lucernamque adhibere, quum premetur olea.

Cortinale, ubi defrutum fiat, nec angustum, nec
obscurum sit, ut sine incommodo minister, qui sapam
decoquet, versari possit.

Fumarium quoque, quo materia, si non sit jampridem
caesa, festinato siccetur, in parte rusticae villae fieri potest
junctum rusticis balneis; nam eas quoque refert esse, in
quibus familia, sed tantum feriis, lavetur; neque enim
corporis robori convenit frequens usus earum.

Apothecae recte superponentur his locis, unde plerumque fumus [earum] exoritur : quoniam vina celerius
vetustescunt, quae fumi quodam tenore praecocem maturitatem trahunt; propter quod et aliud tabulatum esse
debebit, quo admoveantur, ne rursus nimia suffitione
medicata sint.

Quod ad villae pertinet situm, partiumque ejus dispo-
sitionem, satis dictum est. Circa villam deinceps haec
esse oportebit : furnum et pistrinum, quantum futurus
numerus colonorum postulaverit : piscinas minimum

chauds, parce que tout liquide se dissout mieux par
l'effet de la chaleur que si le froid le concentre et le
resserre. L'huile qui se dégage lentement est exposée à se
congeler et à se gâter. Mais s'il est besoin de la chaleur naturelle qui résulte du climat et de l'exposition, il
n'en est pas de même de celle que l'on se procurerait à
force de feu et de flamme; car la fumée et la suie détériorent la saveur de l'huile. C'est pourquoi le pressoir
devra tirer ses jours du midi, afin que l'on puisse se
passer de feu et de lampe lorsqu'on y pressera des
olives.

Le cortinal, où l'on cuit certains vins, ne sera ni étroit
ni obscur, afin que l'ouvrier qui opère la cuisson du
moût puisse circuler sans embarras.

Le fumoir, dans lequel le bois, s'il n'est depuis longtemps coupé, doit être promptement séché, peut être
établi dans la partie de la ferme où se trouvent les bains
des ouvriers, qui, au reste, n'en usent que les jours de
fête, car leur fréquent usage est loin d'entretenir la
force du corps.

C'est avec avantage qu'on place les magasins au-dessus
de ces pièces, d'où s'élève souvent de la fumée, puisque
les vins vieillissent plus promptement quand une certaine proportion de fumée accélère leur maturité. Il sera
bon d'avoir un autre cellier où ils seront transportés, de
peur que, soumis à une fumigation trop prolongée, ils
n'en soient altérés.

Nous nous sommes suffisamment étendus sur ce qui
concerne la situation et la disposition de la ferme. Parlons maintenant de ses accessoires. Le four et le moulin
seront proportionnés au nombre d'ouvriers à nourrir.
On creusera au moins deux piscines, dont l'une sera ré-

duas : alteram, quæ anseribus ac pecoribus serviat;
alteram, in qua lupinum, vimina, et virgas, atque alia,
quæ sunt usibus nostris apta, maceremus. Sterquilinia
quoque duo sint : unum, quod nova purgamenta recipiat, et in annum conservet; alterum, ex quo vetera
vehantur; sed utrumque more piscinarum devexum leni
clivo, et exstructum pavitumque solum habeat, ne humorem transmittant : plurimum enim refert, non adsic-
cato succo fimum vires continere, et assiduo macerari
liquore, ut si qua interjecta sint stramentis aut paleis
spinarum vel graminum semina, intereant, nec in agrum
exportata segetes herbidas reddant. Ideoque periti rustici, quidquid ovilibus stabulisque conversum progesse-
runt, superpositis virgeis cratibus tegunt, nec arescere
ventis sinunt, aut solis incursu patiuntur exuri.

Area, si competit, ita constituenda est, ut vel a domino, vel certe a procuratore despici possit. Eaque
optima est silice constrata, quod et celeriter frumenta
deteruntur, non cedente solo pulsibus ungularum tri-
bularumque, et eadem eventilata mundiora sunt, lapil-
lisque carent, et glæbulis, quas per trituram fere terrena
remittit area. Huic autem nubilarium applicari debet,
maximeque in Italia, propter inconstantiam cœli, quo
collata semitrita frumenta protegantur, si subitaneus
imber incesserit; nam in transmarinis quibusdam regionibus, ubi æstas pluvia caret, supervacuum est.

servée pour les oies et le troupeau, et dont l'autre sera employée à macérer les lupins, les osiers, les gaulettes, et les autres choses qu'on a besoin d'y faire tremper. Les fosses à engrais seront aussi au nombre de deux : la première recevra les nouvelles curures d'étables et les conservera durant un an; et la seconde servira de dépôt aux fumiers anciens et propres à être employés. Toutes deux seront, comme les piscines, creusées dans un sol légèrement incliné, murées et pavées de manière à ne laisser échapper aucun liquide : car il importe beaucoup que, par son état humide, le fumier conserve toute sa force, et se macère dans un liquide continuel, afin que s'il s'y mêle aux litières et aux pailles quelques graines d'épines ou de mauvaises herbes, elles pourrissent, et, portées dans les champs, ne nuisent pas aux moissons. En conséquence, les cultivateurs habiles couvrent avec des claies les apports des bergeries et des étables, qui seraient desséchés par le grand air ou seraient brûlés par les rayons du soleil.

Autant qu'on le pourra, on établira l'aire de manière qu'elle soit à portée des regards soit du maître, soit du procurateur. La meilleure sera celle qui aura un pavé de pierres dures, parce que les grains y sont plus promptement tirés de leur balle, que le sol y résiste mieux au pied des animaux et à la pression du traîneau, que le vent l'entretiendra mieux dans un état de propreté, qu'il ne s'y trouvera pas de gravier ni de petites mottes, que donnent presque toujours, pendant le battage, les aires qui ne sont que de terre. Près de là sera un lieu destiné à abriter les grains à demi battus, dans le cas où il surviendrait une averse : cette précaution, très-nécessaire en Italie, en raison de l'inconstance de son ciel, serait superflue dans quelques contrées d'outre-mer, où l'été se passe sans pluies.

Pomaria quoque et hortos oportet septo circumdari, et esse in propinquo, atque in ea parte, quo possit omnis stercorata colluvies cortis balineorumque, et oleis expressa amurcæ sanies influere; nam ejusmodi quoque lætatur alimentis et olus et arbor.

De officiis patrisfamilias.

VII. His omnibus ita vel acceptis, vel compositis, præcipua cura domini requiritur, quum in ceteris rebus, tum maxime in hominibus. Atque hi vel coloni vel servi sunt, soluti aut vincti. Comiter agat cum colonis, facilemque se præbeat, et avarius opus exigat, quam pensiones : quoniam et minus id offendit, et tamen in universum magis prodest. Nam ubi sedulo colitur ager, plerumque compendium, nunquam (nisi si cœli major vis, aut prædonis incessit) detrimentum affert, eoque remissionem colonus petere non audet. Sed nec dominus in unaquaque re, cui colonum obligaverit, tenax esse juris sui debet, sicut in diebus pecuniarum, ut lignis et ceteris parvis accessionibus exigendis, quarum cura majorem molestiam, quam impensam rusticis affert. Nec sane est vindicandum nobis, quidquid licet. Nam summum jus antiqui summam putabant crucem. Nec rursus in totum remittendum : quoniam vel optima nomina non appellando fieri mala, fœnerator Alphius dixisse verissime fertur. Sed et ipse nostra memoria veterem consularem, virumque opulentissimum L. Volusium asseve-

On entourera de haies les vergers et les jardins, qui
devront être à proximité, et dans un emplacement où
on puisse les faire profiter des écoulements des fumiers
de la basse-cour, des bains, et des lies provenant de
l'expression des olives : car les légumes et les arbres se
trouvent bien des aliments de cette nature.

Des obligations du père de famille.

VII. Toutes ces choses se trouvant ou ayant été ainsi
disposées, les soins principaux du maître seront récla-
més par quelques autres objets, et principalement par
le personnel de son exploitation : il se compose des fermiers et des esclaves, soit libres, soit enchaînés. Il traitera
les premiers avec affabilité, se montrera doux, et plus
exigeant pour le travail que pour le payement des fermages : cette manière d'agir les blesse moins, et est plus
avantageuse en tout. En effet, lorsqu'une terre est soigneusement cultivée, le fermier doit toujours y faire
des bénéfices, à moins de force majeure, comme orage
ou pillage. Hors ce cas, le fermier n'oserait demander la
remise de l'arriéré. Le maître ne doit pas, non plus,
être tenace au point de faire remplir strictement en
chaque chose les obligations contractées envers lui, telles
que le payement des fermages, la livraison du bois et
autres menues redevances qu'il a droit d'exiger, mais
dont l'acquittement cause au fermier plus de dérange-
ment qu'elles ne lui occasionnent de dépense. En général, il ne faut pas toujours réclamer ce à quoi l'on a
droit; car nos ancêtres regardaient la grande rigueur du
droit comme la plus grande des tyrannies. Il ne faut
cependant pas montrer trop d'indulgence; car, comme
le disait avec raison l'usurier Alphius, les meilleures
obligations deviennent mauvaises faute d'être exigées à
leur échéance. De nos jours, j'ai entendu dire à L. Vo-

rantem audivi, patrisfamilias felicissimum fundum esse, qui colonos indigenas haberet, et tanquam in paterna possessione natos, jam inde a cunabulis longa familiaritate retineret. Ita certe mea fert opinio, rem malam esse frequentem locationem fundi : pejorem tamen urbanum colonum, qui per familiam mavult agrum, quam per se colere. Saserna dicebat, ab ejusmodi homine fere pro mercede litem reddi; propter quod operam dandam esse, ut et rusticos, et eosdem assiduos colonos retineamus, quum aut nobismetipsis non licuerit, aut per domesticos colere non expedierit : quod tamen non evenit, nisi in his regionibus, quæ gravitate cœli, solique sterilitate vastantur. Ceterum quum mediocris adest et salubritas, et terræ bonitas, nunquam non ex agro plus sua cuique cura reddidit, quam coloni : nunquam non etiam villici, nisi si maxima vel negligentia servi, vel rapacitas intervenit. Quæ utraque peccata plerumque vitio domini vel committi, vel foveri, nihil dubium est : quum liceat aut cavere, ne talis præficiatur negotio; aut jam præpositus, ut submoveatur curare. In longinquis tamen fundis, in quos non est facilis excursus patrisfamilias, quum omne genus agri tolerabilius sit sub liberis colonis, quam sub villicis servis habere, tum præcipue frumentarium, quem minime (sicut vineas aut arbustum) colonus evertere potest, et maxime vexant servi, qui boves elocant, eosdemque et cetera pecora male pascunt, nec industrie terram vertunt, longeque plus imputant

lusius, homme consulaire et très-riche, que pour un père de famille le fonds le plus productif était celui dont les fermiers étaient du pays, et qui, nés sur cette terre comme sur leur patrimoine, y restant dès le berceau, y avaient contracté de longues habitudes. Assurément, c'est bien mon opinion, qu'il y a de l'inconvénient à changer souvent de fermiers, et que le pire de tous est un fermier citadin qui aime mieux faire cultiver par ses gens que cultiver lui-même. Saserna disait qu'il fallait plutôt attendre d'un homme de ce genre des procès que des fermages; qu'en conséquence, il fallait s'appliquer à retenir des fermiers villageois et diligents, quand nous ne pouvions pas nous livrer nous-mêmes à la culture ni la faire exécuter par nos gens : ce qui n'arrive que dans les cantons en proie à l'insalubrité de l'air et à la stérilité du sol. Au reste, quand l'un ou l'autre inconvénient est médiocre, les soins du fermier tirent toujours moins de produits de la terre que n'en obtient le maître, ou même son métayer, à moins d'extrême paresse et d'infidélité de la part de cet esclave. Mais il n'est pas douteux que le plus souvent ces désagréments ne proviennent de la faute du maître ou ne soient favorisés par lui, puisqu'il lui est loisible ou d'éviter de mettre un tel homme à la tête de ses affaires, ou de lui en retirer la gestion. Toutefois, quand une terre est éloignée au point qu'il soit difficile au propriétaire de s'y transporter, toute espèce de fonds prospèrera plus sous des fermiers libres que sous des métayers esclaves : c'est ce qu'on peut dire surtout des terres arables, que le fermier ne saurait dévaster comme les vignes et les arbres. Les esclaves peuvent causer de grands dommages, soit en donnant à louage les bœufs de la terre, soit en les nourrissant mal, ainsi que les autres bestiaux, soit en ne labourant pas à propos, soit en faisant payer plus de semence qu'ils n'en ont confié aux sillons, soit en ne soignant pas, pour les faire prendre,

seminis jacti, quam quod severint : sed nec quod terræ
mandaverint sic adjuvant, ut recte proveniat : idque
quum in aream contulerunt, per trituram quotidie mi-
nuunt vel fraude, vel negligentia; nam et ipsi diripiunt,
et ab aliis furibus non custodiunt; sed nec conditum
cum fide rationibus inferunt. Ita fit, ut et actor, et
familia peccent, et ager sæpius infametur; quare talis
generis prædium, si, ut dixi, domini præsentia cari-
turum est, censeo locandum.

De pecore et pecorum magistris.

VIII. Proxima est cura de servis, cui quemque officio
præponere conveniat, quosque et qualibus operibus desti-
nare. Igitur præmoneo ne villicum ex eo genere servorum, qui corpore placuerunt, instituamus; ne ex eo
quidem ordine, qui urbanas ac delicatas artes exer-
cuerit. Socors et somniculosum genus id mancipiorum,
otiis, campo, circo, theatris, aleæ, popinæ, lupana-
ribus consuetum, nunquam non easdem ineptias somniat,
quas quum in agriculturam transtulit, non tantum in ipso
servo, quantum in universa re detrimenti dominus capit.
Eligendus est rusticis operibus ab infante duratus, et
inspectus experimentis. Si tamen is non erit, de iis
præficiatur, qui servitutem laboriosam toleraverunt.
Jamque is transcenderit ætatem primæ juventæ, nec
dum senectutis attigerit : illa ne et auctoritatem detrahat
ad imperium, quum majores dedignentur parere ado-

les plantes qu'ils ont mises en terre, soit, lorsque la moisson est portée sur l'aire, en diminuant le produit du battage par fraude ou par négligence : car ils le dérobent eux-mêmes ou bien ils le laissent prendre par d'autres voleurs, ou ils ne le portent pas fidèlement en compte. Il en résulte que le maître-valet et ses gens se comportent mal, et que trop souvent une terre se trouve ainsi décréditée. C'est pourquoi je suis d'avis qu'il faut donner à ferme ce genre de domaine, si, comme je m'en suis expliqué, il doit être privé de la présence du maître.

Du troupeau et de ses gardiens.

VIII. Après le fermier, le soin le plus important concerne les esclaves, afin de savoir à qui d'entre eux il convient de remettre chaque emploi et de confier tel ou tel travail. Je commence donc par avertir que nous ne devons pas tirer le fermier de cette espèce d'esclaves dont les belles formes ont su plaire, ou qui ont exercé à la ville des arts enfantés par la mollesse. Cette espèce de valets, paresseuse et dormeuse, accoutumée à la fainéantise, à la promenade, au cirque, aux théâtres, au jeu, au cabaret, aux mauvais lieux, ne songe qu'à ces futilités, dont le goût porté à la campagne n'est pas moins funeste à l'esclave lui-même que préjudiciable à tous les intérêts du maître. Le choix doit porter sur un homme endurci dès l'enfance aux travaux de l'agriculture, et connu pour son expérience. Si pourtant on ne peut trouver un tel homme, on en prendra un de ceux qui ont rempli un service pénible. Il aura dépassé l'âge de la première jeunesse et ne touchera point encore à la vieillesse : celle-là affaiblirait l'autorité du commandement, puisque les gens âgés dédaignent d'obéir à un jeune homme; celle-ci l'exposerait à succomber sous le

lescentulo ; hæc ne laboriosissimo succumbat operi.
Mediæ igitur sit ætatis, et firmi roboris, peritus rerum
rusticarum, aut certe maximæ curæ, quo celerius addiscat. Nam non est nostri negotii alterum imperare,
et alterum docere : neque enim recte opus exigere valet,
qui, quid aut qualiter faciendum sit, ab subjecto discit.
Potest etiam illitteratus, dummodo tenacissimæ sit memoriæ, rem satis commode administrare. Ejusmodi villicum Cornelius Celsus ait, sæpius nummos domino,
quam librum afferre, quia nescius litterarum vel ipse
minus possit rationes confingere, vel per alium propter
conscientiam [fraudis] timeat. Sed qualicumque villico
contubernalis mulier assignanda est, quæ contineat eum,
et in quibusdam rebus tamen adjuvet. Idemque actori
præcipiendum est, ne convictum cum domestico, multoque minus cum extero habeat. Nonnunquam tamen
eum, quem assidue sedulum, et fortem in operibus ad-
ministrandis cognoverit, honoris causa mensæ suæ die
festo dignetur adhibere. Sacrificia, nisi ex præcepto domini, ne fecerit; haruspices, sagasque, quæ utraque
genera vana superstitione rudes animos ad impensas,
ac deinceps ad flagitia compellunt, ne admiserit; neque
urbem, neque ullas nundinas noverit, nisi emendæ ven-
dendæve pertinentis ad se rei causa. Villicus enim, quod
ait Cato, ambulator esse non debet, nec egredi ter-
minos, nisi ut addiscat aliquam culturam : et hoc si ita

poids des fatigues de son travail. En conséquence, il
doit être parvenu à un âge moyen, être robuste, instruit des travaux des champs, et surtout doué d'un
grand zèle pour apprendre au plus tôt son service. Nos
affaires seraient en souffrance si l'un avait le commau-
dement et que son subordonné lui donnât des leçons :
en effet, peut-on exiger un bon travail quand on est
obligé de demander à un subordonné ce qu'il faut faire
et comment on doit opérer? Un homme illettré peut, à
la rigueur, conduire assez bien son affaire, pourvu qu'il
soit doué d'une excellente mémoire. Cornelius Celse
dit qu'un tel métayer apporte à son maître plus souvent
de l'argent que le registre, parce que son ignorance ne
lui permet pas d'établir lui-même des comptes fictifs,
et qu'il n'oserait en charger un autre, dans la crainte
qu'on ne découvre son infidélité. Au surplus, quel que
soit le métayer choisi, il faut lui associer une femme de
la maison, qui le retienne, et le seconde même en certaines choses. On lui prescrira, ainsi qu'à son maître-
valet, de ne pas prendre ses repas avec les domestiques,
et moins encore avec les étrangers. Quelquefois cependant
il pourra, les jours de fête, et comme témoignage hono-
rable, admettre à sa table celui qu'il aura reconnu toujours zélé et constant dans ses travaux. Il ne fera pas de
sacrifices, à moins que ce ne soit d'après l'ordre du
maître; il ne recevra dans sa maison ni aruspices, ni sor-
cières, sorte de gens qui, entretenant de vaines super-
stitions, poussent les ignorants à la dépense et à l'im-
moralité; il s'abstiendra d'aller à la ville et aux marchés,
à moins que ce ne soit pour acheter ou pour vendre des
objets de sa compétence. En effet, comme dit Caton,
un métayer ne doit pas être un coureur et ne doit pas
franchir les limites de sa terre, si ce n'est pour apprendre quelque procédé de culture, et cela même, à
si peu de distance, qu'il puisse bientôt être de retour.

in vicino est, ut cito remeare possit. Semitas, novosque
limites in agro fieri ne patiatur; neve hospitem, nisi
amicum, familiaremque domini necessarium receperit.

Ut ab his arcendus, ita exhortandus est ad instru-
mentorum ferramentorumque curam : ut duplicia, quam
numerus servorum exigit, refecta et reposita custodiat,
ne quid a vicino petendum sit : quia plus in operis
servorum, quam in pretio rerum ejusmodi consumitur.
Cultam vestitamque familiam magis utiliter quam deli-
cate habeat, munitamque diligenter a vento, frigore,
pluviaque : quæ cuncta prohibentur pellibus manicatis,
centonibus confectis, vel sagis cucullis [6]. Id si fiat, nullus
dies tam intolerabilis est, quo non sub divo moliri
aliquid possit. Nec tantum operis agrestis sit artifex, sed
et animi, quantum servile patitur ingenium, virtutibus
instructus, ut neque remisse, neque crudeliter imperet.
Semperque aliquos ex melioribus foveat, parcat tamen
etiam minus bonis : ita ut potius timeant ejus severi-
tatem, quam crudelitatem detestentur. Id contingere
poterit, si maluerit custodire subjectos, ne peccent,
quam negligentia sua committere, ut puniat delinquentes.
Nulla est autem major vel nequissimi hominis custodia,
quam operis exactio, ut justa reddantur, ut villicus
semper se repræsentet. Sic enim et magistri singulorum
officiorum sedulo munia sua exsequentur, et ceteri post
defatigationem operis quieti ac somno potius, quam deliciis, operam dabunt. Jam illa vetera, sed optimi moris,

Il ne souffrira pas que l'on pratique de nouveaux sentiers, ni qu'on déplace les bornes; il ne donnera chez lui l'hospitalité à d'autre personne qu'à un ami intime de son maître.

En lui faisant ces défenses, il faut aussi l'exhorter à prendre soin des outils et de tous les instruments de fer, qu'il gardera bien réparés et placés en nombre double des esclaves qui les emploient, pour n'être pas obligé d'en emprunter dans le voisinage, parce qu'on perd plus par le chômage des esclaves que par la dépense de ces objets. Il tiendra ses gens bien entretenus et vêtus plutôt pour la commodité que pour l'élégance, de manière à les préserver des effets du vent, du froid et de la pluie : des casaques de peau pourvues de manches, de vieux habits de maître qu'on a rapiécés, ou des saies à capuchon rempliront bien ce but. A cette condition, il n'y a jour si mauvais où l'on ne puisse travailler en plein air à quelque ouvrage. Non-seulement le métayer sera propre aux travaux agricoles, mais, autant que le comporte son état d'esclave, il sera vertueux, afin qu'il ne commande ni avec mollesse ni avec dureté. Il doit avoir des égards pour les bons, et même quelque indulgence pour ceux qui le sont moins, de manière qu'on craigne sa sévérité plutôt qu'on ne déteste sa rigueur. C'est ce à quoi il pourra parvenir, s'il aime mieux contenir dans le devoir ses subordonnés que les punir pour les fautes que sa négligence leur aurait laissé commettre. Il n'y a pas de meilleur moyen de gouverner, même un méchant homme, que de lui imposer une tâche, de n'exiger de lui que ce qui est juste, et de le surveiller avec assiduité. Ainsi, pour chaque partie, les chefs de travail s'acquitteront exactement de leur devoir, et les autres, après leurs fatigues, pourront se livrer non pas aux délices, mais au repos et au sommeil. Puissent revivre pour les métayers ces anciennes habi-

quæ nunc exoleverunt, utinam possint obtineri : ne con-
servo ministro quoquam, nisi in re domini, utatur; ne
cibum, nisi in conspectu familiæ, capiat; neve alium,
quam qui ceteris præbetur; sic enim curabit, ut et panis
diligenter confiat, et reliqua salubriter apparentur. Ne
extra fines, nisi a se missum, progredi sinat : sed nec
ipse mittat, nisi magna necessitate cogente. Neve nego-
tietur sibi, pecuniamque domini, aut animalibus, aut
rebus aliis promercalibus occupet : hæc enim negotiatio
curam villici avocat, nec unquam patitur eum cum rationibus domini paria facere; sed ubi numeratio exigetur,
rem pro nummis ostendit. In universum tamen hoc
maxime obtinendum ab eo est, ne quid se putet scire,
quod nesciat, quæratque semper addiscere, quod ignorat :
nam quum multum prodest perite quid facere, tum plus
obest perperam fecisse. Unum enim ac solum domi-
natur in rusticatione, quidquid exigit ratio culturæ, semel facere : quippe quum emendatur vel imprudentia,
vel negligentia, jam res ipsa decoxit, nec in tantum
postmodum exuberat, ut et se amissam restituat, et
quæstum temporum præteritorum resarciat.

In ceteris servis hæc fere præcepta servanda sunt,
quæ me custodisse non pœnitet, ut rusticos, qui modo
non incommode se gessissent, sæpius quam urbanos,
familiariusque alloquerer; et quum comitate domini
levari perpetuum laborem eorum intelligerem, nonnun-

tudes qui étaient excellentes, mais qui sont tombées en
désuétude, de n'employer le ministère d'aucun de ses
compagnons d'esclavage, si ce n'est pour le service du
maître; de prendre ses repas en présence des gens, de
ne pas manger d'autres mets que les leurs! Ainsi le métayer aura soin que le pain soit bien conditionné, et que
les autres aliments soient de nature bien saine. Il ne laissera sortir personne de la ferme, à moins qu'il ne l'en-
voie lui-même, ce qu'il ne devra faire que pour un cas
d'urgence. Il ne fera pour son compte aucun commerce, et n'emploiera pas l'argent de son maître en achat
d'animaux ni d'autres marchandises : un tel commerce
détourne le métayer de ses obligations, et ne lui permet
pas de bien conduire les affaires du maître, qui, lorsqu'il demande à compter, ne voit que des acquisitions
au lieu d'argent. Ce qu'il faut surtout obtenir de cet
agent, c'est que, loin de penser savoir ce qu'il ignore,
il cherche toujours à s'instruire de ce qu'il ne connaît
pas : car les choses mal faites causent plus de perte
qu'on ne trouve d'avantage à les bien exécuter. Il est
un seul principe fondamental en agriculture, c'est de
faire tout de suite ce qu'une bonne culture exige : car,
lorsqu'il faut revenir à remédier soit à l'imprudence,
soit à la négligence, les affaires ont grandement souffert, et ne peuvent désormais prospérer au point de ré-
parer les pertes éprouvées et de reproduire les bénéfices
évanouis.

Pour les autres esclaves, il faut observer ces préceptes,
auxquels je ne me repens pas d'être fidèle. Pourvu qu'ils
se fussent bien comportés, j'entrais en conversation plus
fréquente et plus familière avec mes gens de la campagne qu'avec ceux de la ville, et, voyant que mon
affabilité procurait quelque adoucissement à leurs con-

quam etiam jocarer, et plus ipsis jocari permitterem.
Jam illud sæpe facio, ut quasi cum peritioribus de aliquibus operibus novis deliberem, et per hoc cognoscam
cujusque ingenium, quale, quamque sit prudens. Tum
etiam libentius eos id opus aggredi video, de quo secum
deliberatum, et consilio ipsorum susceptum putant.
Nam illa solemnia sunt omnibus circumspectis, ut erga-
stuli mancipia recognoscant, ut explorent, an diligenter
vincta sint, an ipsæ sedes custodiæ satis tutæ munitæque
sint : num villicus aut alligaverit quempiam, domino
nesciente, aut revinxerit; nam utrumque maxime ser-
vare debet, ut et quem paterfamilias tali pœna mulcta-
verit, villicus, nisi ejusdem permissu, compedibus non
eximat : et quem ipse sua sponte vinxerit, ante, quam
sciat dominus, non resolvat : tantoque curiosior inquisitio patrisfamilias debet esse pro tali genere servorum,
ne aut in vestiariis, aut in ceteris præbitis injuriose
tractentur, quanto et pluribus subjecti, ut villicis, ut
operum magistris, ut ergastulariis, magis obnoxii per-
petiendis injuriis, et rursus sævitia atque avaritia læsi
magis timendi sunt. Itaque diligens dominus, quum et
ab ipsis, tum et ab solutis, quibus major est fides,
quærat, an ex sua constitutione justa percipiant. Atque
ipse panis potionisque bonitatem gustu suo exploret,
vestem, manicas, pedumque tegmina recognoscat. Sæpe
etiam querendi potestatem faciat de iis, qui aut crudeliter eos, aut fraudulenter infestent. Nos quidem ali-

tinuels travaux, je plaisantais joyeusement avec eux et
leur permettais d'en faire autant avec moi. Il m'arrive
même souvent de délibérer avec ces gens, comme avec
des personnes capables, sur quelques opérations nouvelles; ainsi j'apprends à connaître l'esprit de chacun
d'eux, la qualité et l'étendue de ses moyens. Je les vois
alors se livrer plus volontiers au travail sur lequel je
les ai consultés et qu'ils croient entrepris par l'effet de
leurs conseils. Mais ce qui ne doit point échapper à tout
propriétaire attentif, c'est d'inspecter l'état des prisons,
d'examiner si les esclaves sont attachés comme il convient, si les loges sont solides et suffisamment sûres, et si,
à l'insu du maître, le métayer a mis quelqu'un aux fers
ou s'il l'en a détaché. En effet, il doit surtout observer
de ne pas mettre en liberté, sans la permission du père
de famille, celui qu'il a condamné, ni déchaîner celui
qu'il aurait condamné lui-même sans en avoir prévenu
le maître. La surveillance du père de famille, à l'égard
des esclaves enchaînés, doit être attentive au point qu'ils
n'aient pas à souffrir dans la distribution des vête-
ments ni des choses qu'on doit leur donner, d'autant
plus que, soumis à plusieurs supérieurs, aux métayers,
aux chefs des travaux, aux geôliers, ils sont exposés à
plus d'injustices, de vexations, et peuvent devenir plus
redoutables quand ils ont été les victimes de la cruauté
et de l'avarice. C'est pourquoi un bon maître s'informera
auprès de ces esclaves, et auprès de ceux qui ne sont
pas enchaînés, lesquels méritent plus de confiance, si
chacun a reçu ce qui lui revient équitablement. Lui-
même goûtera le pain et la boisson, pour juger leur
qualité; il vérifiera l'état des habits, des manches et des
chaussures. Souvent aussi il leur permettra de se plaindre
des vexations et des fraudes qu'ils endurent. Quant à
moi, autant je m'empresse de venger les opprimés qui se
plaignent justement, autant je punis avec rigueur ceux

quanto juste dolentes, tam vindicamus, quam animad-
vertimus in eos qui seditionibus familiam concitant, qui
calumniantur magistros suos; ac rursus præmio prose-
quimur eos, qui strenue ac industrie se gerunt. Feminis
quoque fecundioribus, quarum in sobole certus numerus
honorari debet, otium nonnunquam, et libertatem dedimus, quum complures natos educassent : nam cui tres
erant filii, vacatio; cui plures, libertas quoque, contin-
gebat. Hæc enim justitia et cura patrisfamilias multum
confert augendo patrimonio.

Sed et illa meminerit, quum e civitate remeaverit,
deos penates adorare; deinde, si tempestivum erit,
confestim; si minus, postero die fines oculis perlustrare,
et omnes partes agri revisere atque æstimare, num quid
absentia sua de disciplina et custodia remiserit; num
aliqua vitis, num arbor, num fruges absint : tum etiam
pecus et familiam recenseat, fundique instrumentum et
supellectilem : quæ cuncta si per plures annos facere
instituerit, bene moratam disciplinam, quum senectus
advenerit, obtinebit; nec erit ulla ejus ætas annis ita
confecta, ut spernatur a servis.

Qualis corporaturæ mancipia cuique operi contribuenda sint.

IX. Dicendum etiam est quibus operibus quemque
habitum corporis aut animi contribuendum putemus.
Magistros operibus oportet præponere sedulos, ac fru-

qui excitent des émeutes et qui calomnient leurs chefs;
comme aussi je récompense l'activité et la capacité. Je
dispense parfois de travail et j'appelle même à la liberté
les femmes fécondes, qui méritent ces avantages par le
nombre des enfants qu'elles ont élevés : ainsi je fais remise de travaux à celles qui en ont trois; je rends libres
celles qui en ont davantage. Cette justice et ce soin du
père de famille contribue puissamment à l'accroissement
de son patrimoine.

Le maître n'oubliera pas, à son retour de la ville,
d'adorer ses dieux pénates; ensuite, et sans tarder, s'il
en a le temps, sinon, le lendemain de son arrivée, d'aller
visiter son domaine dans toute son étendue, puis d'en
revoir et d'en apprécier chaque portion, afin de s'assurer
si, pendant son absence, il n'y a pas eu relâchement
dans les devoirs et dans la surveillance; s'il ne lui manque
ni vigne, ni arbre, ni autres productions. Il fera le recensement de ses troupeaux et de ses gens, des outils et du
mobilier dont sa terre est pourvue. S'il continue d'en agir
ainsi pendant plusieurs années, il parviendra à établir
une habitude d'ordre dont il goûtera les fruits lorsqu'arrivera la vieillesse, et il ne sera jamais assez affaibli par
l'âge pour ne pas imposer à ses esclaves.

En quoi les esclaves doivent contribuer à chaque ouvrage.

IX. Il faut dire aussi quels sont les travaux auxquels
chaque esclave doit contribuer selon sa force et son intelligence. Il faut préposer à l'ouvrage des chefs soigneux et
sobres : pour cet objet ces deux qualités sont plus impor-

galissimos; ea res utraque plus, quam corporis statura
roburque, confert huic negotio : quoniam id ministe-
rium custodiæ diligentis et artis officium est. Bubulco
quamvis necessaria, non tamen satis est indoles mentis,
nisi eum vastitas vocis et habitus metuendum pecudibus
efficit. Sed temperet vires clementia : quoniam terribilior
debet esse, quam sævior, ut et obsequantur ejus im-
periis, et diutius perennent boves, non confecti vexa-
tione simul operum verberumque. Sed quæ sint magi-
strorum munia, quæque bubulcorum, suo loco repetam;
nunc admonuisse satis est, nihil in his, in illis plurimum
referre vires et proceritatem. Nam longissimum quemque
aratorem, sicut dixi, faciemus, et propter id quod
paulo ante retuli, et quod in re rustica nullo minus
opere fatigatur prolixior, quia in arando stivæ pæne
rectus innititur; mediastinus 7 qualiscumque status potest
esse, dummodo perpetiendo labori sit idoneus. Vineæ
non sic altos, quemadmodum latos et lacertosos viros
exigunt; nam hic habitus fossuris, et putationibus, ceterisque earum culturis magis aptus. Minus in hoc officio,
quam in ceteris, agricolatio frugalitatem requirit, quia
et in turba, et sub monitore vinitor opus facere debet;
ac plerumque velocior animus est improborum hominum,
quem desiderat hujus operis conditio : non solum enim
fortem, sed et acuminis strenui ministrum postulat;
ideoque vineta plurimum per alligatos excoluntur. Nihil
tamen ejusdem agilitatis homo frugi non melius, quam

tantes que la taille et la force du corps, puisque ce service est un ministère de garde diligente et de capacité.
Quoique nécessaires au bouvier, les qualités intellectuelles
ne lui suffisent pas, il faut encore que l'ampleur de sa
voix et sa stature le rendent redoutable à ses bestiaux.
Il doit pourtant tempérer la force par la douceur, et
plutôt inspirer la crainte qu'être cruel : ses bœufs
ainsi obéiront mieux à son commandement et dureront
plus longtemps, que s'il les accablait de travail et de
coups. Mais je dirai en son lieu quels sont les devoirs
des chefs des travaux et ceux des bouviers; il suffit
maintenant d'avertir que la force et la taille n'importent
nullement aux premiers, tandis qu'elles sont indispensables aux derniers. Nous exigeons que le laboureur soit
très-grand, comme je l'ai dit, pour les raisons que je
viens de donner, et parce que parmi les travaux de la
campagne le labourage est celui qui fatigue le moins un
homme d'une taille élevée, en raison de ce que, tra-
vaillant presque droit, il peut s'appuyer sur le manche
de sa charrue. La taille du valet de second rang est indifférente, pourvu qu'il soit assez fort pour supporter
le travail. Les vignes demandent des hommes plutôt
larges de poitrine et membrus que d'une taille élevée,
car ils sont plus propres au béchage, à la taille et aux
autres façons qu'elles réclament. Cette partie de l'agriculture requiert moins de frugalité que quelques autres,
parce que le vigneron doit travailler en compagnie et
sous les yeux d'un moniteur; et comme ordinairement
l'esprit des mauvais sujets est plus actif, c'est à eux que
l'on réserve cette culture, qui demande à la fois de la
force physique et de l'intelligence. C'est pourquoi on
fait le plus souvent travailler les vignes par les esclaves
qui sont à la chaîne. Toutefois, à dispositions égales, un
homme honnête s'en acquittera mieux encore qu'un méchant. Je fais ici cette observation pour qu'on ne pense

nequam, faciet. Hoc interposui, ne quis existimet, in ea me opinione versari, qua malim per noxios, quam per innocentes, rura colere. Sed et illud censeo, ne confundantur opera familiæ, sic ut omnes omnia exsequantur. Nam id minime conducit agricolæ, seu quia nemo suum proprium aliquod esse opus credit; seu quia quum enisus est, non suo, sed communi officio proficit, ideoque labori multum se subtrahit; nec tamen viritim malefactum deprehenditur, quod fit a multis. Propter quod separandi sunt aratores a vinitoribus, et vinitores ab aratoribus, iique a mediastinis.

Classes etiam non majores, quam denum hominum faciundæ, quas decurias appellaverunt antiqui, et maxime probaverunt, quod is numeri modus in opere commodissime custodiretur, nec præeuntis monitoris diligentiam multitudo confunderet. Itaque si latior est ager, in regiones deducendæ sunt eæ classes, dividundumque ita opus, ut neque singuli, binive sint, quoniam dispersi non facile custodiuntur : nec tamen supra decem, ne rursus, ubi nimia turba sit, id opus ad se pertinere singuli non existiment. Hæc ordinatio non solum concitat æmulationem, sed et deprehendit ignavos : nam quum certamine opus excitetur, tum in cessantes animadversio justa, et sine querela videtur adhiberi.

Sed nimirum, dum quæ maxime providenda sunt agricolæ futuro præcipimus, de salubritate, de via, de

pas que j'aie l'opinion que les champs sont mieux cultivés par le dernier que par le premier de ces hommes;
mais je suis convaincu que, pour ne pas confondre les
travaux des gens de la ferme, il faut qu'il y en ait pour
tout le monde. La confusion est préjudiciable à l'agriculteur, soit parce que personne ne considère comme sien
propre l'ouvrage qu'on lui fait exécuter; soit parce que
chacun, voyant qu'on ne lui tient pas personnellement
compte de ses efforts, qui ne sont avantageux qu'à la
totalité de ses camarades, se soustrait autant qu'il est
possible à l'obligation du travail. On ne peut d'ailleurs
constater ce qui a été mal exécuté par chacun quand tous
s'en sont occupés. Il est donc à propos de séparer les
laboureurs des vignerons, les vignerons des laboureurs,
et les uns et les autres des valets de second rang.

Les classes ne seront pas composées de plus de dix
hommes : c'est ce que les anciens appelaient des décu-
ries, et ils se trouvaient bien de ce mode, qui est avantageusement employé dans le travail, et n'offre pas une
foule qui rendrait vaine l'attention du moniteur qui les
dirige. En conséquence, si le champ est très-spacieux,
on distribuera ces classes dans des quartiers distincts, et
l'on divisera le travail de manière que les individus ne
soient ni seuls ni deux à deux : car les disperser, c'est en
rendre la surveillance difficile. Pourtant il ne faut pas
élever le nombre à plus de dix par classe, parce que,
je le répète, lorsqu'il y a foule, chacun croit que le travail
dont il s'occupe n'est pas le sien. L'ordre que j'indique
non-seulement excite l'émulation, mais fait connaître
les paresseux : en effet, quand le travail est animé par
l'émulation, la punition infligée aux paresseux paraît
juste, et ne saurait exciter de réclamation.

Mais, après avoir instruit le futur agriculteur des
soins que réclament la salubrité, les chemins, le voisi-

vicino, de aqua, situ villæ, fundi modo, colonorum et servorum generibus, officiorum operumque distributione, tempestive per hæc ad ipsum jam terræ cultum pervenimus, de quo pluribus libro insequente mox disseremus.

nage, l'eau, la situation de la ferme, la distribution du fonds, les fermiers et les esclaves, la répartition des obligations et du travail, nous arrivons à propos à la culture du sol, sur laquelle nous allons nous étendre dans le livre suivant.

DE RE RUSTICA

LIBER II.

Terram nec senescere nec fatigari, si stercoretur.

I. Quæris ex me, Publi Silvine, quod ego sine cunctatione non recuso docere, cur priore libro veterum opinionem fere omnium, qui de cultu agrorum loquuti sunt, a principio confestim repulerim, falsamque sententiam repudiaverim censentium, longo ævi situ longique jam temporis exercitatione fatigatam et effœtam humum consenuisse. Nec te ignoro quum et aliorum illustrium scriptorum, tum præcipue Tremellii auctoritatem revereri, qui, quum plurima rusticarum rerum præcepta simul eleganter et scite memoriæ prodiderit, videlicet illectus nimio favore priscorum, de simili materia disserentium, falso credidit, parentem omnium terram, sicut muliebrem sexum, ætate anili jam confectam, progenerandis esse fœtibus inhabilem. Quod ipse quoque confiterer, si in totum nullæ fruges provenirent. Nam et hominis tum demum declaratur sterile senium, non quum desinit mulier trigeminos, aut geminos parere, sed quum omnino nullum conceptum

DE L'ÉCONOMIE RURALE

LIVRE II.

———❦———

La terre ne vieillit ni ne se fatigue, si on l'engraisse.

I. Vous me demandez, Publius Silvinus, et je ne refuse pas de vous en instruire sans retard, pourquoi,
dans mon premier livre, dès le commencement, j'ai repoussé l'opinion de presque tous les anciens et rejeté le
sentiment erroné de ceux qui pensent que, fatiguée et
épuisée par l'action d'un âge si prolongé et par les travaux
de tant de siècles, la terre est arrivée à la vieillesse. Je
n'ignore pas que vous avez un grand respect pour l'autorité de tant d'illustres écrivains, et surtout de Tremellius, qui nous a laissé sur l'agriculture un grand nombre
de préceptes aussi remarquables par l'élégance du style
que par le savoir qu'ils révèlent, et qui, séduit évidemment par l'excès de son amour pour nos aïeux, a cru
faussement que la terre, cette mère de toutes choses,
accablée déjà par la vieillesse, était, comme les vieilles
femmes, devenue inhabile à la génération. J'en convien-
drais, si je ne voyais plus naître de productions nulle
part. Or, la vieillesse humaine est constatée, non pas
quand la femme cesse de mettre au monde trois ou deux
enfants à la fois, mais quand elle ne peut plus donner
aucune production. C'est pourquoi, passé le temps
de la jeunesse, quand même une longue vie serait encore accordée à la femme, la faculté d'engendrer, que

edere valet. Itaque transactis juventæ temporibus, etiamsi longa vita superest, partus tamen, annis denegatus, non restituitur. At e contrario seu sponte, seu quolibet casu destituta humus, quum est repetita cultu, magno fœnore cessationis colono respondet.

Non ergo est exiguarum frugum causa terræ vetustas, si modo, quum semel invasit senectus, regressum non habet, nec revirescere, aut repubescere potest; sed ne lassitudo quidem soli minuit agricolæ fructum; neque enim prudentis est adduci, tanquam in hominibus nimia corporis exercitatione, aut oneris alicujus pondere, sic cultibus et agitationibus agrorum fatigationem succedere. Quid ergo est, inquis, quod asseverat Tremellius, intacta et silvestria loca, quum primum cœperint cultu exuberare, mox deinde non ita respondere labori colonorum? videt sine dubio, quid eveniat, sed cur id accidat, non pervidet; neque enim idcirco rudis, et modo ex silvestri habitu in arvum transducta fecundior haberi terra debet, quod sit requietior et junior; sed quod multorum annorum frondibus, et herbis, quas suapte natura progenerabat, velut saginata largioribus pabulis, facilius edendis educandisque frugibus sufficit. At quum perruptæ rastris et aratris radices herbarum, ferroque succisa nemora frondibus suis desierunt alere matrem, quæque temporibus autumni frutetis et arboribus delapsa folia superjaciebantur, mox conversa vomeribus, et inferiori solo, quod plerumque est exilius, permixta,

les années lui refusent, ne lui est pas restituée. La terre, au contraire, abandonnée soit volontairement, soit par quelque accident, répond, si on la remet en culture, au soin du cultivateur par de gros intérêts pour le repos dont elle a joui.

Le vieil âge de la terre n'est donc pas la cause de la diminution de ses productions, puisque, quand une fois la vieillesse est venue, elle ne retourne point sur ses pas, et que nous ne pouvons ni rajeunir, ni reprendre la vigueur du jeune âge. Ce n'est pas, non plus, la lassitude du sol qui cause la diminution des produits : il ne serait pas sage de dire que, comme dans l'homme le corps se fatigue par un trop violent exercice ou par la surcharge d'un fardeau, de même la lassitude de la terre est le résultat des cultures et du remuement des champs. Qu'est-ce donc, me dites-vous, que cette assertion de Tremellius, qui observe que les lieux jadis incultes et sauvages, après avoir d'abord commencé par rapporter avec abondance, ne tardent guère à ne plus répondre avec la même fécondité aux travaux du laboureur? Sans doute il voit ce qui arrive, mais il n'en a pas pénétré la cause. En effet, un sol neuf, et passant de l'état sauvage à la culture, n'est pas plus fertile parce qu'il a plus de repos et de jeunesse, mais parce que, durant de longues années, les feuilles et les herbes que la nature produit d'elle-même l'engraissant en quelque sorte d'une nourriture copieuse, suffisent pour lui procurer les moyens de faire naître et de nourrir des récoltes; mais aussi, dès que la herse ou la charrue n'a plus de racines de végétaux à briser, que les bois abattus ne nourrissent plus de leur feuillage la terre qui les a produits, et que les feuilles qui, en automne, tombées des arbres et des buissons, couvraient la surface de la terre, venant à y être enfouies

atque absumpta sunt : sequitur, ut destituta pristinis alimentis macrescat humus. Non igitur fatigatione, quemadmodum plurimi crediderunt, nec senio, sed nostra scilicet inertia, minus benigne nobis arva respondent. Licet enim majorem fructum percipere, si frequenti et tempestiva et modica stercoratione terra refoveatur. De cujus cultu dicturos nos priori volumine polliciti, jam nunc disseremus.

Quot sint genera terreni ?

II. Callidissimi rusticarum rerum, Silvine, genera terreni tria esse dixerunt : campestre, collinum, montanum; campum non æquissima situm planitie, nec perlibrata, sed exigue prona; collem clementer et molliter assurgentem; montem non sublimem et asperum, sed nemorosum et herbidum, maxime probaverunt. His autem generibus singulis senæ species contribuuntur, soli pinguis vel macri, soluti vel spissi, humidi vel sicci : quæ qualitates inter se mixtæ vicibus, et alternatæ, plurimas efficiunt agrorum varietates; eas enumerare non est artificis agricolæ. Neque enim artis officium est, per species, quæ sunt innumerabiles, evagari; sed ingredi per genera, quæ possunt cogitatione mentis et ambitu verborum facile copulari. Recurrendum est igitur ad qualitatum inter se dissidentium quasi quasdam conjunctiones, quas Græci συζυγ ιας εναντιςτητων, nos *discor-*

par la charrue, se mêlent aux couches inférieures, qui
sont les moins fécondes, et s'y trouvent absorbées : alors
il s'ensuit que, privée de son ancienne nourriture, la terre
ne tarde pas à maigrir. Ce n'est donc point par la fatigue,
comme plusieurs personnes le prétendent, ni par l'effet
de la vieillesse, mais par notre nonchalance, que nos
sillons répondent avec moins de bienveillance à notre
espoir; mais l'on peut accroître leurs productions, si on
veut les entretenir par des engrais fréquents, faits en
temps convenable et dans de justes proportions. Dans
le livre précédent, nous avons promis de parler de cette
culture; nous allons nous en occuper.

Combien y a-t-il de genres de terrains?

II. Les hommes les plus experts en agriculture, Silvinus, ont dit qu'il existait trois genres de terrains : la
plaine, la colline, la montagne. En plaine, ils regardent
comme le meilleur terrain celui qui n'est pas complète-
ment plat et nivelé, mais qui offre une légère inclinaison;
sur les collines, celui qui s'élève doucement et mollement; sur les montagnes, celui qui n'est ni trop haut ni
escarpé, mais qui offre des bois et de l'herbe. Chacun de
ces genres de sol se divise en six espèces : il est gras ou
maigre, léger ou compacte, humide ou sec. Ces qualités,
mêlées entre elles et par couches alternatives, donnent
lieu à plusieurs variétés. Il n'est pas de la compétence
d'un praticien agriculteur de les énumérer; ce n'est pas
non plus l'objet de l'art du cultivateur de se perdre dans
toutes ces variétés, qui sont innombrables; il se bornera
à s'occuper des principales espèces, qu'il peut facilement
distinguer et définir avec exactitude. Bornons-nous donc
à rapprocher en certains points ces qualités distinctes
entre elles, que les Grecs appellent συζυγίαι ἐναν......των,
et que nous désignerions assez bien sous le nom de
comparaisons des différences. En outre, il est bon de

dantium comparationes tolerabiliter dixerimus. Atque etiam significandum est, ex omnibus, quæ terra progeneret, plura campo magis, quam colle, plura pingui solo, quam macro, lætari. De siccaneis et riguis non comperimus, utra numero vincant, quum utique pæne infinita sint, quæ siccis, quæque humidis locis gaudent; sed ex his nihil non melius resoluta humo, quam densa provenit. Quod noster quoque Virgilius, quum et alias fecundi arvi laudes retulisset, adjecit :

Et cui putre solum : namque hoc imitamur arando.

Neque enim aliud est colere, quam resolvere et fermentare terram; ideoque maximos quæstus ager præbet. Idem pinguis ac putris, quia quum plurimum reddat, minimum poscit, et quod postulat exiguo labore atque impensa conficitur : præstantissimum igitur tale solum jure dicatur. Proximum deinde huic pinguiter densum, quod impensam coloni, laboremque magno fœtu remuneratur. Tertia est ratio loci rigui, quia sine impensa fructum reddere potest. Hanc primam Cato esse dicebat, qui maxime reditum pratorum ceteris anteponebat. Sed nos de agitatione terræ nunc loquimur, non de situ.

Nullum deterius habetur genus, quam quod est siccum pariter et densum, et macrum; quia quum difficulter tractetur, tum ne tractatum quidem gratiam refert : nec relictum pratis vel pascuis abunde sufficit. Itaque hic ager sive exercetur, seu cessat, colono est pœnitendus,

faire connaître que de toutes les productions de la terre,
le plus grand nombre se plaît moins sur les collines que
dans la plaine, et préfère un terrain gras à un sol maigre.
Pour les terres, soit sèches, soit arrosées, nous ne savons
lesquelles l'emportent par le nombre de leurs productions, la quantité de plantes qui prospèrent dans les lieux
secs et dans les lieux humides étant de part et d'autre
presque infinie; cependant, toutes préfèrent un sol
meuble à un sol compacte. Aussi notre Virgile, après
avoir énuméré les autres qualités que doit avoir un
champ pour être fécond, n'oublie-t-il pas d'indiquer

« Un sol friable : car c'est pour le rendre tel qu'on laboure. »

Cultiver la terre n'est pas autre chose que l'ameublir
et l'engraisser, et c'est alors qu'elle produit de grands
revenus. Aussi un terrain gras et meuble, tout en rendant
beaucoup, demande peu, et ce qu'il demande n'exige que
peu de travail et de faibles dépenses : c'est donc à bon
droit qu'on appelle excellent un pareil terrain. Celui qui
est gras et compacte vient ensuite, parce qu'il paye par
une abondante production les dépenses et le travail du
cultivateur. Le troisième sera celui qui est arrosé, parce
qu'il peut rapporter sans frais. Caton même le mettait
au premier rang, lui qui préférait à tout le revenu des
prés. Mais nous nous occupons présentement du travail
de la terre, et non de sa situation.

Il n'y a pas de plus mauvais sol que celui qui est à la
fois sec, compacte et maigre : parce que, tout en exigeant
de pénibles labours, il ne récompense pas des soins qu'il
coûte, et que si on l'abandonne à lui-même il n'offre
pas la ressource d'un bon pré et d'un bon pâturage. C'est
pourquoi un tel champ, qu'on le cultive ou non, est
pour le cultivateur une source de regrets, et doit être
évité comme un champ pestilentiel : car si celui-ci donne

ac tanquam pestilens refugiendus. Nam ille mortem facit, hic teterrimam comitem mortis, famem; si tamen Græcis camœnis habemus fidem clamitantibus :

Λιμῷ δ' ἐχτιστον θανέειν, χαὶ πότμον ἐπισπεῖν.

Sed nunc potius uberioris soli meminerimus, cujus demonstranda est duplex ratio, culti et silvestris. De silvestri regione in arvorum formam redigenda prius dicemus, quoniam est antiquius facere agrum, quam colere. Incultum igitur locum consideremus, siccus, an humidus; nemorosus arboribus, an lapidibus confragosus; juncone sit, an gramine vestitus, ac filictis aliisve frutetis impeditus.

Si humidus erit, abundantia uliginis ante siccetur fossis. Earum duo genera cognovimus, cæcarum et patentium. Spissis atque cretosis regionibus apertæ relinquuntur; at ubi solutior humus est, aliquæ fiunt patentes, quædam etiam occæcantur, ita ut in patentes, ora hiantia cæcarum competant : sed et patentes latius, et apertas summa parte declivesque, et ad solum coarctatas, imbricibus supinis ᵗ similes facere conveniet; nam quarum recta sunt latera, celeriter aquis vitiantur, et superioris soli lapsibus replentur. Opertæ rursus occæcari debebunt, sulcis in altitudinem tripedaneam depressis : qui, quum parte dimidia lapides minutos, vel nudam glaream receperint, æquentur superjecta terra, quæ fuerat effossa; vel si nec lapis erit, nec glarea,

la mort, l'autre amène l'affreuse compagne de la mort, la famine ; si pourtant nous ajoutons foi à ce cri des muses grecques :

« Il n'est pas de plus misérable destinée que de mourir de faim.»

Maintenant faisons plutôt mention du sol fertile, qu'il faut envisager sous deux points de vue : cultivé ou sauvage. Nous parlerons d'abord de la transformation d'un terrain sauvage en champ labourable, puisque, avant de cultiver un champ, il faut le créer. Considérons donc un lieu inculte : est-il sec ou humide, rempli d'arbres ou hérissé de pierres, couvert de joncs ou d'herbes, ou bien embarrassé de fougères ou de broussailles.

S'il est humide, on le desséchera au moyen de fossés qui recevront les eaux surabondantes. Nous connaissons deux sortes de fossés : ceux qui sont cachés, et ceux qui sont ouverts. Dans les terrains compactes et argileux, on préfère ces derniers ; mais partout où la terre est moins dense, on en creuse quelques-uns d'ouverts, et les autres sont recouverts, de manière que les derniers s'écoulent dans les premiers. Les fossés ouverts seront plus larges en haut qu'à leur fond vers lequel la pente est déclive, et présenteront l'apparence d'une tuile renversée ; car s'ils étaient taillés perpendiculairement, ils seraient bientôt dégradés par les eaux et se combleraient par l'éboulement du sol supérieur. Pour les fossés couverts, on creuse une sorte de sillon à la profondeur de trois pieds ; quand on les a remplis à moitié avec de petites pierres ou du gravier pur, on finit de les combler avec une partie de la terre qu'on en avait tirée. Si on n'a à sa disposition ni caillou ni gravier, on formera comme un

sarmentis connexus velut funis informabitur in eam
crassitudinem, quam solum fossæ possit angustæ, quasi
accommodatam coarctatamque capere. Tum per imum
contendetur, ut super calcatis cupressinis, vel pineis,
aut, si eæ non erunt, aliis frondibus terra contegatur,
in principio atque exitu fossæ more ponticulorum binis
saxis tantummodo pilarum vice constitutis, et singulis
superpositis, ut ejusmodi constructio ripam sustineat,
ne præcludatur humoris illapsu atque exitu.

Nemorosi frutetosique tractus duplex cura est : vel
exstirpandis radicitus arboribus et removendis; vel si
raræ sint, tantum succidendis, incendendisque, et ina-
randis.

At saxosum facile est expedire lectione lapidum,
quorum si magna est abundantia, velut quibusdam sub-
structionibus partes agri sunt occupandæ, ut reliquæ
emundentur : vel in altitudinem sulco depresso lapides
obruendi; quod tamen ita faciendum erit, si suadebit
operarum vilitas.

Junci et graminis pernicies repastinatio est; filicis,
frequens exstirpatio; quæ vel aratro fieri potest, quoniam intra biennium sæpius convulsæ moriuntur : celerius etiam, si eodem tempore stercores, et lupino vel
faba conseras, ut cum aliquo reditu medearis agri vitio.
Namque constat, filicem sationibus et stercoratione fa-

câble de sarments liés ensemble, assez gros pour occuper le fond de la fosse qui en est la partie la plus étroite, et dans laquelle on le presse et l'adapte; puis on recouvrira les sarments avec des ramilles soit de cyprès, soit de pin, ou, à leur défaut, avec des feuillages quelconques, que l'on pressera fortement avec le pied, et sur lesquels on répandra de la terre. Après cette opération, on établira aux deux extrémités du fossé, comme on le fait pour les petits ponts, deux pierres seulement comme deux piles, sur lesquelles on placera une troisième pierre, afin que cette construction soutienne les bords et empêche qu'il n'y ait encombrement, par l'effet de la chute et de la sortie des eaux.

Quant aux terrains couverts de bois et de buissons, il y a deux moyens de les défricher : il faut arracher à fond les arbres et les enlever; ou, s'ils sont en petit nombre, les couper, brûler ce qui en reste, et enfouir les cendres au moyen du labourage.

Le terrain caillouteux sera rendu propre à la culture par l'enlèvement des pierres. S'il y en a une quantité considérable, on fera comme des constructions dans quelque coin du champ, afin de pouvoir en débarrasser le reste; ou bien on les enterrera dans une tranchée profonde : ce qu'on ne devra pourtant faire que si le prix de la main d'œuvre n'est pas élevé.

Le binage de la terre fera périr les joncs et les herbes. La fougère ne cède qu'à une extirpation fréquemment répétée : l'emploi de la charrue peut remplir le même but, puisqu'il suffit le plus souvent d'en faire usage pendant deux ans de suite pour faire mourir cette plante. On y parvient plus promptement encore, si, durant la même période de temps, on engraisse le terrain et qu'on l'ensemence de lupins ou de fèves, afin de tirer du re-

cilius interimi. Verum et si subinde nascentem falce de-
cidas, quod vel puerile opus est, intra prædictum tempus
vivacitas ejus absumitur.

Sed jam expediendi rudis agri rationem sequitur cultorum novalium cura, de qua mox, quid censeam, pro-
fitebor, si quæ ante discenda sunt, arvorum studiosis
præcepero. Plurimos antiquorum, qui de rusticis rebus
scripserunt, memoria repeto, quasi confessa, nec dubia
signa pinguis ac frumentorum fertilis agri prodidisse,
dulcedinem soli propriam, herbarum et arborum proventum, nigrum colorem vel cinereum. De ceteris am-
bigo, de colore satis admirari non possum, quum alios,
tum Cornelium Celsum, non solum agricolationis, sed
universæ naturæ prudentem virum, sic et sententia, et
visu deerrasse, ut oculis ejus tot paludes, tot etiam
campi salinarum non occurrerent, quibus fere contribuuntur prædicti colores. Nullum enim temere videmus
locum, qui modo pigrum contineat humorem, non
eumdem vel nigri, vel cinerei coloris, nisi forte in eo
fallor ipse, quod non putem aut in solo limosæ paludis,
et uliginis amaræ, aut in maritimis areis salinarum
gigni posse læta frumenta. Sed est manifestior hic antiquorum error, quam ut pluribus argumentis convin-
cendus sit. Non ergo color, tanquam certus auctor, testis
est bonitatis arvorum; et ideo frumentarius ager, id est

mède même quelque bénéfice. Il est constant, en effet, qu'on détruit facilement la fougère au moyen des cultures et des engrais. Si, en outre, on la fauche dès qu'elle commence à sortir de terre (travail qu'au besoin pourrait faire un enfant), elle aura perdu toute sa force dans l'espace de temps qui vient d'être indiqué.

Aux moyens de rendre un champ propre à la culture, viennent se joindre les soins à donner aux terrains nouvellement défrichés. Je dirai bientôt ce que j'en pense, mais je dois auparavant enseigner à ceux qui s'occupent d'agriculture ce qu'il faut d'abord qu'ils sachent. Je n'ai pas oublié plusieurs de nos anciens qui ont écrit sur l'économie rurale : ils regardent comme des signes reconnus et certains d'un sol gras et fertile en blé, une terre douce au toucher, produisant des herbes et des arbres, et présentant une couleur noire ou cendrée. Je ne contesterai pas sur les deux premières qualités; mais, pour ce qui regarde la couleur, je ne puis assez m'étonner de ce que quelques auteurs, et entre autres Cernelius Celse, si savant en agronomie et dans toutes les sciences naturelles, aient manqué de sens et de vue au point de n'avoir pas remarqué tant de marais et de terrains salés qui presque tous offrent les nuances précitées. En effet, nous ne voyons aucun lieu, baigné par une eau croupissante, qui ne soit de couleur ou noire ou cendrée. Je ne crois pourtant pas me tromper, en affirmant que le froment ne saurait prospérer dans une terre de marais limoneux, ni dans une humidité saumâtre, ni sur l'aire marine des salines. Mais cette erreur des anciens est trop évidente pour qu'il y ait besoin de la réfuter par une longue argumentation. La couleur n'est donc pas une preuve certaine de la bonté d'un champ : ainsi une terre à blé, c'est-à-dire grasse, sera mieux appréciée par d'autres qualités. En effet, de même que les grands bestiaux

pinguis, magis aliis qualitatibus æstimandus est. Nam ut
fortissimæ pecudes diversos ac pæne innumerabiles, sic
etiam robustissimæ terræ plurimos et varios colores sor-
titæ sunt. Itaque considerandum erit, ut solum, quod
ex colore destinamus, pingue sit. Per se tamen id parum
est, si dulcedine caret, quod utrumque satis expedita
nobis ratione contingit discere : nam perexigua consper-
gitur aqua glæba, manuque subigitur, ac si glutinosa est,
et quovis levissimo tactu pressa inhærescit,

> Et, picis in morem, ad digitos lentescit habendo,

ut ait Virgilius; eademque illisa humo non dissipatur :
ea res admonet nos, inesse tali materiæ naturalem succum, et pinguitudinem. Sed et si velis scrobibus egestam
humum recondere, et recalcare, quum aliquo quasi fermento abundaverit, certum erit, esse eam pinguem ;
quum defuerit, exilem ; quum æquaverit, mediocrem ;
quanquam ista, quæ nunc retuli, non tam vera possunt
videri, quam si sit pullula terra, quæ melius proventu
frugum approbatur.

Sapore quoque dignoscemus, si ex ea parte agri, quæ
maxime displicebit, effossæ glæbæ, et in fictili vase ma-
defactæ, dulci aqua permisceantur, ac, more fæculenti
vini diligenter colatæ, gustu explorentur : nam qualem
traditum ab eis retulit humor saporem, talem esse
dicemus ejus soli. Sed citra hoc experimentum multa
sunt, quæ et dulcem terram et frumentis habilem si-

offrent à l'œil des couleurs diverses et presque innombrables, de même les terres les plus vigoureuses en ont
reçu plusieurs et de très-variées. En conséquence, il est
bon de considérer si le sol dont nous apprécions la teinte
est véritablement gras. Ce serait peu encore, s'il n'était
pas doux au toucher; ce dont on peut s'assurer par cette
expérience assez expéditive : on arrose d'un peu d'eau
une motte de terre, puis on la manipule; si elle se trouve
visqueuse, et qu'elle s'attache à la main qui la pétrit
légèrement,   ●❀

« Et si, comme la poix, elle s'étend sur les doigts qui la
pressent, »

comme dit Virgile; et si lancée à nos pieds elle ne s'y
égrène pas, nous sommes avertis que cette substance
renferme un suc naturel et de la graisse. De même,
si vous rejetez dans un fossé la terre que vous en avez
extraite, et qu'en l'y refoulant, elle vous paraisse gonflée par la fermentation, c'est une preuve certaine qu'elle
est grasse. Si elle ne remplit pas le fossé, c'est qu'elle est
maigre; si elle le remplit exactement, c'est qu'elle est
médiocre. Toutefois ces signes de bonté pourront ne pas
paraître aussi certains qu'une couleur foncée, que l'on
regarde comme la meilleure pour le froment.

Nous reconnaîtrons aussi les terres d'après leur saveur : si nous prenons, dans la partie du champ qui nous
plaît le moins, quelques mottes de son sol, et que nous
les détrempions dans un vase de terre cuite en les mêlant
avec de l'eau douce, qu'on filtre ensuite soigneusement,
comme le vin chargé de lie, le goût déterminera l'appréciation : car la saveur donnée par l'eau est celle de
la terre du champ éprouvé. Outre cette expérience,
il y a plusieurs signes qui font reconnaître une terre

gnificent, ut juncus, ut calamus, ut gramen, ut trifo-
lium, ebulum, rubi, pruni silvestres, et alia complura,
quæ etiam indagatoribus aquarum nota, non nisi dul-
cibus terræ venis educantur.

Nec contentos esse nos oportet prima specie summi
soli, sed diligenter exploranda est inferioris materiæ
qualitas, terrena necne sit. Frumentis autem sat erit, si
æque bona suberit bipedanea humus; arboribus altitudo
quatuor pedum abunde est.

Hæc quum ita exploraverimus, agrum sationibus fa-
ciundis expediemus. Is autem non minimum exuberat,
si curiose et scite subigitur. Quare antiquissimi fere
omnes formam hujus operis conscripsere, quam velut
scita legemque in proscindendis agris sequantur agricolæ. Igitur in opere boves arcte junctos habere convenit, quo speciosius ingrediantur sublimes, et elatis
capitibus, ac minus colla eorum labefactentur, jugumque
melius aptum cervicibus insidat : hoc enim genus juncturæ maxime probatum est. Nam illud, quod in quibusdam provinciis usurpatur, ut cornibus illigetur jugum,
fere repudiatum est ab omnibus, qui præcepta rusticis
conscripserunt : neque immerito, plus enim queunt pecudes collo et pectore conari, quam cornibus; atque
hoc modo tota mole corporis, totoque pondere, ni-
tuntur : at illo, retractis et resupinis capitibus excru-
ciantur, ægreque terræ summam partem levi admodum
vomere sauciant. Et ideo minoribus aratris moliuntur,

douce et propre au blé, comme la présence du jonc, du roseau, du chiendent, du trèfle, de l'hièble, des ronces, des prunelliers, et de plusieurs autres plantes qui, bien connues des chercheurs de sources, ne croissent que dans les veines d'une terre douce.

Il ne faut pas s'en rapporter exclusivement à l'apparence de la surface du sol : il faut aussi examiner soigneusement la qualité des couches inférieures, pour savoir si elles sont végétales ou non. Toutefois il suffira aux céréales qu'il y ait deux pieds d'humus également bon; mais les arbres en exigent quatre pieds.

Après cet examen, nous préparerons le champ pour l'ensemencement. Il produira abondamment, s'il a été labouré avec soin et intelligence. Aussi presque tous les auteurs anciens ont-ils écrit sur ce travail des préceptes que les agriculteurs devront observer comme une ordonnance et une loi pour le labourage de leurs champs. En conséquence, les bœufs seront étroitement unis, afin qu'ils marchent fièrement le front haut, que leur cou soit moins incliné, et que le joug s'applique mieux à leur tête : car ce mode d'attelage est le plus généralement adopté. Quant à celui qui est employé dans certaines provinces, où le joug est attaché aux cornes mêmes, il est rejeté par la plupart de ceux qui ont écrit pour les laboureurs; et ce n'est pas à tort, puisque les bœufs ont plus de force dans le cou et le poitrail que dans leurs cornes, et que ce mode leur fournit les moyens d'emprunter leurs efforts à toute la masse, à tout le poids du corps, tandis que la méthode que nous condamnons les tourmente par la rétraction et le renversement de leur tête : ce qui leur permet à peine d'égratigner la surface de la terre avec le soc qui pèche par trop de légèreté ! Aussi on est forcé d'employer de petites charrues qui ne peuvent entamer assez profondément des terrains qui viennent d'être

qui non valent alte perfossam novalium terram rescindere : quod quum fit, omnibus virentibus plurimum confert; nam penitus arvis sulcatis majore incremento segetum arborumque fœtus grandescunt.

Et in hoc igitur a Celso dissentio, qui, reformidans impensam, quæ scilicet largior est in amplioribus armentis, censet exiguis vomeribus et dentalibus terram subigere, quo minoris formæ bubus administrari id possit; ignorans, plus esse reditus in ubertate frugum, quam stipendii, si majora mercemur armenta, præsertim in Italia, ubi arbustis atque oleis consitus ager altius resolvi ac subigi desiderat, ut et summæ radices vitium olearumque vomeribus rescindantur; quæ si maneant, frugibus obsint; et inferiores, penitus subacto solo, facilius capiant humoris alimentum. Potest tamen illa Celsi ratio Numidiæ et Ægypto convenire, ubi plerumque arboribus viduum solum frumentis seminatur. Atque ejusmodi terram pinguibus arenis putrem veluti cinerem solutam, quamvis levissimo dente moveri satis est.

Bubulcum autem per proscissum ingredi oportet, alternisque versibus obliquum tenere aratrum, et alternis recto plenoque sulcare; sed ita necubi crudum solum, et immotum relinquat, quod agricolæ scamnum vocant. Boves, quum ad arborem venerint, fortiter retinere ac retardare, ne in radicem majore nisu vomis impactus colla commoveat, neve aut cornu bos ad stipitem vehe-

défrichés : ce qui pourtant est nécessaire à toute végétation, puisque ce n'est que dans les sillons profondément
creusés que les moissons et les arbres poussent avec plus
de vigueur.

En cela donc je diffère du sentiment de Celse, qui,
redoutant la dépense, plus forte en effet dans l'emploi
de plus grands animaux, pense qu'il faut labourer la
terre avec de petits socs fixés dans de petites attelles,
afin de pouvoir employer des bœufs de taille inférieure.
Ainsi il ignore qu'il y a plus de bénéfice à faire dans
l'abondance de la production, que de perte à supporter
dans l'achat de forts animaux, surtout en Italie, où les
champs, plantés de vignes et d'oliviers, veulent être
profondément labourés et travaillés, afin que les racines
supérieures de ces vignes et de ces oliviers soient coupées
par le soc. En effet, si elles étaient épargnées, elles nui-
raient aux récoltes ; tandis que les racines inférieures,
occupant un point profond du sol, y trouvent plus facilement l'humidité qui sert à les nourrir. Il faut dire
pourtant que la méthode de Celse peut convenir à la
Numidie et à l'Égypte, où, le plus ordinairement, les
terrains privés d'arbres ne sont couverts que de céréales.
Or, il suffit là de remuer avec le soc le plus léger une
terre que des sables gras rendent friable, et qui se dissout comme de la cendre.

Le laboureur marche sur la terre qu'il vient d'ouvrir :
alternativement il tient sa charrue penchée, et alternativement il la tient droite pour tracer sa raie à plein ;
mais de manière pourtant qu'il ne laisse aucun point
brut et non remué, ce que les laboureurs appellent un
banc. On retient fortement et on ralentit dans leur
marche les bœufs, de peur que le soc, engagé par un
grand effort dans quelque racine d'arbre, ne donne une
forte secousse à leur cou, ou qu'ils ne heurtent vio-

mentius offendat, aut extremo jugo truncum delibet, ramumque deplantet. Voce potius, quam verberibus terreat, ultimaque sint opus recusantibus remedia, plagæ; nunquam stimulo lacessat juvencum, quod retrectantem, calcitrosumque eum reddit; nonnunquam tamen admoneat flagello. Sed nec in media parte versuræ consistat, detque requiem in summa, ut spe cessandi totum spatium bos agilius enitatur. Sulcum autem ducere longiorem, quam pedum centumviginti, contrarium pecori est, quoniam plus æquo fatigatur, ubi hunc modum excessit. Quum ventum erit ad versuram, in priorem partem jugum propellat, et boves inhibeat, ut colla eorum refrigescant, quæ celeriter conflagrant (nisi assidue refrigerentur), et ex eo tumor, ac deinde ulcera invadunt. Nec minus dolabra, quam vomere, bubulcus utatur; et præfractas stirpes, summasque radices, quibus ager arbusto consitus implicatur, omnes refodiat, ac persequatur.

Quæ cura adhibenda sit bubus ab opere disjunctis.

III. Boves quum ab opere disjunxerit, substrictos confricet, manibusque comprimat dorsum, et pellem revellat, nec patiatur corpori adhærere, quia id genus morbi maxime est armentis noxium. Colla subigat, merumque faucibus, si æstuaverint, infundat : satis autem est singulis binos sextarios[2] præbere; sed ante ad præsepia boves religari non expedit, quam sudare atque anhelare

lemment leurs cornes contre le tronc, ou qu'avec l'extrémité du joug ils n'enlèvent soit l'écorce, soit quelque
branche. La voix doit les effrayer plutôt que les coups,
qui ne seront qu'un remède extrême quand ils refuseront
d'obéir. Le laboureur ne devra jamais se servir de l'ai-
guillon pour diriger les jeunes bœufs : il les rendrait re-
vêches et récalcitrants; cependant il peut les avertir quelquefois avec le fouet. Il ne les arrêtera jamais au milieu
d'un sillon, et ne leur donnera de repos qu'après qu'il
sera entièrement tracé : dans l'espoir de relâche, les
bœufs franchiront tout l'espace avec plus d'agilité. Il est
mauvais de leur faire ouvrir un sillon de plus de cent
vingt pieds de longueur, ils en éprouveraient trop de fatigue. Arrivé au détour, le laboureur repoussera le joug
en avant, et arrêtera les bœufs pour leur rafraîchir le
cou, qui, sans ce soin sagement observé, s'échaufferait
promptement, et de là des tumeurs qui feraient naître
des ulcères. Le bouvier ne se servira pas moins de la
doloire que du soc, afin d'extirper toutes les souches
brisées et les racines montantes dont un champ planté
d'arbres est embarrassé.

Des soins à donner aux bœufs dételés après le travail.

III. Quand, après le travail, le bouvier aura dételé
ses bœufs, il frottera les parties comprimées; il leur
pressera le dos avec la main, soulèvera légèrement leur
peau afin de l'empêcher d'adhérer au corps; car ce genre
d'affection est très-préjudiciable aux bestiaux. Il leur
frottera aussi le cou, et, s'ils sont échauffés, il leur
versera du vin dans la gorge : deux setiers suffiront
pour chaque bœuf. Mais il convient de ne les mettre à
l'étable que lorsqu'ils ont cessé de suer et qu'ils ne sont

desierint. Quum deinde tempestive potuerint vesci, non multum nec universum cibum, sed partibus, et paulatim præbere convenit. Quem quum absumpserint, ad aquam duci oportet, sibiloque allectari, quo libentius bibant : tum demum reductos largiori pabulo satiari.

Hactenus de officio bubulci dixisse abunde est; sequitur ut tempora quoque subigendi arvi præcipiamus.

Quo anni tempore campi arandi sint, et quomodo.

IV. Pingues campi, qui diutius continent aquam, præscindendi sunt anni tempore jam incalescente, quum omnes herbas ediderint, neque adhuc earum semina maturuerint; sed tam frequentibus densisque sulcis arandi sunt, ut vix dignoscatur, in utram partem vomer actus sit : quoniam sic omnes radices herbarum perruptæ necantur. Sed et compluribus iterationibus sic resolvatur vervactum in pulverem, ut vel nullam vel exiguam desideret occationem, quum seminaverimus. Nam veteres Romani dixerunt male subactum agrum, qui satis frugibus occandus sit. Eum porro an recte aretur, frequenter explorare debet agricola; nec tantum visu, qui fallitur nonnunquam, superfusa terra latentibus scamnis; verum etiam tactu, qui minus decipitur, quum solidi rigoris admota pertica transversis sulcis inseritur : ea si æqualiter, ac sine offensione penetravit, manifestum est, totum solum deinceps esse motum; sin autem subeunti

plus essoufflés. Quand le moment de leur donner la
nourriture sera venu, il ne conviendra pas de leur livrer
toute leur ration, mais de la leur distribuer par parties
et peu à peu. Quand ils l'auront mangée, il faut les conduire à l'abreuvoir, où on les excitera à boire en sifflant :
au retour de l'eau, on leur donnera une ration assez
ample pour les rassasier.

Mais nous avons parlé avec assez d'étendue des devoirs
du laboureur; nous allons maintenant faire connaître le
temps convenable pour labourer les champs.

Dans quel temps de l'année on doit faire les labours, et comment.

IV. Les terrains gras qui retiennent longtemps les
eaux pluviales doivent recevoir le premier labour au
temps où commencent les chaleurs, lorsque toutes leurs
herbes sont en végétation, sans que toutefois les graines
en soient parvenues à maturité. Alors on labourera à sillons si répétés et pressés qu'on ne puisse pas distinguer
les traces du soc : ce n'est qu'en brisant ainsi les racines
des mauvaises herbes qu'on les fait périr. Il faut que par
plusieurs labours réitérés, le guéret soit tellement réduit
en poussière, que, pour l'ensemencement, l'opération
du hersage ne soit pas nécessaire, ou au moins le soit
peu. Aussi les anciens Romains disaient-ils que le champ
qui avait besoin d'être hersé pour recevoir la semence,
avait été mal labouré. L'agriculteur doit souvent le visiter pour s'assurer s'il a été bien travaillé. Il ne suffit pas
pour cet examen de s'en rapporter à la vue, qui peut
quelquefois induire en erreur, quand il y a de la terre
répandue sur les bancs cachés; il faut aussi recourir au
toucher, qu'il est plus difficile de tromper. Pour cela on
enfoncera une forte perche au travers des sillons : si cette
perche pénètre partout également et sans résistance, il
est évident que toute la terre a été remuée; tandis que

durior aliqua pars obstitit, crudum vervactum esse de-
monstrat. Hoc quum sæpius bubulci fieri vident, non
committunt scamna facere.

Igitur uliginosi campi proscindi debent post idus
mensis aprilis. Quo tempore quum arati fuerint, diebus
interpositis, circa solstitium, quod est nonum vel octa-
vum kalendas julias, iteratos esse oportebit, ac deinde
circa septembris kalendas tertiatos. Quum id tempus ab
æstivo solstitio convenit inter peritos rei rusticæ, non
esse arandum, nisi si magnis, ut fit nonnunquam,
ac subitaneis imbribus, quasi hibernis pluviis terra per-
maduerit. Quod quum accidit, nihil prohibet, quo minus mense julio vervacta subigantur. Sed quandoque
arabitur, observabimus, ne lutosus ager tractetur, neve
exiguis nimbis semimadidus, quam terram rustici variam
cariosamque appellant. Ea est, quum post longas siccitates levis pluvia superiorem partem glæbarum made-
fecit, inferiorem non attigit. Nam quæ limosa versantur
arva, toto anno desinunt posse tractari, nec sunt habilia
sementi, aut occationi, aut sationi; at rursus, quæ varia
subacta sunt, continuo triennio sterilitate afficiuntur.
Medium igitur temperamentum maxime sequamur in
arandis agris, ut neque succo careant, nec abundent
uligine. Quippe nimius humor, ut dixi, limosos lutosos-
que reddit; at quæ siccitatibus aruerunt, expediri probe
non possunt : nam vel respuitur duritia soli dens aratri;

le guéret n'a pas été convenablement brisé, si quelque
portion fait obstacle à l'introduction de l'instrument.
Quand les laboureurs voient qu'on contrôle ainsi souvent
leur travail, il ne leur arrive plus de laisser des bancs.

C'est après les ides du mois d'avril qu'on doit donner
le premier labour aux terrains humides. Cette tâche
remplie, on laisse reposer l'ouvrage, pour procéder,
vers le solstice d'été, qui arrive au neuvième ou huitième
des calendes de juillet, à un second labourage, puis à un
troisième vers les calendes de septembre. Il est reconnu
par les habiles agronomes qu'il ne faut pas user de la
charrue dans les premiers mois de l'été, à moins que,
comme il arrive parfois, la terre n'ait été trempée par
des pluies imprévues semblables à celles d'hiver. Dans
ce cas, rien ne s'oppose à ce que, dès le mois de juillet,
on ne laboure les champs. Nous observerons toutefois
qu'à toutes les époques de l'année, on ne doit pas toucher à une terre bourbeuse, pas plus qu'à celle qui ne
serait qu'à demi mouillée par de petites pluies, et que
les paysans appellent cariée et mouchetée : la terre est
dans ce cas, quand, après de longues sécheresses, une
légère pluie humecte seulement la partie supérieure des
mottes de terre sans atteindre le dessous. En effet, les
champs qui sont retournés dans un état fangeux deviennent pour toute l'année impropres à la culture,
réfractaires à l'ensemencement, au hersage, à la plantation ; ceux qui, au contraire, étaient mouchetés
quand on les a travaillés, sont pour trois ans consécu-
tifs affectés de stérilité. Adoptons donc un moyen terme
pour labourer nos champs : faisons en sorte qu'ils ne
soient ni trop secs ni trop humides. Trop d'eau, en
effet, comme je l'ai dit, les rend visqueux et bourbeux ;
et s'ils sont desséchés par défaut de pluies, on n'en
saurait tirer parti : dans ce dernier cas, la dureté du
sol repousse le soc, ou, s'il peut pénétrer quelque part,

vel si qua parte penetravit, non minute diffindit humum, sed vastos cæspites convellit; quibus objacentibus impeditum arvum minus recte potest iterari, quia ponderibus glæbarum, sicut aliquibus obstantibus fundamentis, vomis a sulco repellitur : quo evenit, ut in iteratione quoque scamna fiant, et boves iniquitate operis maxime mulctentur. Accedit huc, quod omnis humus, quamvis lætitissima, tamen inferiorem partem jejuniorem habet, eamque attrahunt excitatæ majores glæbæ; quo evenit, ut infecundior materia mixta pinguiori segetem minus uberem reddat, tum etiam ratio rustici aggravatur exiguo profectu operis; justa enim fieri nequeunt, quum induruit ager. Itaque siccitatibus censeo, quod jam proscissum est, iterare, pluviamque opperiri, quæ, madefacta terra, facilem nobis culturam præbeat. Sed jugerum talis agri quatuor operis expeditur; nam commode proscinditur duabus, una iteratur, tertiatur dodrante, in liram satum redigitur, quadrante opere. Liras autem rustici vocant easdem porcas[3], quum sic aratum est, ut inter duos latius distantes sulcos medius cumulus siccam sedem frumentis præbeat. Colles pinguis soli peracta satione trimestri [4] mense martio, si vero tepor cœli siccitasque regionis suadebit, februario statim proscindendi sunt. Deinde ab aprili medio usque in solstitium iterandi, tertiandique septembri circa æquinoctium; ac totidem operis, quot uliginosi campi, exco-

il ne divise que grossièrement la terre, et ne détache
que de vastes gazons : embarrassé par eux, le champ
reçoit beaucoup plus difficilement le second labour,
parce que le soc est repoussé du sillon par la résistance
des mottes comme par quelques fondements d'édifices.
Il en résulte que, dans cette seconde façon, il se fait
des bancs, et que les bœufs ont grandement à souffrir de la difficulté de l'ouvrage. Ajoutons que toute
terre, même la plus fertile, a pourtant un sous-sol de
mauvaise qualité, et que les grosses mottes qu'on déplace pour les briser l'attirent à la surface. Il arrive
donc qu'une substance stérile mêlée à une qui est féconde, amoindrit les produits de la moisson; et que le
cultivateur accroît sa dépense en avançant moins dans son
travail, car la peine que lui donne son champ l'empêche
d'y faire ce qui conviendrait. C'est pourquoi je suis
d'avis qu'il faut se garder, durant les sécheresses, de
donner un second labour aux terres qui en ont reçu un
premier, et qu'il convient d'attendre la pluie, qui, en
imbibant la terre, nous en rend la culture plus facile.
Au reste, un jugère d'un tel terrain s'expédie en quatre
journées de travail, puisqu'on peut facilement lui donner
le premier tour en deux jours, le biner dans une journée,
le tiercer dans les trois premiers quarts de la quatrième,
et dans le quatrième quart l'élever en lires. Les lires,
que les paysans appellent porques, sont les couches qui,
formées par le labour, se trouvent entre deux sillons
assez distants l'un de l'autre, et qui par leur élévation
préservent les céréales de l'humidité. Les collines d'un
sol gras doivent recevoir le premier labour après les
semailles trimestrielles, au mois de mars, et même, si
le temps est assez chaud et la terre assez sèche, dans
le courant de février. Ensuite, dès le milieu d'avril et
jusqu'au solstice d'été, on binera; puis on tiercera en
septembre, vers l'équinoxe d'automne. La culture d'un

litur jugerum talis agri. Sed in arando maxime est observandum, semper ut transversus mons sulcetur; nam
hac ratione difficultas acclivitatis infringitur, laborque
pecudum et hominum commodissime sic minuitur. Paulum tamen, quotiescumque iterabitur, modo in elatiora,
modo in depressiora clivi obliquum agi sulcum oportebit, ut in utramque partem rescindamus, nec eodem
vestigio terram moliamur. Exilis ager planus, qui aquis
abundat, primum aretur, ultima in parte mensis augusti, subinde septembri sit iteratus, paratusque sementi
circa æquinoctium. Expeditior autem labor ejusmodi solo
est, eo quod pauciores impenduntur operæ : nam tres
uni jugero sufficiunt. Item graciles clivi non sunt æstate
arandi, sed circa septembres kalendas : quoniam, si ante
hoc tempus proscinditur, effœta, et sine succo humus
æstivo sole peruritur, nullasque virium reliquias habet.
Itaque optime inter kalendas et idus septembris aratur,
ac subinde iteratur, ut primis pluviis æquinoctialibus
conseri possit : neque in lira, sed sub sulco talis ager se-
minandus est.

Exilis terra quomodo stercoretur.

V. Prius tamen, quam exilem terram iteremus, ster-
corare conveniet : nam eo quasi pabulo gliscit. In campo
rarius, in colle spissius, acervi stercoris, instar quinque
modiorum [5] disponentur, atque in plano pedes intervalli
quoquo versus octo, in clivo duobus minus relinqui sat

jugère de cette terre ne demande pas moins de travail
qu'une même quantité de terre humide ; mais pour la
montagne, il ne faut jamais se départir de tracer le sillon en travers de son talus ; on surmonte ainsi plus facilement les difficultés que présente la pente en même temps
qu'on diminue avantageusement la fatigue des hommes et
des animaux. Cependant, toutes les fois qu'on procédera
au binage, il faudra faire porter l'obliquité des raies tantôt
sur le point supérieur de la pente, tantôt sur son point
inférieur, afin que la terre soit également ameubile des
deux côtés, et qu'on ne retombe pas dans le même sillon.
Un champ maigre en plaine, qui regorge d'eau, recevra
son premier labour dans la dernière moitié du mois d'août,
puis sera biné en septembre, et disposé pour l'ensemencement vers l'équinoxe d'automne. Un champ de cette
nature est plus tôt préparé, et demande moins de travail
que tout autre ; car trois jours suffisent pour un jugère.
Les coteaux dont la terre est légère ne doivent pas être
labourés en plein été, mais bien vers les calendes de
septembre, parce que, si on le fait avant cette époque,
la terre s'épuise, et, restant sans suc, est brûlée par le
soleil et se trouve privée du peu de force qu'elle avait.
C'est pourquoi on labourera fructueusement entre les
calendes et les ides de septembre ; on binera ensuite de
manière à pouvoir semer lors des premières pluies de
l'équinoxe ; et, ce qui convient le mieux à cette espèce
de sol, on sèmera, non sur la lire, mais dans le sillon.

Comment on fume une terre maigre.

V. Avant de biner un terrain maigre, il est à propos
de le fumer : car le fumier est pour le sol une sorte de
nourriture qui l'engraisse. On disposera des tas de fumier d'environ cinq modius chacun, plus éloignés dans
les plaines que sur les collines : dans les plaines, l'intervalle sera d'environ huit pieds, et de six seulement sur

erit. Sed id nobis decrescente luna fieri placet : nam ea res herbis liberat segetes. Jugerum autem desiderat, quod spissius stercoratur, vehes quatuor et viginti[6]; quod rarius, duodeviginti. Disjectum deinde protinus fimum inarari et obrui convenit, ne solis halitu vires amittat, et ut permixta humus prædicto alimento pinguescat. Itaque, quum in agro disponentur acervi stercoris, non debet major modus eorum dissipari, quam quem bubulci eodem die possint obruere.

De generibus seminum.

VI. Quoniam sementi terram docuimus præparare, nunc seminum genera persequemur. Prima et utilissima sunt hominibus frumenta, triticum, et semen adoreum[7]. Tritici genera complura cognovimus; verum ex his maxime serendum est, quod robus dicitur : quoniam et pondere, et nitore præstet. Secunda conditio est habenda siliginis, cujus species in pane præcipua pondere deficitur. Tertium erit trimestre, cujus usus agricolis gratissimus; nam ubi propter aquas aliamve causam matura satio est omissa, præsidium ab hoc petitur. [Id genus est siliginis.] Reliquæ tritici species, nisi si quos multiplex varietas frugum, et inanis delectat gloria, supervacuæ sunt. Adorei autem plerumque vidimus in usu genera quatuor; far, quod appellatur Clusinum, candoris nitidi; far, quod vocatur vennuculum, rutilum,

les collines. Il est important de s'occuper de ce travail
au moment du décours de la lune, parce qu'ainsi les
grains ne sont pas infestés par les herbes. Par jugère, on
emploie vingt-quatre voies pour le coteau et dix-huit
pour la plaine. Aussitôt que le fumier est répandu, il
doit être enfoui à la charrue, de peur que l'évaporation
produite par le soleil ne lui enlève ses bonnes qualités, et
pour que la terre, s'y mêlant mieux, s'en engraisse plus
abondamment. C'est pourquoi, lorsque les monceaux de
fumier seront disposés dans le champ, on ne devra en
répandre que ce que les laboureurs peuvent couvrir dans
la journée.

Des espèces de semences.

VI. Après avoir dit ce qu'il faut faire pour préparer le terrain à l'ensemencement, nous allons maintenant parler des diverses espèces de semences. Les premières et les plus utiles aux hommes sont le froment et
l'adoréum. Nous connaissons plusieurs espèces de froment, mais on doit semer de préférence celui que l'on
appelle robus; il est plus pesant et plus blanc. Il faut
mettre au second rang le siligo, dont la meilleure espèce donne un pain léger. La troisième espèce est le
trimestriel ou trémois, ressource précieuse pour les laboureurs qui y ont recours, lorsque les pluies ou toute
autre cause ne leur ont pas permis de faire à temps les
ensemencements ordinaires : c'est une variété du siligo.
Les autres espèces de froment sont de peu d'importance,
si ce n'est pour les amateurs qui aiment à en posséder
toutes les variétés ou à satisfaire une vaine gloire d'érudition. Quant à l'adoréum, on en compte pour l'usage
quatre espèces différentes : le far, qu'on surnomme de
Clusium, et qui est d'un blanc pur; le far qu'on appelle vennuculum et qui est roux, et un autre de couleur

atque alterum candidum, sed utrumque majoris ponderis, quam Clusinum; semen trimestre, quod dicitur halicastrum, idque pondere et bonitate est praecipuum. Sed haec genera tritici, et adorei, propterea custodienda sunt agricolis, quod raro quisquam ager ita situs est, ut uno semine contenti esse possimus, interveniente parte aliqua vel uliginosa, vel arida. Triticum autem sicco loco melius coalescit; adoreum minus infestatur humore.

De generibus leguminum.

VII. Leguminum genera quum sint complura, maxime grata, et in usu hominum videntur, faba, lenticula, pisum, phaselus, cicer, cannabis, milium, panicum, sesama, lupinum, linum etiam, et hordeum, quia ex eo ptisana est[8]. Item pabulorum optima sunt medica, et foenum Graecum, nec minus vicia; proxima deinde cicera, et ervum, et farrago, quae est ex hordeo. Sed de his prius disseremus, quae nostra causa seminantur, memores antiquissimi praecepti, quo monemur, ut locis frigidis novissime, tepidis celerius, calidis ocissime seramus; nunc autem proinde, ac si temperatae regioni, praecepta dabimus.

Quod seminandi tempus sit.

VIII. Placet nostro poetae adoreum, atque etiam tri-

blanche : tous deux plus pesants que celui de Clusium ;
enfin le trimestriel, qui porte le nom d'halicastrum, et
est remarquable par son poids et sa bonne qualité. Ces
espèces de froment et d'adoréum méritent donc d'être
conservées par les cultivateurs, parce que rarement un
champ est de telle nature qu'on puisse s'y contenter
d'une seule sorte de grain, puisqu'il peut s'y rencontrer
quelques parties plus ou moins humides, plus ou moins
sèches. Or, le froment s'accommode mieux d'un sol sec ;
l'adoréum souffre moins de l'humidité.

Des espèces de légumes.

VII. Parmi les espèces nombreuses de légumes, les
plus recherchés et les plus employés par l'homme, sont
la fève, la lentille, le pois, le haricot, le pois chiche,
le chanvre, le millet, le panis, le sésame, le lupin,
aussi bien que le lin, et l'orge, qui sert à faire la tisane.
Les meilleurs fourrages sont la luzerne, le fenugrec et la
vesce; ensuite, la cicerole, l'ers, et le farrago où entre
l'orge. Mais, avant tout, nous parlerons des plantes qui
sont à notre usage, en nous conformant à un très-ancien
précepte, qui nous avertit qu'on doit ensemencer très-
tard les lieux froids, de bonne heure ceux qui le sont
moins, et le plus tôt possible les terrains chauds. Les
préceptes que nous allons donner s'appliquent à un sol
tempéré.

Quel est le temps convenable pour semer.

VIII. Notre poëte veut qu'on ne sème l'adoréum et

ticum non ante seminare, quam occiderint Vergiliæ [9];
quod ipsum numeris sic edisserit :

> At si triticeam in messem robustaque farra
> Exercebis humum, solisque instabis aristis,
> Ante tibi eoæ Atlantides abscondantur.

Absconduntur autem altero et tricesimo die post autumnale æquinoctium, quod fere conficitur nono kalend. octobris; propter quod intelligi debet tritici satio dierum sex et quadraginta ab occasu Vergiliarum, qui fit ante diem ix kalend. novembris ad brumæ tempora; sic enim servant prudentes agricolæ, ut quindecim diebus prius, quam conficiatur bruma, totidemque post eam confectam neque arent, neque vitem aut arborem putent. Nos quoque non ambigimus, in agro temperato, et minime humido, sementem sic fieri debere. Ceterum locis uliginosis, atque exilibus, aut frigidis, aut etiam opacis, plerumque citra kalendas octobris seminare convenire,

> Dum sicca tellure licet, dum nubila pendent,

ut prius convalescant radices frumentorum, quam hibernis imbribus, aut gelicidiis, pruinisve infestentur. Sed quamvis tempestive sementis confecta erit, cavebitur tamen, ut patentes liras, crebrosque sulcos aquarios, quos nonnulli elices vocant, faciamus, et omnem humorem in colliquias, atque inde extra segetes derivemus. Nec ignoro, quosdam veteres auctores præcepisse, ne seminarentur agri, nisi quum terra pluviis

même le froment qu'au coucher des Pléiades ; c'est ce qu'il prescrit dans ces vers :

« Mais si vous cultivez votre champ pour y récolter du froment ou le robuste far, et que vous vouliez surtout des épis, attendez que les filles orientales d'Atlas se soient dérobées à vos regards. »

Or, les Pléiades se couchent trente et un jours après l'équinoxe d'automne, qui arrive vers le 9 des calendes d'octobre ; on doit donc comprendre que pour les semailles du froment, on peut disposer des quarante-six jours qui suivent le coucher des Pléiades, qui a lieu le 9 des calendes de novembre, au temps du solstice d'hiver. C'est pourquoi les agriculteurs expérimentés s'abstiennent de labourer, de tailler la vigne ou tout autre arbre quinze jours avant et quinze jours après ce solstice. Nous pensons qu'on doit suivre cette pratique pour l'ensemencement d'un sol tempéré et non humide. Au reste, dans les terrains moites et maigres, ou froids et lourds, on sème ordinairement avant les calendes d'octobre,

« Pendant que la sècheresse de la terre le permet, pendant que les nuages sont encore suspendus, »

afin que les racines des froments aient le temps de se fortifier avant que les pluies d'hiver, les gelées et les frimas ne viennent les endommager. Au surplus, quoique les semailles aient eu lieu en temps opportun, on aura soin d'ouvrir les lires, de multiplier les rigoles, que quelques personnes appellent élices, et de dériver les eaux vers des fossés et loin des grains. Je n'ignore pas que certains vieux auteurs ont prescrit de n'ensemencer les champs que lorsque la terre serait imbibée par les pluies ; je ne doute pas que, si le travail est fait à temps, l'agriculture ne s'en trouve bien ; mais si, ce qui arrive quelquefois, les pluies surviennent tardivement, il sera bon

permaduisset. Quod ego, si tempestive competat, magis conducere agricolæ non dubito. Sed si, quod evenit nonnunquam, seri sunt imbres, quamvis sitienti solo recte semen committitur, idque etiam in quibusdam provinciis, ubi status cœli talis est, usurpatur. Nam quod sicco loco ingestum, et inoccatum est, perinde ac si repositum ● horreo non corrumpitur, atque ubi venit imber, multorum dierum sementis uno die surgit. Tremellius quidem asseverat, prius quam impluerit, ab avibus, aut formicis sata edi, ubi æstivis serenitatibus ager aret; idque etiam sæpius nos experti, verum adhuc esse comperimus. Magis apte tamen in ejusmodi agris adoreum, quam triticum seritur : quoniam folliculum, quo continetur, firmum et durabilem adversus longioris temporis humorem habet.

Quot seminum modios jugerum postulet, et medicinæ seminum.

IX. Jugerum agri pinguis plerumque modios tritici quatuor, mediocris quinque postulat : adorci modios novem, si est lætum solum; si mediocre, decem desiderat. Nam quamvis de mensura minus auctoribus convenit, hanc tamen videri commodissimam docuit noster usus; quem si quis sequi recusat, utatur præceptis eorum, qui bene uberem campum in singula jugera tritici quinque, et adorei octo modiis obserere præcipiunt, atque hac portione mediocribus agris semina præbenda censent. Nobis ne istam quidem, quam prædiximus men-

d'avoir semé, même dans un terrain sec : c'est, du reste, ce qui se fait dans certaines provinces où tel est l'état du ciel. La semence jetée dans une terre sèche et bien hersée ne pourrira pas plus que dans un grenier, et lorsque la pluie est arrivée, une seule journée suffit pour faire lever l'ensemencement fait depuis un grand nombre de jours. A la vérité, Tremellius assure que, avant les pluies les oiseaux et les fourmis auront mangé ce grain, pendant que le champ reste desséché sous le ciel serein de l'été; et, après plusieurs expériences à ce sujet, nous avons nous-même reconnu la vérité de cette assertion. Dans les terres de cette espèce, il est plus avantageux de semer l'adoréum que le froment, parce que le premier de ces grains est pourvu d'une balle ferme et durable, qui lui permet de résister contre une humidité prolongée.

Combien il faut de modius de semence par jugère, et recettes pour les semences malades.

IX. Le jugère d'un champ gras demande ordinairement quatre modius de froment; il en faut cinq dans un terrain médiocre. On sème neuf modius d'adoréum, si le sol est excellent; s'il n'est que de médiocre qualité, il en veut dix. Quoique les auteurs ne soient pas d'accord sur cette quantité, l'expérience nous a pourtant fait reconnaître qu'elle est la plus convenable. Si quelqu'un pourtant ne veut pas l'adopter, il peut suivre les préceptes de ceux qui veulent qu'on sème par chaque jugère de bonne terre, soit cinq modius de froment, soit huit d'adoréum, et qu'on observe la même proportion pour les terrains médiocres. Nous-même, nous ne trouvons pas toujours bon de nous assujettir à la mesure que nous avons conseillée,

suram semper placet servari, quod eam variat aut loci,
aut temporis, aut cœli conditio; loci quum vel in campis,
vel collibus frumentum seritur, atque his vel collibus
frumentum seritur, atque his vel pinguibus, vel mediocribus, vel macris; temporis, quum autumno, aut
etiam ingruente hieme frumenta jacimus : nam prima
sementis rarius serere permittit, novissima spissius postulat; cœli, quum aut pluvium, aut siccum est; nam
illud idem quod prima sementis, hoc quod ultima desiderat.

Omne autem frumentum maxime campo patente, et
ad solem prono, apricoque et soluto lætatur. Collis enim
quamvis robustius aliquanto, minus tamen tritici reddit.
Densa, cretosaque et uliginosa humus, siliginem et far
adoreum non incommode alit. Hordeum nisi solutum et
siccum locum non patitur. Atque illa vicibus annorum
requietum agitatumque alternis, et quam lætissimum
volunt arvum; hoc nullam mediocritatem postulat : nam
vel pinguissima, vel macerrima humo jacitur. Illa post
continuos imbres, si necessitas exigat, quamvis adhuc
limoso et madente solo sparseris, injuriam sustinent; hoc
si lutoso commiseris, emoritur. Siliginis autem vel tritici, si mediocriter cretosus uliginosusve ager est, etiam
paulo plus, quam, ut prius jam dixi, quinque modiis ad
sationem opus est. At si siccus, et resolutus locus,
idemque vel pinguis, vel exilis est, quatuor; quoniam
et e contrario macer tantumdem seminis poscit; nam nisi

parce qu'elle est subordonnée aux différences de lieu,
de saison et d'état atmosphérique : de lieu, puisqu'on
peut semer ou en plaine ou sur un coteau, et dans des
terres soit grasses, soit médiocres, soit maigres; de
saison, parce que l'ensemencement peut être effectué en
automne, ou au commencement de l'hiver, dont le premier exige moins de semence que le dernier; de l'état
atmosphérique, qui pourrait être ou pluvieux ou sec,
et ainsi demander une semence moins ou plus abondante.

Au reste, toutes les espèces de grains réussissent bien
dans un champ découvert, incliné vers le soleil et chauffé
par ses rayons, et dont le sol est de nature légère. Quoique les collines favorisent davantage leur développement,
elles produisent cependant moins en quantité. Une terre
compacte, argileuse et humide, ne nourrit pas mal le
siligo et le far adoréum. L'orge ne se trouve bien qu'en
un terrain léger et sec. Ces céréales veulent un fonds
reposé, puis labouré alternativement tous les deux ans,
et qui soit de bonne nature. La médiocrité n'est pas ce
qui convient à l'orge; il s'attache à une terre ou très-
grasse ou très-maigre. Si la nécessité l'exigeait, les autres
céréales supporteraient l'état d'un champ resté, après de
longues pluies, boueux et humide; l'orge y mourrait.
Dans le cas où le champ serait médiocrement argileux et
mouillé, il faudra pour l'ensemencer en siligo ou en
froment, comme je l'ai déjà dit plus haut, un peu plus
de cinq modius. Mais s'il est sec, si la terre en est légère,
qu'il soit ou gras ou maigre, quatre mesures suffisent :
car, par une sorte de contradiction, le mauvais terrain
veut autant de semence que le bon. Le grain, si on le
sème dru, ne donne qu'un épi chétif et vide; tandis que,

rare conseritur, vanam et minutam spicam facit; at ubi ex uno semine pluribus culmis fruticavit, etiam ex rara segete densam facit.

Inter cetera quoque non ignorare debemus, quintam partem seminis amplius occupare agrum consitum arbusto, quam vacuum, et apertum.

Atque adhuc de satione autumnali loquimur : hanc enim potissimam ducimus. Sed et est altera, quum cogit necessitas : trimestrem vocant agricolæ; ea locis prægelidis ac nivosis, ubi æstas est humida et sine vaporibus, recte committitur; ceteris admodum raro respondet; quam tamen ipsam celeriter, et utique ante æquinoctium vernum conveniet peragere; si vero locorum et cœli conditio patietur, quanto maturius severimus, tanto commodius proveniet; neque enim est ullum, sicut multi crediderunt, natura trimestre semen : quippe idem jactum autumno melius respondet. Sed sunt nihilo minus quædam aliis potiora, quæ sustinent veris tepores, ut siligo, et hordeum Galaticum, et halicastrum, granumque fabæ Marsicæ; nam cetera robusta frumenta semper ante hiemem seri debent in regionibus temperatis. Solet autem salsam nonnunquam et amaram uliginem vomere terra, quæ quamvis matura jam sata manante noxio humore corrumpit, et locis glabrentibus sine ulla stirpe seminum areas reddit. Ea glabreta signis adhibitis notari convenit, ut suo tempore vitiis ejusmodi

dans le cas contraire, une seule tige produisant plusieurs
chalumeaux, d'une petite semaille on tire une abondante
récolte.

Entre autres choses, nous ne devons pas ignorer qu'il
est nécessaire de répandre un cinquième de semence en
plus dans un champ planté que dans celui qui est vide
et découvert.

Nous n'avons encore parlé que des semailles de l'automne : nous les regardons, en effet, comme les plus im-
portantes ; mais il en est d'autres auxquelles la nécessité
force quelquefois de recourir : les cultivateurs les appellent semailles trimestrielles. Elles conviennent parfaitement aux lieux exposés aux gelées et à la neige, où l'été
est humide et sans chaleurs ; ailleurs, elles réussissent
très-rarement. Au reste, il y faut procéder avec célérité
et avant l'équinoxe du printemps ; et, si l'état des lieux
et du temps le permet, plus tôt on sèmera, plus il y aura
d'avantage. Il n'y a pas, quoique plusieurs le croient,
de grain qui pousse naturellement en trois mois, puisque
ce même grain, jeté en terre dans l'automne, réussit toujours mieux. Néanmoins, pour ce genre d'ensemencement,
quelques céréales sont préférables à d'autres, parce
qu'elles supportent mieux la tiédeur du printemps : telles
sont le siligo, l'orge galate, l'halicastrum, et la fève des
Marses. Quant aux autres grains qui sont plus forts, ils
doivent toujours, dans les pays tempérés, être mis en
terre avant l'hiver. Le sol jette parfois une humidité salée et amère, poison funeste qui détruit les moissons déjà
mûres, et transforme, pour ainsi dire, en aires les parties du champ dépouillées. Il faut noter par des marques
les points dégarnis, afin qu'on puisse remédier au mal
en temps convenable. En effet, là où l'humidité ou
quelque autre fâcheux accident fait périr les grains se-
més, il faut répandre et enterrer à la charrue de la fiente

medeamur. Nam ubi vel uligo, vel aliqua pestis segetem enecat, ibi columbinum stercus , vel si id non est, folia cupressi convenit spargi et inarari. Sed antiquissimum est, omnem inde humorem facto sulco deducere : aliter vana erunt praedicta remedia. Nonnulli pelle hyaenae satoriam trimodiam vestiunt, atque ita ex ea, quum paulum immorata sunt semina, jaciunt, non dubitantes proventura, quae sic sata sint. Quaedam etiam subterraneae pestes adultas segetes radicibus subjectis enecant. Id ne fiat, remedio est aquae mixtus succus herbae, quam rustici sedum appellant; nam hoc medicamine una nocte semina macerata jaciuntur. Quidam cucumeris anguinei humorem expressum, et ejusdem tritam radicem diluunt aqua, similique ratione madefacta semina terrae mandant. Alii hac eadem aqua vel amurca insulsa, quum coepit infestari seges, perfundunt sulcos, et ita noxia animalia submovent.

Illud deinceps praecipiendum habeo, ut demessis segetibus jam in area futuro semini consulamus. Nam quod ait Celsus, ubi mediocris est fructus, optimam quamque spicam legere oportet, separatimque ex ea semen reponere; quum rursus amplior messis provenerit, quidquid exteretur, capisterio expurgandum erit, et semper, quod propter magnitudinem ac pondus in imo subsederit, ad semen reservandum; nam id plurimum prodest, quia quamvis celerius locis humidis, tamen etiam siccis frumenta degenerant, nisi cura talis adhibeatur. Neque

de pigeon ou, à défaut, des ramilles de cyprès; mais il est préférable de faire écouler toute eau nuisible, au moyen d'une rigole : sans cette précaution, les remèdes que nons venons d'indiquer seraient inutiles. Il est des personnes qui doublent d'une peau d'hyène un semoir de trois modius, et qui, après y avoir laissé séjourner quelque temps la semence, l'en tirent et la répandent, ne doutant pas qu'avec cette précaution elle ne réussisse bien. Quelques animaux qui vivent sous terre font périr les grains déjà avancés dans leur végétation, en attaquant la racine. Pour prévenir ce dégât, on fait macérer pendant une nuit, dans le suc de l'herbe que les paysans appellent sédum, et qu'on a étendu d'eau, les semences qu'on veut confier à la terre. Plusieurs agriculteurs délayent dans de l'eau le suc exprimé du concombre serpentaire et de sa racine broyée, et suivent, pour le reste, le procédé que nous venons d'indiquer. Quelques autres arrosent les sillons avec ces liqueurs ou bien avec de la lie d'huile sans sel, lorsque le dommage commence à paraître, et par ce moyen chassent les animaux nuisibles.

Je dois maintenant prescrire ce qu'il faut faire, après que la moisson aura été apportée sur l'aire, pour préparer le futur ensemencement; car, comme dit Celse, lorsque le grain est de médiocre qualité, il faut choisir les plus beaux épis et les séparer du reste pour en tirer la semence. Quand la récolte aura été plus favorable, le grain battu sera purgé au crible, et toujours on réservera pour la semence celui qui, en raison de sa grosseur et de son poids, tombera au-dessous de l'autre. Cette précaution est fort utile, car sans elle les froments dégénèrent, même dans les lieux secs, quoique moins promptement que dans un sol humide. Au surplus, il n'est pas douteux qu'un gros grain ne donne quelquefois

enim dubium est, ex robusto semine posse fieri non
robustum; quod vero protinus exile natum sit, nunquam robur accipere manifestum est. Ideoque Virgilius
quum et alia, tum et hoc de seminibus præclare sic
disseruit :

> Vidi ego lecta diu et multo spectata labore
> Degenerare tamen, ni vis humana quotannis
> Maxima quæque manu legeret. Sic omnia fatis
> In pejus ruere, ac retro sublapsa referri.

Granum autem rutilum si, quum diffissum est, eumdem colorem interiorem habet, integrum esse non dubi-
tamus. Quod extrinsecus albidum, intus etiam conspicitur candidum, leve ac vanum intelligi debet. Nec nos
tanquam optabilis agricolis fallat siligo; nam hoc tritici
vitium est, et quamvis candore præstet, pondere tamen
vincitur. Verum in humido statu cœli recte provenit;
et ideo locis manantibus magis apta est. Nec tamen ea
longe nobis, aut magna difficultate requirenda est; nam
omne triticum solo uliginoso post tertiam sationem convertitur in siliginem.

Proximus est his frumentis usus hordei, quod rustici
hexastichum, quidam etiam cantherinum [10] appellant :
quoniam et alia animalia, quæ ruri sunt, melius, quam
triticum, et hominem salubrius, quam malum triticum
pascit.

Nec aliud in egenis rebus magis inopiam defendit.
Seritur soluta siccaque terra, et vel prævalida vel exili,
quia constat, arva segetibus ejus macescere : propter

des produits qui lui sont inférieurs; mais il est évident que celui qui est chétif primitivement ne saurait acquérir de force. Aussi, entre autres choses que Virgile a si bien dites, il s'exprime ainsi sur les semences :

« J'ai remarqué que les semences choisies avec attention et considérées par un long examen, dégénèrent cependant, si tous les ans la sagesse humaine ne fait pas à la main un choix des plus développées : c'est la destinée de toutes choses, de finir par se détériorer et de retourner au néant d'où elles sont sorties. »

Si le grain roux, fendu en deux, offre à l'intérieur la même couleur, il n'y a aucun doute qu'il ne soit excellent. Celui qui est blanc extérieurement et dont l'intérieur est blanc aussi, doit être considéré comme léger et vide. Que le siligo ne nous induise pas en erreur, en raison de l'empressement que mettent les agriculteurs à le rechercher : car ce froment pèche par le poids, quoiqu'il excelle en blancheur; mais par une température humide il vient très-bien, et convient, par conséquent, aux lieux arrosés par les cours d'eau. Nous n'avons pas besoin, au reste, d'en chercher au loin ni de nous tourmenter pour en trouver; car toute espèce de froment, après avoir été semée trois fois dans une terre humide, se convertit en siligo.

Après ces blés, le grain dont l'usage est le plus répandu, est l'orge que les paysans appellent hexastique et quelques-uns canthérine : elle est préférable au froment pour nourrir tous les animaux de la campagne, et l'homme y trouve un pain plus sain que celui qui provient d'un froment de mauvaise qualité.

Dans les temps de disette, aucun grain n'est plus propre à parer au besoin. On la met en terre légère et sèche, soit excellente, soit maigre, parce qu'étant reconnu que sa culture amaigrit le sol, elle ne nuira pas à

quod pinguissimo agro, cujus nimiis viribus noceri non possit, aut macro, cui nihil aliud, committitur. Altero sulco seminari debet, post æquinoctium, media fere sementi, si læto solo : si gracili, maturius. Jugerum quinque modii occupabunt. Idque, ubi paulum maturuerit, festinantius, quam ullum aliud frumentum, demetendum erit; nam et fragili culmo, et nulla vestitum palea granum ejus celeriter decidit, iisdemque de causis facilius teritur, quam cetera. Sed quum ejus messem sustuleris, optimum est novalia pati anno cessare : si minus, stercore saturare, et omne virus, quod adhuc inest terræ, propulsare.

Alterum quoque genus hordei est, quod alii distichum, Galaticum nonnulli vocant, ponderis et candoris eximii, adeo ut tritico mixtum egregia cibaria familiæ præbeat. Seritur quam pinguissimis, sed frigidis locis circa martium mensem. Melius tamen respondet, si clementia hiemis permittit, quum seminatur circa idus januarias. Jugerum sex modios postulat.

Inter frumenta etiam panicum et milium ponenda sunt, quamvis jam leguminibus ea contribuerim; nam multis regionibus cibariis eorum coloni sustinentur. Levem solutamque humum desiderant; nec in sabuloso solo, sed in arena quoque proveniunt, modo humido cœlo, vel riguo solo; nam siccum cretosumque reformidant. Ante ver seri non possunt, quoniam teporibus maxime lætantur; ultima tamen parte martii mensis

la première, qui se défend par sa propre force, ni à la
seconde, qui ne peut produire autre chose. Après l'équinoxe, vers le milieu des semailles, la terre ayant reçu
deux labours, on la confie aux sillons, si le sol est gras,
mais plus tôt, s'il est maigre. Six modius couvriront
bien un jugère. Quand elle commence à mûrir, on se
hâte de la couper avant tout autre blé : car son chalumeau se brise facilement, et le grain, n'étant revêtu
d'aucune balle, tombe promptement; aussi nulle autre
espèce ne se bat-elle plus facilement. Après la moisson, vous laisserez reposer un an le champ qui l'a produite, ou vous le fumerez abondamment, et vous pur-
gerez la terre des influences pernicieuses qu'elle pourrait
avoir conservées.

Il est une autre espèce d'orge que les uns appellent
distique, les autres galate; son poids et sa blancheur
sont remarquables : mêlée avec le froment, elle fournit
un excellent pain de ménage. C'est vers le mois de mars
qu'on la sème en terrain très-gras, mais frais. Elle rendra
davantage si la douceur de l'hiver permet de la mettre
en terre vers les ides de janvier. Chaque jugère en demande six modius.

On place parmi les blés le panis et le millet, quoique je les aie rangés au nombre des légumes. Dans beaucoup de contrées les paysans en font leur nourriture. Ils
se plaisent dans une terre légère et meuble, et réussissent bien, non-seulement en terre sablonneuse, mais
aussi dans le sable même, pourvu que le temps soit
humide ou le sol arrosé; mais ils redoutent la sécheresse et l'argile. On ne peut les semer avant le printemps, parce qu'une douce température leur est seule
favorable. Au surplus, c'est dans la dernière partie

commodissime terræ committuntur. Nec impensa gravi
rationem cultoris onerant; quippe sextariis fere quatuor
jugerum implent; frequentem tamen exigunt sarritionem
et runcationem, ut herbis liberentur. Ea quum spicas
ediderunt, priusquam semina hient æstibus, manu car-
puntur, et suspensa in sole quum assiccata fuerint, reconduntur, atque ita reposita perennant diutius, quam
cetera. Panis ex milio conficitur, qui, antequam refri-
gescat, sine fastidio potest absumi. Panicum pinsitum,
et evolutum furfure, sed et milium quoque pultem,
quavis inopia, maxime cum lacte, non' fastidiendam
præbet.

Quod solum cuique legumini conveniat.

x. Quoniam de frumentis abunde præcepimus, de
leguminibus deinceps disseramus. Lupini prima ratio
est, quod et minimum operarum absumit, et vilissime
emitur, et maxime ex iis, quæ seruntur, juvat agrum.
Nam vineis jam emaciatis et arvis optimum stercus
præbet, ac vel effœto solo provenit, vel repositum in
granario patitur ævum. Boves per hiemem coctum ma-
ceratumque probe alit. Famem quoque, si sterilitas annonæ incessit hominibus, commode propulsat. Spargitur
statim ex area. Atque id solum omnium leguminum non
desiderat requiem in horreo, sive septembri mense ante
æquinoctium, seu protinus a kalendis octobris crudis
novalibus ingeras. Et qualitercumque obruas, sustinet
coloni negligentiam. Teporem tamen autumni desiderat,

du mois de mars qu'il est le plus avantageux de les confier à la terre. Ils n'occasionnent pas au cultivateur une
forte dépense, puisqu'il ne faut guère que quatre setiers
pour ensemencer un jugère; mais ils exigent un fréquent
sarclage pour les débarrasser des herbes. Quand l'épi
a paru, avant que la chaleur n'en détache les grains,
on le cueille à la main, et on le serre après l'avoir suspendu au soleil pour le dessécher. Au moyen de cette
précaution, ces céréales se conservent plus longtemps
que toutes les autres. On fait avec le millet un pain qui,
avant qu'il soit refroidi, peut être mangé sans dégoût.
Le panis, pilé et dépouillé du son, fournit, ainsi que le
millet, une bouillie qui, surtout lorsqu'on la fait avec
du lait, n'est point à dédaigner en temps de disette.

Quel terrain convient à chaque légume.

X. Puisque nous avons prescrit au long ce qu'il convient de faire à l'égard des froments, traitons maintenant des légumes. Le premier qui doit fixer notre attention est le lupin, parce qu'il exige le moins de travail,
qu'on l'achète à vil prix, et que de toutes les cultures il
est la plus favorable au sol. En effet, il fournit un bon
amendement aux vignes épuisées et aux champs labourés; il réussit dans les terres fatiguées, et, déposé dans
le grenier, il s'y conserve durant de longues années.
Pendant l'hiver, donné cuit et macéré aux bœufs, il
les nourrit très-bien, et sert même, dans un temps de
détresse, à apaiser la faim des hommes. On peut le semer
au sortir de l'aire où il a été battu. Ainsi il est le seul de
tous les légumes qui n'ait pas besoin du repos du grenier.
C'est dans le mois de septembre, avant l'équinoxe, ou
aussitôt après les calendes d'octobre, qu'on le sème sur
les guérets d'un an; et, de quelque manière qu'on le
travaille, il ne souffre pas de la négligence du cultiva-

ut celeriter confirmetur; nam si non ante hiemem con-
valuerit, frigoribus affligitur. Reliquum quod seminis
superest, in tabulatum, quo fumus pervenit, optime
reponis : quoniam si humor invasit, vermes gignit; qui
simulatque oscilla lupinorum ederunt, reliqua pars ena-
sci non potest. Id ut dixi, exilem amat terram, et ru-
bricam præcipue; nam cretam reformidat[11], limosoque
non exit agro. Jugerum decem modii occupant.

Ab hoc recte phaselus terræ mandabitur, vel in ver-
vacto, vel melius pingui et restibili agro. Nec amplius
quatuor modiis jugerum obseritur.

Similis quoque ratio est pisi, quod tamen facilem et
solutam terram desiderat, tepidumque locum et cœlum
frequentis humoris. Eadem mensura jugerum, vel modio
minus, quam phaselum, licet obserere primo tempore
sementis ab æquinoctio autumnali.

Fabæ pinguissimus locus, vel stercoratus destinatur,
et si veteretum erit in valle situm, quod a superiore
parte succum accipit, prius tamen jaciemus semina,
deinde proscindemus terram, proscissamque in liram re-
vocabimus, occabimusque, quo altius largiore humo
contegatur : nam id plurimum refert, ut radices enato-
rum seminum penitus demersæ sint. Sin autem proximæ
messis occupandum erit restibile, desectis stramentis,
quatuor et viginti vehes stercoris in jugerum disponemus,
dissipabimusque. Et similiter quum semen crudo solo

teur. Toutefois la tiédeur de l'automne lui est utile pour
s'enraciner promptement : car, s'il ne s'est pas fortifié
avant l'hiver, les froids lui feront tort. Il sera bon de
déposer ce qui restera de semence sur un plancher accessible à la fumée; si ce légume était exposé à l'humidité, il engendrerait des vers qui en mangeraient le
germe, et l'empêcheraient ainsi de lever. Comme je l'ai
dit, le lupin aime une terre maigre et surtout rouge;
mais il redoute l'argile, et il ne vient pas dans un sol
limoneux. Dix modius suffisent pour couvrir un jugère.

Après le lupin, on sème le haricot avantageusement,
soit sur des jachères, soit mieux encore dans un champ
gras et labouré tous les ans. Il n'en faut que quatre modius pour ensemencer un jugère.

On cultive de même le pois; mais il désire une terre
légère et meuble, une exposition chaude et des pluies
fréquentes. Dans le premier temps des semailles, après
l'équinoxe d'automne, on peut le semer dans la même
proportion que le haricot, et même employer un modius de moins par jugère.

On réserve à la fève un lieu naturellement très-gras
ou bien fumé, et si l'on a une jachère située dans une
vallée qui reçoive quelque humidité des terrains supérieurs, on commencera par répandre la semence, puis
on labourera la terre, on la retournera en lires, on
y fera passer la herse, afin que cet ensemencement soit
largement recouvert : car il importe beaucoup que les
racines naissantes soient profondément enfoncées. Dans
le cas où on voudrait semer des fèves dans une terre
qui ne s'est pas reposée et qui vient de produire une
récolte, il faudra couper la paille et répandre par jugère
vingt-quatre voies de fumier. De même, quand on sème
les fèves sur une terre non labourée, on lui donne un

ingesserimus, inarabimus, imporcatumque occabimus :
quamvis sint, qui negent, locis frigidis oportere occari
fabam, quia exstantes glebæ a gelicidiis adhuc eam teneram vindicent, et aliquem teporem frigore laboranti
præbeant. Sunt etiam qui putent, in arvis hanc eamdem
vice stercoris fungi; quod sic ego interpretor, ut existimem, non sationibus ejus pinguescere humum, sed
minus hanc, quam cetera semina, vim terræ consu-
mere. Nam certum habeo, frumentis utiliorem agrum
esse, qui nihil, quam qui istam siliquam proximo anno
tulerit. Jugerum agri, ut Tremellio, quatuor; ut nobis
videtur, fabæ sex occupant modii, si solum pingue sit :
si mediocre, paulo amplius; eaque nec macrum, nec
nebulosum locum patitur; densa tamen humo sæpe commode respondet. Media sementi pars seri, et pars ultima
debet, quæ septimontialis satio [12] dicitur; tempestiva frequentius, nonnunquam tamen sera melior est. Post
brumam parum recte seritur, pessime vere : quamvis sit
etiam trimestris faba, quæ mense februario seratur,
quinta parte amplius, quam matura; sed exiguas paleas,
nec multam siliquam facit. Veteres itaque rusticos plerumque dicentes audio, malle se matura fabalia, quam
fructum trimestrem. Sed quocumque tempore anni seretur, opera danda erit, ut quantum destinaverimus in
sationem, tantum quintadecima luna, si tamen ea non
transcurret eo die solis radios, quod Græci ἀπόκρουσιν

tour, et on la herse après l'avoir disposée en raies; quoiqu'il y ait des gens qui soutiennent qu'on ne doit pas
herser le terrain sur les fèves dans les terres exposées au
froid, parce qu'alors les mottes préservent de la gelée la
plante encore tendre, et lui procurent quelque chaleur
propre à tempérer les rigueurs du temps. Il existe même
des personnes qui pensent que la fève sert d'engrais aux
champs : ce qui veut dire, je pense, que si sa production n'engraisse pas le sol, elle l'épuise moins que les
autres semences : car je regarde comme certain qu'un
champ qui n'a rien rapporté, produira plus de céréales
que s'il vient de donner des fèves. Suivant Tremellius,
il faut semer par jugère quatre modius de ce légume ;
mais il me semble qu'il en faut six si le sol est gras, et un
peu plus s'il est de médiocre qualité. La fève ne s'accommode ni d'un sol maigre, ni d'un lieu exposé aux brouillards; cependant elle rend souvent beaucoup dans une
terre compacte. On en fait un premier ensemencement
au milieu de la saison des semailles; l'autre à la fin :
ce dernier s'appelle septimontial. Le premier est ordinairement le meilleur; cependant quelquefois le second est
plus productif. On a tort de semer ce légume après le solstice d'hiver, et plus grand tort d'attendre le printemps.
Il existe cependant une fève de trois mois, que l'on met
en terre au mois de février; on en sème un cinquième de
plus qu'à l'époque convenable : elle donne de faibles tiges
et peu de gousses. Aussi j'entends dire aux vieux cultivateurs, qu'ils aiment mieux un champ de fèves semées en
temps convenable, que celui qui l'est en trémois; mais, à
quelque époque de l'année qu'on les mette en terre, il faut
veiller à ce que toute la semence dont vous voulez disposer,
soit employée le quinzième jour de la lune, si toutefois,
ce jour-là, elle n'est pas encore derrière les rayons du
soleil : position que les Grecs appellent *apocrose;* sinon,
cette semence sera répandue le quatorzième jour pendant

vocant; si minus, quartadecima utique adhuc crescente lumine spargatur, etiamsi confestim totum semen operiri non poterit. Nihil enim nocebitur ei nocturnis roribus aliisve ex causis, dum a pecore et avibus vindicetur. Priscis autem rusticis, nec minus Virgilio, prius amurca vel nitro macerari eam, et ita seri placuit,

Lætior ut fœtus siliquis fallacibus esset,
Et, quamvis igni exiguo, properata maderent.

Nos quoque sic medicatam comperimus, quum ad maturitatem perducta sit, minus a curculione infestari. Sed et illud, quod deinceps dicturi sumus, experti præcipimus. Silente luna, fabam vellito ante lucem; deinde quum in area exaruerit, confestim, priusquam luna incrementum capiat, excussam refrigeratamque in granarium conferto; sic condita a curculionibus erit innoxia; maximeque ex leguminibus ea et sine jumentis teri, et sine vento purgari expeditissime sic poterit. Modicus fasciculorum numerus resolutus in extrema parte areæ collocetur, quem per longissimum ejus, mediumque spatium tres vel quatuor homines promoveant pedibus, et baculis furcillisve contundant : deinde quum ad alteram partem areæ pervenerint, in acervum culmos regerant. Nam semina excussa in area jacebunt, superque ea paulatim eodem modo reliqui fasciculi excutientur. Ac durissimæ quidem acus resectæ separatæque erunt a cudentibus : minutæ vero, quæ de siliquis cum

que la lune croît encore, quand même on ne pourrait pas
la recouvrir en entier dans la journée. Alors elle n'aura
rien à craindre ni des rosées de la nuit, ni d'autres mé-
téores, pourvu qu'elle soit mise à l'abri de la voracité des
troupeaux et des oiseaux. Les anciens cultivateurs, et
Virgile comme eux, aimaient à faire, avant de la semer,
macérer la fève dans la lie d'huile et dans l'eau nitrée,

« Afin que ses produits fussent plus multipliés dans les gousses,
ordinairement trompeuses, et que, même sur un faible feu, ils
cuisent avec plus de célérité. »

Nous-mêmes, nous avons observé que, lorsqu'elle
a été ainsi préparée, la fève est à sa maturité moins
vivement attaquée par le charançon. C'est aussi après
l'avoir éprouvé que nous allons prescrire ce qui suit :
à la nouvelle lune, cueillez la fève avant le jour, et
dès qu'elle aura été bien desséchée sur l'aire, portez-
la au grenier battue et rafraîchie, avant que la lune
commmence à croître; dans ce dépôt, elle sera à l'abri
des charançons. De tous les légumes, celui-ci seul n'a
pas besoin sur l'aire des efforts des bêtes de somme,
et on le nettoie très-vite sans le secours du vent, par
le procédé que nous allons indiquer : on place à l'extrémité de l'aire un certain nombre de bottes déliées que
trois ou quatre ouvriers pousseront devant eux avec le
pied par l'espace le plus long, et en traversant le milieu
de l'aire; ils les frapperont en même temps avec des
bâtons et des fourches. Ensuite, quand ils seront parvenus à l'autre extrémité de l'aire, ils mettront les tiges
en monceaux. Par ce moyen, les graines détachées res-
teront sur l'aire, et sur elles peu à peu le reste des
bottes viendra, par le même moyen, se dépouiller. Les
tiges les plus dures seront coupées et mises de côté par
les batteurs; quant aux menus débris qui se détachent des
gousses avec le grain, on en fait un tas séparé. Lorsque

faba resederunt, aliter secernentur. Nam quum acervus paleis granisque mixtus in unum fuerit conjectus, paulatim ex eo ventilabris per longius spatium jactetur; quo facto palea, quæ levior est, citra decidet: faba quæ longius emittetur, pura eo perveniet, quo ventilator eam jaculabitur.

Lentem sementi media crescenti luna usque in duodecimam, solo tenui et resoluto, vel pingui et sicco maxime loco seri convenit : nam in flore facile luxuria et humore corrumpitur; quæ ut celeriter prodeat, et ingrandescat, antequam seratur, fimo arido permisceri debet, et quum ita quatuor aut quinque diebus requieverit, spargi. Sationes ejus duas servamus, alteram maturam per mediam sementim, seriorem alteram mense februario. Jugerum agri paulo plus quam modius occupat. Ea ne curculionibus absumatur (nam etiam, dum est in siliqua, estur) curandum erit, ut quum extrita sit, in aquam demittatur, et ab inani, quæ protinus innatat, separetur solida : tum in sole siccetur, et radice silphii trita cum aceto aspergatur, defriceturque, atque ita rursus in sole siccata, et mox refrigerata recondatur, si major est modus, in horreo; si minor, in vasis oleariis, salsamentariisque : quæ repleta quum confestim gypsata sunt, quandoque in usus prompserimus, integram lentem reperiemus; potest tamen etiam citra istam medicationem cineri mixta commode servari.

le monceau, mêlé de grains et de pailles, sera formé, on le jettera par petites parties à une certaine distance au moyen du van : alors la paille, qui est plus légère, restera en deçà; tandis que la fève, lancée plus loin, parviendra nette au point où le vanneur l'aura jetée.

La lentille demande à être semée vers le milieu de l'époque des semailles, dans les douze premiers jours de la lune nouvelle, en terre légère et ameublie, bien grasse et surtout sèche : car sa luxuriance et l'humidité qui la produit font facilement couler sa fleur. Pour que la lentille profite mieux et grandisse plus vite, on doit, avant de la semer, la mêler avec du fumier sec, puis, quand elle y est restée quatre ou cinq jours, la répandre. On la sème à deux époques : la première, et en même temps la plus favorable, au milieu du temps des semailles; la seconde, trop tardive, au mois de février. Un jugère en exige un peu plus d'un modius. De peur qu'elles ne soient dévorées par les charançons, qui la rongent même dans la gousse, il faudra veiller à ce que, aussitôt après qu'elles auront été battues, elles soient jetées dans l'eau, où l'on séparera les bons grains de ceux qui sont vides et surnagent aussitôt. On les fait sécher ensuite au soleil, on les asperge de vinaigre dans lequel on a broyé de la racine de laser, on agite le tout par un mouvement qui opère un frottement, on fait de nouveau sécher au soleil, et dès que ce légume n'est plus humide, on le met en sûreté : dans un grenier, si on en a recueilli beaucoup; dans des vases à huile ou à saumure, si on n'en a qu'une petite quantité. Ces vases étant remplis, on les lute aussitôt avec du plâtre, et, lorsqu'on en tire les lentilles pour l'usage, on les trouve dans un parfait état de conservation. Sans recourir à cette méthode, on peut facilement conserver les lentilles en les mêlant avec de la cendre.

Lini semen, nisi magnus est ejus in ea regione, quam colis, proventus, et pretium proritat, serendum non est; agris enim præcipue noxium est; itaque pinguissimum locum et modice humidum poscit. Seritur a kalendis octobris in ortum Aquilæ, qui est vii idus decembr. Jugerum agri octo modiis obseritur. Nonnullis placet macro solo quam spississimum semen ejus committi, quo tenue linum proveniat. Idem etiam si læto solo seratur mense februario, x modios in jugerum jaci oportere, dicunt.

Sesama, quæ rigantur, maturius; quæ carent humore, ab æquinoctio autumnali serenda sunt in idus octobr. Putre solum, quod Campani pullum vocant, plerumque desiderant; non deterius tamen etiam pinguibus arenis, vel congesticia humo proveniunt : tantumque seminis, quantum milium panicumque, interdum etiam duobus sextariis amplius in jugerum spargitur. Sed hoc quidem semen Ciliciæ Syriæque regionibus ipse vidi mense junio julioque conseri, et per autumnum quum permaturuerit, tolli.

Cicercula, quæ piso est similis, mense januario, aut februario seri debet læto loco, cœlo humido. Quibusdam tamen Italiæ locis ante kalend. novembr. seritur. Tres modii jugerum implent; nec ullum legumen minus agro nocet; sed raro respondet : quoniam nec siccitates, nec austros in flore sustinet; quæ utraque incommoda fere eo tempore anni sunt, quo deflorescit.

Vous ne sèmerez du lin que lorsque, dans le pays où vous le cultiveriez, le produit en serait grand et le prix élevé : car il épuise la terre. Il demande un sol très-gras et un peu humide. On le sème depuis les calendes d'octobre jusqu'au lever de la constellation de l'Aigle, qui a lieu le sept des ides de décembre. Un jugère de champ demande huit modius de graine. Quelques personnes sont d'avis de le semer très-épais dans un terrain maigre, pour obtenir un lin plus fin, et ajoutent que, si on le met en terre au mois de février dans un bon fonds, il y faut répandre dix modius par jugère.

Le sésame se sème de bonne heure dans les terrains arrosés; dans ceux qui manquent d'eau, il ne faut le semer qu'à partir de l'équinoxe d'automne jusqu'aux ides d'octobre. Il aime de prédilection ce sol humide que, dans la Campanie, on appelle pulle; cependant il vient assez bien aussi dans les sables gras ou dans les terres rapportées. On sème le sésame dans la même proportion que le millet et le panis: quelquefois cependant on en répand deux setiers de plus par jugère. J'ai vu de mes propres yeux, en Cilicie et en Syrie, semer le sésame dans les mois de juin et de juillet, et le recueillir, parfaitement mûr, en automne.

La cicerole, qui ressemble au pois, doit être semée dans le mois de janvier ou dans celui de février, en bon terrain et sous un ciel humide. Cependant il est quelques lieux en Italie où on la sème avant les calendes de novembre. Trois modius remplissent un jugère. Aucun légume ne fatigue moins les champs; mais la cicerole rend peu, parce qu'elle ne supporte ni les sécheresses, ni les vents du midi lorsqu'elle est en fleur : inconvénients qui presque toujours se présentent à l'époque de l'année où elle défleurit.

Cicer, quod arietinum vocatur, itemque alterius generis, quod Punicum, seri mense martio toto potest, cœlo humido, loco quam lætissimo. Nam etiam id terram lædit : atque ideo improbatur a callidioribus agricolis; quod tamen, si seri debeat, pridie macerandum erit, ut celerius enascatur. Jugero modii tres abunde sunt.

Cannabis solum pingue stercoratumque, et riguum, vel planum, atque humidum, et alte subactum deposcit. In quadratum pedem seruntur grana sex ejus seminis, arcturo exoriente, quod est ultimo mense februario, circa sextum aut quintum kalend. mart. Nec tamen usque in æquinoctium vernum, si sit pluvius cœli status, improbe seretur.

Ab his leguminibus ratio est habenda naporum raporumque : nam utraque rusticos implent. Magis tamen utilia rapa sunt, quia et majore incremento proveniunt; et non hominem solum, verum etiam boves, pascunt, præcipue in Gallia, ubi hiberna cibaria prædictis pecudibus id olus præbet. Solum putre et solutum res utraque desiderat, nec densa nascitur humo. Sed rapa campis et locis humidis lætantur; napus devexam amat, et siccam tenuique propiorem terram; itaque glareosis sabulosisque arvis melior exit, locique proprietas utriusque semen commutat; namque in alio solo rapa biennio sata convertuntur in napum, in alio napus raporum accipit speciem. Riguis locis utrumque recte ab solstitio seritur : siccis, ultima parte mensis augusti, vel prima sep-

On peut, durant tout le mois de mars, semer le pois chiche qu'on appelle *de bélier*, ainsi que le punique, autre pois du même genre : l'un et l'autre veulent une terre très-fertile et un ciel humide. Ils nuisent au sol, et par ce motif nos meilleurs agriculteurs les rejettent. Cependant, si on en doit semer, il faut, dès la veille, les faire macérer, pour les faire lever plus promptement. Trois modius suffisent amplement pour un jugère.

Le chanvre demande un sol gras, fumé et arrosé, ou bien situé en plaine, humide et profondément défoncé. On sème six graines par pied carré, au lever de l'arcture, qui arrive dans le dernier mois de l'année, en février, vers le six ou le cinq des calendes de mars. Il n'y aurait pourtant pas d'inconvénient à différer jusqu'à l'équinoxe du printemps, si le ciel était pluvieux.

Après ces légumes il faut s'occuper des navets et des raves, car les paysans en font leur nourriture. Les raves toutefois sont plus utiles que les navets, parce qu'elles réussissent mieux, et qu'elles nourrissent non-seulement les hommes, mais aussi les bœufs, surtout dans la Gaule, où ce légume leur est donné pendant l'hiver. Ces deux racines veulent une terre humide et meuble, et ne viennent pas dans une terre compacte. La rave réussit dans les champs et les lieux qui ne sont pas secs; le navet, dans un terrain en pente, sec et assez léger : aussi est-il meilleur dans les terres graveleuses et sablonneuses. Les propriétés du sol changent la nature des semences de ces deux légumes : car dans tel ou tel terrain, en deux ans, la graine de rave donne des navets, et celle de navet des raves. On les sème avantageusement l'un et l'autre dans des lieux arrosés, à partir du solstice d'été, et dans les lieux secs, pendant la dernière partie du mois d'août ou la première du mois de sep-

tembris; subactum solum pluribus iterationibus aratri
vel rastri [13], largoque stercore satiatum postulant. Nam
id plurimum refert, non solum quod melius ea proveniunt, sed quod etiam post fructum eorum sic tractatum
solum segetes opimas facit. Jugerum agri non amplius
quatuor sextariis raporum seminis obserendum est :
quarta parte amplius napi spargendum, quia non in
ventrem latescit, sed tenuem radicem deorsum agit.

Atque hæc hominum causa serenda censemus, illa
deinde pecudum.

De genere pabulorum, et de medica, vicia, farragine, avena, fœno Græco, ervo et cicera.

XI. Pabulum genera complura, sicut medicam, et
viciam, farraginem quoque hordeaceam, et avenam,
fœnum Græcum, nec minus ervum, et cicera. Nam cetera neque enumerare, ac minus serere dignamur : ex-
cepta tamen cytiso, de qua dicemus in iis libris quos de
generibus surculorum conscripsimus.

Sed ex iis, quæ placent, eximia est herba medica [14] :
quod quum semel seritur, decem annis durat; quod per
annum deinde recte quater, interdum etiam sexies, demetitur; quod agrum stercorat; quod omne emaciatum
armentum ex ea pinguescit; quod ægrotanti pecori re-
medium est; quod jugerum ejus toto anno tribus equis
abunde sufficit. Seritur, ut deinceps præcipiemus. Locum,
in quo medicam proximo vere saturus es, proscindito
circa kalendas octobris, et eum tota hieme putrescere

tembre. Ils demandent un terrain bien ameubli par plusieurs labours ou hersages, et amplement saturé de fumier. Ces soins sont fort importants, non-seulement parce que la production sera plus abondante, mais encore parce que, après cette récolte, un terrain ainsi traité donnera de riches moissons. Par jugère de champ on ne jette pas plus de quatre setiers de graine de raves; il en faut un quart de plus pour les navets, parce qu'il ne s'étend pas en ventre, mais s'enfonce en racine effilée.

Voilà les plantes qu'il faut semer pour l'usage des hommes; occupons-nous maintenant de celles qui sont réservées aux bestiaux.

Des espèces de fourrages : de la luzerne, de la vesce, de la dragée, de l'avoine, du fénugrec, de l'ers et de la gesse.

XI. On compte plusieurs espèces de plantes fourragères, telles que la luzerne, la vesce, la dragée mêlée d'orge, l'avoine, le fénugrec, ainsi que l'ers et la gesse. Nous dédaignons d'énumérer et encore plus de cultiver les autres, excepté pourtant le cytise, dont nous parlerons dans les livres qui traitent des arbrisseaux.

Parmi les plantes que nous venons de nommer, la meilleure est la luzerne. Une fois semée, elle dure dix ans, et chaque année on peut la faucher quatre fois, même six ; elle amende le champ, engraisse toute espèce de gros bétail maigre, et sert de remède aux bestiaux malades. Un seul jugère suffit pour nourrir trois chevaux durant toute une année. On la sème comme nous allons l'enseigner. Vers les calendes d'octobre, donnez un premier tour de labourage au lieu dans lequel vous devez semer de la luzerne au printemps prochain, et laissez la terre se mûrir pendant tout l'hiver. Ensuite,

sinito; deinde kalendis februariis diligenter iterato, et
lapides omnes egerito, glæbasque offringito; postea circa
martium mensem tertiato, et occato. Quum sic terram
subegeris, in morem horti areas latas pedum denum,
longas pedum quinquagenum facito, ut per semitas aqua
ministrari possit, aditusque utraque parte runcantibus
pateat. Deinde vetus stercus injicito; atque ita mense
ultimo aprilis serito tantum, quantum ut singuli cyathi
seminis[15] locum occupent decem pedum longum, et quinque latum. Quod ubi feceris, ligneis rastris, id enim
multum confert, statim jacta semina obruantur : nam
celerrime sole aduruntur. Post sationem ferro tangi locus
non debet. Atque, ut dixi, ligneis rastris sarriendus, et
identidem runcandus est, ne alterius generis herba inva-
lidam medicam perimat. Tardius messem primam ejus
facere oportebit, quum jam seminum aliquam partem
ejecerit. Posteaquam voles teneram, quum prosiluerit,
deseces licet, et jumentis præbeas; sed inter initia parcius, dum consuescant, ne novitas pabuli noceat; inflat
enim, et multum creat sanguinem. Quum secueris autem,
sæpius eam rigato. Paucos deinde post dies, ut cœperit
fruticare, omnes alterius generis herbas eruncato. Sic
culta, sexies in anno demeti poterit, et permanebit annis
decem.

Viciæ autem duæ sationes sunt : prima, qua pabuli
causa circa æquinoctium autumnale scrimus septem

aux calendes de février, labourez soigneusement votre
champ pour la seconde fois, enlevez toutes les pierres,
brisez toutes les mottes; puis vers le mois de mars,
tiercez et passez la herse. Quand vous aurez ainsi travaillé votre sol, formez, comme pour un jardin, des
planches larges de dix pieds et longues de cinquante,
afin de pouvoir, par les sentiers, faire les irrigations
nécessaires et donner de chaque côté un accès aux sar-
cleurs. Étendez ensuite de vieux fumier, et, à la fin
du mois d'avril, semez de manière qu'un cyathe de
graines occupe un espace de dix pieds de longueur et
de cinq de largeur. Quand cette opération sera terminée, vous recouvrirez sans retard, au moyen de herses
de bois, la graine que vous aurez répandue : cette précaution est nécessaire pour la préserver du soleil, qui
l'aurait bientôt brûlée. Après l'ensemencement, ce terrain ne doit plus être touché par le fer : c'est, comme
je l'ai dit, avec des herses de bois qu'il doit être sar-
clé et nettoyé, afin que les herbes parasites ne tuent
pas la luzerne quand elle est encore faible. Il sera à
propos d'en faire la première coupe quand déjà elle
aura répandu une petite partie de ses semences. Ensuite, quand elle aura repoussé, on la coupera aussi
tendre qu'on voudra pour la donner aux bêtes de
charge; mais avec circonspection d'abord, jusqu'à ce
qu'elles s'y soient accoutumées, de peur que la nou-
veauté de cette nourriture ne leur soit préjudiciable;
car elle les fait enfler, et produit beaucoup de sang.
Après la coupe, arrosez-la souvent, et, peu de jours
après, dès qu'elle commencera à produire de nouvelles
tiges, sarclez toutes les mauvaises herbes. Ainsi cultivée, la luzerne pourra fournir six coupes par an et
durera dix années.

Il y a pour la vesce deux époques d'ensemencement,
selon qu'on veut l'employer en fourrage ou en obtenir

modios ejus in unum jugerum; secunda, qua sex modios,
mense januario, vel etiam serius, jacimus semini proge-
nerando. Utraque satio potest cruda terra fieri, sed
melius proscissa : idque genus præcipue non amat rores,
quum seritur. Itaque post secundam diei horam, vel
tertiam spargendum est, quum jam omnis humor sole
ventove detersus est : neque amplius projici debet,
quam quod eodem die possit operiri. Nam si nox incessit, quantulocumque humore prius, quam obruatur, corrumpitur. Observandum erit, ne ante quintam et vice-
simam lunam terræ mandetur; aliter satæ fere limacem
nocere comperimus.

Farraginem in restibili stercoratissimo loco, et altero
sulco serere convenit. Ea fit optima, quum cantherini
hordei decem modiis jugerum obseritur circa æquinoctium
autumnale, sed impendentibus pluviis, ut consita riga-
taque imbribus, celeriter prodeat, et confirmetur ante
hiemis violentiam. Nam frigoribus quum alia pabula de-
fecerunt, ea bubus ceterisque pecudibus optime desecta
præbetur, et si depascere sæpius voles, usque in mensem maium sufficit. Quod si etiam semen voles ex ea
percipere, a kalendis martiis pecora depellenda, et ab
omni noxa defendenda est, ut sit idonea frugibus.

Similis satio avenæ, quæ, autumno sata, partim
cæditur in fœnum, vel pabulum, dum adhuc viret, partim semini custoditur.

de la graine : la première vers l'équinoxe d'automne, et la deuxième au mois de janvier et même plus tard. Dans le premier cas on devra semer sept modius de graine par jugère, et six seulement dans le second. Ces deux ensemencements peuvent se faire en terre non retournée ; mais ils réussissent mieux si le terrain a reçu un premier labour. Cette sorte de légume surtout n'exige pas la rosée au moment du semis. C'est pourquoi on fera bien de ne répandre la graine qu'après la deuxième ou la troisième heure du jour, lorsque toute humidité a été dissipée par le soleil ou par le vent ; et il n'en faut semer que ce qu'on peut en recouvrir le même jour ; car si la nuit survenait avant qu'elle ne soit enterrée, la moindre humidité suffirait pour détériorer la graine. On observera de ne pas effectuer cet ensemencement avant le vingt-cinquième jour de la lune : autrement, comme nous l'avons reconnu, les limaces pourraient lui nuire.

Il convient de semer la dragée dans un terrain que l'on cultive tous les ans, qui a été bien fumé, et qui vient d'être biné. Elle réussit bien, si on sème par jugère dix modius d'orge canthérin vers l'équinoxe d'automne, immédiatement avant les pluies, afin que, arrosé aussitôt que mis en terre, il lève promptement et ait le temps de se fortifier contre la violence de l'hiver. Quand les autres fourrages viennent à manquer par l'effet de la rigueur de cette saison, on coupe de la dragée et on la donne avec avantage aux bœufs et aux autres bestiaux, et, si vous voulez en faire leur nourriture ordinaire, vous en aurez assez jusqu'au mois de mai. Si vous désirez en retirer de la semence, vous empêcherez vos animaux d'en approcher à dater des calendes de mars, et vous la préserverez de tout ce qui pourrait l'empêcher de monter en graine.

L'avoine se sème de même, en automne : pendant qu'elle est verte encore, on en coupe une partie, soit pour la garder en guise de foin, soit pour la donner en vert ; on réserve le reste pour la graine.

Fœnum Græcum, quod siliquam vocant rustici, duo tempora sationum habet : quorum alterum est septembris mensis, quum pabuli causa seritur, iisdem diebus quibus vicia, circa æquinoctium; alterum autem mensis januarii ultimo, vel primo februarii, quum in messem seminatur; sed hac ratione jugerum sex modiis, illa septem occupamus : utraque cruda terra non incommode fit; daturque opera ut spisse aretur, nec tamen alte : nam si plus quatuor digitis adobrutum est semen ejus, non facile prodit. Propter quod nonnulli prius, quam serant, minimis aratris proscindunt, atque ita jaciunt semina, et sarculis adobruunt.

Ervum autem lætatur loco macro, nec humido, quia luxuria plerumque corrumpitur. Potest et autumno seri, nec minus post brumam, januarii parte novissima, vel toto februario, dum ante kalendas martias : quem mensem universum negant agricolæ huic legumini convenire, quod eo tempore satum pecori sit noxium, et præcipue bubus, quos pabulo suo cerebrosos reddat. Quinque modiis jugerum obseritur.

Cicera bubus ervi loco fresa datur in Hispania Bætica : quæ quum suspensa mola divisa est, paulum aqua maceratur, dum lentescat, atque ita mixta paleis subtritis pecori præbetur; sed ervi duodecim libræ[16] satisfaciunt uni jugo, ciceræ sexdecim. Eadem hominibus non inutilis, neque injucunda est; sapore certe nihilo differt a cicercula, colore tantum discernitur : nam est obsole-

Le fénugrec, que les paysans appellent silique, se sème
à deux époques : au mois de septembre, vers l'équinoxe,
les mêmes jours que la vesce, quand on le destine au
fourrage; et au dernier jour de janvier ou au premier
de février, quand on spécule sur sa récolte. Dans le
premier cas, on emploie par jugère six modius, et dans
le second un de plus. Ces deux ensemencements peuvent se faire sur jachère sans inconvénient; on doit seulement veiller ensuite à ce que le sol soit bien brisé sans
l'être profondément : car si la graine est enfoncée de
plus de quatre doigts, elle éprouve de la difficulté à
lever. C'est pourquoi quelques personnes commencent
par labourer avec de très-petites charrues, jettent
la semence à la surface, et la recouvrent avec le sarcloir.

Quant à l'ers, il vient bien en terrain maigre, non
humide, car il périt le plus souvent par la trop grande
force de sa végétation. On peut le semer en automne,
même après l'équinoxe, à la fin de janvier, pendant
tout février, pourvu que ce soit avant les calendes de
mars. Les agriculteurs prétendent que ce dernier mois
ne convient pas à l'ers, parce que celui qui a été semé
à cette époque nuit aux troupeaux, et surtout aux
bœufs, qui deviennent rétifs lorsqu'ils en mangent. Il
en faut cinq modius pour un jugère.

Dans l'Espagne Bétique on donne aux bœufs, au lieu
d'ers, de la gesse moulue. Quand elle a été concassée
par la meule peu serrée, on la fait un peu macérer dans
l'eau jusqu'à ce qu'elle s'y soit amollie, et dans cet état
on la distribue aux animaux mêlée avec de la paille
hachée. Douze livres d'ers suffisent pour un jugère, mais
il y faut seize livres de gesse. Cette dernière n'est pas
inutile à l'homme, et ne lui semble pas désagréable au
goût. Sa saveur ne diffère en rien de la ciccrole; la cou-

tior, et nigro propior. Seritur primo vel altero sulco, mense martio, ita ut postulat soli lætitia : quod eadem quatuor modiis, nonnunquam et tribus, interdum etiam duobus ac semodio jugerum occupat.

Quemadmodum et quot operis unumquodque frumentum ac legumen colatur.

XII. Quoniam, quando quidque serendum sit persequuti sumus, nunc quemadmodum quotque operis singula eorum quæ retulimus colenda sint demonstrabimus. Peracta sementi, sequens cura est sarritionis; de qua non convenit inter auctores. Quidam negant eam quidquam proficere, quod frumenti radices sarculo detegantur, aliquæ etiam succidantur, ac, si frigora incesserint post sarritionem, gelu frumenta enecentur; satius autem ea esse tempestive runcari et purgari. Pluribus tamen sarriri placet : sed neque eodem modo, neque iisdem temporibus usquequaque fieri. Nam in agris siccis et apricis, simulac primum sarritionem pati queant segetes, debere eas permota terra adobrui, ut fruticare possint : quod ipsum ante hiemem fieri oportere, deinde post hiemem iterari. In locis autem frigidis et palustribus plerumque transacta hieme sarriri, nec adobrui, sed plana sarritione terram permoveri. Multis tamen nos regionibus aptam esse hiemalem sarritionem comperimus, duntaxat ubi et siccitas cœli, et tepores.

leur seule fait la différence : car la gesse est plus foncée
et plus rapprochée du noir. On la sème au mois de mars,
après un premier ou un second tour de labourage, selon le plus ou le moins de fertilité du sol : c'est aussi
en raison de la qualité de la terre, que l'on emploie par
jugère quatre modius, quelquefois trois, même deux et
demi.

Conditions et nombre de journées de travail nécessaires à la culture de chaque
sorte de blé et de chaque légume.

XII. Après avoir expliqué quand et quels grains il
faut semer, nous allons indiquer le genre de culture qui
convient à chacune des plantes dont nous avons parlé,
et le nombre de journées de travail qu'elles réclament.
Les semailles finies, il faut s'occuper du sarclage : opération sur l'opportunité de laquelle les auteurs ne sont pas
d'accord. Quelques-uns prétendent qu'elle est loin d'être
utile, parce que le sarcloir met à nu les racines, qu'il
en coupe même quelques-unes, et que, si le froid survient
après le sarclage, la gelée fait mourir la plante : ils préfèrent, en conséquence, arracher les mauvaises herbes en
temps convenable et en purger la culture. Il existe cependant un grand nombre d'auteurs qui sont partisans
du sarclage, pourvu toutefois qu'on ne l'employe pas
partout de la même manière, ni dans le même temps. En
effet, dans les terrains secs et très-exposés au soleil,
pour que les plantes puissent supporter le sarclage, on
doit remuer la terre pour les rechausser, afin qu'elles
tallent : cette opération faite avant l'hiver, doit être répétée quand l'hiver est passé. Dans les lieux froids et marécageux, il sera le plus souvent à propos de ne sarcler
qu'après l'hiver, et, au lieu de rechausser, de serfouir
seulement à plat. Toutefois nous avons remarqué que le
sarclage d'hiver convenait à beaucoup de contrées, pourvu
que le temps soit sec et la température douce; nous ne

permittunt. Sed nec istud ubique fieri censemus : verum
incolarum consuetudine uti; sunt enim regionum propria munera, sicut Ægypti et Africæ, quibus agricola
post sementem, ante messem segetem non attingit, quoniam cœli conditio, et terræ bonitas ea est, ut vix ulla
herba exeat, nisi ex semine jacto, sive quia rari sunt
imbres, seu quia qualitas humi sic se cultoribus præbet.
In iis autem locis ubi desideratur sarritio, non ante
sunt attingendæ segetes, etiamsi cœli status permittit,
quam quum sata sulcos contexerint. Triticumque et adoreum, quum quatuor fibras habere cœperint, hordeum
quum quinque, faba et cetera legumina quum quatuor
digitis a terra exstiterint, recte sarrientur. Excepto
tamen lupino, cujus semini contraria est sarritio, quoniam unam radicem habet, quæ sive ferro succisa est,
seu vulnerata, totus frutex emoritur. Quod etiam si non
fieret, supervacuus tamen esset cultus, quum sola hæc
res adeo non infestetur herbis, ut ipsa herbas perimat.
At aliæ segetes, quæ vel humidæ moveri possunt, melius
tamen siccæ sarriuntur, quoniam sic tractatæ non infestantur rubigine; hordeum vero, nisi siccissimum, tangi
non debet. Fabam multi ne sarriendam quidem putant,
quod et manibus, quum maturuerit, ducta secernatur a
cetera runcatione, et internatæ herbæ fœno reserven-
tur. Cujus opinionis etiam Cornelius Celsus est, qui inter
ceteras dotes leguminis hanc quoque enumerat, quod
sublata faba fœnum ex eodem loco secari posse dicat.

pensons pas toutefois que cela doive se faire partout :
il faut suivre l'usage du pays. Quelques contrées ont des
avantages particuliers : telles sont l'Égypte et l'Afrique, où l'agriculteur, des semailles jusqu'à la moisson, ne touche pas à ses cultures, parce que l'état du ciel
et la bonté du sol sont tels qu'à peine il paraît d'autres
plantes que celles qui proviennent de la semence répandue, soit que cela tienne à la rareté des pluies, soit que
la qualité du terrain favorise ainsi les cultivateurs. Quant
aux contrées où le sarclage est nécessaire, il ne faut pas
toucher aux cultures, quand même l'état du ciel le permettrait, avant que les plantes aient couvert les sillons.
C'est avec avantage que l'on sarclera le froment et l'adoréum quand ils commenceront à avoir quatre feuilles,
l'orge cinq, et la fève ainsi que les autres légumes lorsqu'ils s'élèveront de quatre doigts au-dessus du sol. Il faut
toutefois excepter le lupin, à la jeune tige duquel le sarclage est contraire, parce que sa racine unique ne saurait
être coupée ou même blessée par le fer, sans que toute
la plante ne périsse. Lors même que cet accident n'aurait
pas lieu, le sarclage lui serait encore inutile, parce que,
loin d'avoir à souffrir des plantes parasites, le lupin les
fait mourir. Pour ce qui concerne les autres cultures,
qui peuvent être serfouies humides, il y a pourtant plus
d'avantage à les sarcler sèches, parce qu'alors elles ne
sont pas infestées par la rouille : l'orge surtout, si elle
n'est très-sèche, redoute le sarcloir. Plusieurs personnes
pensent qu'il ne faut jamais en user pour les fèves, parce
que, à leur maturité, arrachées avec la main, elles se
détachent du sol sans en entraîner une partie, et qu'ainsi
les herbes interposées sont réservées pour fournir du
foin. C'est l'opinion de Cornelius Celse, qui, parmi les
autres qualités de ce légume, lui reconnaît celle de
laisser récolter du foin sur le terrain qui vient de le
produire. Pour moi, il me semble qu'un mauvais agri-

Sed mihi videtur pessimi agricolæ, committere, ut satis
herba proveniat; frugibus enim plurimum detrahitur, si
relinquitur runcatio. Neque enim est rustici prudentis,
magis pabulis studere pecudum, quam cibis hominum,
quum præsertim liceat illa quoque cultu pratorum consequi : adeoque fabam sarriendam censeo, ut existimem
debere ter sarriri; nam sic cultam comperimus non
solum multiplicare fructum, sed exiguam portionem in
valvulis habere, fresæque ejus et expurgatæ modium
pæne tam plenum esse, quam integræ, quum vix minua-
tur mensura detractis putaminibus. Atque in totum,
sicut ante jam diximus, hiberna sarritio plurimum juvat
diebus serenis ac siccis post brumam confectam mense
januario, si gelicidia non sint. Ea porro sic debet fieri,
ne radices satorum lædantur, et ut potius adobruantur,
cumulisque exaggerentur, ut latius se frutex humi diffun-
dat. Id prima sarritione fecisse proderit, secunda obe-
rit, quia quum pullulare desiit frumentum, putrescit,
si adobrutum est. Nihil itaque amplius in iteratione,
quam remoliri terra debet æqualiter : eamque transacto
æquinoctio verno statim peragi oportet intra dies viginti, antequam seges in articulum eat, quoniam serius
sarrita corrumpitur insequentibus æstivis siccitatibus et
caloribus. Subjungenda deinde est sarritioni runcatio,
curandumque, ne florentem segetem tangamus : sed aut
antea, aut mox, quum defloruerit. Omne autem frumentum et hordeum, quidquid denique duplici semine

culteur peut seul laisser croître l'herbe parmi les plantes
qu'il a semées; car le défaut de sarclage diminue beaucoup les produits. Il n'est donc pas d'un sage cultivateur de s'occuper de la nourriture des bestiaux plus que
de la nourriture des hommes, quand surtout il peut
pourvoir au fourrage par la culture de ses prés. Je suis
tellement partisan du sarclage des fèves, que je crois
qu'on doit le pratiquer à trois reprises; car nous avons
remarqué que non-seulement alors leur fruit est plus
abondant, mais que les gousses forment un si petit volume que, battus et dépouillés de leurs cosses, ses grains
remplissent presque autant le modius qu'avant cette préparation : ce qu'on a jeté diminuant à peine la mesure.
Enfin, comme nous l'avons dit, le sarclage d'hiver est
très-avantageux quand on le fait par un jour serein et
sec, après le solstice, au mois de janvier, s'il ne gèle
pas. Au surplus, il doit s'exécuter de manière à ne
point blesser la racine des plantes, mais à les rechausser
et à les butter, afin qu'elles tallent plus au large. Il est
avantageux d'arriver à ce but par le premier sarclage :
ainsi dirigé, le second serait préjudiciable, parce que,
parvenues à tout leur accroissement, les céréales qu'on
rechausse alors cessent de pousser et pourrissent. On doit
se borner alors à remuer le sol bien également, et procéder à ce travail dans les vingt jours qui suivent l'équinoxe du printemps, avant que les chalumeaux aient
produit des nœuds, parce que plus tard il en résulterait
un grand préjudice pour les grains, que ne tarderaient
pas à faire périr la sécheresse et les chaleurs de l'été.
Le sarclage terminé, il faut s'occuper d'arracher les
mauvaises herbes, en s'abstenant toutefois de toucher
aux céréales en fleur : ainsi ce sera avant ou peu de
temps après la floraison, que cette opération devra être
entreprise. Tous les blés et l'orge, enfin toute plante qui,
en levant, n'offre pas deux cotylédons, jettent leur épi

non est, spicam a tertio ad quartum nodum emittit, et
quum totam edidit, octo diebus deflorescit, ac deinde
grandescit diebus quadraginta, quibus post florem ad
maturitatem devenit. Rursus quæ duplici semine sunt,
ut faba, pisum, lenticula, diebus quadraginta florent,
simulque grandescunt.

Pro modo cujusque agri quot operæ designentur.

XIII. Et ut jam percenseamus, quot operis in aream
perducantur ea, quæ terræ credidimus. Tritici modii
quatuor, vel quinque, bubulcorum operas occupant
quatuor, occatoris unam, sarritoris duas primum, et
unam quum iterum sarriuntur, runcatoris unam, messoris
unam et dimidiam : in totum summa operarum decem
et dimidia. Siliginis modii quinque, totidem operas desiderant. Sesami modii novem, vel decem [17], totidem
operas, quot tritici modii quinque, postulant. Hordei
modii quinque bubulci operas tres exigunt, occatoriam
unam, sarritoriam unam et dimidiam, messoriam unam.
Summa operarum sex et dimidia. Fabæ modii quatuor
vel sex in vetereto duas operas bubulcorum detinent, ac
in restibili unam. Occantur sesquiopera, sarriuntur
sesquiopera, iterum sarriuntur una opera, et tertio una,
metuntur una. Summa fit operarum octo, vel septem.
Viciæ modii sex vel septem, in vetereto bubulcorum
duas operas volunt, in restibili unam; item, occan-

entre le troisième et le quatrième nœud; quand il est
entièrement sorti, il met huit jours à défleurir, et grandit
pendant quarante autres jours, au bout desquels il parvient à sa maturité. Les légumes qui, au contraire,
sont pourvus de deux cotylédons, comme la fève, le
pois, la lentille, fleurissent en quarante jours, et gran-
dissent en même temps.

Quels sont les travaux à faire pour chaque genre de champ.

XIII. Comptons maintenant combien il faut employer
de journées de travail pour conduire jusqu'à l'aire les
productions dont nous avons confié la semence à la terre.
Quatre ou cinq modius de froment demandent quatre
journées de labourage, une de hersage, deux pour le
premier sarclage et une pour le second, une pour arracher les mauvaises herbes, une et demie pour la moisson : en tout dix journées et demie de travaux. Cinq
modius de siligo demandent le même temps. Neuf ou
dix modius de sésame réclament le même travail que
cinq de froment. Cinq modius d'orge exigent trois journées de labourage, une de hersage, une et demie de
sarclage, et une pour la moisson : total, six journées et
demie de travaux. Quatre à six modius de fèves sur
guéret occupent le laboureur pendant deux jours, et
seulement pendant un sur une terre qui reste tous les
ans en culture. Il faut une journée et demie pour les
herser, le même temps pour les sarcler la première fois,
un jour pour le second sarclage, autant pour le troisième,
et un jour pour les moissonner : c'est un total de huit
ou sept journées. Six ou sept modius de vesce sur guéret
veulent deux journées de laboureur, et une seule sur une
terre qui reste tous les ans en culture; le hersage se fait
en un jour, ainsi que la moisson : total, quatre ou trois
jours. Cinq modius d'ers exigent aussi deux journées de

tur una opera, metuntur una. Summa fit operarum quatuor, vel trium. Ervi modii quinque totidem operis conseruntur, occantur una : item singulis sarriuntur, runcantur, metunturque; cuncta sex operas occupant Siliquæ modii sex, vel septem, totidem operis obruuntur, metuntur una. Phaseoli modii quatuor obruuntur totidem operis, occantur una, metuntur una. Ciceræ vel cicerculæ modii quatuor, operas bubulcorum tres postulant, occantur opera una, runcantur una, velluntur una. Summa fit sex operarum. Lentis sesquimodius totidem operas desiderat, occatur una, sarritur duabus, runcatur una, vellitur una. Summa fit operarum octo. Lupini modii decem obruuntur una, occantur una, metuntur una. Milii sextarii quatuor, totidemque panici, bubulcorum operas occupant quatuor, occantur operis tribus, sarriuntur tribus : quot operis carpantur, incertum est. Ciceris modii tres, operis totidem seminantur, occantur duabus, sarriuntur una, runcantur una, velluntur tribus. Summa fit decem operarum. Lini decem modii, vel octo, quatuor jugis conseruntur, occantur operis tribus, runcantur una, velluntur tribus. Summa fit undecim operarum. Sesami sextarii sex, tribus jugis a proscissione, locantur, occantur operis quatuor, sarriuntur quatuor, et sarriuntur iterum duabus, metuntur duabus. Summa fit operarum quindecim. Cannabis scritur, ut supra docuimus : sed incertum est, quantam im-

labourage, puis une journée pour herser, autant pour
chacune des autres opérations : sarcler, arracher les herbes parasites, et moissonner : en tout six journées. Il
faut le même nombre de journées pour mettre en terre
six ou sept modius de fenugrec, et un jour pour le recueillir. Quatre modius de haricots demandent le même
nombre de journées pour être ensemencés, une journée
pour être hersés, et une autre pour être récoltés. Quatre
modius de gesse ou de cicerole réclament trois journées
de labourage, une de hersage, une de sarclage, et une
pour la récolte : c'est une somme de six journées. L'ensemencement d'un demi-modius de lentilles demande
aussi trois journées, le hersage une, le sarclage deux;
ajoutez à cela une journée pour arracher les herbes, et
une pour récolter la plante : ce qui fait un total de huit
journées. Un jour suffit pour mettre en terre dix modius
de lupins, puis un jour pour les herser et un pour les
cueillir. Quatre setiers de millet et autant de panis occupent le laboureur pendant quatre jours; on en passe trois
à herser et autant à sarcler : le nombre de jours nécessaires à la récolte n'est pas fixe. Il faut aussi quatre journées pour semer trois modius de pois chiches; deux
journées pour les herser, une journée pour arracher les
herbes, une autre pour les sarcler, et trois journées pour
les récolter : total, dix journées de travaux. Une quantité de dix modius ou seulement de huit de lin se sème
en quatre journées; trois autres suffisent pour le hersage,
une seule pour sarcler, et trois pour l'arracher : en tout
onze jours de travaux. Six setiers de sésame demandent
trois journées pour être labourés; quatre journées ensuite
sont nécessaires pour herser, quatre pour sarcler la première fois, et deux pour la seconde, et enfin deux pour
récolter : la totalité est donc de quinze journées de travaux. Nous avons enseigné ci-dessus comment on procède
à l'ensemencement du chanvre; mais on ne saurait déter-

pensam curamque desideret. At medica obruitur non
aratro, sed, ut dixi, ligneis rastellis. Jugerum agri ejus
occatur duabus, sarritur una, metitur una.

Hac consummatione operarum colligitur, posse agrum
ducentorum jugerum subigi duobus jugis boum, totidemque bubulcis, et sex mediastinis : si tamen vacet
arboribus; at si sit arbustum, eumdem modum Saserna
tribus hominibus adjectis asseverat probe satis excoli. Quæ
nos ratio docet, sufficere posse jugum boum tritici centum
viginti quinque modiis, totidemque leguminum, ut sit in
assem autumnalis satio modiorum ducentorum quinquaginta : et post hanc nihilo minus conserat trimestrium
modios quinque et septuaginta. Hoc deinde sic probatur.

Semina, quæ quarto sulco seruntur in jugeribus viginti quinque, desiderant bubulcorum operas centum et
quindecim. Nam proscinditur is agri modus, quamvis
durissimi, quinquaginta operis, iteratur quinque et
viginti, tertiatur et conseritur quadraginta. Cetera legumina occupant operas sexaginta, id est menses duos.
Pluviales quoque et feriarum computantur, quibus non
aratur, dies quinque et quadraginta, item peracta sementi, quibus requiescunt, dies triginta. Sic in asse fiunt
octo menses, et dies decem. Supersunt tamen de anno tres
reliqui menses, et dies quinque et viginti, quos absuma-
mus aut in satione trimestrium, aut in vecturis fœni,
et pabulorum, et stercorum, aliorumque utensilium.

miner au juste quelle dépense et quels soins il réclame. Quant à la luzerne, on ne la recouvre pas avec la charrue, mais, ainsi que je l'ai dit, au moyen de râteaux de bois. Un jugère ensemencé de luzerne réclame deux jours pour le hersage, un pour le sarclage, et un pour la récolte.

De cet emploi des journées on peut conclure qu'un domaine de deux cents jugères peut être cultivé avec deux attelages de bœufs, deux laboureurs et six valets de second rang, si toutefois le fonds n'est point planté d'arbres. Dans le cas où il le serait, Saserna assure qu'avec trois hommes de plus on peut cultiver convenablement cette même étendue. Le détail que nous venons de donner montre, en outre, qu'un seul attelage de bœufs peut suffire pour l'ensemencement de cent vingt-cinq modius de froment et pour une quantité égale de légumes, de manière que les semailles d'automne se montent à deux cent cinquante modius : ce qui n'empêchera pas de semer ensuite soixante-quinze modius de trémois. On pourra s'en convaincre par ce qui suit.

Les semences qui exigent quatre labours demandent cent quinze journées de travail par vingt-cinq jugères. En effet, un champ de cette dimension, fût-il de la terre la plus forte, peut recevoir le premier labour en cinquante journées, le second en vingt-cinq, et le troisième en quarante, y compris celui qui suit l'ensemencement. Les divers légumes emploient soixante journées, c'est-à-dire deux mois. Il faut, en outre, évaluer à quarante-cinq le nombre des jours de pluie et les fêtes pendant lesquels on ne laboure pas. Après les semailles, trente jours sont encore accordés au repos. Ainsi nous trouvons pour résultat huit mois dix jours. Il reste encore de l'année trois mois et vingt-cinq jours, que nous employons à semer les trémois, ou à charrier le foin, les autres fourrages, les fumiers et autres objets nécessaires.

Quæ legumina arvis noceant, quæque prosint.

XIV. Sed ex iis, quæ retuli, seminibus, idem Saserna putat aliis stercorari et juvari agros, aliis rursus peruri et emaciari; stercorari lupino, faba, vicia, ervo, lente, circercula, piso. De lupino nihil dubito, atque etiam de pabulari vicia, si tamen eam viridem desectam confestim aratrum subsequatur, et quod falx reliquerit, priusquam inarescat, vomis rescindat atque obruat : id enim cedit pro stercore; nam si radices ejus, desecto pabulo, relictæ inaruerint, succum omnem solo auferent, vimque terræ absument, quod etiam in faba, ceterisque leguminibus, quibus terra gliscere videtur, verisimile est accidere : ut nisi protinus sublata messe eorum proscindatur, nihil iis segetibus, quæ deinceps in eo loco seminari debent, profuturum sit. Ac de iis quoque leguminibus, quæ velluntur, Tremellius obesse maxime ait solo virus ciceris, et lini; alterum, quia sit salsæ, alterum, quia sit fervidæ naturæ : quod etiam Virgilius significat, dicendo :

Urit enim lini campum seges; urit avena;
Urunt lethæo perfusa papavera somno.

Neque enim dubium, quin et iis seminibus infestetur ager, sicut etiam milio et panico. Sed omni solo, quod prædictorum leguminum segetibus fatiscit, una præsens

Quels légumes nuisent ou profitent au sol.

XIV. Parmi les légumes dont je viens de parler, Saserna pense que les uns sont favorables aux champs et les engraissent, que les autres, au contraire, les brûlent et les amaigrissent. Dans la première classe, selon lui, il faut ranger le lupin, la fève, la vesce, l'ers, la lentille, la cicerole et le pois. Je suis de son avis pour le lupin, et même pour la vesce, pourvu qu'aussitôt qu'elle a été coupée en vert, la charrue soit mise dans le champ, et que le soc brise et recouvre, avant qu'il ne se soit desséché, ce qui peut avoir échappé au tranchant de la faux : ces débris servent de fumier; tandis que, si les racines de la vesce se desséchaient abandonnées après la coupe du fourrage, elles priveraient de tout son suc la terre, dont elles absorberaient la force : ce qui arrive vraisemblablement à l'égard de la fève et des autres légumes, qui paraissent engraisser le sol. Ainsi, à moins qu'après l'enlèvement de la récolte de ces légumes on ne laboure le champ qui les a produits, ils ne seront d'aucune utilité aux cultures qu'on doit établir dans le même lieu. A propos des légumes qu'on arrache de terre, Tremellius assure que le pois chiche et le lin sont surtout préjudiciables au sol par le poison dont ils l'infectent : l'un, parce qu'il est de nature salée; l'autre, parce qu'il est de nature brûlante. C'est aussi ce que Virgile exprime, quand il dit :

« Une culture de lin brûle le champ; l'avoine le brûle aussi; il est encore brûlé par ces pavots qui nous plongent dans le sommeil de la mort. »

En effet, il n'est pas douteux que ces plantes ne soient funestes au sol, aussi bien que le millet et le panis. Mais, pour tout terrain qui a été épuisé par leur production, il

medicina est, ut stercore adjuves, et absumptas vires hoc velut pabulo refoveas. Nec tantum propter semina, quæ sulcis aratri committuntur, verum etiam propter arbores, ac virgulta, quæ majorem in modum lætantur ejusmodi alimento. Quare si est, ut videtur, agricolis utilissimum, diligentius de eo dicendum existimo, quum priscis auctoribus quamvis non omissa res, levi tamen admodum cura sit prodita.

De generibus stercoris.

XV. Tria igitur stercoris genera sunt præcipua, quod ex avibus, quod ex hominibus, quod ex pecudibus confit. Avium primum habetur, quod ex columbariis egeritur; deinde, quod gallinæ ceteræque volucres edunt : exceptis tamen palustribus, aut nantibus, ut anatis et anseris : nam id noxium quoque est. Maxime tamen columbinum probamus, quod modice sparsum terram fermentare comperimus. Secundum deinde, quod homines faciunt, si et aliis villæ purgamentis immisceatur, quoniam per se naturæ est ferventioris, et idcirco terram perurit. Aptior est tamen surculis hominis urina, quam sex mensibus passus fueris veterascere; si vitibus aut pomorum arboribus adhibeas, nullo alio magis fructus exuberat : nec solum ea res majorem facit proventum, sed etiam saporem et odorem vini pomorumque reddit meliorem. Potest et vetus amurca, quæ salem non habet, permixta huic commode, frugiferas arbores, et præcipue oleas

est un remède efficace : en le nourrissant de fumier vous rappellerez en lui ses forces perdues. Cet engrais ne sera pas seulement utile aux végétaux que l'on confie aux sillons qu'a tracés la charrue, les arbres et les arbustes tireront aussi de cet aliment un puissant secours. Si, comme il le paraît, le fumier est d'une si grande utilité aux agriculteurs, je pense qu'il est tout à fait à propos d'en parler ici, d'autant plus que les anciens auteurs, sans avoir omis d'en faire mention, s'en sont pourtant légèrement occupés.

Des espèces de fumiers.

XV. On compte trois espèces principales de fumier, lesquelles proviennent des oiseaux, des hommes, et des bestiaux. Le fumier d'oiseaux passe pour le meilleur de tous, et d'abord celui qu'on tire des colombiers, ensuite celui que fournissent les poules et les autres volatiles, en exceptant les oiseaux aquatiques et nageurs, tels que le canard et l'oie, dont la fiente est même nuisible à la terre. Nous faisons un grand cas du fumier de pigeon, que nous avons reconnu très-propre à faire fermenter la terre, quand il est employé dans de justes proportions. Au second rang sont les excréments de l'homme, si on les mélange avec les autres immondices de la ferme; car, seule, cette espèce de fumier est naturellement trop chaude et, par conséquent, brûle la terre. L'urine humaine convient particulièrement aux arbres, quand on l'a laissée vieillir pendant six mois. Répandue au pied des vignes et des arbres fruitiers, elle les rend plus féconds; et non-seulement elle en accroît la production, mais elle améliore la saveur et l'odeur du vin et des fruits. On peut avec avantage mélanger avec l'urine d'homme la vieille lie d'huile, pourvu qu'elle ne soit pas salée, et en arroser les arbres fruitiers, surtout les oliviers; car

rigare; nam per se quoque adhibita multum juvat. Sed usus utriusque maxime per hiemem est, et adhuc vere, ante æstivos vapores, dum etiam vites et arbores obla-queatæ sunt. Tertium locum obtinet pecudum stercus, atque in eo quoque discrimen est : nam optimum existi-matur, quod asinus facit, quoniam id animal lentissime mandit, ideoque facilius concoquit, et bene confectum atque idoneum protinus arvo fimum reddit. Post hæc, quæ diximus, ovillum et ab hoc caprinum est, mox ceterorum jumentorum armentorumque. Deterrimum ex omnibus suillum habetur. Quin etiam satis profuit ci-neris usus et favillæ. Frutex vero lupini succisus optimi stercoris vim præbet.

Nec ignoro quoddam esse ruris genus, in quo neque pecora, neque avis haberi possint; attamen inertis est rustici, eo quoque loco defici stercore. Licet enim quam-libet frondem, licet e vepribus compitisque congesta col-ligere; licet filicem sine injuria vicini etiam cum officio decidere, et permiscere cum purgamentis cortis; licet depressa fossa, qualem stercori reponendo primo volu-mine fieri præcipimus, cinerum cœnumque cloacarum, et culmos, ceteraque, quæ everruntur, in unum conge-rere; sed eodem medio loco robustam materiam defigere convenit; namque ea res serpentum noxam latere in stercore prohibet. Hæc ubi viduus pecudibus ager.

Nam ubi greges quadrupedum versantur, quædam

employée seule, la lie d'huile leur est aussi très-favorable.
C'est principalement en hiver qu'il faut faire usage du
mélange, ou même dans le printemps, avant les chaleurs
de l'été, et pendant que la vigne et les autres arbres
fruitiers sont encore déchaussés. Le fumier provenant
des bestiaux occupe le troisième rang, et il en est de
plusieurs qualités : en effet, celui de l'âne est regardé
comme le meilleur, parce que cet animal mange très-lentement et, par conséquent, élabore mieux sa digestion,
ce qui rend aussitôt propre aux cultures le fumier qu'il
a produit; vient ensuite le crottin de brebis, puis celui
de chèvre, et enfin le fumier des gros bestiaux et des bêtes
de somme. On considère comme le plus mauvais de tous
le fumier du cochon. Il ne faut pas oublier de dire que
la cendre et le menu charbon sont fort utiles aux nouveaux ensemencements. La tige hachée du lupin a la force
du meilleur fumier.

Je n'ignore pas qu'il est des lieux dans lesquels on ne
saurait avoir ni bestiaux ni volailles; cependant il faut
qu'un cultivateur soit bien négligent, si, même dans un
tel endroit, il manque de fumier. Ne peut-il pas recueillir des feuilles quelconques, et le terreau qui s'a-
masse au pied des buissons et dans les chemins? Ne
peut-il pas obtenir la permission de couper de la fougère
chez son voisin, auquel cet enlèvement ne fait aucun
tort, et la mêler aux immondices de la cour? Ne peut-il
pas creuser une fosse pour recevoir les engrais, ainsi que
nous l'avons prescrit dans notre premier livre, et y
réunir la cendre, le dépôt des cloaques, les chaumes et
les balayures? Il y enfoncera au milieu une forte pièce
de bois de chêne, pour empêcher les serpents venimeux
de se cacher dans le fumier. Voilà ce qu'il faut se borner
à faire dans les campagnes où il n'y a pas de troupeaux.

Dans les fermes pourvues de bestiaux, on se procure

quotidie, ut culina et caseale, quædam pluviis diebus,
ut bubilia et ovilia, debent emundari. At si tantum frumentarius ager est; nihil refert, genera stercoris sepa-
rari : sin autem surculo et segetibus, atque etiam pratis
fundus est dispositus, generatim quoque reponendum
est, sicut caprarum et avium. Reliqua deinde in prædictum locum concavum congerenda, et assiduo humore
satianda sunt, ut herbarum semina culmis ceterisque
rebus immixta putrescant. Æstivis deinde mensibus, non
aliter ac si repastines, totum sterquilinium rastris permisceri oportet, quo facilius putrescat, et sit arvis idoneum. Parum autem diligentes existimo esse agricolas,
apud quos minores singulæ pecudes tricenis diebus minus,
quam singulas, itemque majores denas vehes stercoris
efficiunt, totidemque singuli homines, qui non solum
ea purgamenta, quæ ipsi corporibus edunt, sed et quæ
colluvies cortis et ædificii quotidie gignit, contrahere et
congerere possunt. Illud quoque præcipiendum habeo,
stercus omne, quod tempestive repositum anno requieverit, segetibus esse maxime utile; nam et vires adhuc
solidas habet, et herbas non creat : quanto autem ve-
tustius sit, minus prodesse; quoniam minus valeat. Itaque
pratis quam recentissimum debere injici, quod plus herbarum progeneret : idque mense februario luna crescente
fieri oportere; nam ea quoque res aliquantum fœni fructum adjuvat. De cetero usus stercoris, qualis in quaque
re debeat esse, tum dicemus, quum singula persequemur.

le fumier en nettoyant tous les jours la cuisine et la fro-
magerie, et, quand il pleut, les étables et les bergeries.
Si la ferme consiste en terres à blé, il importe peu de
séparer les fumiers par espèces; si, au contraire, elle se
compose de plantations d'arbres, de terres labourables
et de prés, il faudra mettre à part ces engrais : le crottin
de chèvres occupera donc une place particulière, ainsi
que la fiente des oiseaux. Le surplus sera entassé dans la
fosse dont nous avons parlé, et tenu dans un état constant
d'humidité, afin que la graine d'herbes parasites, qui
pourrait se trouver mêlée au chaume et aux autres ordures, puisse y pourrir. Ensuite, dans les mois d'été,
pour que l'engrais se pourrisse mieux et soit meilleur, il
faut remuer tout le fumier avec des râteaux, comme
lorsqu'on use de la houe à deux dents pour ameublir
la terre. Je regarde comme négligents les agriculteurs
qui ne peuvent tous les mois recueillir et entasser au
moins une voie de fumier du menu bétail, et dix des
gros bestiaux, ainsi qu'autant des immondices tant du
corps humain que des basses-cours, et des balayures
que la ferme produit journellement. Je crois aussi qu'il
faut faire remarquer que le fumier qui, à propos déposé,
s'est mûri pendant un an, est le meilleur pour les cultures des champs; car il possède encore la vigueur de
ses qualités et n'engendre plus d'herbes : après ce laps
de temps, plus il vieillit, moins il est d'un bon emploi,
parce qu'il a moins d'énergie. On doit le répandre aussi
nouveau que possible sur les prés pour qu'il y engendre
une plus grande quantité d'herbes, et ce travail doit être
fait dans le mois de février, à l'époque du croissant de
la lune; car cette circonstance augmente la production
du foin. Au reste, nous indiquerons l'emploi qu'on doit
faire du fumier, dans telle ou telle culture, quand nous
traiterons de chacune d'elles en particulier.

Quibus temporibus agri stercorandi sint.

XVI. Interim qui frumentis arva præparare volet, si autumno sementem facturus est, mense septembri; si vere, qualibet parte hiemis modicos acervos luna decrescente disponat, ita ut plani loci jugerum duodecim, clivosi quatuor et viginti vehes stercoris teneant; et, ut paulo prius dixi, non antea dissipet cumulos, quam erit saturus. Si tamen aliqua causa tempestivam stercorationem facere prohibuerit, secunda ratio est : ante quam sarrias more seminantis ex aviariis pulverem stercoris per segetem spargere; si et is non erit, caprinum manu jacere, atque ita terram sarculis permiscere : ea res lætas segetes reddit. Nec ignorare colonos oportet, sicuti refrigescere agrum qui non stercoretur, ita peruri, si nimium stercoretur; magisque conducere agricolæ, frequenter id potius, quam immodice facere. Nec dubium, quin aquosus ager majorem ejus copiam, siccus minorem desideret : alter, quod assiduis humoribus rigens hoc adhibito regelatur; alter, quod per se tepens siccitatibus, hoc assumpto largiore torretur : propter quod nec deesse ei talem materiam, nec superesse oportet. Si tamen nullum genus stercoris suppetet, ei multum proderit fecisse, quod M. Columellam, patruum meum, doctissimum et diligentissimum agricolam, sæpenumero usurpasse memoria repeto, ut sabulosis locis cretam ingereret; cretosis ac nimium densis, sabulum : atque

En quels temps on doit fumer les champs.

XVI. Ceux qui veulent préparer leurs terres à recevoir du blé, doivent y déposer, au déclin de la lune, dès
le mois de septembre, pour les semailles d'automne, et
dans le courant de l'hiver, pour celles du printemps, du
fumier par petits tas, dans la proportion de douze voies
par jugère en plaine et de vingt-quatre sur les coteaux;
et, comme je l'ai dit un peu plus haut, on n'étendra
cet engrais qu'au moment d'ensemencer. Si pourtant
quelque cause empêche de fumer à temps, on aura recours à un autre procédé : avant de sarcler, on répandra
sur les sillons, comme si l'on y jetait de la semence, de
la fiente d'oiseaux réduite en poudre; à défaut de cet
engrais, on jettera à la main du crottin de chèvre, que
l'on mêlera à la terre au moyen du sarcloir : on obtient
une abondante récolte. Les cultivateurs doivent savoir
que, si l'absence du fumier refroidit le sol, l'excès le
brûle; et qu'il est plus dans leur intérêt de fumer fréquemment que de fumer trop largement. Il n'y a pas de
doute, non plus, qu'un champ humide exige plus de
fumier qu'un champ sec : le premier, refroidi par les
eaux qui y séjournent, se réchauffe par l'effet de l'engrais;
le second, déjà chaud par lui-même en raison de sa
sècheresse, sera brûlé si on lui fournit cet amendement
avec trop de prodigalité : il faut donc qu'il reçoive dans
une juste proportion cet élément de fertilité. Pourtant,
si un cultivateur est dépourvu de toute espèce de fumier,
il lui sera avantageux de faire ce que je me rappelle
avoir vu pratiquer à M. Columelle, mon oncle paternel, agriculteur très-instruit et très-actif : il mêlait de
l'argile aux terrains sablonneux, et du sable aux terres
argileuses et trop compactes. Par ce moyen, non-seulement il se préparait d'abondantes récoltes, mais encore il obtenait les plus belles vignes. Au surplus, il

Columelle. I.

ita non solum segetes lætas excitaret, verum etiam pul-
cherrimas vineas efficeret. Nam idem negabat stercus
vitibus ingerendum, quod saporem vini corrumperet :
melioremque censebat esse materiam vindemiis exube-
randis, congesticiam, vel de vepribus, vel denique aliam
quamlibet arcessitam et advectam humum. Jam vero et
ego reor, si deficiatur omnibus rebus agricola, lupini
certe expeditissimum præsidium non deesse : quod quum
exili loco circa idus septembris sparserit et inaraverit,
idque tempestive vomere vel ligone succiderit, vim op-
timæ stercorationis exhibebit. Succidi autem lupinum
sabulosis locis oportet, quum secundum florem; rubri-
cosis, quum tertium egerit. Illic dum tenerum est, convertitur, ut celeriter ipsum putrescat, permisceaturque
gracili solo; hic jam robustius, quod solidiores glæbas
diutius sustineat et suspendat, ut eæ solibus æstivis va-
poratæ resolvantur.

Quemadmodum ex arvo prata fiant.

XVII. Atque hæc arator exsequi poterit, si non solum,
quæ retuli genera pabulorum providerit, verum etiam
copiam fœni, quo melius armenta tueatur, sine quibus
terram commode moliri difficile est : et ideo necessarius
ei cultus est etiam prati, cui veteres Romani primas in
agricolatione tribuerunt. Nomen quoque indiderunt ab
eo, quod protinus esset paratum, nec magnum laborem
desideraret. M. quidem Porcius et illa commemoravit,
quod nec tempestatibus affligeretur, ut aliæ partes ruris,

n'était pas d'avis de donner du fumier aux vignes, parce qu'il gâtait la saveur du vin. Ce qu'il regardait comme le meilleur amendement pour augmenter leur produit, c'étaient des terreaux ramassés dans les chemins, ou dans les haies, en un mot toute terre extraite et transportée. Quant à moi, je pense que, fût-il privé de toute espèce de fumiers, le laboureur trouvera toujours prête la ressource des lupins, qui, vers les ides de septembre, étendus et enfouis dans une terre maigre, où le soc ou bien le hoyau les brise en temps convenable, procureront l'avantage du meilleur engrais. Dans les terrains sablonneux, il faut couper le lupin à sa seconde fleur; dans les terres rouges, à l'apparition de la troisième. Dans le premier terrain, on doit l'enfouir tendre, afin qu'il pourrisse promptement et se mêle à ce sol sans liaison; dans le second, on l'emploie plus ferme, afin qu'il tienne soulevées et divise les mottes trop denses, de manière que l'ardeur du soleil d'été les pénètre et les réduise en poussière.

Comment on convertit en pré un champ labouré.

XVII. Le cultivateur pourra conduire à bien son entreprise, s'il se pourvoit non-seulement des espèces de fourrages dont je viens de parler, mais aussi d'une forte provision de foin, afin de mieux entretenir ses animaux, sans lesquels il est difficile de faire valoir avantageusement une terre. C'est pourquoi il devra s'adonner à la culture des prés, propriétés que les anciens Romains mettaient au-dessus des autres. Aussi leur avaient-ils donné le nom de *prata* parce qu'ils sont bientôt préparés, n'exigeant pas un long travail. M. Porcius Caton aussi a fait l'éloge des prés, parce qu'ils n'ont pas à souffrir des tem-

minimique sumptus egens, per omnes annos præberet
reditum, neque eum simplicem, quum etiam in pabulo
non minus redderet, quam in fœno. Ejus igitur ani-
madvertimus duo genera, quorum alterum est sicca-
neum, alterum riguum. Læto pinguique campo non
desideratur influens rivus, meliusque habetur fœnum [18],
quod suapte natura succoso gignitur solo, quam quod
irrigatum aquis elicitur, quæ tamen sunt necessariæ, si
macies terræ postulat; nam et in densa et resoluta humo,
quamvis exili, pratum fieri potest, quum facultas irri-
gandi datur. Ac nec campus concavæ positionis esse,
neque collis præruptæ debet : ille, ne collectam diutius
contineat aquam; hic, ne statim præcipitem fundat.
Potest tamen mediocriter acclivis, si aut pinguis est, aut
riguus ager, pratum fieri. At planities maxime talis probatur, quæ exigue prona non patitur diutius imbres, aut
influentes rivos immorari; aut si quis eam supervenit
humor, lente prorepit. Itaque si palus in aliqua parte sub-
sidens restagnat, sulcis derivanda est : quippe aquarum
abundantia atque penuria graminibus æque est exitio.

Quemadmodum prata facta colantur.

XVIII. Cultus autem pratorum magis curæ, quam laboris est. Primum, ne stirpes aut spinas validiorisque
incrementi herbas inesse patiamur; atque alias ante
hiemem et per autumnum exstirpemus, ut rubos, virgulta, juncos; alias per ver evellamus, ut intuba ac

pêtes, comme les autres parties de la campagne; parce que, sans exiger de dépenses, ils donnent tous les ans un revenu qui est double, en ce sens qu'ils ne rendent pas moins en pâturage qu'en foin. Il y en a de deux espèces : le pré sec et le pré arrosé. Quand le terrain est gras et fécond, il n'est pas besoin d'un cours d'eau, et l'on regarde le foin qui croît naturellement sur un sol plein de suc, comme préférable à celui qu'on n'obtient que par des irrigations réitérées, lesquelles pourtant deviennent nécessaires quand la maigreur de la terre réclame de l'eau. Dans un terrain soit compacte, soit léger, on peut, quoiqu'il soit maigre, établir un pré, pourvu qu'on ait la faculté de l'arroser; mais il ne doit pas être situé dans une vallée profonde, ni sur un coteau rapide : dans le premier cas, il retiendrait trop longtemps l'eau qui s'y amasse; dans le second, l'eau s'en précipiterait trop vite. Toutefois, sur une pente douce, on peut créer un pré si le terrain est gras ou facile à arroser; mais une plaine surtout est excellente pour cet objet quand sa pente légère ne permet pas aux eaux pluviales d'y séjourner longtemps, et ne garde pas trop les courants qu'elle reçoit, et quand un écoulement lent s'y opère à mesure que l'eau y est arrivée. En conséquence, si la terre marécageuse offre en quelques parties des eaux croupissantes, il faut les faire écouler par des rigoles : car la surabondance d'eau n'est pas moins préjudiciable aux herbes que sa pénurie.

Comment on cultive les prés qu'on a créés.

XVIII. La culture des prés demande plus de soin que de travail. Il faut d'abord n'y laisser subsister ni souches, ni épines, ni herbes qui poussent trop vite. Nous extirperons donc avant l'hiver et pendant l'automne les ronces, les broussailles, les joncs; au printemps, nous arracherons les chicorées sauvages et les plantes épineuses

solstitiales spinas; ac neque suem velimus impasci, quoniam rostro suffodiat et cæspites excitet; neque pecora
majora, nisi quum siccissimum solum est, quoniam de-
mergunt ungulas et atterunt, scinduntque radices herbarum. Tum deinde macriora et pendula loca mense
februario, luna crescente, fimo juvanda sunt; omnesque
lapides, et si qua objacent falcibus obnoxia, colligi debent, ac longius exportari, submittique pro natura locorum, aut temporius, aut serius. Sunt etiam quædam
prata situ vetustatis obducta, veteri vel crasso musco;
quibus mederi solent agricolæ seminibus de tabulato su-
perjectis, vel ingesto stercore; quorum neutrum tantum
prodest, quantum si cinerem sæpius ingeras : ea res
muscum enecat. Attamen pigriora sunt ista remedia,
quum sit efficacissimum de integro locum exarare. Sed
hoc, si prata accepimus, facere debemus; sin autem
nova fuerint instituenda, vel antiqua renovanda (nam
multa sunt, ut dixi, quæ negligentia exolescant, et fiant
sterilia) ea expedit interdum etiam frumenti causa exarare, quia talis ager post longam desidiam lætas segetes
affert. Igitur eum locum, quem prato destinaverimus,
æstate proscissum subactumque sæpius per autumnum
rapis, vel napis, vel etiam faba conseremus; insequente
deinde anno, frumento; tertio diligenter arabimus,
omnesque validiores herbas, et rubos, et arbores, quæ
interveniunt, radicitus exstirpabimus, nisi, si fructus
arbusti id facere nos prohibuerit; deinde viciam per-

qui ne paraissent qu'au solstice. Nous ne voulons pas, non plus, que le porc aille y chercher sa pâture, parce que, de son groin, il fouille et arrache les gazons; ni que les grands bestiaux s'y introduisent, à moins que le sol ne soit très-sec, parce qu'ils y enfoncent les pieds, écrasent et brisent les racines de l'herbe. Ensuite, au mois de février, pendant que la lune est dans son croissant, il faut, avec du fumier, venir au secours des terrains maigres et inclinés. On doit ramasser toutes les pierres et les porter ailleurs, ainsi que tout ce qui peut faire obstacle à la faux, et n'exploiter le terrain, suivant sa nature, que plus tôt ou plus tard. Il y a aussi certains prés qui, à la longue, se couvrent d'une mousse vieillie et touffue, auxquels les cultivateurs remédient ordinairement en y semant des graines balayées dans les fenils, ou en y répandant du fumier : pratiques qui, ni l'une ni l'autre, ne produisent un aussi bon effet que la cendre fréquemment employée : cette substance tue la mousse. Toutefois ces remèdes n'agissent que très-lentement, et le seul qui soit tout à fait efficace, est de labourer la place en entier. Voilà ce que nous devons faire pour les prés qui étaient tout formés avant de devenir notre propriété; quant à ceux que nous voulons créer, ou dont nous désirons rajeunir la vieillesse (car, je le répète, beaucoup n'ont vieilli et ne sont devenus stériles que par négligence), il est à propos de les labourer pour en tirer une récolte de blé, parce qu'une telle terre, après un long repos, produit une abondante moisson. En conséquence, le terrain dont nous voulons faire un pré sera d'abord soumis en été à un premier labour, puis à plusieurs autres pendant l'automne; et alors nous y sèmerons des raves, des navets ou même des fèves; l'année suivante, du froment. La troisième année, nous le labourerons avec soin et nous extirperons à fond toutes les herbes trop fortes, les ronces, et les arbres qui y au-

mixtam seminibus fœni seremus; tum glæbas sarculis
resolvemus, et inducta crate coæquabimus, grumosque,
quos ad versuram plerumque tractæ faciunt crates, dis-
sipabimus ita, ut necubi ferramentum fœnisecæ possit
offendere. Sed eam viciam non convenit ante desecare,
quam permaturuerit, et aliqua semina subjacenti solo
jecerit. Tum fœnisecam messorem oportet inducere, et
desectam herbam religare et exportare; deinde locum
rigare, si fuerit facultas aquæ : si tamen terra densior
est; nam in resoluta humo non expedit inducere majorem vim rivorum, priusquam conspissatum et herbis
colligatum sit solum : quoniam impetus aquarum proluit
terram, nudatisque radicibus gramina non patitur coalescere; propter quod nec pecora quidem oportet teneris
adhuc et subsidentibus pratis immittere, sed, quoties
herba prosiluerit, falcibus desecare; nam pecudes, ut
ante jam dixi, molli solo infigunt ungulas, atque inter-
ruptas non sinunt herbarum radices serpere et conden-
sare. Altero tamen anno minora pecora post fœnisicia
permittemus admitti, si modo siccitas et conditio loci patietur. Tertio deinde quum pratum solidius ac durius
erit, poterit etiam majores recipere pecudes. Sed in
totum curandum est, ut secundum favonii exortum [19],
mense februario, circa idus immixtis seminibus fœni,
macriora loca, et utique celsiora, stercorentur; nam
editior clivus præbet etiam subjectis alimentum, quum
superveniens imber, aut manu rivus perductus, succum

ront poussé, à moins que nous n'en soyons empêchés
par l'espoir des fruits qu'ils promettraient. Ensuite nous
sèmerons de la vesce mêlée avec de la graine de foin. A
cet effet, nous aurons brisé les mottes avec le sarcloir,
aplani le terrain en y faisant passer la herse, et tellement égréné les grumeaux qu'en tournant cet instrument amasse au bout des sillons, qu'il ne puisse s'y
trouver d'obstacle au fer de la faux. Quant à la vesce,
il ne faut pas la couper avant sa maturité parfaite, pour
qu'elle puisse jeter une partie de sa graine sur le sol.
C'est alors qu'il faudra faucher, lier en bottes et enlever
le fourrage coupé; puis arroser, lorsqu'on a de l'eau à
sa proximité, si toutefois la terre est compacte; car, en
terre meuble, il n'est pas bon d'amener beaucoup d'eau
avant que le sol ne soit affermi et consolidé par l'herbe,
parce que l'eau dans la rapidité de son cours délaye la
terre, et mettant les racines à nu, les empêche de se
nourrir. C'est par un motif semblable qu'il ne faut pas
introduire les troupeaux dans les prés nouveaux et faciles
à défoncer, mais se borner à en faucher l'herbe dès qu'elle
aura atteint une certaine hauteur; car, ainsi que je l'ai
dit, les bestiaux enfoncent la corne de leurs pieds dans
la terre molle, et ne permettent pas aux racines qu'ils
brisent de s'étendre et de s'affermir. Pourtant, l'année
suivante, nous permettons au petit bétail d'y entrer après
l'enlèvement du foin, pourvu que le sol soit assez sec et
d'une nature telle qu'il n'ait pas à en souffrir. Enfin, à
la troisième année, lorsque le pré sera devenu plus solide
et plus ferme, il pourra recevoir les grands bestiaux. En
général, on aura soin, lorsque le favonius commence à
souffler, au mois de février, vers les ides, de répandre
sur les lieux maigres, et surtout s'ils sont élevés, du
fumier mêlé avec de la graine de foin; car les coteaux
fournissent assez d'engrais aux terrains inférieurs : les
pluies, ou les ruisseaux qu'on y a ménagés entraînant

stercoris in inferiorem partem secum trahit. Atque ideo
fere prudentes agricolæ, etiam in aratis, collem magis
quam vallem stercorant, quoniam, ut dixi, pluviæ
semper omnem pinguiorem materiam in ima deducunt.

XIX. Fœnum autem demetitur optime ante quam
inarescat; nam et largius percipitur, et jucundiorem
cibum pecudibus præbet. Est autem modus in siccando,
ut neque peraridum, neque rursus viride colligatur;
alterum, quod omnem succum si amisit, stramenti vicem
obtinet; alterum, quod, si nimium retinuerit, in tabulato putrescit; ac sæpe quum concaluit, ignem creat et
incendium. Nonnunquam etiam quum fœnum cecidimus,
imber oppressit : quod si permaduit, inutile est udum
movere; meliusque patiemur superiorem partem sole
siccari; tunc demum convertemus, et utrumque siccatum
coarctabimus in strigam, atque ita manipulos vincie-
mus; nec omnino cunctabimur, quo minus sub tectum
congeratur, vel si non competit, ut aut in villam fœnum
portetur, aut in manipulos colligatur : certe quidquid
ad eum modum, quo debet, siccatum erit, in metas
exstrui conveniet, easque ipsas in angustissimos vertices
exacui. Sic enim commodissime fœnum defenditur a
pluviis, quæ etiamsi non sint, non alienum tamen est,
prædictas metas facere, ut si quis humor herbis inest,
exudet, atque excoquatur in acervis. Propter quod pru-

sur ces terrains les sucs du fumier. C'est pourquoi les agriculteurs, tant soit peu expérimentés, fument plus largement, même dans les terres labourées, les collines que les vallées, parce que, je le répète, les pluies font toujours descendre les parties les plus grasses des amendements.

Comment le foin coupé doit être traité et serré.

XIX. On doit choisir pour couper le foin le moment où il n'est point encore desséché; car, outre qu'il est plus abondant alors, il fournit aux bestiaux une nourriture plus agréable. Or, il y a une juste mesure à observer pour sécher le foin : il ne doit être serré ni trop sec, ni trop vert. Dans le premier cas, ayant perdu tous ses sucs, il n'est propre qu'à faire de la litière; dans le second cas, s'il en conserve trop, il pourrit sur les planchers du grenier, et peut souvent, par l'effet de la chaleur qui s'y développe, prendre feu et occasionner des incendies. Quelquefois aussi, la pluie tombe sur le foin qui vient d'être coupé : s'il est fortement mouillé, il est inutile de l'enlever dans cet état; il vaut mieux attendre que la couche supérieure en soit séchée par le soleil, puis le retourner, et quand les deux côtés ne sont plus humides, l'amasser en raies et le lier en bottes. On ne prendra pas alors de repos qu'il ne soit rentré à la ferme. Si cependant on ne pouvait l'y transporter ou le mettre en bottes, on se bornerait alors à former de ce qui sera bien sec des meules qu'on terminera en pointe très-aiguë : par ce moyen, on protége avantageusement le foin contre les eaux du ciel. Lors même que les pluies ne tomberaient pas, il serait cependant convenable de former les meules dont il s'agit, parce que, s'il reste quelque humidité dans le foin, elle transsudera et se recuira dans le tas. Aussi les cultivateurs expérimentés, quoique leur foin soit déjà porté à l'abri, s'il a été recueilli pré-

dentes agricolæ, quamvis jam illatum tecto, non ante componunt, quam per paucos dies temere congestum, in se concoqui et defervescere patiantur.

Sed et jam fœnisicia sequitur cura messis, quam ut recte possimus percipere, prius instrumenta præparanda sunt, quibus fruges coguntur.

De area constituenda.

XX. Area quoque si terrena erit, ut sit ad trituram satis habilis, primum radatur, deinde confodiatur, permixtisque paleis cum amurca quæ salem non accepit, extergatur (nam ea res a populatione murium formicarumque frumenta defendit); tum æquata paviculis, vel molari lapide condensetur, et rursus subjectis paleis inculcetur, atque ita solibus siccanda relinquatur. Sunt tamen, qui potius adjacentium fabalium partem trituræ destinant, areamque demessa faba et lecta expoliunt : nam dum a pecudibus legumina proculcantur, herbæ etiam ungulis atteruntur, atque ita glabrescit, et fit idonea trituris area.

De messe facienda et de tritura.

XXI. Sed quum matura fuerit seges, ante quam torreatur vaporibus æstivi sideris, qui sunt vastissimi per ortum caniculæ, celeriter demetatur; nam dispendiosa est cunctatio : primum, quod avibus prædam, ceterisque animalibus præbet; deinde quod grana, et ipsæ

cipitamment, ne le rangent-ils pas qu'ils ne l'aient laissé
quelques jours se recuire et se réfroidir.

Après la récolte des foins vient bientôt celle des
grains, que nous ne saurions entreprendre convenablement si nous n'avons eu le soin de disposer les instruments propres à l'effectuer.

De la façon d'une aire.

XX. Pour que l'aire qu'on forme sur le sol soit propre
au battage, il faut préalablement enlever l'herbe qui couvre sa superficie, puis le défoncer, y mêler de la paille
et de la lie d'huile non salée, et rendre la place nette
(par ce moyen on garantira le grain du ravage des rats
et des fourmis); on l'aplanira ensuite à la hie ou on
l'affermira au moyen d'une meule; et, après avoir répandu de nouvelle paille qu'on battra de nouveau,
on laissera sécher au soleil. Quelques personnes cependant préfèrent pour leur aire l'emplacement où les fèves
ont été dépouillées de leurs cosses, et le polissent quand
cette opération est terminée : en effet, foulées par les
bestiaux qui marchent sur ces légumes, les herbes sont
écrasées par la corne de leurs pieds, et la place se trouve
ainsi mise à nu et devient une aire propre à tous les
battages.

De la moisson et du battage.

XXI. Quand les grains seront mûrs, on s'empressera
de les moissonner avant qu'ils ne soient rôtis par l'ardeur
du soleil, qui est excessive au lever de la canicule. Tout
retard serait préjudiciable : d'abord ils deviendraient la
proie des oiseaux et des autres animaux; ensuite les grains
et même les épis tomberaient promptement lorsque les

spicæ culmis arentibus et aristis celeriter decidunt; si vero
procellæ ventorum, aut turbines incesserint, major pars
ad terram defluit : propter quæ recrastinari non debet,
sed æqualiter flaventibus jam satis, ante' quam ex toto
grana indurescant, quum rubicundum colorem traxerunt,
messis facienda est, ut potius in area et in acervo, quam
in agro, grandescant frumenta : constat enim, si tempestive decisa sint, postea capere incrementum.

Sunt autem metendi genera complura; multi falcibus
vericulatis, atque iis vel rostratis, vel denticulatis, medium culmum secant; multi mergis, alii pectinibus spicam
ipsam legunt, idque in rara segete facillimum, in densa
difficillimum est. Quod si falcibus seges cum parte culmi
demessa sit, protinus in acervum, vel in nubilarium con-
geritur, et subinde opportunis solibus torrefacta prote-
ritur. Sin autem spicæ tantummodo recisæ sunt, possunt
in horreum conferri, et deinde per hiemem vel baculis
excuti, vel exteri pecudibus. At si competit ut in area
teratur frumentum, nihil dubium est quin equis melius, quam bubus, ea res conficiatur : et si pauca juga
sunt, adjicere tribulam et traham possis; quæ res utraque culmos facillime comminuit. Ipsæ autem spicæ melius fustibus tunduntur, vannisque expurgantur. At ubi
paleis immixta sunt frumenta, vento separentur. Ad eam
rem favonius habetur eximius, qui lenis æqualisque
æstivis mensibus perflat. Quem tamen opperiri lenti est

chalumeaux et les balles seraient desséchés; et si quelques coups de vent et des tourbillons survenaient, la majeure partie du grain tomberait à terre. C'est pourquoi il faut bien se garder de renvoyer la moisson au lendemain; mais dès que les épis sont également jaunes, avant que les grains soient tout à fait durs, quand ils ont pris une couleur rougeâtre, on doit procéder à la récolte des blés, afin qu'ils acquièrent de la grosseur sur l'aire et en monceau plutôt que, sur le sillon : car il est constant que, s'ils sont coupés à temps, ils prennent ensuite du volume.

Il y a plusieurs manières de moissonner. Beaucoup de cultivateurs coupent au milieu le chaume avec des faux à long manche, soit à bec, soit à dents; beaucoup enlèvent l'épi même à la fourche, d'autres au fauchet : ce qui est très-facile dans une moisson clair-semée, et très-difficile quand elle est très-fourrée. Si les blés sont coupés à la faux avec une partie du chaume, on les entasse aussitôt en meule, ou sous le hangar qui sert à battre quand il pleut; puis, desséchés par un soleil favorable, on les soumet au battage. S'est-on borné à couper les épis, on peut les porter au grenier, et pendant l'hiver on les soumet au fléau ou bien aux pieds des animaux; mais si le grain doit être battu sur l'aire, il n'y a pas de doute que le travail ne soit mieux fait par des chevaux que par des bœufs; si l'on n'a pas assez de ces animaux à sa disposition, on peut s'aider de rouleaux ou de traîneaux : machines qui froissent suffisamment les chalumeaux. Si les épis sont isolés, on devra préalablement les battre au fléau, et les vanner ensuite. Lorsque le blé se trouve mêlé avec la paille, on l'en sépare en l'exposant à l'action du vent. Pour cette opération, le favonius est regardé comme le meilleur, parce que, dans les mois d'été, il souffle doucement et d'une manière égale; mais il n'y a qu'un agriculteur nonchalant qui

agricolæ : quia dum exspectatur, sæva nos hiems deprehendit. Itaque in area detrita frumenta sic sunt agge-
renda, ut omni flatu possint excerni. At si compluribus
diebus undique silebit aura, vannis expurgentur, ne post
nimiam ventorum segnitiem vasta tempestas irritum
faciat totius anni laborem. Pura deinde frumenta, si in
annos reconduntur, repurgari debent; nam quanto sunt
expolitiora, minus a curculionibus exeduntur. Sin protinus usui destinantur, nihil attinet repoliri, satisque est
in umbra refrigerari, et ita granario inferri.

Leguminum quoque non alia cura est, quam reliquo-
rum frumentorum : nam ea quoque vel statim absumun-
tur, vel reconduntur; atque hoc supremum est aratoris
emolumentum percipiendorum seminum, quæ terræ cre-
diderat.

Quæ per ferias liceat agricolæ, et quæ non liceat facere.

XXII. Sed quum tam otii, quam negotii rationem
reddere majores nostri censuerint; nos quoque monendos
esse agricolas existimamus, quæ feriis facere, quæque
non facere debeant. Sunt enim, ut ait poeta; quæ

> . . . . Festis exercere diebus
> Fas et jura sinunt : rivos deducere nulla
> Relligio vetuit, segeti prætendere sepem,
> Insidias avibus moliri, incendere vepres,
> Balantumque gregem fluvio mersare salubri.

Quanquam pontifices negent, segetem feriis sepiri de-

puisse se résoudre à l'attendre : car pendant ce tempo-
risement le froid hiver peut nous surprendre. C'est pourquoi on doit amonceler sur l'aire le grain battu, afin
de pouvoir le nettoyer par quelque vent que ce soit. Si
l'air se maintenait calme durant plusieurs jours, il faudrait recourir au van pour le purifier, de peur que,
après cette inertie prolongée des vents, quelque orage
ne fasse perdre le travail de toute une année. Si le grain
doit être conservé plusieurs années, on devra le nettoyer
une seconde fois : car plus il est propre, moins il est
sujet à être rongé par les charançons. Dans le cas où il
serait destiné à un usage prochain, un second nettoyage
devient inutile : il suffit de le faire rafraîchir à l'ombre
et de le déposer ensuite dans un grenier.

Les légumes n'exigent pas d'autres précautions que
les blés : car on les emploie aussitôt, ou on les met en
réserve. Voilà le bénéfice que le laboureur reçoit en
compensation des grains qu'il a confiés à la terre.

De ce qui, pendant les jours de fête, est permis aux agriculteurs ou leur est interdit.

XXII. Nos ancêtres étaient d'avis qu'on ne doit pas
moins rendre compte de ses loisirs que de ses travaux.
Nous aussi, nous croyons qu'il est à propos de faire connaître aux agriculteurs ce que, pendant les fêtes, ils ont
droit de faire, et ce qui leur est défendu. Il existe des
choses que, comme dit le poëte,

« Le droit et les lois permettent d'exécuter dans les jours de
fête : aucune religion n'a défendu de détourner les ruisseaux,
d'entourer de haies une moisson, de tendre des piéges aux oiseaux, de mettre le feu aux plantes parasites, ni de plonger le
troupeau bêlant dans une onde salutaire. »

Les pontifes cependant nient qu'on ait le droit d'enclore

bere; vetant quoque lanarum causa lavari oves, nisi propter medicinam. Virgilius, qui liceat feriis flumine abluere gregem, præcepit, et idcirco adjecit,

. . . . Fluvio mersare salubri :

sunt enim vitia, quorum causa pecus utile sit lavare. Feriis autem ritus majorum etiam illa permittit, far pinsere, faces incidere, candelas sebare, vineam conductam colere, piscinas, lacus, fossas veteres tergere et purgare, prata sicilire, stercora æquare, fœnum in tabulata componere, fructus oliveti conductos cogere, mala, pira, ficos pandere, caseum facere, arbores serendi causa collo vel mulo clitellario afferre : sed juncto advehere non permittitur, nec apportata serere, neque terram aperire, neque arborem collucare : sed ne sementem quidem administrare, nisi prius catulo feceris : nec fœnum secare, aut vincire, aut vehere : ac ne vindemiam quidem cogi per religiones pontificum feriis licet : nec oves tondere, nisi prius catulo feceris. Defrutum quoque facere, et defrutare vinum licet. Uvas, itemque olivas conditui legere licet. Pellibus oves vestiri non licet. In horto quidquid olerum causa facias, omne licet. Feriis publicis hominem mortuum sepelire non licet.

M. Porcius Cato mulis, equis, asinis, nullas esse ferias

sa moisson un jour de fête; comme ils défendent de bai-
gner les brebis pour blanchir leur toison, ce que d'après
eux on ne doit faire que pour leur rendre la santé.
Aussi Virgile, qui détermine le cas où il est permis de
laver son troupeau dans la rivière, a-t-il ajouté,

« De le plonger dans une eau salutaire : »

et en effet, il y a des maladies pour lesquelles il
est utile de laver les troupeaux. Il était d'usage chez
nos ancêtres d'accorder encore d'autres permissions
pour les jours de fête : telles que de moudre du blé,
de tailler des torches, de faire des chandelles de suif,
de cultiver la vigne que l'on tient à loyer, de curer
et nettoyer les piscines, les mares, les anciens fossés;
de faucher le regain des prés, d'épandre les fumiers, de
tasser le foin dans les greniers, de cueillir le fruit des oliviers affermés, d'étendre les pommes, les poires et les
figues, de faire du fromage, de transporter sur ses épaules
ou à dos de mulet des arbres à planter; mais il n'est
pas permis d'employer à ce transport l'animal attelé,
ni de planter ce qu'on a ainsi charrié, ni d'ouvrir la terre,
ni d'élaguer les arbres; on ne doit faire, non plus, d'ensemencement, qu'après avoir immolé un jeune chien, ni
faucher le foin, ni le lier ou le transporter. Les règle-
ments des pontifes n'autorisent même à faire la vendange
et la tonte des bêtes à laine les jours de fête, que si auparavant on a offert un jeune chien en sacrifice. Toutefois il est permis de faire du vin cuit et d'en mêler avec
d'autre vin; de cueillir, pour les confire, des raisins et des
olives. Il est défendu de couvrir les brebis avec des peaux;
et il ne l'est pas de travailler à tout ce qui, dans le jardin, concerne les plantes potagères. Les jours de fête
publique, il est interdit d'ensevelir un homme mort.

M. Porcius Caton dit qu'il n'y a de fêtes ni pour les

dixit; idemque boves permittit conjungere lignorum et frumentorum advehendorum causa. Nos apud pontifices legimus, feriis tantum Denicalibus [20] mulos jungere non licere, ceteris licere. Hoc loco certum habeo, quosdam, quum solemnia festorum percensuerim, desideraturos lustrationum, ceterorumque sacrificiorum, quæ pro frugibus fiunt, morem priscis usurpatum; nec ego abnuo docendi curam : sed differo in eum librum, quem componere in animo est, quum agricolationis totam disciplinam præscripsero. Finem interim præsentis disputationis faciam, dicturus exordio sequente, quæ de vineis arbustisque prodidere veteres auctores, quæque ipse mox comperi.

mulets, ni pour les chevaux, ni pour les ânes; il permet aussi d'atteler les bœufs pour le transport, chez soi, du bois et des grains. Nous avons lu dans les ordonnances des pontifices, que c'était seulement pendant les fêtes Dénicales qu'il était défendu d'atteler les mulets, mais que cela était permis durant les autres fêtes. A ce propos, je suis certain que, après ce recensement de la solennisation des fêtes, quelques personnes désireront que je leur fasse connaître les rits usités par les anciens pour les lustrations et les autres sacrifices : je ne refuse pas d'accéder à ce désir; mais cela fera partie d'un livre que je me propose d'écrire quand j'aurai donné tous les préceptes de l'agriculture. En attendant, je vais terminer cette présente dissertation, et me disposer à parler, dans le livre suivant, de ce que les anciens auteurs ont publié sur les vignes et les plants d'arbres, et de ce que, depuis eux, j'ai découvert moi-même.

DE RE RUSTICA

LIBER III.

De vitiario faciendo.

i. Hactenus arvorum cultus,

ut ait præstantissimus poeta : nihil enim prohibet nos, P. Silvine, de iisdem rebus dicturos celeberrimi carminis auspicari principia. Sequitur arborum cura, quæ pars rei rusticæ vel maxima est.

Earum species diversæ et multiformes sunt : quippe varii generis (sicut auctor idem refert) :

.... Nullis hominum cogentibus ipsæ
Sponte sua veniunt ;

multæ etiam nostra manu satæ procedunt. Sed quæ non ope humana gignuntur, silvestres, ac feræ, sui cujusque ingenii poma vel semina gerunt : at quibus labor adhibetur, magis aptæ sunt frugibus. De eo igitur prius genere dicendum est, quod nobis alimenta præbet ; idque tripartito dividitur : nam ex surculo vel arbor procedit,

DE L'ÉCONOMIE RURALE

LIVRE III.

———◦◦◦———

Du vignoble à établir.

I. « J'ai chanté jusqu'alors la culture des champs, »

comme dit le grand poëte : car rien ne nous empêche,
P. Silvinus, nous qui allons parler des mêmes objets,
de commencer ce livre par ce vers de son poëme
célèbre. Nous sommes arrivés aux soins que réclament
les arbres, qui sont certainement la principale partie de
l'agriculture.

Leurs variétés sont nombreuses et se présentent sous
des formes diverses. En effet, ainsi que le dit le même
auteur :

« Plusieurs espèces viennent d'elles-mêmes, sans y être con-
traintes par l'homme; »

comme aussi il y en a un grand nombre qui ont été créées
par notre industrie. Mais celles qui ne viennent pas par
le secours de l'homme sont brutes et sauvages, et rapportent des fruits ou des semences qui tiennent de leur
caractère; tandis que celles qui sont secondées par le
travail donnent des fruits plus propres à notre nourriture. C'est donc d'abord de ce dernier genre d'arbres
qu'il faut parler, puisqu'il nous fournit des aliments. On

ut olea; vel frutex, ut palma campestris; vel tertium quiddam, quod nec arborem nec fruticem proprie dixerim, ut est vitis.

Hanc nos ceteris stirpibus jure præponimus, non tantum fructus dulcedine, sed etiam facilitate, per quam omni pæne regione, et omni declinatione mundi, nisi tamen glaciali, vel præfervida, curæ mortalium respondet, tamque felix campis quam collibus provenit, et in densa non minus quam in resoluta, sæpe etiam gracili atque pingui terra, siccaque et uliginosa. Tum sola maxime utramque patitur intemperiem cœli, vel sub axe frigido, æstuoso, procellosoque. Refert tamen, cujus generis, aut quo habitu vitem pro regionis statu colere censeas : neque enim omni cœlo solove cultus idem; neque est idem stirpis ejus genus; quodque præcipuum est ex omnibus, non facile dictu est, quum suum cuique regioni magis aut minus aptum esse doceat usus. Exploratum tamen habebit prudens agricola genus vitis habile campo, quod nebulas pruinamque sine noxa perfert; colli, quod siccitatem ventosque patitur. Pingui et uberi dabit agro gracilem vitem, nec natura nimis fecundam; macro feracem; terræ densæ vehementem, multaque materia frondentem; resoluto et læto solo, rari sarmenti; humido loco sciet non recte mandari fructus teneri et amplioris acini, sed callosi et angusti, frequen-

en forme trois classes : car d'un rejeton provient ou un
arbre, comme l'olivier ; ou un arbrisseau, comme le
palmier des champs ; ou bien un végétal que je ne saurais, à proprement parler, appeler ni arbre ni arbrisseau, comme est la vigne.

Nous la plaçons à bon droit avant tous les plants, non
pas tant pour la délicatesse de ses fruits, que pour la facilité avec laquelle elle répond aux soins dont elle est
l'objet, presque dans toutes les contrées et sous tous les
climats du monde, si l'on en excepte les régions ou glacées ou brûlantes ; elle prospère à la fois, et dans les
plaines et sur les coteaux, autant dans les terres compactes que dans celles qui sont meubles, souvent même
dans un fonds ou gras ou maigre, sec ou humide. Elle
est donc la plante qui supporte le mieux les températures
les plus opposées, soit qu'on la cultive sous le pôle boréal,
soit qu'on la transporte sous le pôle austral, sujet aux
orages. Il importe pourtant que vous sachiez quelle espèce
de vigne vous devez préférer, et quelle culture elle exige,
suivant l'état du pays. Cette culture n'est pas la même
sous toutes les températures ni dans tous les terrains ;
et l'on n'admet pas indistinctement la même variété de
cépage. Il n'est pas facile de dire quelle est la préférable, puisque l'expérience seule peut nous apprendre ce
qui convient plus ou moins à chaque pays. Au reste, un
agriculteur intelligent saura que le genre de vigne qui
supporte sans préjudice les brouillards et les frimas convient à la plaine ; que celui qui ne redoute ni la sécheresse ni les vents, se plaît sur les coteaux. Il donnera à
un sol gras et fertile une vigne de nature faible et qui
soit peu féconde ; à un sol maigre, une vigne productive ;
à une terre compacte, celle qui s'emporte en rameaux
multipliés ; à un terrain léger et fertile, celle qui ne projette que peu de sarments. Cet agriculteur saura que,
dans un terrain humide, il ne serait pas avantageux de

tisque vinacei; sicco recte contribui diversæ quoque naturæ semina. Sed et post hæc non ignorabit dominus
loci, plus posse qualitatem cœli frigidam vel calidam,
siccam vel rosidam, grandinosam ventosamque vel pla-
cidam, serenam vel nebulosam : frigidæque aut nebu-
losæ duorum generum vites aptabit, seu præcoques,
quarum maturitas frugum præcurrit hiemem; seu firmi
durique acini, quarum inter caligines uvæ deflorescunt,
et mox gelicidiis ac pruinis, ut aliæ caloribus, mitescunt;
ventoso quoque et tumultuoso statu cœli fidenter easdem
tenaces, ac duri acini committet; rursus calido tene-
riores uberioresque concredet; sicco destinabit eas, quæ
pluviis aut continuis roribus putrescunt; rosido, quæ
siccitatibus laborant; grandinoso, quæ foliis duris la-
tisque sunt, quo melius protegant fructum; nam placida
et serena regio nullam non recipit : commodissime tamen
eam, cujus vel uvæ vel acini celeriter decidunt. At si
voto est eligendus vineis locus et status cœli, sicut censet
verissime Celsus, optimum est solum, nec densum nimis,
nec resolutum; soluto tamen propius : nec exile, nec
lætissimum; proximum tamen uberi : nec campestre, nec
præceps; simile tamen edito campo : nec siccum, nec
uliginosum; modice tamen rosidum : quod fontibus non
in summo, non in profundo terræ scaturiat; sed ut
vicinum radicibus humorem subministret : eumque nec
amarum, nec salsum, ne saporem vini corrumpat, et

cultiver des raisins à grain tendre et gros, mais au contraire dur et petit, renfermant beaucoup de pepins : il n'en est pas de même en terrain sec, qui admet les différentes espèces. Il n'ignorera pas non plus qu'après ces considérations, il faut, plus qu'à tout le reste, avoir égard à la nature du ciel, froid ou chaud, sec ou humide, calme ou sujet à la grêle et aux vents, serein ou nébuleux. Dans les contrées froides ou nébuleuses, il placera convenablement deux espèces de vignes : ou les précoces dont les raisins, mûrissant plus vite, préviendront l'arrivée de l'hiver; ou celles qui ont le grain ferme et dur, et dont les grappes se nouent sous les brouillards, et dont le fruit s'adoucit à la gelée et aux frimas, comme les autres par l'effet des chaleurs. Sur les lieux exposés aux vents et aux bourrasques, il établira la vigne qui produit un raisin ferme et dont le grain est dur. Au terrain chaud, il confiera les espèces tendres et productives; au terrain sec, il destinera celles que les pluies et les rosées continuelles pourriraient; au terrain humide, celles qui souffriraient des sécheresses; aux lieux sujets à être frappés de la grêle, celles qui sont pourvues de feuilles dures et amples, pour mieux protéger leurs fruits. Au reste, toute contrée calme et sereine reçoit toute sorte de vignes, plus avantageusement pourtant celles dont la grappe ou les grains se détachent de bonne heure. Mais si on peut, selon ses vœux, choisir pour son vignoble la nature du sol et celle du ciel, le meilleur emplacement, comme le dit Celse avec beaucoup de raison, sera un sol ni trop compacte ni trop léger, cependant assez meuble; ni maigre ni très-gras, fertile toutefois; ni en plaine ni escarpé, mais plutôt élevé; ni sec ni mouillé, pourtant médiocrement humide; qui ne voie pas sourdre d'eaux ni à sa surface ni au dessous, et fournisse cependant aux racines une moiteur suffisante, mais qui ne puisse, amère ou

incrementa virentium veluti quadam scabra rubigine
coerceat, si modo credimus Virgilio dicenti :

> Salsa autem tellus et quæ perhibetur amara,
> Frugibus infelix, ea nec mansuescit arando,
> Nec Baccho genus, aut pomis sua nomina servat.

Cœlum porro neque glaciale vinea, sicut prædixi, nec
rursus æstuosum desiderat; calido tamen potius, quam
frigido lætatur; imbribus magis, quam serenitatibus
offenditur; et solo sicco, quam nimis pluvio est amicior;
perflatu modico lenique gaudet, procellis obnoxia est;
atque hæc maxime probabilis est cœli et soli qualitas.

Qualia semina, et quando legas.

II. Vitis autem vel ad escam, vel ad effusionem deponitur. Ad escam non expedit instituere vineta, nisi
quum tam suburbanus est ager, ut ratio postulet incon-
ditum fructum mercantibus velut pomum vendere; quæ
quum talis est conditio, maxime præcoques et duracinæ,
tum denique purpureæ et bumasti, dactilique et Rhodiæ,
Libycæ quoque et Cerauniæ. Nec solum, quæ jucundi-
tate saporis, verum etiam, quæ specie commendari pos
sint, conseri debent : ut stephanitæ, ut tripedaneæ,
ut unciariæ, ut cydonitæ; item quarum uvæ temporibus
hiemis durabiles vasis conduntur, ut venuculæ, et nuper
in hos usus exploratæ Numisianæ.

salée, gâter le goût du vin, ni couvrir, comme d'une certaine croûte de rouille, la verdure des jeunes pousses, s'il faut nous en rapporter à Virgile, qui dit :

« Un terrain salé et reconnu amer est préjudiciable aux productions ; on ne saurait l'adoucir par le labourage ; il fait perdre au vin sa qualité, et aux fruits leur bonne réputation. »

Au surplus, comme je l'ai dit plus haut, la vigne ne veut ni une température glaciale ni un climat brûlant ; pourtant elle s'accommode mieux de la chaleur que du froid ; les pluies lui nuisent plus qu'un temps constamment beau ; elle préfère une contrée sèche à une contrée pluvieuse ; un air soufflant modérément et avec douceur lui est salutaire, tandis que les tempêtes lui sont nuisibles. Telles sont les conditions du ciel et de la terre qui lui sont les plus avantageuses.

Quels sont les meilleurs plants, et quand il faut les choisir.

II. On plante la vigne soit pour en manger le fruit, soit pour le pressurer. Dans le premier cas, il n'est pas à propos de former un vignoble, excepté lorsque la ferme est tellement près de la ville, qu'on ait intérêt à vendre aux marchands, sitôt cueilli, le raisin comme les autres fruits. Quand on s'adonne à cette spéculation, on recherche principalement les raisins précoces et à chair ferme, de couleur pourpre, à grains à la fois gros et allongés, ceux de Rhodes, de Libye et des monts Cérauniens. On doit planter les espèces qui se recommandent, non-seulement par l'agrément de la saveur, mais aussi par la beauté de la grappe, comme les couronnées, les trois-pieds, les onciaires, et celles dont les grains ont la forme du coing ; et aussi celles dont les raisins peuvent se conserver dans des vases pour la saison d'hiver, comme les vénucules, et les numisiennes, en qui on a récemment découvert les qualités qui conviennent à cet objet.

At ubi vino consulimus, vitis eligitur, quæ et in
fructu valet, et in materia : quod alterum ad reditus
coloni, alterum ad diuturnitatem stirpis plurimum confert. Sed ea tum præcipua est, si nec nimis celeriter
spondet, et primo quoque tempore deflorescit, nec nimis
tarde mitescit : quin etiam pruinas, et caliginem, et
carbunculum facile propulsat, eademque nec imbribus
putrescit, nec siccitatibus abolescit. Talis nobis eligatur
vel mediocriter fecunda, si modo is locus habetur, in
quo gustus nobilis pretiosusque fluit; nam si sordidus
aut vilis est, feracissimam quamque serere conducit, ut
multiplicatione frugum reditus augeatur. Fere autem
omni statu locorum campestria largius vinum, sed jucundius afferunt collina : quæ tamen ipsa modico statu
cœli magis exuberant aquiloni prona; sed sunt genero-
siora sub austro. Nec dubium quin sit ea nonnullarum
vitium natura, ut pro locorum situ bonitate vini modo
vincat, modo superetur. Solæ traduntur amineæ, excepto cœli statu nimis frigido, ubicumque sint, etiam si
degenerent, sibi comparatæ, magis aut minus probi
gustus vina præbere, et ceteras omnes sapore præce-
dere. Eæ, quum sint unius nominis, non unam speciem
gerunt. Duas germanas cognovimus, quarum minor ocius
et melius deflorescit, habilis arbori, nec non jugo : illic
pinguem terram, hic mediocrem desiderat, longeque
præcedit majorem, quia et imbres et ventos fortius pa-

Si nous désirons obtenir du vin, nous choisirons la vigne qui excelle par la bonté du fruit et par la vigueur du bois : double qualité importante, l'une pour les revenus du cultivateur, l'autre pour la durée du plant. La meilleure vigne est celle qui ne se couvre pas trop tôt de bourgeons, qui défleurit de bonne heure, celle dont le fruit ne mûrit pas trop tard, qui résiste facilement aux frimas, aux brouillards et au charbon, qui ne pourrit pas à la pluie et résiste à la sécheresse prolongée. Tel sera l'objet de notre choix, fût-elle médiocrement féconde, pourvu que nous possédions un terrain qui donne au vin un goût fin et distingué; car dans le cas où il ne donnerait qu'un produit vulgaire et sans nul mérite, il faudrait planter le cépage le plus productif, afin que l'abondance augmente notre revenu. Presque toujours, et en quelque état que ce soit, les vignobles produisent en plaine plus de vin, et sur les coteaux le donnent de meilleure qualité. Cependant, sous un climat tempéré, les vins des pentes exposées au vent du nord sont plus abondants, ceux des pentes exposées au vent du midi sont plus généreux. Il n'y a pas de doute que telle est la nature de quelques vignes, que, suivant la position du terrain, un vin soit tantôt supérieur en qualité, tantôt inférieur. Seules, les vignes aminées passent pour produire, partout où on les plante, excepté sous un ciel trop froid, et quoique dégénérées, un vin qui surpasse tous les autres en saveur, bien que comparées entre elles, elles donnent des vins d'un goût plus ou moins parfait. Quoique ces vignes n'aient qu'un seul nom, elles ne se bornent pas à une seule espèce. Nous en avons connu deux, dont la plus petite variété défleurit plus tôt et mieux que la grande. Elle est propre à être mariée aux arbres, ainsi qu'à être attachée au joug : dans le premier cas, elle demande une terre grasse; dans le second, elle en préfère une médiocre. Elle l'emporte de beaucoup sur la grande variété, parce qu'elle sup-

titur : nam major celeriter in flore corrumpitur, et magis
in jugis quam in arboribus. Ideoque non est vincis
apta, vix etiam arbusto, nisi præpingui et uvida terra :
nam nec mediocri valet, multoque minus in exili; pro-
lixarum frequentia materiarum, foliorumque et uvarum
et acinorum magnitudine dignoscitur : internodiis quoque rarior, largis fructibus a minore superatur, gustu
non vincitur. Et hæ quidem utræque amineæ.

Verum et aliæ duæ geminæ, quæ ab eo, quod du-
plices uvas exigunt, gemellæ vocantur, austerioris vini,
sed æque perennis. Earum minor vulgo notissima :
quippe Campaniæ celeberrimos Vesuvii colles, Surren-
tinosque vestit. Hilaris inter æstivos favonii flatus,
austris affligitur : ceteris itaque partibus Italiæ non tam
vineis quam arbusto est idonea, quum prædictis regionibus commodissime jugum sustineat materiam fructumque; nisi quod duplicem, non absimilem minori germanæ, egerit, sicut major gemina majori germanæ :
quæ tamen minor hoc melior est, quod fecundior etiam
mediocri solo : nam illam, nisi præpingui, non respondere jam dictum est. Lanatam quoque amineam quidam
maxime probant, quæ hoc vocabulum non ideo usurpat,
quod sola ex omnibus amineis, verum quod præcipue
canescit lanugine. Sane boni vini, sed levioris, quam

porte mieux les pluies et les vents : en effet, la grande
variété voit promptement sa fleur s'altérer, plus encore
aux jougs que sur les arbres. Aussi ne convient-elle pas
pour former des vignobles, puisqu'elle est tout au plus
propre à être cultivée dans les vergers, à moins, cependant, que le sol en soit gras et humide ; elle ne réussit
pas dans les fonds médiocres, moins encore dans ceux
qui sont maigres. On la reconnaît à la multitude de sarments qu'elle jette, à la grandeur de son feuillage, à la
grosseur de ses raisins et de leurs grains. Elle a moins
de nœuds que la petite variété, qui l'emporte par l'abondance de sa production, mais non par la saveur. Toutes
les deux sont dites vignes aminées.

Outre celles-ci, il y en a encore deux autres espèces qu'on appelle aminées jumelles, en raison des
doubles grappes qu'elles produisent ; leur vin est dur,
mais il se conserve aussi longtemps que celui des précé-
dentes. La plus petite variété de ces deux espèces est
très-connue, parce qu'elle couvre dans la Campanie les
plus célèbres coteaux du Vésuve et ceux de Sorrente.
Elle se trouve bien du souffle estival du Favonius, et
souffre de celui de l'Auster : aussi, dans les autres contrées de l'Italie, elle est moins employée pour les vignobles que pour les vergers, tandis que, sur les coteaux
dont nous venons de parler, le joug soutient avantageusement son bois et son fruit. Son raisin ne diffère guère
de celui de la petite aminée véritable, qu'en ce qu'il est
double, comme la grappe de la grande aminée jumelle
ressemble à celle de la grande aminée véritable ; la petite jumelle, toutefois, est préférable à cette dernière,
en ce qu'elle est plus féconde même dans un terrain
médiocre, et que, comme nous l'avons déjà dit, la
grande aminée véritable ne rend bien que dans un fonds
très-gras. Certains cultivateurs prisent beaucoup aussi
l'aminée laineuse, ainsi appelée, non parce qu'elle est

superiores; crebram quoque materiam fundit, atque ideo
propter pampini densitatem sæpe parum recte deflorescit, eademque maturo fructu celeriter putrescit. Super
hunc numerum, quem retulimus, singularis habetur
aminea majori geminæ non dissimilis, prima specie
pampini et trunci, sed vini sapore aliquanto inferior,
quamvis generosissimus sit, proximæ præferenda etiam
propriis virtutibus : nam et feracior est, et flore melius
exuitur, spissasque et albidas uvas, ac tumidioris acini
genit, gracili arvo non desciscit, atque ideo inter uber-
rimas vites numeratur. Nomentanæ vini nobilitate sub-
sequuntur amineas, fecunditate vero etiam præveniunt :
quippe quum se frequenter impleant, et id, quod ediderunt, optime tueantur. Sed earum quoque feracior est
minor, cujus et folium parcius scinditur, et materia non
ita rubet, ut amineis, a quo colore rubellianæ nuncu-
pantur : eædemque fæciniæ, quod plus, quam ceteræ,
fæcis afferunt. Id tamen incommodum repensant uvarum
multitudine, quas et in jugo, sed [et] in arbore melius
exhibent. Ventos et imbres valenter sufferunt, et celeriter deflorescunt, et ideo citius mitescunt, omnis in-
commodi patientes, præter caloris : nam quia minuti
acini, et duræ cutis uvas habent, æstibus contrahuntur.
Pingui arvo maxime gaudent, quod ubertatem aliquam
natura gracilibus et exilibus uvis præbere valet. Frigidum
ac rosidum solum et cœlum commodissime sustinent eu-

la seule de toutes les aminées qui se couvre de duvet, mais parce qu'elle possède ce caractère au premier degré. Assurément ce cépage donne un vin de bonne qualité, mais plus léger que celui des précédents. Il jette également beaucoup de bois; aussi la multitude de ses pampres nuit-elle souvent à la défloraison, et ses fruits pourrissent-ils promptement dès qu'ils sont mûrs. Outre les espèces d'aminées dont nous venons de parler, il en existe une particulière, ressemblant assez, au premier coup d'œil, à la grande jumelle, par les pampres et le cep, mais qui lui est un peu inférieure par la saveur du vin, quoiqu'il soit très-généreux; elle est, au surplus, préférable à celle-ci par des qualités qui lui sont propres : car elle est plus féconde, elle se dépouille mieux de sa fleur, elle porte des grappes serrées et blanches, et dont le grain est très-gros; elle ne dégénère pas dans les terrains maigres : aussi est-elle mise au nombre des vignes les plus productives. Pour l'excellence du vin, les vignes de Nomentum tiennent le second rang après les aminées, mais elles les surpassent en fécondité; car elles se chargent d'une quantité considérable de fruits qu'elles mènent à bien. La plus fertile des nomentaines est la petite variété, dont la feuille est moins découpée et le bois moins rouge que dans les aminées : c'est cette couleur qui les a fait nommer rubelliennes; on les appelle aussi féciniennes, parce qu'elles déposent plus de lie que les autres. Elles récompensent de cet inconvénient par la multitude des raisins qu'elles étalent sur le joug, et plus encore sur l'arbre. Elles supportent fort bien les vents et les pluies; elles défleurissent promptement et, par conséquent, parviennent plus tôt à la maturité, de toutes les incommodités ne redoutant guère que la chaleur : en effet, les grains, naturellement petits et dont la peau est dure, s'affermissent encore sous le feu du soleil. C'est en terrain gras que surtout elles se plaisent : lui seul peut fournir

geniæ, quum sunt in Albano colle; nam mutato loco, vix nomini suo respondent; nec minus Allobrogicæ, quarum vini jucunditas cum regione mutatur. Magnis etiam dotibus tres apianæ commendantur, omnes feraces, jugoque et arboribus satis idoneæ : generosior tamen una, quæ nudis foliis est; nam duæ lanatæ, quamvis frondibus et palmitum pari facie, fluxuræ qualitate sunt dispariles, quum tardius altera recipiat cariem vetustatis. Pingui solo feracissimæ, mediocri quoque fecundæ, præcoquis fructus : ideoque frigidis locis aptissimæ, vini dulcis, sed capiti, nervis, venisque non aptæ; nisi mature lectæ, pluviis, ventisque et apibus afferunt prædam, quarum vocabulo propter hanc expopulationem cognominantur. Atque hæ pretiosi gustus celeberrimæ.

Possunt tamen etiam secundæ notæ vites proventu et ubertate commendari, qualis est biturica, qualis basilica, quarum minorem cocolubem vocant Hispani, longe omnium primis utræque proximæ; nam et vetustatem vinum earum patitur, et ad bonitatem aliquam per annos venit. Jam vero ipsæ fecunditate præstant omnibus quas ante retuli, tum etiam patientia : quippe turbines imbresque fortissime sustinent, et commode fluunt, nec

une nourriture abondante à leurs grappes naturellement grêles et petites. Les eugénies soutiennent sans inconvénient les effets d'un sol et d'un ciel froids et humides, lorsqu'elles sont sur les coteaux d'Albe; mais lorsqu'elles ont changé de lieu, elles répondent à peine à leur réputation. Les allobrogiques se comportent de même, et ne donnent plus hors de leur patrie qu'un vin sans agrément. Les trois apiennes se recommandent aussi par des qualités supérieures; toutes les trois fécondes et s'accommodant assez bien du joug et des arbres : l'une d'elles pourtant est plus généreuse que les autres, c'est celle dont la feuille est glabre; pour les deux variétés à feuilles cotonneuses, quoique se ressemblant pour le feuillage et les bourgeons, elles diffèrent par la qualité de la liqueur, puisque le vin de l'une se conserve plus longtemps que celui de l'autre. Très-fertiles dans un terrain gras, fécondes même dans un sol médiocre, elles donnent un fruit précoce : aussi conviennent-elles parfaitement aux situations froides; mais leur vin, de saveur douce, ne convient guère au cerveau, aux nerfs et à la circulation. Si on n'en recueille de bonne heure le raisin, il devient la proie des pluies, des vents et des abeilles, qui, en raison du ravage qu'elles y exercent, lui ont fait donner le surnom d'apien. Ce fruit est très-célèbre à cause de son exquise saveur.

Il y a des vignes qui, bien que de seconde classe, sont recommandables aussi par leur production et leur fécondité : telle est la biturique, telle est aussi la royale, desquelles les Espagnols appellent cocolubis la plus petite variété. Elles se rapprochent le plus des premières que nous avons citées; car leur vin ne redoute pas la vieillesse et, grâce aux années, acquiert même quelque bonté. C'est autant par leur fécondité que par leur vigueur qu'elles l'emportent sur toutes les espèces dont j'ai parlé ci-devant, puisqu'elles bravent les ouragans et les pluies, produisent beaucoup de vin, et ne font pas défaut dans les

deficiunt macro solo. Frigora melius quam humores
sustinent, humores commodius quam siccitates, nec caloribus tamen contristantur.

Visula deinde ab his, et minor argitis, terræ medio-
critate lætantur; nam in pingui nimiis viribus luxuriant;
in macra tenues et vacuæ fructu veniunt : amiciores jugo
quam arboribus, sed argitis etiam in sublimibus fertilis
vastis materiis et uvis exuberat. Humillimis tabulatis
aptior visula brevem materiam et latum folium exigit,
cujus amplitudine fructus suos optime adversus grau-
dinem tuetur : qui tamen, nisi primo quoque tempore
maturi legantur, ad terram decidunt : humoribus etiam
prius, quam defluant, putrescunt.

Sunt et helvolæ, quas nonnulli varias appellant, neque purpureæ, neque nigræ, ab helvo, nisi fallor, colore vocitatæ; melior est nigrior abundantia vini, sed
hæc sapore pretiosior; color acinorum in neutra conspicitur æqualis; utraque candidi musti alterna vice annorum plus aut minus afferunt; melius arborem, sed et
jugum commode vestiunt : mediocri quoque solo fecundæ,
sicut pretiæ minor et major; sed eæ generositate vini
magis commendantur, et frequentibus materiis frondent, et cito maturescunt.

Albuelis utilior, ut ait Celsus, in colle, quam in

terrains maigres. Elles supportent mieux le froid que l'humidité, et l'humidité que la sécheresse, sans pourtant souffrir de la chaleur.

Viennent ensuite la visule et la petite argitis, qui se trouvent bien d'un sol médiocre, tandis qu'en terre grasse elles déploient beaucoup trop de végétation, et que dans un terrain maigre elles sont chétives et privées de fruit; elles s'accommodent mieux du joug que des arbres. L'argitis toutefois, fertile sur les points élevés, y abonde en bois et en raisins. La visule, plus propre aux plus bas palissages, donne peu de bois, mais de larges feuilles, dont l'ampleur protége avantageusement contre la grêle ses fruits, qui tombent à terre si on ne les cueille dès les premiers temps de leur maturité, ou pourrissent par l'effet de l'humidité, plutôt encore qu'ils ne tombent.

Les helvoles, que quelques personnes appellent les bigarrées, et dont la grappe n'est ni pourpre ni noire, tirent, si je ne me trompe, leur nom de leur couleur rouge pâle. La variété la plus noire est la meilleure eu égard à l'abondance de son vin, mais la variété la plus blanche est préférable pour sa saveur. La couleur des grains ne se montre pas égale dans l'une comme dans l'autre variété. Elles donnent toutes les deux du vin blanc dont la quantité est plus ou moins grande alternativement de deux années l'une : elles se développent mieux sur l'arbre, toutefois elles couvrent bien le joug. Leur fécondité se manifeste aussi sur un sol médiocre, de même que la grande et la petite précies; mais ces deux dernières sont plus recommandables par la générosité de leur vin : elles se couvrent d'une grande quantité de pampres et mûrissent promptement.

Plus utile sur la colline que dans la plaine, comme

campo; in arbore, quam in jugo; in summa arbore, quam in ima : ferax et materiæ frequentis et uvæ.

Nam quæ Græculæ vites sunt, ut Mareoticæ, Thasiæ, psithiæ, sophortiæ, sicut habent probabilem gustum, ita nostris regionibus et raritate uvarum, et acinorum exiguitate minus fluunt.

Inerticula tamen nigra, quam quidam Græci amethyston appellant, potest in secunda quasi tribu esse, quod et boni vini est et innoxia, unde etiam nomen traxit, quod iners habetur in tentandis nervis, quamvis gustu non sit hebes. Tertium gradum facit earum Celsus, quæ fecunditate sola commendantur : ut tres Helvenaciæ, quarum duæ majores nequaquam minori bonitate et abundantia musti pares habentur : earum altera, quam Galliarum incolæ emarcum vocant, mediocris vini : et altera, quam longam appellant, camdemque avaram, sordidi, nec tam largi, quam ex numero uvarum, quas prima spes promittit. Minima et optima e tribus facillime folio dignoscitur, nam rotundissimum omnium id gerit : atque est laudabilis, quod siccitates maxime perfert; quod frigora sustinet, dum tamen sine imbribus sit; quod nonnullis locis etiam vinum ejus in vetustatem diffunditur; quod præcipue sola macerrimum quoque solum fertilitate sua commendat.

At spionia dapsilis musto et amplitudine magis uvarum, quam numero fertilis, ut oleaginia, ut Murgentina, ea-

dit Celse, l'albuélis réussit mieux sur l'arbre que sur le joug, au haut de l'arbre qu'au bas; elle est très-féconde en rameaux et en raisins.

Quant aux petites vignes grecques, telles que les maréotiques, les thasiennes, les psithiennes, les sophorties, le goût de leurs productions est délicat, mais dans nos contrées elles donnent peu de grappes, leurs grains sont petits, et on en obtient peu de vin.

Cependant l'inerticule noire, que quelques Grecs appellent améthyste, peut en quelque sorte prendre place dans la seconde tribu, parce que son vin est bon et n'incommode nullement : avantage qui lui procure son nom, vu qu'elle passe, quoiqu'elle ne soit pas insipide au goût, pour n'avoir aucune action sur les nerfs. Celse place au troisième degré les vignes qui ne se recommandent que par leur fécondité : telles que les trois helvénacies, dont les deux grandes variétés ne sont pas plus estimées l'une que l'autre, la qualité et l'abondance de leur vin ne suffisant point pour établir une préférence. L'une d'elles, qui a reçu des habitants des Gaules la dénomination d'émarque, n'offre qu'un vin médiocre; l'autre, qu'ils appellent la longue et aussi l'avare, ne donne qu'une liqueur trouble et même moins abondante que ne semble le faire espérer d'abord le nombre de ses grappes. La plus petite et la meilleure de ces trois variétés se reconnaît facilement à sa feuille, qui est beaucoup plus ronde que celle des deux premières : elle mérite des éloges, parce qu'elle supporte très-bien les sécheresses; parce qu'elle endure le froid, pourvu qu'il ne soit pas accompagné de pluies; parce qu'en certaines localités son vin se conserve très-longtemps, et surtout parce qu'elle est la seule qui, par sa fécondité, fait honneur au terrain le plus maigre.

La spionie est plus libérale en vin et en grappes volumineuses qu'elle ne l'est par leur quantité, telles sont

demque Pompeiana, ut Numisiana, ut venucula eademque scirpula, atque sticula, ut nigra Fregellana, ut merica,
ut Rhætica, ut omnium, quas cognovimus, copiosissima
arcelaca major, a multis argitis falso existimata; nam
has nuper mihi cognitas, pergulanam dico et irtiolam,
fereolamque, non facile asseverem, quo gradu habendæ
sint : quod etsi satis fecundas scio, nondum tamen de
bonitate vini, quod afferunt, judicare potui; unam etiam
præcocem vitem nobis ante hoc tempus incognitam
in Græca consuetudine dracontion vocitari comperimus, quæ fecunditate jucunditateve arcelacæ basili-
cæque et Bituricæ comparari possit, generositate vini
amineæ.

Multa præterea sunt genera vitium, quarum nec numerum nec appellationes cum certa fide referre possumus.

> ... Neque enim [*ut ait poeta*] numero comprendere refert.
> Quem qui scire velit, Libyci velit æquoris idem
> Discere quam multæ zephyro versentur arenæ.

Quippe universæ regiones, regionumque pæne singulæ partes habent propria vitium genera, quæ consuetudine sua nominant; quædam etiam stirpes cum locis
vocabula mutaverunt; quædam propter mutationes locorum, sicut supra diximus, etiam a qualitate sua dis-
cesserunt, ita ut dignosci non possint; ideoque in hac
ipsa Italia, ne dicam in tam diffuso terrarum orbe,
vicinæ etiam nationes nominibus earum discrepant,
variantque vocabula. Quare prudentis magistri est,

aussi l'oléaginie, la murgentine, qui est la même que
la pompéienne, la numisienne, la vénucule aussi appelée scirpule et sticule, la frégellane noire, la mérique,
la rhétique, et la grande arcelaque, la plus productive
de toutes les espèces que nous connaissons, et que beaucoup de personnes confondent à tort avec l'argitis. Il
me serait fort difficile de dire dans quelle classe on doit
placer la pergulane, l'irtiole et la féréole, que je ne
connais que depuis peu de temps. Quoique j'aie reconnu qu'elles sont assez productives, je ne saurais
encore prononcer sur la bonté du vin qu'on en retire.
Nous avons aussi découvert une vigne précoce qui nous
était inconnue jusqu'alors : les Grecs l'appellent dracontion. On peut comparer sa fécondité et l'agrément
de sa saveur aux mêmes qualités qu'on remarque dans
l'arcélaque, la royale et la biturique, et en outre à la
force généreuse du vin d'aminée.

On compte encore beaucoup d'espèces de vignes, dont
nous ne pourrions garantir ni le nombre ni les noms.

« Car [comme dit le poëte] il est sans importance de les énumérer. Qui voudrait les connaître toutes, voudrait savoir combien le zéphyr bouleverse de grains de sable dans la mer de
Libye. »

En effet, tous les pays et presque tous les cantons de
ces pays possèdent des espèces de vignes qui leur sont
particulières et qu'ils nomment à leur manière ; certaines
variétés ont, en changeant de lieu, changé aussi de nom,
et, comme nous l'avons dit, quelques-unes, en quittant
leur pays, ont perdu leur qualité primitive au point de
ne pouvoir plus être reconnues. Et, pour ne point parler de l'immensité du globe, dans l'Italie même, les
peuples, même voisins, ne s'accordent point dans les noms
qu'ils donnent aux vignes, et leur en assignent chacun de
différents. Aussi, un maître sage doit-il se garder de faire

ejusmodi nomenclationis aucupio, quo potiri nequeant, studiosos non demorari; sed illud in totum præcipere, quod et Celsus ait, et ante eum M. Cato, Nullum genus vitium conserendum esse nisi fama, nullum diutius conservandum ۩i experimento probatum : atque ubi multa invitabunt regionis commoda, ut nobilem vitem conseramus, generosam requiremus, inquit Julius Græcinus : ubi nihil erit, aut non multum, quod proritet, feracitatem potius sequemur, quæ non eadem portione vincitur pretio, quam vincit abundantia. Sed de hac sententia, quanquam et ipse paulo ante id censuerim, quid tamen arcanius judicem, suo loco mox dicam. Propositum est enim docere, qua ratione vineæ pariter feraces et pretiosæ fluxuræ, possint constitui.

Nihil magis rusticis convenire, quam vitem colere.

III. Nunc, priusquam de satione vitium disseram, non alienum puto, velut quoddam fundamentum jacere disputationi futuræ, ut ante perpensum et exploratum habeamus, an locupletet patremfamilias vinearum cultus; est enim pæne adhuc supervacuum de his conserendis præcipere, dum quod prius est, nondum concedatur, an omnino sint habendæ? idque adeo plurimi dubitent, ut multi refugiant et reformident talem positionem ruris; atque optabiliorem pratorum possessionem pascuorumque vel silvæ cæduæ judicent; nam de arbusto etiam inter auctores non exigua pugna fuit, abnuente Saserna genus id ruris, Tremellio maxime probante; sed et hanc

perdre le temps à ses élèves dans la recherche d'une
nomenclature impossible à fixer : il se bornera, suivant
le précepte de Celse, et comme avant lui l'avait prescrit
M. Caton, à conseiller de ne planter d'autres espèces de
vignes que celles qui jouissent d'une juste réputation,
de ne conserver que celles dont l'expérience aura con-
firmé les qualités, et les plus généreuses, ainsi que dit
Jules Grécinus, si le pays est situé dans des conditions
telles qu'elles engagent à planter des vignes de renom.
Là où il n'y a rien ou peu de chose qui dicte cette déter-
mination, il vaut mieux rechercher la fécondité, qui ne
sera jamais aussi inférieure en prix qu'elle sera supérieure
en abondance. Au reste, je dirai bientôt en son lieu ce
que je pense au fond de ces conseils, quoique je les aie
déjà approuvés un peu plus haut : car mon projet est
d'enseigner à constituer des vignes fécondes et qui produisent en même temps un vin de qualité.

Que rien ne convient mieux aux paysans que la culture de la vigne.

III. Maintenant, avant de parler de la plantation des
vignes, je ne crois pas étranger à mon sujet de jeter, en
quelque sorte, les fondements de la discussion que je vais
entreprendre, en examinant et jugeant si la culture d'un
vignoble peut enrichir un père de famille. En effet, il
serait à peu près inutile d'enseigner à planter des vignes,
tant qu'on n'a pas décidé s'il convient d'en posséder.
C'est ce dont on doute si généralement que beaucoup de
personnes évitent et redoutent une terre disposée en
vignoble, et considèrent comme préférable la possession
des prés, des pâturages et des taillis. Pour les vignes
mariées aux arbres, c'est, même parmi les auteurs, le
sujet de grands débats : Saserna repoussant ce genre d'exploitation, Tremellius lui donnant hautement son suffrage.
Cette question sera pour nous, plus tard, le sujet d'un

sententiam suo loco æstimabimus. Interim studiosi agricolationis hoc primum docendi sunt, uberrimum esse
reditum vinearum. Atque, ut omittam veterem illam
felicitatem arvorum, quibus et ante jam M. Cato, et
mox Terentius Varro prodidit, singula jugera vinearum
sexcenas urnas vini præbuisse, id enim maxime asseverat
in primo libro rerum rusticarum Varro; nec una regione provenire solitum, verum et in Faventino agro, et
in Gallico, qui nunc Piceno contribuitur: hæc iis certe
temporibus. Sed Nomentana regio nunc celeberrima
fama est illustris, et præcipue quam possidet Seneca, vir
excellentis ingenii atque doctrinæ, cujus in prædiis vinearum jugera singula culleos octonos reddidisse[1] plerumque, compertum est; nam illa videntur prodigialiter
in nostris Ceretanis accidisse, ut aliqua vitis apud te
excederet uvarum numerum duorum millium, et apud
me octogenæ stirpes insitæ intra biennium septenos culleos peræquarent, ut primæ vineæ centenas amphoras
jugeratim præberent[2], quum prata, et pascua, et silvæ,
si centenos sestertios in singula jugera efficiant[3], optime
domino consulere videantur; nam frumenta majore quidem parte Italiæ quando cum quarto responderit, vix
meminisse possumus.

Cur ergo res infamis est? non quidem suo, sed hominum inquit vitio Græcinus. Primum, quod in explorandis seminibus nemo adhibet diligentiam, et ideo pessimi generis plerique vineta conserunt: deinde sata non

examen; toutefois nous devons dire ici à ceux qui s'adonnent à l'agriculture, que le revenu des vignobles est fort considérable. Je pourrais citer comme preuve cette ancienne fertilité des terres qu'avait déjà mise en avant , M. Caton, et après lui Terentius Varron, qui prétendent que chaque jugère de vignes fournissait six cents urnes de vin. C'est ce que Varron affirme positivement dans le premier livre de son *Économie rurale*, où il dit qu'un tel produit ne se bornait pas à une seule contrée, mais était commun au canton de Faventia et à cette partie de la Gaule Cisalpine qui est aujourd'hui comprise dans le Picénum. On ne peut donc mettre en doute la fertilité des vignes de ce temps-là. Mais, pour parler de notre époque, la contrée de Nomentum n'est-elle pas célèbre par la haute réputation dont elle jouit, et surtout la partie que possède Sénèque, homme d'un grand génie et d'une science profonde, dans les terres duquel il est reconnu que chaque jugère de vignes rend ordinairement huit culléus de vin? On a regardé comme un prodige ce qui est arrivé dans nos terres de Cérétan, où un pied de vigne te donna, Silvinus, plus de deux mille grappes; chez moi, quatre-vingts ceps, greffés depuis deux ans, emplirent sept culléus, les jeunes vignes donnèrent cent amphores par jugère. Et les prés, les pâturages et les bois passent pour être d'un grand produit, quand ils rapportent cent sesterces par jugère à leur maître. Quant au blé, dans la majeure partie de l'Italie, nous pouvons à peine citer qu'il ait rendu le quart de ce revenu.

Pourquoi donc la culture de la vigne est-elle décriée? Grécinus dit que ce n'est point par la faute de cette plante, mais bien par celle des hommes : d'abord, parce que personne n'apporte assez de soin à choisir ses plants, et que la plupart des vignerons composent leurs vignobles de

ita enutriunt, ut ante convalescant, ac prosiliant, quam
retorrescant : sed et si forte adoleverint, negligenter
colunt. Jam illud a principio nihil referre censent, quem
locum conserant; immo etiam seligunt deterrimam partem agrorum, tanquam sola sit huic stirpi maxime terra
idonea, quæ nihil aliud ferre possit. Sed ne ponendi
quidem rationem aut perspiciunt, aut perspectam exse-
quuntur : tum etiam dotem, id est instrumentum, raro
vineis præparant; quum ea res si omissa sit, plurimas
operas, nec minus arcam patrisfamilias semper exhau-
riat. Fructum vero plerique quam uberrimum præsentem
consectantur, nec provident futuro tempori, sed quasi
plane in diem vivant, sic imperant vitibus, et eas multis
palmitibus onerant, ut posteritati non consulant. Hæc
omnia, vel certe plurima ex his, quum commiserint,
quidvis malunt quam suam culpam confiteri; querun-
turque non respondere sibi vineta, quæ vel per ava-
ritiam, vel inscitiam, vel per negligentiam perdi-
derunt.

At si, qui cum scientia sociaverint diligentiam, non,
ut ego existimo, quadragenas vel tricenas certe, sed ut
Græcinus minimum computans licet, inquit, amphoras
vicenas percipient ex singulis jugeribus : omnes istos, qui
fœnum suum et olera amplexantur, incremento patrimonii facile superabunt. Nec in hoc errat, quippe, ut

variétés détestables; ensuite parce qu'ils ne cultivent pas leurs plants de manière à les fortifier avant tout, à leur faire jeter de vigoureux sarments qui puissent résister au feu des étés, et parce que, enfin, si le hasard veut que le plant vienne à bien, ils ne le soignent qu'avec négligence. D'abord, ils pensent que peu importe quel lieu sera mis en vignoble; ils vont même jusqu'à lui consacrer la plus mauvaise partie de leurs champs, comme si le terrain qui ne peut recevoir rien autre chose était le seul qui convînt aux vignes. Ils ne se donnent pas même la peine d'étudier la manière de les planter, ou, s'ils la connaissent, ils n'en tiennent aucun compte; il est rare qu'ils dotent leur vignoble des instruments nécessaires à sa culture; et il en résulte beaucoup plus de travail, et par conséquent non moins de dépenses pour le propriétaire. La plupart s'attachent à obtenir tout de suite une abondante récolte, ne songent pas à l'avenir; et, comme s'ils n'avaient qu'un jour à vivre, ils épuisent le cep, et, sans penser à leur postérité, ils le surchargent de sarments à fruit. Quand ils ont commis toutes ces fautes, ou du moins le plus grand nombre, pour rien au monde ils n'avoueraient leurs torts, et se plaignent que leur vignoble ne répond pas aux soins qu'ils lui donnent, quand ils l'ont perdu soit par avarice, soit par ignorance, soit par négligence.

Or, s'il est reconnu que ceux qui ont uni l'activité aux connaissances acquises, recueillent par jugère, non pas quarante ou au moins trente amphores de vin, comme j'estime qu'on peut le faire, mais vingt, selon le calcul de Grécinus, qui est loin d'être exagéré, ces cultivateurs n'accroîtront-ils pas plus facilement leur patrimoine que ceux qui s'attachent à leurs foins et à leurs légumes? Grécinus ne se trompe pas en cela, puisque, en

diligens ratiocinator, calculo posito videt, id genus agricolationis maxime rei familiari conducere.

Nam ut amplissimas impensas vineæ poscant, non
tamen excedunt septem jugera unius operam vinitoris,
quem vulgus quidem parvi æris, vel de lapide noxium
posse comparari putat, sed ego plurimorum opinioni
dissentiens, pretiosum vinitorem imprimis esse censeo :
isque licet sit emptus [sex, vel potius] sestertiis octo
millibus, quum ipsum solum septem jugerum totidem
millibus nummorum partum, vineasque cum sua dote,
id est cum pedamentis et viminibus, binis millibus in
singula jugera positas duco : fit tum in assem consum-
matum pretium sestertiorum xxix millium. Huc accedunt
semisses usurarum sestertia tria millia, et quadringenti
octoginta nummi biennii temporis, quo velut infantia
vinearum cessat a fructu. Fit in assem summa sortis et
usurarum, xxxii millium quadringentorum lxxx nummorum; quod quasi nomen, si, ut fœnerator cum debi-
tore, ita rusticus cum vineis suis fecerit ejus summæ,
ut in perpetuum prædictam usuram semissium dominus
constituat, percipere debet in annos singulos mille non-
gentos quinquaginta sestertios nummos, qua compu-
tatione vincit tamen reditus vii jugerum, secundum
opinionem Græcini, usuram triginta duorum millium
quadringentorum octoginta nummorum.

Quippe, ut deterrimi generis sint vineæ, tamen, si
cultæ, singulos utique culleos vini, singula earum jugera

exact calculateur, il reconnaît, tout compte établi, que
la culture des vignobles est la plus favorable de toutes à
l'intérêt du père de famille.

Quoique les vignes exigent de très-fortes dépenses, un
vigneron suffit pour en cultiver sept jugères. On croit
généralement qu'un esclave acheté à bas prix ou choisi
parmi les criminels que l'on vend à l'encan, peut remplir convenablement cet emploi; pour moi, différant du
plus grand nombre, je crois qu'avant tout il faut s'assurer d'un vigneron habile. L'eût-on acheté sept à huit
mille sesterces; une étendue de sept jugères en eût-elle
coûté autant; fallût-il payer deux mille sesterces les ceps
de chaque jugère avec leurs accessoires, c'est-à-dire les
échalas et les liens : la dépense ne s'élèverait encore qu'à
vingt-neuf mille sesterces. Si, à cette somme, on ajoute
trois mille quatre cent quatre-vingts sesterces d'intérêts,
à six pour cent, pour les deux années pendant lesquelles
les vignes, comme dans leur enfance, ne produisent rien
encore, c'est donc au total, tant en premières dépenses
qu'en intérêts, une somme de trente-deux mille quatre
cent quatre-vingts sesterces. Cela posé, si le cultivateur
agit, à l'égard de ses vignes, comme l'usurier envers son
débiteur, de manière qu'il constitue à perpétuité l'intérêt
de six pour cent dont nous venons de parler, il doit
toucher annuellement dix-neuf cent cinquante sesterces :
compte qui rend supérieur le revenu des sept jugères,
selon l'opinion de Grécinus, à l'intérêt des trente-deux
mille quatre cent quatre-vingts sesterces.

Au surplus, les vignes, fussent-elles de la plus mauvaise
qualité, produiront pourtant, si on les cultive, un culléus

peræquabunt : utque trecentis nummis quadragenæ urnæ
veneant[4], quod minimum pretium est annonæ; consum-
mant tamen septem cullei sestertia duo millia, et centum
nummos : ea porro summa excedit usuram semissium.
Atque hic calculus, quem posuimus, Græcini rationem
continet. Sed nos exstirpanda vineta censemus, quorum
singula jugera minus, quam ternos culleos præbent; et
adhuc tamen sic computavimus, quasi nullæ sint viviradi-
dices, quæ de pastinato eximantur : quum sola ea res
omnem impensam terreni pretio suo liberet, si modo non
provincialis, sed Italicus ager est; neque id cuiquam
dubium esse debet, quum et nostram, et Julii Attici rationem dispexerit. Nos jam enim vicena millia malleolorum per vineæ jugerum inter ordines pangimus; ille
minus quatuor millibus deponit : cujus ut vincat ratio,
nullus tamen vel iniquissimus locus non majorem quæstum reddet, quam acceperit impensam. Sit quidem, ut
cultoris negligentia sex millia seminum intereant, reliqua
tamen decem millia tribus millibus nummorum libenter,
et cum lucro redemptor emerit; quæ summa tertia
parte superat duo millia sestertia, quanti constare jugerum vinearum prædiximus; quanquam nostra cura in
tantum jam processit, ut non inviti sestertiis sexcentis
nummis, singula millia viviradicis a me rustici mer-
centur. Sed vix istud alius præstiterit; nam nec quisquam nobis facile crediderit, tantam in agellis esse nostris
abundantiam vini, quantam tu, Silvine, novisti. Me-

de vin par jugère. Or, quarante urnes de vin se vendent
trois cents sesterces, au plus bas prix du marché ; sept
culléus produiront deux mille cent sesterces : c'est donc,
au total, une somme plus forte que celle de l'intérêt à
six pour cent. Or, ce calcul, tel que nous le posons, est
celui sur lequel Grécinus fonde son raisonnement. Quant
à nous, nous sommes d'avis qu'il faut arracher les vignes
dont chaque jugère produit moins de trois culléus. Nous
avons jusqu'ici établi notre compte comme s'il n'y avait
aucun profit à retirer des marcottes du champ que l'on
cultivera à la houe ; produit qui seul peut pourtant,
par sa vente, balancer le prix d'achat du terrain, pourvu
que ce soit en Italie, et non dans les provinces. C'est
ce qui sera évident pour quiconque voudra examiner ma
méthode et celle de Julius Atticus. Je plante entre les
lignes de ceps vingt mille marcottes par jugère ; Atticus
en plante quatre mille de moins que moi. Sa pratique,
fût-elle préférable à la mienne, il n'y a pas de terrain,
quelque ingrat qu'il soit, qui ne rendît une somme plus
considérable que celle qu'il a fallu pour l'acquérir. Qu'on
suppose même que, par la négligence du vigneron, six
mille de ces plants viennent à périr, les dix mille qui
survivront trouveront facilement un acheteur qui les
payera trois mille sesterces, et qui aura encore un bénéfice sur ce marché. Cette somme est d'un tiers plus
forte que les deux mille sesterces qui, comme nous l'avons
dit plus haut, sont le prix d'un jugère de vignes. J'en
suis même venu, par mes soins, à faire payer volontiers
par les cultivateurs, six cents sesterces chaque millier
de mes marcottes. A la vérité, d'autres personnes n'auraient pas le même avantage que moi ; car on aurait
peine à croire quelle est l'abondance de vin que je recueille sur mon vignoble, qui pourtant est de petite
étendue. C'est ce que vous avez vu vous-même, Silvinus. J'ai eu soin de ne supposer aux marcottes qu'un prix

diocre itaque vulgatumque pretium viviradicis posui, quo celerius nullo dissentiente perduci possent in nostram sententiam, qui propter ignorantiam genus hoc agricolationis reformidant. Sive ergo pastinationis reditus, seu futurarum spes vindemiarum cohortari nos debet ad positionem vinearum.

Quas quum docuimus rationis esse conserere, nunc institutionis earum præcepta dabimus.

Quæ observare debet qui vineas instituit.

IV. Cui vineta facere cordi est, præcipue caveat, ne alienæ potius curæ, quam suæ credere velit, neve mercetur viviradicem. Sed genus surculi probatissimum domi conserat, faciatque vitiarium, ex quo possit agrum vineis vestire; nam quæ peregrina ex diversa regione semina transferuntur, minus sunt familiaria nostro solo, quàm vernacula : eoque velut alienigena reformidant mutatam cœli locique positionem. Sed nec certam generositatis fidem pollicentur, quum sit incertum, an is, qui conseruerit ea, diligenter exploratum probatumque genus surculi deposuerit. Quamobrem biennii spatium longum esse minime existimandum est, intra quod utique tempestivitas seminum respondet, quum semper, ut dixi, plurimum retulerit, exquisiti generis stirpem deposuisse.

Post hæc deinde meminerit accurate locum vineis eligere : de quo quum judicaverit, maximam diligentiam

médiocre et commun, afin d'amener plus promptement et sans contestation à mon avis ceux qui, faute de le connaître, n'osent s'adonner à ce genre de culture. Ce revenu de marcottes obtenues par le travail de la houe, doit donc, ainsi que l'espoir des vendanges, nous déterminer à la plantation des vignes.

Nous venons de prouver qu'il est raisonnable d'en planter, nous allons maintenant donner des préceptes pour leur culture.

Ce que doit observer celui qui crée un vignoble.

IV. Le cultivateur qui veut établir un vignoble, ne doit se fier, pour l'achat de ses marcottes, à personne plus qu'à lui-même. Il ne cultivera que l'espèce de ceps qu'il a déjà éprouvée chez lui, et en fera une pépinière d'où il tirera le plant nécessaire pour garnir son champ. Les espèces qui sont apportées de diverses contrées lointaines se familiarisent plus difficilement avec notre sol que celles qui sont nées dans le pays et, comme tout étranger, redoutent les changements de climat et de lieu. On ne saurait compter avec certitude sur la bonté de leur produit, car rien ne prouve que le cultivateur qui les a plantées en a soigneusement examiné l'espèce et éprouvé la bonté. C'est pourquoi l'espace de deux ans ne nous semble pas trop long pour s'assurer que le plant qu'on veut transplanter mérite les soins que cette opération réclame, puisqu'il importe tant, comme je l'ai dit, de ne mettre en terre que des espèces d'une excellente nature.

Ensuite on ne perdra pas de vue qu'il faut mettre le plus grand soin dans le choix du lieu qu'occuperont les

sciat adhibendam pastinationi : quam quum peregerit, non minore cura vitem conserat : et quum seruerit, summa sedulitate culturæ serviat : id enim quasi caput et columen est impensarum, quoniam in eo consistit, melius an sequius terræ mandaverit paterfamilias pecuniam, quam in otio tractare.

Igitur unumquodque eorum, quæ præposui, suo jam prosequar ordine.

Quali solo, et quomodo vitiarium faciendum sit.

V. Vitiarium neque jejuna terra, neque uliginosa faciendum est; succosa tamen et mediocri potius, quam pingui, tametsi fere omnes auctores huic rei lætissimum locum destinaverunt : quod ego minime reor esse pro agricola; nam depositæ stirpes valido solo, quamvis celeriter comprehendant, atque prosiliant, tamen quum sint viviradices factæ, si in pejus transferantur, retorrescunt, nec adolescere queunt. Prudentis autem coloni est, ex deteriori terra potius in meliorem, quam ex meliore in deteriorem transferre. Propter quod mediocritas in electione loci maxime probatur, quoniam in confinio boni malique posita est. Sive enim postmodum necessitas postulaverit tempestiva semina jejuno solo committere, non magnam sentient differentiam, quum ex mediocri terra in exilem translata sunt; sive lætior ager conserendus est, longe celerius in ubertate coalescunt.

vignes. Quand on l'aura déterminé, il ne faut rien épargner pour le remuer à la houe; puis ne pas déployer moins d'attention pour mettre le plant dans la terre, et, quand il y sera convenablement établi, le cultiver avec une activité infatigable. Tous ces soins sont comme la base et la colonne sur lesquelles repose le capital engagé, et c'est dans leur accomplissement que se trouve résolue la question de savoir si le père de famille a eu plus de raison de confier son argent à la terre que d'en tirer parti sans se fatiguer.

Je vais maintenant développer, chacun dans son ordre, tous les enseignements que je viens de donner.

En quel terrain et comment doit être établie une pépinière de vignes.

V. La pépinière ne doit être établie, ni dans un sol maigre, ni dans une terre humide; mais dans un fonds succulent, et plutôt médiocre que gras, quoi qu'en aient dit presque tous les auteurs, qui préfèrent pour cette culture le meilleur des terrains : ce qui ne me semble nullement conforme aux intérêts des cultivateurs. A la vérité, les plants déposés dans une terre féconde y prennent promptement et poussent avec vigueur; mais si, ayant acquis assez de racines, on les transfère dans un terrain moins bon, ils se rabougrissent et ne peuvent plus croître. Un habile cultivateur transplantera donc plutôt d'une mauvaise terre dans une meilleure, que d'une bonne dans une inférieure en qualité. C'est pourquoi, dans le choix de la pépinière, la médiocrité est ce qui convient le mieux, puisqu'elle est placée précisément entre le bien et le mal. Si la nécessité oblige, par la suite, de mettre en terrain maigre les marcottes qui doivent être transplantées, elles n'éprouveront pas une différence notable en passant d'un sol médiocre dans un plus mauvais; si, au contraire, on les plante dans une terre plus grasse, elles croîtront plus vite en raison de

Rursus tenuissimo solo vitiarium facere minime rationis
est, quoniam malleolorum pars major deperit, et quæ
superest, tarde fit idonea translationi. Ergo mediocris et
modice siccus ager vitiario est aptissimus, isque bipalio
prius subigi debet [quæ est altitudo pastinationis, quum
in duos pedes et semissem convertitur humus], ac deinde
tripedaneis relictis spatiis, quæ per semina excolantur,
in singulis ordinibus, qui ducenos quadragenos pedes
obtinent, sexcenteni malleoli pangendi sunt; is numerus
consummat per totum jugerum seminum millia quatuor
et viginti. Verum hanc curam prævenit inquisitio et
electio malleolorum; nam, ut sæpe jam retuli, quasi
fundamentum est prædictæ rei, probatissimum genus
stirpis deponere.

Qualis, et ex quibus partibus vitis malleolus legendus sit.

VI. Sed electio dupliciter facienda est : non enim solum
fecundam esse matrem satis est, ex qua semina petuntur,
sed adhibenda ratio est subtilior, ut ex his partibus
trunci sumantur, quæ et genitales sunt, et maxime fertiles. Vitis autem fecunda, cujus progeniem studemus
submittere, non tantum debet eo æstimari, quod uvas
complures exigit; potest enim trunci vastitate id accidere, et frequentia palmitum : nec tamen eam feracem
dixerim, cujus singulæ uvæ in singulis sarmentis conspiciuntur. Sed si per unumquemque pampinum major numerus uvarum dependet; si ex singulis gemmis compluribus materiis cum fructu germinat; si denique etiam

cette fertilité. Au surplus, il n'est pas raisonnable d'établir une pépinière de vignes dans une terre tout à fait maigre, puisque la majeure partie des marcottes y dépérit, et que ce qui survit n'est que tardivement propre à la transplantation. C'est donc un sol médiocre et modérément sec qui convient le mieux à la pépinière. Avant tout il doit être foui avec la houe à deux dents, qui pénètrera jusqu'à deux pieds et demi et retournera la terre; ensuite on ménagera des espaces de trois pieds pour recevoir les marcottes, et l'on placera bien alignées six cents marcottes, qui occuperont un espace de deux cent quarante pieds. A ce compte, la totalité du jugère emploiera vingt-quatre mille plants. Mais, avant ce travail, il faut examiner et choisir les crocettes : car, ainsi que je l'ai souvent répété, le point fondamental de l'opération est l'emploi de la variété de vignes reconnue la plus parfaite.

Quel doit être le sarment à propager, et sur quelle partie de la vigne il doit être cueilli.

VI. Il y a deux choses à considérer dans le choix du plant : il ne suffit pas que la mère à laquelle on emprunte la race soit féconde, on doit être guidé par un motif plus délicat qui fera prendre sur les parties du cep les rameaux producteurs, et parmi ceux-là les plus fertiles. Or, on ne doit pas considérer comme féconde la vigne dont on recherche la progéniture, par cela seul qu'elle produit beaucoup de grappes : car cette abondance peut provenir, ou de l'étendue du cep ou de la multiplicité de ses sarments; on ne pourra pas dire néanmoins qu'une vigne est fertile lorsqu'elle ne présente qu'une grappe sur chacun de ses rameaux : mais si chacun d'eux est chargé de plusieurs raisins, si sur le bois nombreux chaque bourgeon fructifie, si enfin il sort du tronc des sarments qui donnent quelques fruits, et si les rejetons

e duro virgam cum aliquibus racemis citat; si etiam nepotum fructu gravida est : ea sine dubitatione ferax destinari debet legendo malleolo. Malleolus autem novellus est palmes, innatus prioris anni flagello, cognominatusque a similitudine rei, quod in ea parte, quæ deciditur ex vetere sarmento prominens utrinque, malleoli speciem præbet. Hunc ex fecundissima stirpe legendum censemus omni tempore, quo vineæ putantur, ac super terram gemmis tribus vel quatuor exstantibus, diligenter obruendum loco modice humido, non uliginoso : dum tamen antiquissimum sit considerare, ne vitis, ex qua is sumitur, ancipitem floris habeat eventum, ne difficulter acinus ingrandescat, ne aut præcoquem, aut seræ maturitatis fructum afferat; nam illa volucribus, hæc etiam tempestatibus hiemis infestatur. Tale porro genus non una comprobatur vindemia; potest enim vel anni proventu, vel aliis de causis, etiam naturaliter infecunda vitis semel exuberare. Sed ubi plurimis velut emeritis annorum stipendiis fides surculo constitit, nihil dubitandum est de fecunditate; nec tamen ultra quadriennium talis extenditur inquisitio : id enim tempus fere virentium generositatem declarat, quo sol in eamdem partem signiferi per eosdem numeros redit, per quos cursus sui principium cœperat; quem circuitum meatus dierum integrorum mille quadringentorum sexaginta unius ἀποκατάστασιν vocant studiosi rerum cœlestium.

des pampres eux-mêmes produisent beaucoup, on peut
sans hésiter préférer cette vigne pour y cueillir des marcottes. La marcotte est un jeune sarment né sur un
scion de l'année précédente : on la nomme mailleton,
parce que la partie du vieux bois qu'on laisse de chaque
côté lorsqu'on l'en détache, présente l'apparence d'un
petit maillet. Nous pensons que, sur une vigne très-
féconde, il faut choisir les marcottes à toutes les époques où on la taille ; on les enfoncera soigneusement en
terre médiocrement humide, mais non marécageuse, de
manière que trois ou quatre de leurs bourgeons s'élèvent
au-dessus du sol. Il est, au reste, bien entendu que la
vigne mère ne doit pas être sujette à perdre sa fleur, ni
produire des grains qui ne se développent qu'avec peine
et qui mûrissent avant ou après l'époque convenable :
car, dans le premier cas, ils sont dévorés par les
oiseaux ; dans le second, ils ont à souffrir des intempéries de l'arrière-saison. Une seule vendange ne suffit pas
pour prouver les qualités de la vigne : car il peut arriver
qu'un cep naturellement infécond produise beaucoup
une fois, soit parce que le temps lui a été complétement
favorable, soit par d'autres causes. Au contraire, on ne
doit avoir aucun doute sur la fécondité d'une vigne dont
les sarments ont justifié de leur bonne nature par plusieurs années consécutives d'excellente production. Toutefois, il n'est pas nécessaire de prolonger les expériences
au delà de quatre ans : cet espace de temps, en effet,
suffit pour constater la bonté des plants, parce que le
soleil, dans cette période, revient aux mêmes signes du
zodiaque par lesquels il avait commencé son cours. Les
observateurs des mouvements célestes appellent apoca-
tastase cet espace de temps qui embrasse mille quatre
cent soixante et un jours.

Quando fecunditatem vitis explores.

VII. Sed certum habeo, P. Silvine, jamdudum te ta-
citum requirere, cujus generis sit ista fecunda vitis, quam
nos tam accurate describimus, ac ne de iis aliqua signi-
ficetur, quæ vulgo non habentur feracissimæ; plurimi
namque bituricam, multi spioniam, quidam basilicam,
nonnulli arcelacam laudibus efferunt. Nos quoque hæc
genera non fraudamus testimonio nostro; sunt enim lar-
gissimi vini. Sed proposuimus docere vineas ejusmodi
conserere, quæ nec minus uberes fructus prædictis generibus afferant, et sint pretiosi saporis, velut aminei,
vel certe non procul ab eo gustu : cui nostræ sententiæ
scio pæne omnium agricolarum diversam esse opinionem, quæ de amineis inveterata longo jam tempore
convaluit, tanquam natali et ingenita sterilitate labo-
rantibus : quo magis nobis ex alto repetita compluribus
exemplis firmanda ratio est, quæ desidia, nec minus
imprudentia colonorum damnata, et velut ignorantiæ
tenebris occæcata luce veritatis caruit. Quare non in-
tempestivum est, nos ad ea præverti, quæ videntur
hunc publicum errorem corrigere posse.

Quæ spectanda sit qualitas in eo solo quod vineis destinaveris.

VIII. Igitur si rerum naturam, P. Silvine, velut acrio-
ribus mentis oculis intueri velimus, reperiemus parem
legem fecunditatis eam dixisse virentibus, atque homi-

Comment on s'assure de la fécondité d'une vigne.

VII. Je suis certain, P. Silvinus, que depuis longtemps vous demandez tout bas à quelle espèce appartient telle vigne féconde que nous mettons tant de
soin à signaler, et si elle ne serait pas une de celles
qui vulgairement ne sont pas considérées comme très-
productives. Beaucoup de personnes, en effet, donnent
de grands éloges soit à la biturique, soit à la spionie,
soit à la royale, soit à l'arcelaque. Nous aussi nous ne
leur refusons pas notre suffrage : car elles produisent
beaucoup de vin ; mais nous croyons plus à propos de
conseiller la plantation de ces cépages qui, tout en ne
donnant pas moins de fruit que les précédents, ont encore l'avantage d'une saveur distinguée, comme les aminées, ou, tout au moins, celles qui approchent de ce
goût. Je sais bien que presque tous les vignerons sont
d'une opinion opposée à la nôtre, opinion invétérée qui
a longtemps prévalu contre ces aminées qui passent pour
être affectées d'une stérilité native inhérente à leur espèce.
C'est ce qui nous détermine à remonter plus haut, pour y
trouver un grand nombre d'exemples confirmatifs de notre
sentiment, qui n'a manqué de l'évidence lumineuse de la
vérité que parce qu'il a été condamné par la négligence
et par le défaut de jugement des vignerons, et obscurci
par les ténèbres de leur ignorance. En conséquence, il
ne nous paraît pas hors de propos de revenir aux considérations qui nous semblent propres à faire cesser cette
erreur publique.

Quelle est la qualité que l'on doit considérer dans le sol destiné aux vignes.

VIII. Pour peu que nous voulions, P. Silvinus, examiner avec toute la perspicacité de l'esprit la nature
des choses, nous trouverons qu'elle a imposé la même
loi de fécondité aux végétaux, ainsi qu'aux hommes et

nibus ceterisque animalibus : nec sic aliis nationibus re-
gionibusve proprias tribuisse dotes, ut aliis in totum similia munera denegaret. Quibusdam gentibus numero-
sam progenerandi sobolem dedit, ut Ægyptiis et Afris,
quibus gemini partus familiares ac pæne solemnes sunt :
sed et Italici generis esse voluit eximiæ fecunditatis
Albanas Curiatiæ familiæ trigeminorum matres. Germa-
niam decoravit altissimorum hominum exercitibus; sed
et alias gentes non in totum fraudavit præcipuæ staturæ
viris; nam et M. Tullius Cicero testis est, Romanum
fuisse civem Nævium Pollionem pede longiorem, quam
quemquam longissimum : et nuper ipsi videre potuimus
in apparatu pompæ Circensium ludorum Judææ gentis
hominem proceriorem celsissimo Germano. Transeo ad
pecudes. Armentis sublimibus insignis Mevania est, Li-
guria parvis : sed et Mevaniæ bos humilis, et Liguriæ
nonnunquam taurus eminentis staturæ conspicitur. In-
dia perhibetur molibus ferarum mirabilis : pari tamen in
hac terra vastitate belluas progenerari, quis neget ? quum
intra mœnia nostra natos animadvertamus elephantos.

Ad genera frugum redeo. Mysiam Libyamque largis
aiunt abundare frumentis; nec tamen Apulos, Campa-
nosque agros opimis defici segetibus. Tmolon et Cory-
con flore croceo; Judæam et Arabiam pretiosis odoribus
illustrem haberi : sed nec nostram civitatem prædictis
egere stirpibus; quippe quum pluribus locis urbis, jam

aux autres animaux, et qu'elle n'a point départi à quelques nations ni à quelques pays certains priviléges, pour priver les autres de semblables avantages. La nature accorde la faculté de produire beaucoup d'enfants à quelques peuples, tels que les Égyptiens et les Africains, chez lesquels les doubles enfantements sont communs et presque habituels; mais, en Italie, elle a voulu que deux mères d'Albe, de la famille des Curiaces, missent au monde, par l'effet d'une fécondité remarquable, chacune trois enfants d'une même couche. Elle a favorisé la Germanie d'armées dont les soldats sont de la plus haute taille; mais elle n'a pas totalement privé les autres nations d'hommes de haute stature; car M. Tullius Cicéron nous atteste que Névius Pollion, citoyen romain, était d'un pied plus haut que les hommes les plus grands. Récemment même, nous avons pu remarquer dans l'éclat de la pompe des jeux du Cirque un homme, appartenant à la nation juive, dont la hauteur excédait celle du Germain le plus grand. Je passe aux bestiaux. Mévanie est citée pour la taille extraordinaire de ses bœufs, la Ligurie pour la petitesse des siens; et cependant on voit quelquefois de petits bœufs à Mévanie et de grands en Ligurie. L'Inde a acquis un juste renom pour la grosseur prodigieuse de ses animaux sauvages; mais qui niera que l'Italie ne puisse produire de ces bêtes vraiment colossales, puisque nous voyons dans les murs de Rome des éléphants qui y sont nés?

Je reviens aux variétés des productions de la terre. On assure que la Mysie et la Libye abondent en fécondes moissons; et cependant les champs de l'Apulie et de la Campanie ne manquent pas de riches récoltes. Tmole et Coryce, dit-on, produisent beaucoup de safran; la Judée et l'Arabie, beaucoup de parfums précieux : mais notre ville n'est pas dépourvue des plantes qui les fournissent, puisque déjà, dans plusieurs quartiers de Rome, nous

casiam frondentem conspicimus, jam tuream plantam,
florentesque hortos myrrha et croco. His tamen exemplis nimirum admonemur, curæ mortalium obsequentis-
simam esse Italiam, quæ pæne totius orbis fruges, adhibito studio colonorum, ferre didicerit; quo minus
addubitamus de eo fructu, qui velut indigena, peculia-
risque et vernaculus est hujus soli. Neque enim dubium
est, Massici, Surrentinique et Albani. atque Cæcubi
agri vites omnium, quas terra sustinet, in nobilitate
vini principes esse.

Quomodo amineas feraces facias.

IX. Fecunditas ab his forsan desideratur : sed et
hæc adjuvari potest cultoris industria; nam si, ut paulo
ante retuli, benignissima rerum omnium parens natura
quasque gentes atque terras ita muneribus propriis dita-
vit, ut tamen ceteras non in universum similibus dotibus fraudaret : cur eam dubitemus etiam in vitibus prædictam legem servasse? ut quamvis earum genus aliquod
præcipue fecundum esse voluerit, tanquam Bituricum,
aut basilicum; non tamen sic amineum sterile reddide-
rit, ut ex multis millibus ejus ne paucissimæ quidem vites fecundæ, tanquam in Italicis hominibus Albanæ
illæ sorores reperiri possint. Id autem quum sit verisimile, tum etiam verum esse nos docuit experimentum,
quum et in Ardeatino agro, quem multis temporibus
ipsi ante possedimus, et in Carseolano, itemque in Albano, generis aminei vites hujusmodi notæ habuerimus,

voyons le cannellier se couvrir de feuilles ainsi que l'arbre
qui porte l'encens, et nos jardins embellis par les fleurs de
la myrrhe et du safran. Ces exemples nous prouvent sans
doute que l'Italie répond très-bien aux soins des mortels,
puisque, au moyen d'une culture bien entendue, on l'a
habituée à porter les productions de presque tout l'univers. Nous ne devons donc pas douter du succès de fruits
qui, véritablement indigènes, sont particuliers à notre sol
et y croissent presque naturellement. Il est reconnu aussi
que parmi toutes les vignes que supporte la terre, celles de
Massique, de Sorrente et d'Albe tiennent le premier rang
parmi celles qui sont renommées par la qualité de leur vin.

Comment on rend les aminées fécondes.

IX. On pourrait désirer peut-être plus de fécondité à
nos vignes; mais l'industrie du cultivateur aidera à l'obtenir : car si, comme je l'ai dit plus haut, la nature,
cette excellente mère de toutes choses, a doté chaque
nation et chaque contrée de dons qui leur sont propres,
sans pourtant priver les autres de semblables avantages,
pourquoi douterions-nous qu'elle eût suivi la même loi
en ce qui concerne les vignes? Elle a voulu que quelques-
unes de leurs variétés fussent plus particulièrement fécondes, telles que la biturique, ou la royale, et cependant elle n'a pas rendu l'aminée tellement stérile, que,
sur plusieurs milliers de ses ceps, on n'en trouvât pas
même un petit nombre de productifs, comme on a vu,
dans l'espèce humaine, en Italie, ces deux sœurs albai-
nes. Cette assertion vraisemblable se trouve confirmée
par l'expérience, puisque, dans le territoire d'Ardée,
qui a été longtemps en notre possession, dans le Carséo-
lan et dans le pays d'Albe, nous avons remarqué des
vignes de l'espèce aminée, peu nombreuses à la vérité,
mais tellement fertiles, que chaque cep attaché au joug
donnait trois urnes de vin, et en treille dix amphores.

numero quidem perpaucas, verum ita fertiles, ut in
jugo singulæ ternas urnas præberent, in pergulis autem
singulæ denas amphoras peræquarent. Nec incredibilis
debet in amineis hæc fecunditas videri; nam quemadmodum Terentius Varro, et ante eum M. Cato possent affirmare, sexcentenas urnas priscis cultoribus singula vinearum jugera fudisse, si fecunditas amineis
defuisset, quas plerumque solas antiqui noverant? nisi
putamus ea, quæ nuper ac modo plane longinquis regionibus arcessita notitiæ nostræ sunt tradita, Biturici generis, aut basilici vineta eos coluisse, quum vetustissi-
mas quasque vineas adhuc existimemus amineas. Si quis
ergo tales, quales paulo ante possedisse me retuli, amineas pluribus vindemiis exploratas notet, ut ex his malleolos feracissimos eligat, posset is pariter generosas
vineas et uberes efficere. Nihil enim dubium est, quin
ipsa natura sobolem matri similem esse voluerit; unde
etiam pastor ille in Bucolicis ait,

> Sic canibus catulos similes, sic matribus hædos
> Noram.

Unde sacrorum certaminum studiosi pernicissimarum
quadrigarum semina, diligenti observatione custodiunt,
et spem futurarum victoriarum concipiunt propagata
sobole generosi armenti. Nos quoque pari ratione velut
Olympionicarum equarum, ita feracissimarum aminea-
rum seminibus electis largæ vindemiæ spem capiamus.
Neque est, quod temporis tarditas quemquam deter-

Cette fécondité dans les aminées ne doit point paraître
incroyable; car comment Terentius Varron, et avant
lui M. Caton, auraient-ils pu affirmer que chaque jugère
de vignoble rendait aux anciens cultivateurs six cents
urnes de vin, si les aminées, qui étaient presque les
seules vignes connues alors, eussent été stériles? à moins
que nous n'admettions qu'ils ont cultivé les bituriques
et les royales, qui ne nous sont connues que depuis
fort peu de temps et qui nous viennent, comme chacun
sait, de contrées lointaines : ce qui n'est pas admissible,
puisque nous regardons généralement encore aujourd'hui
les aminées comme les plus anciennes de nos vignes. Si
quelqu'un donc, après l'expérience de plusieurs vendanges, après avoir remarqué des aminées telles que
celles que j'ai citées plus haut comme ayant été ma propriété, en tire les mailletons les plus féconds, il pourra
comme moi obtenir des vignes généreuses et très-pro-
ductives. Car il est certain que la nature a voulu que
les enfants ressemblassent à leur mère ; et c'est ce qui
a fait dire à ce berger des Bucoliques :

« Je savais que, comme les jeunes chiens sont semblables à la
chienne, de même les chevreaux le sont aux chèvres. »

Aussi les amateurs des combats sacrés conservent avec
une scrupuleuse attention la race des coursiers rapides
qui traînent les chars, et nourrissent l'espoir de victoires
futures en propageant l'espèce de leurs généreux animaux. Nous aussi, par la même raison, comme pour
les cavales qui ont remporté le prix aux jeux Olympi-
ques, nous fondons l'espérance d'une large vendange
sur un choix bien fait des marcottes des plus fécondes
aminées. Il ne faut point s'effrayer du temps éloigné où

reat : nam quidquid moræ est, in exploratione surculi
absumitur. Ceterum quum fecunditas vitis comprobata
est, celerrime insitionibus ad maximum numerum perducitur. Ejus rei testimonium tu præcipue, Publi Silvine, perhibere nobis potes, quum pulchre memineris,
a me duo jugera vinearum intra tempus biennii ex una
præcoque vite, quam in Ceretano tuo possides, insitione facta consummata. Quemnam igitur existimas vitium numerum intra tantumdem temporis interseri posse
duorum jugerum malleolis, quum sint ipsa duo jugera
unius vitis progenies? Quare si, ut dixi, laborem et
curam velimus adhibere, facile prædicta ratione tam
feraces aminei generis vineas constituemus, quam Biturici, aut basilici : tantum retulerit, ut in transferen-
dis seminibus similem statum cœli, locique et ipsius vitis habitum observemus; quoniam plerumque degenerat
surculus, si aut situs agri, aut aeris qualitas repugnent,
aut etiam, si ex arbore in jugum defertur. Itaque de
frigidis in frigida, de calidis in similia, de vineis in vineas transferemus ; magis tamen ex frigido statu stirps
aminea potest calidum sustinere, quam ex calido frigidum : quoniam omne vitis genus, tum maxime prædictum, naturaliter lætatur tepore potius, quam frigore.
Sed et qualitas soli plurimum juvat, ut ex macro aut
mediocri transducatur in melius; nam quod assuetum
est pingui, nullo modo maciem terræ patitur, nisi sæpius stercores.

l'on pourra recueillir le fruit de ses travaux ; car on n'a
d'autre retard à éprouver que celui que demande l'observation du cep : une fois la fécondité de la vigne constatée, on l'aura bientôt multipliée à l'infini par le moyen
de la greffe. C'est un fait, Publius Silvinus, dont vous
pouvez, plus que tout autre, rendre témoignage, puisque vous vous rappelez parfaitement que, dans l'espace
de deux ans, au moyen de greffes prises sur une vigne
précoce que vous possédez dans le Cérétan, j'ai peuplé
deux jugères de vignes. Je vous laisse à penser ce que,
dans le même espace de temps, ces deux jugères pourraient donner de greffes, puisqu'un seul cep a suffi pour
les planter ? Si donc, comme je l'ai dit, nous ne leur
refusons ni le travail, ni les soins qu'elles exigent, nous
pourrons facilement, en usant des moyens que j'ai in-
diqués, former des vignes de l'espèce aminée aussi fécondes que le sont les bituriques et les royales. Il sera seulement nécessaire d'observer, pour la transplantation,
l'état du climat, du lieu et de la vigne même pour la
mettre dans des conditions semblables ; car souvent un
cep dégénère si les qualités du sol et de l'air ne lui conviennent pas, ou si on le tire d'auprès d'un arbre pour
l'attacher à un joug. C'est pourquoi il faut la transférer
d'un lieu froid dans un lieu froid, d'un lieu chaud dans
un semblable, d'un vignoble dans un autre de même
nature. Cependant l'espèce aminée supporte plus facilement la transition du froid au chaud que celle du chaud
au froid. En effet, toute espèce de vigne, surtout celle
dont nous venons de parler, aime naturellement mieux
la chaleur que le froid. La qualité du sol est une chose
non moins importante, et l'on doit toujours transférer
le plant d'une terre maigre ou médiocre dans un meilleur
fonds ; car la plante accoutumée à vivre dans un terrain
gras, ne peut se faire à un terrain maigre, à moins qu'on
ne le fume très-souvent.

Atque hæc de cura eligendi malleoli generatim præcepimus; nunc illud proprie [specialiter], ut non solum ex fecundissima vite , sed etiam e vitis parte feracissima semina eligantur.

Ex qua vitis parte semina eligenda sunt.

X. Feracissima autem semina sunt, non ut veteres auctores tradiderunt, extrema pars ejus, quod caput vitis appellant, id est ultimum et productissimum flagellum : nam in eo quoque falluntur agricolæ. Sed erroris est causa prima species et numerus uvarum, qui plerumque conspicitur in productissimo sarmento. Quæ res nos decipere non debet : id enim accidit non palmitis ingenita fertilitate, sed loci opportunitate, quia reliquas trunci partes humor omnis et alimentum, quod a solo ministratur, transcurrit, dum ad ultimum perveniat : naturali enim spiritu omne alimentum virentis, quasi quædam anima, per medullam trunci, veluti per siphonem, quem diabeten vocant mechanici, trahitur in summum ; quo quum pervenerit, ibi consistit, atque consumitur. Unde etiam materiæ vehementissimæ reperiuntur aut in capite vitis, aut in crure vicino radicibus. Sed et hæ stirpes, quæ e duro citantur, duplici ex causa probatæ sunt : quod a fœtu vacant, quodque ex proximo terræ integro atque illibato succo aluntur : et illæ fertiles ac firmæ, quia e tenero prorepunt, et quidquid, ut supra dixi, ad eas alimenti pervenit, indivi-

Après avoir ainsi traité du soin qu'en général il faut apporter au choix des marcottes, nous allons prescrire spécialement comment on doit les choisir, non-seulement dans une vigne très-féconde, mais encore dans sa partie la plus fertile.

Sur quelle partie de la vigne on doit choisir son plant.

X. Les marcottes les plus fertiles ne sont pas, comme l'indiquent les anciens auteurs, l'extrémité de ce qu'on appelle la tête de la vigne, c'est-à-dire la pointe du rameau et sa partie la plus allongée : car c'est encore là un point sur lequel se trompent les agriculteurs. La première cause de leur erreur est l'apparence et le nombre des grappes qui se font remarquer ordinairement sur un sarment très-prolongé. Cette apparence pourtant ne doit pas nous tromper : cet effet est dû non pas à la fertilité native du jet, mais bien à l'avantage de sa position, parce que toute la sève et la nourriture que fournit le sol traversent les autres parties de l'arbre jusqu'à ce qu'elles soient parvenues à son extrémité. Par une aspiration naturelle, tout aliment des végétaux, comme une espèce d'âme, est porté à leur point le plus élevé par la moelle du tronc, comme par le siphon que les machinistes appellent diabète ; et quand cet aliment est parvenu à la cime, il s'y arrête et s'y élabore. C'est pourquoi les pousses les plus vigoureuses se trouvent ou à la tête de la vigne, ou à son pied dans le voisinage des racines. Ces sarments que produit un bois dur sont estimés par une double raison : et parce qu'ils sont dépourvus de fruit, et parce que, plus rapprochés du sol, ils en ont reçu pour nourriture un suc plus parfait et plus pur. Les autres, au contraire, sont féconds et vigoureux, parce qu'ils proviennent d'une partie tendre et se sont approprié toute la nourriture qui, comme je l'ai dit, leur est parvenue. Les intermédiaires sont les plus maigres, parce que la sève, inter-

duum est. Mediæ sunt macerrimæ, quia transcurrit hinc
parte aliqua interceptus, illinc a se tractus humor. Non
debet igitur ultimum flagellum quasi fecundum observari, etiamsi plurimum afferat; siquidem loci ubertate
in fructum cogitur; sed id sarmentum, quod media vite
situm, nec importuna quidem parte deficit, ac numeroso fœtu benignitatem suam ostendit. Hic surculus
translatus rarius degenerat, quum ex deteriore statu
meliorem sortitur : sive enim pastinato deponitur, sive
trunco inseritur, largioribus satiatur alimentis, quam
prius, quum esset in egeno. Itaque custodiemus, ut a
prædictis locis, quos humerosos rustici vocant, semina
legamus : tamen quæ attulisse fructum antea animadver-
terimus; nam si fœtu vacua sint, quamvis laudabilem
partem vitis nihil censemus ad feracitatem conferre
malleolo. Quare vitiosissima est eorum agricolarum opinio, qui minimum referre credunt, quot uvas sarmentum habuerit, dum ex vite fertili legatur, et non ex
duro trunco enatum, quod pampinarium vocant. Hæc
autem opinio, quæ orta est ex inscitia seminum eligen-
dorum, primum parum fecundas vineas, deinde etiam
nimis steriles reddit. Quis enim omnino jam per tam
longam seriem annorum agricolæ malleolum legenti præcepit ea, quæ paulo ante retulimus? Immo quis non im-
prudentissimum quemque, et eum, qui nihil aliud
operis facere valeat, huic negotio delegat? Itaque ex
hac consuetudine veniunt imprudentissimi ad rem

ceptée d'une part, et attirée d'une autre, ne fait que
les traverser. Il ne faut donc pas considérer comme fécond, quoiqu'il présente beaucoup de fruits, le jet le
plus élevé, puisque à la faveur de sa position il est forcé
de fructifier; mais bien le sarment, qui, placé vers le
milieu de la vigne, produit malgré sa position désavan-
tageuse et prouve sa bonne qualité par le nombre de
ses fruits. Ce jet transféré dégénère rarement, parce qu'il
passe alors d'une condition pire dans une condition meilleure. En effet, soit qu'on le plante en terre bien remuée,
soit qu'on l'emploie comme greffe, il se rassasie d'aliments
plus abondants qu'auparavant, puisqu'alors il n'en avait
pas une quantité suffisante. En conséquence nous ne né-
gligerons pas de choisir nos marcottes sur les points dont
nous avons parlé et que les paysans appellent épaulés,
après toutefois avoir constaté qu'ils ont produit convenablement des fruits. S'il en était autrement, quoiqu'ils
proviennent d'une partie estimable de la vigne, nous ne
pensons pas qu'ils puissent, par cela seulement, donner
de la fécondité au plant. Aussi doit-on regarder comme
erronée l'opinion de ces agriculteurs qui croient qu'il
n'importe pas que le sarment ait fourni peu ou beaucoup
de raisins, pourvu qu'il soit cueilli sur une vigne fertile
et non sur cette partie dure de son tronc qu'ils appellent
pampinaire. Au surplus, cette opinion provient de l'ignorance des vignerons qui choisissent les marcottes, et il
en résulte que leurs vignes sont d'abord peu productives
et ensuite deviennent tout à fait stériles. Quel est celui
qui, en effet, depuis les temps les plus reculés jusqu'à
nos jours, a prescrit au cultivateur chargé de choisir
des marcottes, ce que nous venons de rapporter? Bien
plus, ne charge-t-on pas de ce soin l'homme le plus in-
capable, et celui qui n'est propre à aucune autre be-
sogne? Aussi, d'après cette coutume, les gens les plus
inhabiles, et même les plus infirmes, s'arrogent-ils une

maxime necessariam, deinde etiam infirmissimi; nam
et inutilissimus quisque, ut dixi, qui nullum alium laborem ferre queat, huic officio applicatur. Is porro
etiam, si quam scientiam eligendi malleoli habet, eam
propter infirmitatem dissimulat, aut seponit; et ut numerum, quem villicus imperavit, explere possit, nihil
curiose, nihil religiose administrat : unumque est ei
propositum, peragere operis sui pensum : quum tamen,
ut et sciat, et quod scit exsequatur, hoc solum præceptum a magistris accepit, ne pampinariam virgam
deplantet, cetera omnia ut seminibus contribuat. Nos
autem primum rationem sequuti, nunc etiam longi temporis experimentum, non aliud semen eligimus, nec
frugiferum esse ducimus, nisi quod in parte genitali
fructum attulerit. Nam illud quidem, quod loco sterili
lætum, robustumque sine fetu processit, fallacem fecunditatis imaginem præfert, nec ullam generandi vim
possidet. Id procul dubio verum esse, ratio nos admonet, si modo, ut in corporibus nostris propria sunt officia cujusque membri, sic et frugiferarum stirpium partibus propria munia. Videmus hominibus inspiratam
velut aurigam rectricemque membrorum animam, sen-
susque injectos ad ea discernenda, quæ tactu, naribus,
auribusque et oculis indagantur; pedes ad gressum com-
positos, brachia ad complexum : ac ne per omnes vices
ministeriorum vagetur insolenter oratio, nihil aures
agere valent, quod est oculorum; nihil oculi, quod

mission si importante; car, comme je l'ai dit, on la
juge tout au plus digne de l'homme le plus inutile et
qui ne peut exécuter aucun autre travail. Cet homme
même, s'il se connaît un peu au choix des marcottes, en
raison de sa faiblesse même, dissimule ce qu'il sait ou
même s'en défend; et, pourvu qu'il puisse compléter le
nombre de mailletons que le fermier lui aura ordonné de
choisir, il n'emploie ni soin ni conscience : il n'a pour
objet que d'accomplir sa tâche; ce qui lui est d'autant
plus facile que, pour toute instruction et pour toute
mission, il n'a reçu de ses maîtres que l'ordre de prendre
des marcottes sur toutes les parties de la vigne, pourvu
qu'il n'arrache point les jets sortis du bois dur. Nous,
au contraire, ayant d'abord suivi les conseils de la raison
et éclairés par une longue expérience, nous ne choisissons pas d'autres sujets de propagation, et nous ne croyons
pas qu'il y en ait d'autres féconds, que les rameaux qui,
placés sur un point propre à la reproduction, y ont déjà
porté des fruits; car pour ceux qui ont poussé vigoureusement sur un point stérile, et se montrent robustes
sans produire, ils n'offrent qu'une trompeuse apparence
de fécondité, et ne possèdent aucune puissance génératrice. La raison nous avertit que notre assertion est hors
de doute, si nous admettons que, de même que chaque
membre a son emploi spécial dans nos corps, de même
les différentes parties des plantes à fruits ont chacune
leur fonction à remplir. Ne voyons-nous pas que l'âme a
été soufflée dans l'homme comme le conducteur et le
guide de ses membres; que les sens lui ont été accordés
pour discerner les objets par le tact, l'odorat, l'ouïe et
la vue; que les pieds lui ont été donnés pour qu'il mar-
chât, les bras pour qu'il saisît; et, pour ne point parler
plus qu'il ne convient de toutes les fonctions qui sont du
ministère de l'homme, bornons-nous à dire que les oreilles
ne peuvent faire ce qui est du ressort des yeux, ni les

aurium; nec generandi quidem data est facultas manibus aut plantis : sed quod hominibus ignotum voluit
esse genitor universi, ventre protexit; ut divina prædi-
tus ratione rerum æternus opifex, quasi quibusdam se-
cretis corporis in arcano atque operto, sacra illa spiritus elementa cum terrenis primordiis misceret, atque
hanc animantis machinæ speciem effingeret.

Hac lege pecudes ac virgulta progenuit, hac vitium
genera figuravit, quibus eadem ipsa mater ac parens primum radices velut fundamenta quædam jecit, ut iis,
quasi pedibus, insisterent : truncum deinde superposuit,
velut quamdam staturam corporis et habitus : mox ramis
diffudit, quasi brachiis : tum caules et pampinos elicuit,
velut palmas; eorumque alios fructu donavit, alios
fronde sola vestivit ad protegendos tutandosque partus.
Ex his igitur, ut supra diximus, si non ipsa membra genita-
lia conceptu atque fœtu gravida, sed tanquam tegmina et
umbracula eorum, quæ fructibus vidua sunt, legeri-
mus, umbræ scilicet, non vindemiæ, laborabimus. Quid
ergo est? Cur quamvis non sit e duro pampinus, sed e
tenero natus, si tamen orbus est, etiam in futurum
quasi sterilis damnatur a nobis? Modo enim disputatio
nostra colligebat, unicuique corporis parti proprium
esse attributum officium, quod scilicet ei convenit : ut
malleolo quoque, qui opportuno loco natus est, fecunditatis vis adsit, etiamsi interim cesset a partu. Nec ego

yeux ce qui appartient aux oreilles, et que la puissance
génératrice n'a été concédée ni aux mains ni aux pieds :
faculté que le père de l'univers a voulu, pour la dérober
à la connaissance des hommes, cacher dans l'intérieur
du ventre. Ainsi, l'éternel créateur de toutes choses, doué
d'une raison divine, a cru devoir mêler les éléments sacrés
de l'intelligence avec les rudiments terrestres du corps,
et composer la forme d'une machine animée, comme s'il
eût voulu mettre les mystères de l'être matériel dans un
lieu secret et couvert.

C'est d'après la même loi qu'il a donné naissance aux
animaux et aux plantes; c'est ainsi qu'il a distingué les
variétés des vignes. En effet, la mère et l'auteur de ces
créations, la nature, a jeté les racines de la vigne
comme une certaine base, afin qu'elle s'appuyât sur ces
organes comme sur des pieds; elle a ensuite placé le
tronc au-dessus, comme la stature et la contenance d'un
corps; elle a étendu les rameaux comme des bras; elle en
a fait jaillir, pour représenter des mains, les pampres et
les menues branches; elle a doté de fruits les unes, et n'a
revêtu les autres que de feuilles pour protéger et mettre
en sûreté leurs productions. Parmi ces membres, si nous
ne choisissons pas, comme nous l'avons dit ci-dessus,
ceux qui sont destinés à la procréation et à la conception, mais seulement ceux qui leur servent d'abris et
d'ombrages, et qui sont stériles, nous travaillons pour
nous procurer de l'ombre et non de la vendange. Que
faut-il conclure? Pourquoi le pampre, s'il n'est pas
tiré du tronc, mais des jeunes pousses, sera-t-il sans
vertu, et même sera-t-il condamné par nous comme devant rester toujours stérile? Tout à l'heure, il résultait
de notre discussion qu'un office particulier était attribué
à chaque partie du corps et ne convenait qu'à elle : ainsi
la faculté d'être féconde appartient à la marcotte née dans
une partie favorable, lors même qu'elle ne donne pas de

abnuerim, in hoc me institisse argumentari; sed et illud maxime profiteor, palmitem, quamvis frugifera parte enatum, si fructum non attulerit, ne vim quidem fecunditatis habere. Nec hoc illi sententiæ repugnat : nam et homines quosdam non posse generare, quamvis omnium membrorum numero constante, manifestum est, ne sit incredibile, si genitali loco virga nata fructu careat, carituram quoque esse fœtu.

Itaque ut ad consuetudinem agricolarum revertar, ejusmodi surculos, qui nihil attulerint, spadones appellant : quod non facerent, nisi eos suspicarentur inhabiles frugibus; quæ et ipsa appellatio rationem mihi subjecit non eligendi malleolos, quamvis probabili parte vitis enatos, si fructum non tulissent : quanquam et hos sciam non in totum sterilitate affectos; nam confiteor pampinarios quoque, quum e dura prorepserint, tempore anni sequentis acquirere fecunditatem, et ideo in resecem submitti, ut progenerare possit. Verum ejusmodi partum comperimus, non tam ipsius resecis, quam materni esse muneris : nam quia inhæret stirpi suæ, quæ est natura ferax, mixtus adhuc parentis alimentis, et fecundi partus seminibus, ac velut altricis uberibus eductus, paulatim fructum ferre condiscit. At quæ citra naturæ quamdam pubertatem, immatura atque intempestiva planta direpta trunco, vel terræ, vel etiam stirpi recisæ inseritur, quasi puerilis ætas, ne ad coitum

fruits. Je ne disconviens pas que mon argumentation repose sur cette comparaison ; je déclare toutefois positivement qu'une branche, quoiqu'elle ait crû sur un point fécond, ne possède pas la puissance fécondante si elle ne donne pas de fruit. Cette conclusion n'est pas en opposition avec le sentiment que j'ai énoncé : s'il est évident que quelques hommes ne peuvent engendrer, quoiqu'ils soient bien pourvus de tous leurs membres, est-il donc incroyable qu'une branche, quoique née sur un point fécond, ne puisse pas produire ?

Pour revenir aux usages des agriculteurs, je dirai qu'ils donnent le nom de spadons aux sarments qui n'ont rien produit : ce qu'ils ne feraient pas, s'ils ne les soupçonnaient inhabiles à la fructification. C'est cette dénomination qui m'a fourni le motif de ne pas choisir pour marcottes, quoique nés sur un point très-bon, des sarments qui n'auraient pas offert de fruits, sachant fort bien, au reste, qu'ils n'étaient pas tout à fait affectés de stérilité. J'avoue même que les pampinaires aussi, quoique sortis du tronc, acquièrent au bout d'un an la propriété d'être féconds, et que c'est pour cela qu'on les rabat en coursons, afin qu'ils donnent du fruit. J'ai découvert toutefois que la cause de cette production n'est pas tant le fait du courson qu'un don maternel : car, comme il est adhérent au tronc, qui, de sa nature, est fécond, il participe aux aliments de la tige maternelle et aux causes d'une production fertile, et, comme fortifié par un sein nourricier, il s'habitue peu à peu à porter des fruits ; mais si, privé d'une certaine puberté naturelle, arraché au tronc avant le temps et la maturité, ce sarment est confié à la terre ou greffé sur un sujet préparé à cet effet, resté comme dans l'âge d'enfance, inhabile même au coït, et plus encore à la conception, il perd totalement, ou au moins il ne possède que faiblement la force de procréer. C'est pourquoi je

quidem, nedum ad conceptum habilis, vim generandi
vel in totum perdit, vel certe minuit. Quare magnopere
censeo in eligendis seminibus adhibere curam, uti fructuosa parte vitis palmites legamus eos, qui futuram
fecunditatem jam toto fructu promittunt. Nec tamen
contenti simus singulis uvis, maximeque probemus eos,
qui numerosissimis fœtibus conspiciuntur. An non opilio-
nem laudabimus, ex ea matre sobolem propagantem,
quæ geminos enixa sit; et caprarium, submittentem
fœtus earum pecudum, quæ trigemino partu commendantur? videlicet quasi semper sit parentum fecunditati
proles responsura. Et nos sequamur in vitibus hanc
ipsam rationem, tanto quidem magis, quod compertum
habeamus, naturali quadam malignitate desciscere interdum, quamvis diligenter probata semina : idque
nobis poeta velut surdis veritatis indulget, dicendo :

> Vidi lecta diu et multo spectata labore
> Degenerare tamen, ni vis humana quotannis
> Maxima quæque manu legeret : sic omnia fatis
> In pejus ruere, ac retro sublapsa referri.

Quod non tantum de seminibus leguminum, sed in
totam agricolationis rationem, dictum esse intelligendum
est.

Si modo longi temporis observatione comperimus,
quod certe comperimus, eum malleolum, qui quatuor
uvas tulerit, deputatum, et in terram depositum, a
fecunditate materna sic degenerare, ut interdum singu-

suis surtout d'avis qu'on doit apporter beaucoup de soin dans le choix des marcottes, en prenant, dans la partie féconde de la vigne, des sarments dont l'abondance des fruits soit un gage de leur fertilité future. Ne nous contentons pas toutefois de ces rameaux qui ont donné chacun une grappe : préférons surtout ceux qui se distinguent par de nombreuses productions. Ne donnerions-nous pas des éloges au berger qui s'appliquerait à propager la race des brebis qui auraient mis bas deux agneaux à la fois, et au chevrier multipliant l'espèce de chèvres qui se recommanderaient par l'enfantement simultané de trois chevreaux? C'est parce que nous pensons que presque toujours la lignée répond à la fécondité de ses parents. Suivons donc aussi cette méthode pour les vignes, et d'autant plus scrupuleusement que nous avons éprouvé que, par une certaine dépravation naturelle, les graines tendent à la dégénérescence, quoiqu'ayant été choisies avec soin. C'est ce que le poëte veut nous faire entendre, comme si nous fermions l'oreille à la voix de la vérité :

« J'ai vu des semences choisies avec attention, scrupuleusement examinées, qui finissaient par dégénérer, si la sagesse humaine n'employait pas sa main à rechercher tous les ans les plus parfaites. Ainsi les destins ont voulu que toutes choses se détériorassent, et que, déchues, elles allassent en rétrogradant. »

Ce qu'il faut comprendre comme n'ayant pas été dit seulement pour les graines des légumes, mais pour toutes celles qui sont du domaine de l'agriculture.

Si de longues observations nous ont fait découvrir, et cette découverte n'est pas chimérique, que telle marcotte qui avait porté quatre raisins, coupée et mise en terre, dégénère tellement de la fécondité maternelle, qu'elle n'en produit plus que deux et même qu'un seul : à

lis, nonnunquam etiam binis uvis minus afferat. In quantum autem censemus defecturos eos, qui binos aut fere singulos fœtus in matre tulerint, quum etiam feracissimi translationem sæpe reformident? Itaque hujus rationis demonstratorem magis esse me, quam inventorem, libenter profiteor, ne quis existimet, fraudari majores nostros laude merita : nam id ipsum censuisse eos non dubium est, quamvis nullo alio sit scripto proditum, exceptis, quæ retulimus metris Virgilii; et hic tamen aut de seminibus leguminum præcipiatur.

Cur enim aut e duro natam virgam, aut etiam ex fecundo malleolo, quem ipsi probassent, decisam sagittam repudiabant, si nihil interesse ducebant, ex quo loco semina legerentur? Nunc quia vim fecunditatis certis quasi membris inesse non dubitabant, idcirco pampinarium et sagittam velut inutiles ad deponendum prudentissime damnaverunt. Quod si ita est, nihil dubium est, multo magis ab his improbatum esse etiam illum palmitem, qui, frugifero loco natus, fructum non attulisset; nam, si sagittam, id est superiorem partem malleoli, vituperandam censebant, quum esset eadem pars surculi frugiferi; quanto magis vel ex optima vitis parte natum flagellum, si est sterile, improbatum ab his, ratio ipsa declarat? nisi tamen (quod est absurdum) crediderunt id translatum et abscissum a sua stirpe, destitutumque materno alimento, frugiferum, quod in ipsa matre nequam fuisset. Atque hæc et forsitan pluribus dicta sunt,

plus forte raison ne devons-nous pas croire que le sarment qui, attaché à sa mère, ne portait que deux grappes
ou même une seule, déclinera aussi, puisque souvent les
plus productifs redoutent le déplacement? Je déclare
hautement que je suis plutôt le démonstrateur que l'in-
venteur de la méthode que je propose, de peur que l'on
ne pense que je veuille priver nos pères d'une louange
qu'ils ont méritée : car il n'est pas douteux que telle fut
leur opinion, quoiqu'elle n'ait été consignée dans aucun
écrit, si ce n'est dans les vers de Virgile que nous avons
cités, et encore ses préceptes semblent-ils ne s'appliquer
qu'à la graine des légumes.

Pourquoi nos ancêtres auraient-ils rejeté le sarment
issu du tronc, ou même la flèche coupée sur une marcotte féconde qu'ils avaient eux-mêmes reconnue productive, s'ils eussent cru que le point d'où ils détachaient
ces marcottes était chose indifférente? Maintenant nous
estimons qu'ils ne doutaient pas que la puissance fécondante résidât dans certaines parties comme dans des membres particuliers : c'est pourquoi ils condamnaient pru-
demment la pampinaire et la flèche comme impropres à
la plantation. S'il en est ainsi, il n'est pas douteux qu'à
plus forte raison ils improuvaient beaucoup plus ce sarment qui, né sur un point fécond, n'avait pas donné de
fruit : car s'ils blâmaient la flèche, c'est-à-dire l'extrémité
supérieure du sarment, lors même qu'elle faisait partie
d'un rameau productif, à plus forte raison devons-nous
penser qu'ils n'admettaient pas, s'il était stérile, le jet
issu d'une partie fertile de la vigne : à moins toutefois (ce
qui serait absurde) qu'ils n'eussent cru que ce rameau,
coupé, détaché de sa tige et privé des aliments mater-
nels, fût devenu fécond, lui qui ne l'était pas, secondé
par sa mère. J'en ai dit peut-être plus qu'il ne convenait
pour défendre la cause de la vérité; mais trop peu, sans

quam exigebat ratio veritatis : minus tamen multis,
quam postulabat prave detorta et inveterata opinio rusticorum.

XI. Nunc ad reliquum ordinem propositæ disputationis redeo.

Sequitur hanc eligendi malleoli curam pastinationis
officium, si tamen ante de qualitate soli constiterit :
nam eam quoque plurimum et bonitati et largitati frugum conferre, nihil dubium est. Ac prius, quam ipsum
perspiciamus, illud antiquissimum censemus, rudem potius eligendum agrum, si fit facultas, quam ubi fuerit
seges, aut arbustum : nam de vinetis, quæ longo situ
exoleverunt, inter omnes auctores constitit, pessima esse,
si reserere velimus : quod et inferius solum pluribus radicibus sit impeditum, ac velut irretitum, et adhuc non
amiserit virus, et cariem illam vetustatis, quibus hebe-
tata quasi aliquibus venenis humus torpeat. Quam ob
causam silvestris ager præcipue est eligendus, qui,
etiamsi frutetis aut arboribus obsessus est, facile extri-
catur, quod suapte natura quæcumque gignuntur, non
penitus, nec in profundum radices agunt, sed per
summum terræ dispergunt, atque deducunt : quibus
ferro recisis, atque exstirpatis, parum, quod superest,
inferioris soli rastris licet effodere, et in fermentum

doute, pour détruire l'opinion déplorablement erronée et invétérée des cultivateurs.

Quelles qualités on doit considérer dans le terrain destiné au vignoble.

XI. Maintenant je vais reprendre la discussion dans l'ordre que je me suis proposé.

Le travail de la houe suit les soins à prendre pour le choix des marcottes, après toutefois qu'on a eu constaté la qualité du terrain : car il n'est pas douteux qu'elle contribue puissamment à la bonté et à l'abondance des productions. Avant tout examen, nous regardons comme le mieux à faire, de choisir, si on le peut, un champ en friche, préférablement à celui qui aurait porté des moissons ou des arbres mariés aux vignes : car tous les auteurs s'accordent en ce point, que les terres qui ont été longtemps en vignobles sont les plus mauvaises pour la culture de vignes nouvelles : en effet, le sous-sol est sillonné d'une foule de racines, et comme embarrassé dans un réseau ; en outre, il n'a pas eu le temps de perdre cette humeur âcre et cette carie de vétusté, poisons qui engourdissent la terre et la rendent inerte. Par ces motifs, il faut, de préférence à tout autre, choisir un champ sauvage, qui, fût-il hérissé de broussailles et d'arbres, en sera facilement nettoyé ; car toute plante qui vient spontanément n'implante pas fortement ni à fond ses racines, mais les disperse et les prolonge à la surface du terrain, où il est aisé de les couper avec le fer, de les extirper, d'arracher avec le râteau le peu qui en reste, de l'amonceler pour qu'il fermente, et de l'enfouir en compôt. Si l'on n'avait pas à sa disposition un terrain en friche, le sol qui en approcherait le plus serait celui où n'existerait aucun arbre. Dans le cas où l'on

congerere, atque componere. Si tamen rudis terra
non sit, proximum est vacuum arboribus arvum; si
nec hoc est, rarissimum arbustum, vel olivetum, quod
non fuerit maritum, vineis destinatur. Ultima est, ut
dixi, conditio restibilis vineæ; nam si necessitas facere
cogit, prius quidquid est residuæ vitis exstirpari debet :
deinde totum solum sicco fimo, aut, si id non sit, alterius generis quam recentissimo stercorari, atque ita converti, et diligentissime refossas omnes radices in summum
regeri, atque comburi : tunc rursus vel stercore ve-
tusto, quia non gignit herbas, vel de vepribus egesta
humo pastinatum large contegi.

At ubi pura novalia arboribus sunt libera, considerandum est ante, quam pastinemus, surcularis necne
sit terra : idque facillime exploratur per stirpes, quæ
sua sponte proveniunt. Neque enim est ullum tam [diu]
viduum solum virgultis, ut non aliquos surculos progeneret, tanquam piros silvestres, et prunos, vel rubos
certe : nam hæc quamvis genera spinarum sint, solent
tamen fortia et læta et gravida fructu consurgere. Igitur
si non retorrida et scabra, sed levia et nitida, et pro-
lixa fecundaque viderimus, eam intelligemus esse terram
surcularem. Sed hoc in totum ad illud, quod vineis præcipue est idoneum, proprie considerandum, ut prius
retuli, si facilis est humus, et modice resoluta, quam
diximus pullam vocitari : nec quia sola ea, sed quia
sit habilis maxime vinetis. Quis enim vel mediocris agri-

n'aurait pu se procurer un tel emplacement, il faut des-
tiner au vignoble, ou un verger où les arbres soient très-
peu nombreux, ou un massif d'oliviers auxquels la vigne
n'aura pas été mariée. Le plus mauvais terrain serait,
comme je l'ai dit, un vignoble en culture habituelle.
Quand la nécessité contraint de l'employer, il faut
commencer par extirper ce qui reste des anciennes
vignes; ensuite on fumera tout ce fonds avec du fumier
sec, ou, si l'on n'en a pas, avec tout autre, mais très-
récent; on retournera le sol, on amènera à sa surface,
avec le plus grand soin, les racines arrachées, et on les
y réduira en cendres. Alors on couvrira largement, ou
de vieux fumier, parce qu'il n'engendre pas d'herbes,
ou de terreau pris sous les buissons, ce terrain qui aura
été préalablement bien travaillé à la houe.

Quand on a des terres en friche dégarnies d'arbres,
il faut, avant d'y enfoncer la houe, examiner si la terre
est ou n'est pas propre à la culture des arbrisseaux : c'est
ce que l'on découvre, sans la moindre difficulté, par les
végétaux qu'elle a spontanément produits. Il n'y a pas,
en effet, de terrain si dépourvu de broussailles qu'il n'y
pousse quelques jets d'arbres, tels que poiriers sauvages,
prunelliers ou ronces : quoique ce ne soient que des espèces d'épines, elles y viennent ordinairement fortes,
pleines de vie et chargées de fruits. En conséquence, si
nous voyons que ces plants ne sont ni rabougris ni ga-
.leux, mais élancés, luisants, bien portants et couverts
de fruits, nous comprendrons que la terre qui les produit
convient à la culture des arbrisseaux. Outre ces observations qui s'appliquent à toutes les espèces d'arbrisseaux,
il faut, s'il s'agit particulièrement de la vigne, examiner,
je le répète, si la terre est facile à travailler, médiocrement friable, et semblable à celle que nous avons dit
s'appeler pulle; non pas qu'elle soit seule propre aux vi-

cola nesciat, etiam durissimum tophum, vel carbunculum, simulatque sunt confracti, et in summo regesti,
tempestatibus, geluve, nec minus æstivis putrescere caloribus, ac resolvi; eosque pulcherrime radices vitium
per æstatem refrigerare, succumque retinere? quæ res
alendo surculo sunt accommodatissimæ. Simili quoque
de causa probari solutam glaream, calculosumque
agrum, et mobilem lapidem : si tamen hæc pingui glæbæ
permixta sunt, nam eadem jejuna maxime culpantur.
Est autem (ut mea fert opinio) vineis amicus etiam silex, cui superpositum est modicum terrenum, quia
frigidus, et tenax humoris per ortum caniculæ non patitur sitire radices. Hyginus quidem, sequutus Tremellium, præcipue montium ima, quæ a verticibus defluen-
tem humum receperint, vel etiam valles, quæ fluminum
alluvie et inundationibus concreverint, aptas esse vineis
asseverat, me non dissentiente. Cretosa humus utilis habetur viti : nam per se ipsa creta, qua utuntur figuli,
quamque nonnulli argillam vocant, inimicissima est : nec
minus jejunus sabulo, et quidquid, ut ait Julius Atticus,
retorridum surculum facit; id autem solum vel uliginosum
est, vel salsum, vel amarum etiam, vel siticulosum et peraridum. Nigrum tamen et rutilum sabulonem, qui sit
humidæ terræ permixtus, probaverunt antiqui ; nam car-
bunculosum agrum, nisi stercore juves, macras vineas
efficere dixerunt. Gravis est rubrica, ut idem Atticus
ait, et ad comprehendendum radicibus iniqua; sed alit

gnobles, mais parce que c'est celle qui leur est le plus favorable. Quel agriculteur, quelque mince que soit sa science,
ignore que le tuf le plus dur, et même la pierraille, dès
qu'ils sont divisés et jetés à la surface, s'amollissent et
deviennent friables par l'effet alternatif des pluies, des
gelées et des chaleurs de l'été, et que pendant cette saison
ils tiennent admirablement dans la fraîcheur les racines
des vignes et empêchent l'évaporation du suc de la terre,
conditions tout à fait favorables à la nourriture des jeunes
plantes ? Par une semblable raison, on approuve aussi
le menu gravier, le gros sable, même le caillou, pourvu
toutefois qu'il soit mêlé de terre grasse, sans quoi on
n'en ferait aucun cas. Au surplus, et c'est mon opinion,
le silex convient aux vignes lorsqu'il est recouvert d'un
peu de terrain, parce que, frais et retenant l'eau, il ne
laisse pas les racines souffrir de la soif quand la canicule
se lève. Hygin, qui suit en cela Tremellius, avec lesquels
je suis d'accord ici, assure que le pied des montagnes,
qui a reçu la terre entraînée de leur sommet, et que les
vallées qui ont été exhaussées par les terres qu'y ont
apportées les inondations et les alluvions, sont propres à
la culture des vignes. La terre argileuse passe pour leur
être favorable ; mais, par soi-même, l'argile à potier, que
quelques personnes appellent exclusivement argile, leur
est tout à fait contraire, autant que le sable pur, et tout
ce qui, comme dit Jules Atticus, produit des pousses
chétives, c'est-à-dire les terrains marécageux, salés,
amers, altérés et très-arides. Les anciens ont donné des
éloges au sablon noir et rougeâtre mélangé de terre humide ; car pour le champ purement graveleux, si on ne
lui vient en aide avec du fumier, il ne produit, selon
eux, que des vignes très-maigres. Le même Atticus dit
que la terre rouge est lourde et laisse difficilement
passer les racines. Toutefois elle nourrit bien la vigne
quand elle s'y est implantée. Il est vrai qu'elle est fort

eadem vitem , quum tenuit. Verum est in opere difficilior,
quod neque humentem fodere possis, quod sit glutino-
sissima ; nec nimium siccam , quia ultra modum prædura.

Quæ Julius Græcinus tradiderit de terra vineali.

XII. Sed ne nunc per infinitas terreni species evage-
mur, non intempestive commemorabimus Julii Græcini
conscriptam velut formulam , ad quam posita est limita-
tio terræ vinealis. Idem enim Græcinus sic ait : Esse aliquam terram calidam vel frigidam, humidam vel siccam,
raram vel densam, levem aut gravem, pinguem aut
macram; sed neque nimium calidum solum posse tole-
rare vitem , quia inurat; neque prægelidum, quoniam
velut stupentes et congelatas radices nimio frigore moveri non sinat; neque humidum, quoniam quum se pro-
munt vites , modico tepore evocant humorem terræ
justo majorem, qui putrefacit deposita semina. Rursus
nimiam siccitatem destituere plantas dicit naturali
alimento, aut in totum necare, aut scabras et retor-
ridas facere : perdensam humum cœlestes aquas non
sorbere, nec facile perflari, facillime perrumpi, et præbere rimas, quibus sol ad radices stirpium penetret;
eademque velut conclausa et coarctata semina compri-
mere atque strangulare : raram supra modum, velut per
infundibulum, transmittere imbres, et sole ac vento
penitus siccari, atque exarescere : gravem terram vix
ulla cultura vincibilem; levem vix ulla sustineri : pin-

difficile à travailler, parce que, pour pouvoir être remuée, humide elle est trop visqueuse, et sèche elle est
trop dure.

Ce que nous a transmis Jules Grécinus sur le terrain propre aux vignes.

XII. Pour ne pas nous égarer à travers ces variétés
infinies de terrains, il ne sera pas hors de propos de rappeler ici l'axiome que Jules Grécinus nous a laissé par
écrit, et qui fixe les limites entre lesquelles sont com-
prises les terres propres à la culture des vignes. Il s'exprime en ces termes : Il existe des terrains chauds ou
froids, humides ou secs, friables ou compactes, légers
ou lourds, gras ou maigres; mais les vignes ne sauraient
prospérer dans un sol ni trop chaud, parce qu'il les
brûle; ni trop froid, parce qu'il ne permet aucun mouvement aux racines engourdies et gelées; ni trop humide,
parce que, quand l'arbrisseau vient à pousser, il lui
fournit, sous l'influence d'un temps tiède, une eau sura-
bondante qui pourrit les plants qu'on lui a confiés. Une
trop grande sécheresse, dit-il encore, privant la végétation de sa nourriture naturelle, fait mourir les plantes,
ou les rend galeuses et rabougries. La terre compacte
ne s'abreuve pas des eaux pluviales, n'est point perméa-
ble à l'air, se déchire facilement, et ouvre des crevasses
par lesquelles le soleil pénètre jusqu'aux racines mêmes;
elle comprime et étrangle, en quelque sorte, les plants
qu'elle emprisonne et qu'elle étreint. Les terrains trop
friables, comparables à un entonnoir, laissent échapper
les pluies à mesure qu'ils les reçoivent, perdent au soleil
et au vent toute fraîcheur, et se dessèchent à fond. La
terre lourde ne cède à aucune culture; trop légère, on
ne peut la soutenir; trop grasse, elle surabonde d'une
végétation luxuriante; et maigre et ténue, elle pèche par
le manque de sucs nourriciers. Il est nécessaire, ajoute-

guissimam et lætissimam luxuria, macram ac tenuem
jejunio laborare. Opus est, inquit, inter has tam diversas inæqualitates magno temperamento, quod in corporibus quoque nostris desideratur, quorum bona valetudo
calidi et frigidi, humidi et aridi, densi et rari, certo et
quasi examinato modo continetur. Nec tamen hoc temperamentum in terra, quæ vineis destinetur, pari momento libratum esse debere ait, sed in alteram partem
propensius; ut calidior terra sit quam frigidior, siccior, quam humidior, rarior quam densior, et si qua
sunt his similia, ad quæ contemplationem suam dirigat,
qui vineas instituet. Quæ cuncta, sicut ego reor, magis
prosunt, quum suffragatur etiam status cœli : cujus re-
gionem quam spectare debeant vineæ, vetus est dissen-
sio, Saserna maxime probante solis ortum, mox deinde
meridiem, tum occasum; Tremellio Scrofa præcipuam
positionem meridianam censente; Virgilio de industria
occasum sic repudiante :

Neve tibi ad solem vergant vineta cadentem;

Democrito et Magone laudantibus cœli plagam septen-
trionalem, quia existiment, ei subjectas feracissimas fieri
vineas, quæ tamen bonitate vini superentur.

Nobis in universum præcipere optimum visum est,
ut in locis frigidis meridiano vineta subjiciantur; tepidis,
orienti advertantur, si tamen non infestabuntur austris
eurisque[5], velut oræ maritimæ in Bætica. Sin autem

t-il, d'adopter entre ces natures diverses ce grand tempérament qui est tant à désirer pour nos corps, dont la bonne santé résulte d'une certaine mesure proportionnée de chaud et de froid, d'humidité et de sec, de lourd et de léger. Il convient toutefois que cet exact tempérament, nécessaire aux corps, n'est pas aussi rigoureusement indispensable à la terre que l'on destine aux vignes, et qu'il doit pencher plus particulièrement vers un point : ainsi cette terre sera plus chaude que froide, plus sèche qu'humide, plus légère que compacte, et ainsi des autres qualités sur lesquelles doit porter son attention celui qui crée un vignoble; et toutes ces qualités, à mon avis, seront d'autant plus profitables qu'elles s'harmonieront mieux avec le climat. Les anciens auteurs diffèrent sur l'exposition qu'on doit donner aux vignes : Saserna approuve surtout le levant, puis le midi, et faute de mieux le couchant. Tremellius Scrofa considère le midi comme la position préférable; Virgile repousse formellement le couchant en ces termes :

« Que tes vignobles ne soient pas tournés vers le point où le soleil s'abaisse à l'horizon; »

Démocrite et Magon donnent des éloges au septentrion, parce qu'ils pensent que les vignes qui y sont exposées deviennent éminemment fécondes; toutefois le vin qu'elles donnent est d'une qualité médiocre.

En général, ce qui nous paraît le plus avantageux à prescrire, c'est que dans les contrées froides on choisisse le midi; dans les régions tempérées, l'orient, si cependant on n'a pas à redouter les ravages des autans et de l'eurus, comme il arrive sur les côtes maritimes de

regiones prædictis ventis fuerint obnoxiæ, melius aquiloni, vel favonio committentur. Nam ferventibus provinciis, ut Ægypto et Numidia, uni septentrioni [6] rectius
opponentur.

Quibus omnibus diligenter exploratis, tum demum
pastinationem suscipiemus.

Quomodo terra pastinetur.

XIII. Ejus autem ratio quum Italici generis futuris
agricolis, tum etiam provincialibus tradenda est : quoniam in longinquis et remotis regionibus istud genus vertendi et subigendi agri minime usurpatur, sed aut scrobibus, aut sulcis vineæ plerumque conseruntur. Scrobibus
vineta sic ponuntur. Quibus vitem mos est scrobibus
deponere, fere per tres longitudinis pedes, perque duos
in altitudinem, cavato solo, quantum latitudo ferramenti patitur, malleolos utrinque juxta latera fossarum
consternunt, et adversis scrobium frontibus curvatos
erigunt; duabusque gemmis supra terram eminere passi,
reposita humo, cetera coæquant : quæ faciunt in eadem
linea intermissis totidem pedum scamnis, dum peragant
ordinem. Tum deinde relicto spatio, prout cuique mos
est vineas colenti, vel aratro, vel bidente, persequentes
ordinem insistunt. Et si fossore tantum terra versetur,
minimum est quinque pedum interordinium, septem
maximum : sin bubus et aratro, minimum est septem
pedum, satis amplum decem. Nonnulli tamen omnem

la Bétique. Dans les pays sujets à ces vents, on fera mieux de les tourner vers le point du ciel d'où souffle l'aquilon ou le favonius. Dans les provinces brûlantes, telles que l'Égypte et la Numidie, l'exposition du nord est la seule qui convienne.

Après avoir examiné soigneusement toutes ces questions, occupons-nous du labourage de la terre au moyen de la houe.

Comment la terre doit être défoncée à la houe.

XIII. Il est à propos de faire connaître cette culture aux futurs agriculteurs tant de l'Italie que des provinces; car pour les contrées lointaines et reculées, on n'est pas dans l'usage de retourner et de travailler la terre comme nous : on y plante ordinairement les vignes dans des fosses ou dans des tranchées faites à la charrue. Voici comment on les plante dans des fosses. Ceux qui ont l'habitude de pratiquer cette méthode creusent le sol à une profondeur de deux pieds, sur une longueur de trois environ, et sur la largeur déterminée par celle de l'instrument; ils étendent à l'opposé l'une de l'autre les marcottes, du fond de la fosse à ses parois, et les font monter ainsi courbées; puis ramènent la terre pour recouvrir, ayant soin de laisser deux yeux au-dessus du sol; enfin ils aplanissent le terrain. On poursuit l'opération sur une même ligne, en laissant entre les fosses des bancs de même longueur qu'elles; puis, ayant laissé cet intervalle, soit qu'on emploie la charrue, soit qu'on se serve de la houe à deux dents, on termine les rangées. Si la terre n'est travaillée qu'à la bêche, on ne laissera pas moins de cinq pieds d'intervalle entre chaque ligne, et sept au plus; mais si on emploie le bœuf et la charrue, la moindre distance sera de sept pieds, et elle pourra s'étendre jusqu'à dix. Quelques personnes cependant plantent toute sorte de vignes à la distance de dix

vitem per denos pedes in quincuncem disponunt, ut
more novalium terra transversis adversisque sulcis proscindatur. Id genus vineti non conducit agricolæ, nisi
ubi lætissimo solo vitis amplo incremento consurgit. At
qui pastinationis impensam reformidant, sed aliqua tamen parte pastinationem imitari student, paribus alternis
omissis spatiis, senum pedum latitudinis sulcos dirigunt,
fodiuntque et exaltant in tres pedes, ac per latera fossarum vitem vel malleolum disponunt. Avarius quidam
dupondio et dodrante altum sulcum, latum pedum quinque faciunt; deinde ter tanto amplius spatium crudum
relinquunt : atque ita sequentem sulcum infodiunt; quod
quum per definitum vinetis locum fecerint in lateribus
sulcorum viviradices, vel decisos quam recentissimos
palmites novellos erigunt, consitis compluribus inter ordinaria semina malleolis, quos postea, quam convaluerint, crudo solo, quod emissum est, transversis scrobibus propagent, atque ordinent vineam paribus intervallis.
Sed eæ, quas retulimus, vinearum sationes, pro natura
et benignitate cujusque regionis aut usurpandæ, aut re-
pudiandæ sunt nobis.

Nunc pastinandi agri propositum est rationem tradere. Ac primum ex omni sive arbustivo, sive silvestri
loco, quem vineis destinaverimus, omnis frutex atque
arbor erui et submoveri debet, ne postea fossorem moretur, neve jam pastinatum solum jacentibus molibus
imprimatur, et exportantium ramos atque truncos in-

pieds entre elles, et les disposent en quinconce, de manière que la terre, comme pour les novales, puisse être labourée en tout sens. Ce genre de culture n'est pas avantageux au vigneron, à moins que, le sol étant très-fertile, la vigne n'y pousse très-vigoureusement. Quant à ceux qui craignent la dépense qu'occasionne le travail de la houe, et veulent pourtant l'imiter, ils ouvrent des tranchées de six pieds de largeur, en laissant entre chacune d'elles un intervalle qui occupe autant d'espace; ils les creusent, et en relèvent la terre sur les bords à trois pieds de hauteur, et sur ces talus disposent leurs vignes ou leurs marcottes. D'autres, dans le but d'une plus grande économie, ne font leurs tranchées profondes que de deux pieds neuf pouces, et larges seulement de cinq pieds; ils laissent ensuite sans culture un espace trois fois plus large que la tranchée, et creusent les tranchées suivantes; puis, lorsque cette opération est finie pour toute l'étendue du vignoble, ils plantent sur les talus des marcottes enracinées ou de jeunes sarments coupés au moment de les confier à la terre, et ajoutent entre ce plant beaucoup de simples marcottes, qu'ensuite, dès qu'elles ont acquis de la force, ils propagent dans des fosses transversales qu'ils ouvrent aux points qu'ils avaient laissés d'abord sans les labourer, et terminent ainsi la disposition régulière de leur vignoble. Au surplus, nous regardons ces divers modes de plantation des vignes comme devant être parfois adoptés, et quelquefois repoussés, selon la nature et la disposition de chaque contrée.

 Il s'agit maintenant d'expliquer la manière de labourer la terre à la houe. D'abord tout le terrain, soit déjà planté, soit sauvage, que l'on destine à recevoir un vignoble, doit être entièrement dépouillé et débarrassé de tous les arbres et arbrisseaux qui s'y trouvent, pour que le cultivateur ne soit pas arrêté dans son travail, et pour que le sol qui aura été remué ne soit ni affaissé

gressu proculcetur. Neque enim parum refert, suspen-
sissimum esse pastinatum, et, si fieri possit, vestigio
quoque inviolatum : ut mota æqualiter humus novelli
seminis radicibus, quamcumque in partem prorepserint,
molliter cedat, ne incrementa duritia sua reverberet,
sed tenero velut nutritio sinu recipiat, et cœlestes admit-
tat imbres, eosque alendis seminibus dispenset, ac suis
omnibus partibus ad educandam prolem novam con-
spiret.

Campestris locus alte duos pedes et semissem infodien-
dus est ; acclivis regio tres ; præruptior vero collis vel
in quatuor pedes vertendus, quoniam quum a superiore
parte in inferiorem detrahitur humus, vix justum pastinationi præbet regestum : nisi multo editiorem ripam
quam in plano feceris. Rursus depressis vallibus minus
alte duobus pedibus deponi vineam non placet; nam
præstat non conserere, quam in summa terra suspen-
dere. Nisi tamen si scaturigo palustris obvia, sicut in
agro Ravennate, plus quam sesquipedem prohibeat in-
fodere. Primum autem prædicti operis exordium est,
non ut hujus temporis plerique faciunt agricolæ, sulcum
paulatim exaltare, et ita secundo, vel tertio gradu pervenire ad destinatam pastinationis altitudinem : sed protinus æqualiter linea posita rectis lateribus perpetuam fos-
sam educere, et post tergum motam humum componere,
atque in tantum deprimere, donec altitudinis mensu-

par les dépôts de bois, ni foulé aux pieds par les ouvriers qui enlèvent les branches et les troncs d'arbres.
Il importe beaucoup que le terrain travaillé reste sou-
levé et, s'il se peut, vierge de toute impression du pied,
afin que, également meuble, il laisse facilement pénétrer les racines du jeune plant, de quelque côté qu'elles
cherchent à s'étendre, et pour que, par sa dureté, la
terre ne s'oppose pas à leur tendance à prendre de l'accroissement ; mais, au contraire, les reçoive dans son sein
comme une tendre nourrice, s'imbibe des eaux pluviales
pour les répartir à cette jeune famille, et concoure en
toutes ses parties à son éducation.

Dans la plaine la terre sera remuée à la profondeur
de deux pieds et demi ; à trois pieds sur les pentes légères, et à quatre pieds sur les collines rapides : sans
cette précaution l'entraînement ordinaire de la partie
supérieure vers le point inférieur laisserait à peine l'é-
paisseur de sol labouré nécessaire à la plantation, à
moins cependant qu'on n'ait élevé les talus beaucoup
plus haut qu'en plaine. Dans le fond des vallées, il ne
convient pas d'enfoncer la vigne à moins de deux pieds ;
car il vaudrait mieux n'en pas planter, que de la sus-
pendre à la surface du sol. Pourtant, si des sources
marécageuses se présentent, comme dans le territoire de
Ravenne, elles s'opposent à ce que le plant soit enfoncé
au-dessous d'un pied et demi. On ne doit pas commencer ce travail, comme le font plusieurs agriculteurs de
nos jours, en élevant peu à peu le sillon et parvenant en
deux ou trois reprises à la profondeur que l'on donne
ordinairement au labour à la houe ; mais, sans inter-
ruption, on conduira au cordeau avec égalité toute
la fosse dont les côtés seront bien droits, on rejettera
derrière soi la terre remuée, et on continuera de creuser jusqu'à ce que l'on soit parvenu au point de profondeur déterminé. Alors on dirigera également le cordeau

ram datam ceperit; tum per omne spatium gradus æqualiter movenda linea est : obtinendumque, ut eadem
latitudo in imo reddatur, quæ cœpta est in summo. Opus
est autem perito ac vigilante exactore, qui ripam erigi
jubeat, sulcumque vacuari, ac totum spatium crudi
soli cum emota jam terra committi, sicut præcepi superiore libro, quum arandi rationem traderem, mo-
nendo, necubi scamna omittantur, et quod est durum,
summis glæbis obtegatur. Sed huic operi exigendo quasi
quamdam machinam commenti majores nostri, regulam
fabricaverunt, in cujus latere virgula prominens ad eam
altitudinem, qua deprimi sulcum oportet, contingit
summam ripæ partem. Id genus mensuræ ciconiam vocant rustici. Sed ea quoque fraudem recipit, quoniam
plurimum interest, utrum eam pronam, an rectam po-
nas; nos itaque huic machinæ quasdam partes adjecimus,
quæ contendentium litem disputationemque dirimerent;
nam duas regulas ejus latitudinis, qua pastinator sulcum
facturus est, in speciem Græcæ litteræ X decussavimus,
atque ita mediæ parti, qua regulæ committuntur, anti-
quam illam ciconiam infiximus, ut tanquam suppositæ
basi ad perpendiculum normata insisteret : deinde transversæ, quæ est in latere, virgulæ fabrilem libellam su-
perposuimus. Sic compositum organum, quum in sulcum
demissum est, litem domini et conductoris sine injuria
diducit : nam stella, quam diximus Græcæ litteræ faciem
obtinere, pariter imæ fossæ solum metitur, atque perli-

dans toute l'étendue de la fouille, et l'on obtiendra au
fond la même largeur qu'on a donnée à la partie supérieure de l'excavation. Pour arriver à ce but, on a besoin
de recourir à un habile et vigilant conducteur de travaux,
qui fasse bien dresser les bords de la tranchée, qui la
fasse bien vider, et qui prescrive de mélanger le sol non
remué avec la terre qui vient de l'être, comme je l'ai
enseigné dans le livre précédent, où j'ai dit comment
devait s'opérer le labourage, en avertissant de ne pas laisser de bancs, ni de recouvrir le terrain dur d'une couche
de mottes. Pour conduire à bien cette opération, nos
ancêtres employaient une sorte de machine consistant en
une règle dans laquelle une petite verge placée, donnant
la mesure de la profondeur désirée, atteignait le point
élevé des bords de la tranchée. Les paysans appellent
cigogne cette espèce de mesure. Mais elle peut induire
en erreur, puisqu'elle donne des résultats différents,
selon qu'on la tient droite ou inclinée. C'est cet inconvénient qui nous a déterminé à faire quelques additions
à cette machine pour aplanir les difficultés qui pourraient
s'élever sur l'appréciation du travail. Ainsi, nous avons
placé en sautoir, sous la forme de la lettre grecque X,
deux règles égales à la largeur que l'ouvrier doit donner
à la tranchée, et nous avons fixé, sur le point de rencontre de ces règles, l'ancienne cigogne, de manière
qu'elle s'asseoie perpendiculairement comme sur une
base; nous plaçons ensuite un niveau sur la petite verge
dont nous venons d'indiquer la position. L'instrument,
ainsi disposé dans la tranchée, lève toute difficulté de
mesure entre le maître et le conducteur : en effet, les
rayons de l'étoile que nous avons dit ressembler à la
lettre X, déterminent avec égalité la mesure du fond de
la fosse, puisque l'instrument, par sa position, soit inclinée, soit perpendiculaire, constate également bien
l'état des choses : c'est ce que démontre, dans l'un ou

brat, quia sive pronum, seu resupinum est, positione machinæ deprehenditur; quippe prædictæ virgulæ superposita libella alterutrum ostendit, nec patitur exactorem operis decipi. Sic permensum et perlibratum opus in similitudinem vervacti semper procedit : tantumque spatii linea promota occupatur, quantum effossus sulcus longitudinis ac latitudinis obtinet.

Atque id genus præparandi soli probatissimum est.

Quot modis vitis ponatur aut in provinciis, aut in Italia.

XIV. Sequitur opus vineæ conserendæ, quæ vel vere, vel autumno tempestive deponitur. Vere melius, si aut pluvius, aut frigidus status cœli est, aut ager pinguis, aut campestris et uliginosa planities : rursus autumno, si sicca, si calida est aeris qualitas; si exilis atque aridus campus ; si macer præruptusve collis; vernæque positionis dies fere quadraginta sunt ab idibus februariis usque in æquinoctium : rursus autumnalis ab idibus octobr. in kalendas decembres.

Sationis autem duo genera, malleoli, vel viviradicis, quod utrumque ab agricolis usurpatur, et in provinciis magis malleoli; neque enim seminariis student, nec usum habent faciendæ viviradicis. Hanc sationem cultores Italiæ plerique jure improbaverunt, quum plurimis dotibus præstet viviradix : nam minus interit, quum et calorem, et frigus, et ceteras tempestates propter firmitatem fa-

l'autre cas, le niveau placé sur la petite verge. Par ce moyen, le conducteur ne saurait être trompé par les ouvriers qu'il employe. Ainsi mesuré et nivelé, le travail avance toujours comme le labourage d'un guéret ; et le cordeau, que l'on fait marcher à mesure, doit occuper autant d'espace que la tranchée creusée aura d'étendue en longueur et en largeur.

Telle est la meilleure méthode pour la préparation du sol d'un vignoble.

De quelles manières on plante la vigne dans les provinces et en Italie.

XIV. Occupons-nous maintenant du travail qu'exige la plantation de la vigne.. Cette opération se fait soit au printemps, soit en automne. Le printemps est préférable, s'il est pluvieux ou froid, si le terrain est gras, ou plat et humide ; mais l'automne vaut mieux, quand le temps est habituellement sec et chaud ; quand le sol, en plaine, est maigre et aride, ou quand, élevé en colline, il est maigre et escarpé. La plantation du printemps se fait pendant quarante jours environ, depuis les ides de février jusqu'à l'équinoxe prochain, et celle d'automne depuis les ides d'octobre jusqu'aux calendes de décembre.

Il existe deux méthodes de plantation, soit les simples marcottes, soit les marcottes enracinées : ces deux modes sont également employés par les cultivateurs, excepté dans les provinces, où le premier a prévalu, parce qu'on ne s'y attache pas à faire des pépinières, et que, par conséquent, on n'y a pas formé de marcottes enracinées. Les vignerons d'Italie, pour la plupart, blâment à bon droit cette méthode, vu que la plantation des marcottes enracinées réunit beaucoup d'avantages :

cilius sustineat; deinde adolescit maturius, ex quo evenit, ut celerius quoque sit tempestiva edendis fructibus;
tum etiam nihil dubium est, sæpius translatum. Potest
tamen malleolus protinus in vicem viviradicis conseri
soluta et facili terra; ceterum densa et gravis, utique
vitem desiderat.

Meliorem esse positionem pastinato solo quam novali.

XV. Seritur ergo prius in cmundata, inoccataque et
æquata pastinatione, macro solo, quinis pedibus inter
ordines omissis; mediocri, senis; in pingui vero septe-
num pedum spatia danda sunt, quo largiora vacent intervalla, per quæ frequentes prolixæque materiæ dif-
fundantur; hæc in quincuncem vinearum metatio expe-
ditissima ratione conficitur : quippe linea per totidem
pedes, quot destinaveris interordiniorum spatiis, pur-
pura, vel quolibet alio conspicuo colore insuitur : eaque
sic denotata per repastinatum intenditur, et juxta pur-
puram calamus defigitur : atque ita paribus spatiis ordines diriguntur. Quod deinde quum est factum, fossor
insequitur, scrobemque alternis omissis per ordinem
spatiis a calamo ad proximum calamum non minus
altum, quam duos pedes et semissem, planis locis re-
fodit; acclivibus in dupondium et dodrantem; præcipitibus etiam in tres pedes.

en effet, il en périt moins, puisque, plus fortes, elles supportent mieux la chaleur, le froid et tous les mauvais temps; elles croissent d'ailleurs plus promptement, d'où il résulte qu'elles sont plus tôt en état de donner du fruit; ajoutons encore qu'on peut sans danger lui faire subir plusieurs transplantations. Pourtant, au lieu de plant enraciné, on peut faire usage de simples marcottes en terre légère et facile à manier; mais, si elle est compacte et lourde, il faut nécessairement lui confier de la vigne toute faite.

Il vaut mieux planter en terrain défoncé qu'en novales.

XV. La vigne sera donc plantée en terre bien labourée, nettoyée, hersée et aplanie, en laissant cinq pieds de distance entre les lignes, si le sol est maigre; six, s'il est médiocre; mais, quand il est gras, on donne un espace de sept pieds, parce que là il faut un intervalle plus large pour suffire au développement des sarments, qui y viendront nombreux et fort longs. On la disposera en quinconce par le procédé suivant qui ne présente aucune difficulté dans sa pratique. On coud sur un cordeau des morceaux d'étoffe pourpre ou de toute autre couleur éclatante, séparés entre eux par une distance d'autant de pieds qu'on en veut mettre entre les vignes; puis, ainsi préparé, le cordeau est tendu sur le champ, et à chaque marque on fiche un roseau en terre : ainsi sont déterminés à pareils intervalles les rangs qu'on désire tracer. Cela fait, l'ouvrier chargé de conduire les fosses commencera son travail, et, franchissant alternativement un des intervalles marqués sur la rangée, il pratiquera, depuis un roseau jusqu'au suivant, une tranchée qui n'aura pas moins de deux pieds et demi de profondeur dans les terrains plats; de deux pieds neuf pouces si le sol est incliné, et de trois pieds si la pente est rapide

In hanc mensuram scrobibus depressis viviradices ita deponuntur, ut a media scrobe singulæ et in diversum sternantur, et contrariis frontibus fossarum ad calamos erigantur. Satoris autem officium est, primum quam recentissimam, et, si fieri possit, eodem momento, quo serere velit, de seminario transferre plantam diligenter exemptam et integram; deinde eam velut veteranam vitem totam exputare, et ad unam materiam firmissimam redigere, nodosque et cicatrices allevare. Si quæ etiam radices (quod maxime cavendum est, ne fiat in eximendo) laboraverint, eas amputare; sic deinde curvatam deponere, ne duarum vitium radices implicentur : id enim vitare facile est per imum solum juxta diversa latera fossarum dispositis paucis lapidibus, qui singuli non excedant quinquelibrale pondus. Hi videntur, ut Mago prodit, et aquas hiemis, et vapores æstatis propulsare radicibus : quem sequutus Virgilius, tutari semina et muniri sic præcipit :

Aut lapidem bibulum, aut squallentes infode conchas;

et paulo post :

. . . . Jamque reperti
Qui saxo super atque ingentis pondere testæ
Urgerent : hoc effusos munimen ad imbres;
Hoc, ubi hiulca siti findit canis æstifer arva.

Idemque Pœnus auctor probat vinacea permixta stercori depositis seminibus in scrobem vires movere, quod illa provocent et eliciant novas radiculas; hoc per hiemem

Les fosses étant creusées à la profondeur voulue, on place les marcottes enracinées de manière que chacune d'elles y soit couchée au milieu dans un sens inverse, et qu'elles s'élèvent ainsi, par les côtés opposés des fosses, vers les roseaux. Le planteur doit transporter, de la pépinière au vignoble, ses plants arrachés avec soin, non mutilés, aussi frais qu'il est possible, et, si faire se peut, les enlever de terre au moment même où il veut les employer; puis les tailler tous ensuite comme les vieilles vignes, les réduire à un seul rameau vigoureux, et les débarrasser de leurs nœuds et de leurs cicatrices. S'il arrivait (ce qu'il faut surtout éviter en les arrachant) que quelques racines eussent souffert, il les coupera, puis il couchera sa jeune vigne de manière que les racines de deux plants ne s'embarrassent point entre elles. On évitera facilement cet inconvénient en disposant au milieu des fosses et transversalement quelques pierres dont le poids de chacune n'excèdera pas cinq livres. Il paraît, comme le prétend Magon, que ces pierres sont un préservatif contre les pluies de l'hiver et les chaleurs de l'été. Virgile a suivi ce précepte, et voici comme il prescrit de préserver et de fortifier le plant:

« Enfouissez ou des pierres poreuses ou des coquilles couvertes d'aspérités; »

et quelques vers après :

« On a vu des vignerons qui chargeaient les racines de pierres ou d'énormes tessons. Ainsi ils leur procuraient un rempart contre les pluies excessives et l'ardeur de la canicule, qui dessèche et fait gercer les guérets. »

L'auteur carthaginois que nous venons de citer prouve que le marc de raisin, mêlé au fumier dans les fosses où l'on plante les marcottes, augmente leur force en provoquant et faisant jaillir de nouveaux filets aux racines;

frigentem et humidam scrobibus inferre calorem tempestivum, ac per æstatem virentibus alimentum et humorem
præbere. Si vero solum, cui vitis committitur, videtur
exile, longius arcessitam pinguem humum scrobibus inferre censet : quod an expediat, regionis annona, opera-
rumque ratio nos docebit.

Quæ mensura pastinandi soli abunde sit vineis.

XVI. Exigue humidum pastinatum sationi convenit :
melius tamen vel arido, quam lutoso semen committitur;
idque quum supra summam scrobem compluribus internodiis productum est, quod de cacumine superest, duabus gemmis tantum supra terram relictis amputatur, et
ingesta humo scrobis completur. Coæquato deinceps
pastinato, malleolus ordinariis vitibus interserendus est :
eumque sat erit medio spatio, quod vacat inter vites,
per unam lineam depangere; sic enim melius et ipse
convalescet, et ordinariis seminibus modice vacuum solum ad culturam præbebitur. In eadem deinde linea, in
qua viviradix, obtinebit ordinem suum præsidii causa,
quorum ex numero propagari possit in locum demor-
tuæ vitis. Quinque malleoli pangendi sunt per spatium
pedis : isque pes a medio interordinio sumitur, ut ab
utraque parte paribus intervallis distent ?. Tali consitioni
Julius Atticus abunde putat esse malleolorum sexdecim
millia. Nos tamen plus quatuor millibus conserimus,

que ce compôt introduit à propos de la chaleur dans ces
tranchées pendant les hivers froids et humides, et, durant l'été, fournit de l'humidité et de la sève. Si le terrain auquel on confie la vigne paraît maigre, il est
d'avis qu'il y faut apporter de la terre grasse pour mettre
dans les fosses. Le prix des vivres et de la journée de
travail nous mettra à même d'apprécier si cette dépense est admissible.

Quelle quantité de terrain remué à la houe suffit à la vigne.

XVI. Le terrain remué à la houe et légèrement humide convient à la plantation de la vigne ; mais il vaut
mieux cependant la confier à un sol aride qu'à une terre
marécageuse. Quand le plant est élevé de plusieurs
nœuds au-dessus de la surface des fosses, on coupe
le superflu du jet, en laissant subsister seulement deux
yeux au-dessus du sol, et on comble de terre chaque
tranchée. La terre étant ensuite nivelée, on introduit
des marcottes entre les plants : il sera suffisant d'en pi-
quer dans le milieu de l'intervalle vacant entre les vignes
et sur la même ligne. Les marcottes ainsi disposées pousseront mieux, et il se trouvera assez d'espace pour que
l'on puisse cultiver le plant qui est dans les rangées. Ensuite dans la même ligne que les marcottes enracinées, il
sera, en cas que quelqu'une des jeunes vignes vienne à y
mourir, une ressource pour la remplacer. On doit planter cinq marcottes dans l'espace d'un pied, et ce pied
est pris à partir du milieu de l'intervalle, de manière
que, de chaque côté, la distance soit égale. Jules Atticus estime que pour une telle plantation seize mille marcottes suffisent. Quoi qu'il en soit, nous en mettons quatre
mille de plus, parce qu'il en périt une grande partie
par la négligence des vignerons, et que, de celles qui
survivent, le nombre diminue par les remplace-

quia negligentia cultorum magna pars deperit, et inte-
ritu seminum cetera, quæ virent, rarescunt.

Quemadmodum et quo tempore vitis serenda sit.

XVII. De positione surculi non minima disputatio fuit
inter auctores. Quidam totum flagellum, sicut erat matri
detractum, crediderunt sationi convenire : idque per
gemmas quinas, vel etiam senas partiti, complures ta-
leolas terræ mandaverunt : quod ego minime probo;
magisque assentior his auctoribus, qui negaverunt esse
idoneam frugibus superiorem partem materiæ, solam-
que eam, quæ est juncta cum vetere sarmento, probaverunt; ceterunt' omnem sagittam repudiaverunt. Sagittam rustici vocant novissimam partem surculi, sive
quia longius recessit a matre, et quasi emicuit, atque
prosiluit; sive quia cacumine attenuata, prædicti teli
speciem gerit. Hanc ergo prudentissimi agricolæ negaverunt conseri debere; nec tamen sententiæ suæ rationem nobis prodiderunt, videlicet quæ ipsis in re rustica
multum callentibus prompta erat, et ante oculos pæne
exposita : omnis enim fecundus pampinus intra quintam
aut sextam gemmam fructu exuberat, reliqua parte
quamvis longissima vel cessat, vel perexiguos ostendit
racemos; quam ob causam sterilitas cacuminis jure ab
antiquis incusata est. Malleolus autem sic ab iisdem
pangebatur, ut novello sarmento pars aliqua veteris
hæreret. Sed hanc positionem damnavit usus : nam quid-

ments auxquels donne lieu la mort de quelques jeunes vignes.

·

Comment et dans quel temps on doit planter la vigne.

XVII. La discussion est vive aussi entre les vignerons, par rapport à la manière de planter les marcottes enracinées. Les uns pensent qu'il faut mettre en terre tout le sarment, tel qu'il a été détaché de sa mère, et, après l'avoir partagé en boutures de cinq et même de six yeux, ils en forment plusieurs marcottes pour les planter : c'est ce que je suis bien éloigné d'approuver. Je me range plutôt à l'avis de ces auteurs qui ont nié que la partie supérieure de la branche fût propre à donner des fruits, et qui, n'admettant que la partie la plus rapprochée du vieux bois, rejettent le surplus de la flèche. Les paysans appellent flèche la jeune portion d'un sarment, soit parce que s'élançant et franchissant l'espace, elle laisse sa mère loin derrière elle, soit parce que, par sa pointe effilée, elle ressemble à l'espèce de dard qui porte ce nom. Les agriculteurs les plus éclairés nient qu'on doive en faire usage pour la plantation ; cependant ils ne nous ont pas donné le motif de leur opinion, sans doute parce qu'il était familier à toutes les personnes versées dans l'agriculture, et sautait, pour ainsi dire, aux yeux. En effet, tout pampre fécond ne donne beaucoup de fruits qu'au-dessous du cinquième ou du sixième œil ; le reste, quoique fort long, ou ne produit rien, ou n'offre que des grappes chétives. Telle est la cause qui, avec raison, a fait taxer de stérilité l'extrémité supérieure du sarment. Au surplus, ces cultivateurs tiraient leur marcotte de manière qu'une portion de vieux bois restât attachée au sarment nouveau ; mais l'usage a condamné cette méthode : car toute cette portion, mise en terre et recouverte, pourrissait prompte-

quid ex vetere materia relictum erat, depressum atque
obrutum, celeriter humore putrescebat, proximasque
radices teneras, et vixdum prorepentes, vitio suo ene-
cabat; quod quum acciderat, superior pars seminis re-
torrescebat. Mox Julius Atticus et Cornelius Celsus,
ætatis nostræ celeberrimi auctores, patrem atque filium
Sasernam sequuti, quidquid residui fuit ex vetere palma
per ipsam commissuram, qua nascitur materia nova,
resecuerunt, atque ita cum suo capitulo sarmentum de-
presserunt.

Quæ observare debet qui vitem ponit.

XVIII. Sed Julius Atticus prætorto capite et recurvato,
ne pastinum effugiat, prædictum semen demersit. Pastinum vocant agricolæ ferramentum bifurcum, quo semina
panguntur; unde etiam repastinatæ dictæ fuere vineæ
veteres, quæ refodiebantur : hæc enim propria appellatio
restibilis vineti erat; nunc antiquitatis imprudens con-
suetudo, quidquid emoti soli vineis præparatur, repastinatum vocat.

Sed redeamus ad propositum. Vitiosa est, ut mea fert
opinio, Julii Attici satio, quæ contortis capitibus malleolum recipit; ejusque rei vitandæ non una retio est : primum, quod nulla stirps ante quam deponatur vexata et
infracta melius provenit, quam quæ integra et inviolata
sine injuria deposita est; deinde, quidquid recurvum,
et sursum versus spectans, demersum est, quum tempestivum eximitur, in modum hami repugnat obluctanti

ment par l'effet de l'humidité, et, par l'altération qu'elle subissait, faisait périr dans son voisinage les jeunes racines qui commençaient à s'étendre; après quoi la partie supérieure de la marcotte se desséchait. Bientôt Jules Atticus et Cornelius Celse, auteurs des plus célèbres de notre âge, suivant les traces des deux Saserna, père et fils, retranchèrent tout ce qui restait du vieux bois au point même où naît le nouveau, et ainsi ne plantèrent que ce que l'on nomme proprement crossette.

Ce que doit observer celui qui plante une vigne.

XVIII. Jules Atticus plante ses marcottes après leur avoir tordu et recourbé la tête, de peur qu'elles n'échappent au pastinum. Les cultivateurs appellent pastinum l'outil en fer bifurqué ou à deux dents, avec lequel on enfonce les marcottes : c'est pourquoi ils désignent sous le nom de repastinées, les vieilles vignes dont on a remanié le fonds. On appelait proprement ainsi un vignoble resté en culture; maintenant, par ignorance des choses anciennes, on nomme repastiné tout terrain travaillé pour recevoir un vignoble.

Mais revenons à notre objet. La méthode de Jules Atticus, du moins c'est mon opinion, est vicieuse en ce qu'il tord la tête de ses marcottes, et il existe plus d'un motif pour s'écarter de son procédé : d'abord, parce qu'aucun plant, tourmenté et brisé avant d'être mis en terre, n'y pousse aussi bien que celui qui y est déposé sain et sans altération; ensuite, parce que ce plant, recourbé et tourné en l'air quand on l'enterre, opposera, lorsque le temps de l'arracher sera venu, de la résistance au fossoyeur comme ferait un croc, et, ainsi attaché au

fossori, et velut uncus infixus solo, ante quam extrahatur, prærumpitur : nam fragilis est ea parte materia, qua torta et recurvata, quum deponeretur, ceperat vitium; propter quod perfractam majorem partem radicum amittit. Sed ut incommoda ista præteream, certe illud, quod est inimicissimum, dissimulare nequeo; nam paulo ante, quum de summa parte sarmenti disputarem, quam sagittam dixeram vocitari, colligebam fere intra quintam vel sextam gemmam, quæ sint proximæ veteri sarmento, fructus medii. Hanc ergo fecundam partem consumit, qui contorquet malleolum; quoniam et ea pars, quæ duplicatur, tres gemmas vel quatuor obtinet, et reliqui duo vel tres fructuarii oculi penitus in terram deprimuntur, mersique non materias, sed radices creant; ita evenit, ut quod in salicto conserendo vitaverimus, id sequamur in ejusmodi malleolo, quem necesse est facere longiorem, si volumus detortum depangere; nec dubium, quin gemmæ cacumini proximæ, quæ sunt infecundæ, in eo relinquantur, ex quibus pampini pullulant vel steriles, vel certe minus feraces, quos rustici vocant racemarios.

Quid? quod plurimum interest, ut malleolus, qui deponitur, ea parte, qua est a matre decisus, coalescat, et celeriter cicatricem ducat. Nam si id factum non est, velut per fistulam, ita per apertam vitis medullam nimius humor trahitur, idemque truncum cavat : unde formicis, aliisque animalibus, quæ putrefaciunt crura

sol, se brisera avant d'en être extrait : car le bois est fragile à la partie qui a été tordue et recourbée au moment de la plantation : en raison de cette mauvaise pratique, il perd la majeure partie de ses racines qui se brisent. Même en passant sous silence ces inconvénients, je ne saurais dissimuler le plus grand de tous. Tout à l'heure, en parlant de l'extrémité du sarment que j'ai dit s'appeler la flèche, je désignais comme produisant des raisins le point intermédiaire entre le point de départ du vieux sarment et le cinquième ou sixième œil. Celui qui courberait ainsi la marcotte, altérerait cette partie féconde, puisque cette partie qui est reployée produit trois ou quatre bourgeons, que les deux ou trois autres yeux qui devaient porter fruit sont entièrement enfouis, et qu'ainsi il n'en sort plus de bois, mais seulement des racines. Il arrive donc, ce que nous éviterions en plantant une saussaie, que pour de telles marcottes de vigne il est nécessaire de les faire plus longues pour avoir de quoi enfoncer suffisamment après les avoir ployées. Il n'est pas douteux que les yeux les plus voisins de la pointe, lesquels sont inféconds, sont conservés pour ne produire que des pampres à peu près stériles, ou certainement les moins fertiles : ce sont ceux que les villageois appellent racémaires.

Que dirai-je de plus? Il importe au plus haut degré que la marcotte qui est déposée en terre s'y nourrisse au point par lequel elle a été détachée de sa mère, et se cicatrise au plus tôt. S'il n'en est pas ainsi, elle attire trop d'humidité par le canal de la moelle qui reste ouvert comme un chalumeau, et le tronc, bientôt creusé, fournit des retraites aux fourmis et à d'autres insectes qui font pourrir le pied de la vigne. C'est bien là ce qui

vitium, latebræ præbentur. Hoc autem evenit retortis seminibus : quum enim per exemptionem imæ partes eorum
perfractæ sunt, apertæ medullæ deponuntur; atque,
irrepentibus aquis, prædictisque animalibus, celeriter
senescunt. Quare pangendi optima est ratio recti malleoli,
cujus imum caput, quum consertum est bifurco pastini,
angustis faucibus ferramenti facile continetur ac depri-
mitur : idque sarmentum sic depressum citius coalescit.
Nam et radices e capite, qua recisum est, æque mittit :
quæ quum excreverunt, cicatricem obducunt, et alio-
quin plaga ipsa deorsum spectans non tantum recipit
humorem, quantum illa, quæ reflexa et resupina, more
infundibuli per medullam transmittit, quidquid aquarum cœlestium superfluit.

Quam longus debeat esse malleolus.

XIX. Longitudo, quæ debeat esse malleoli, parum
certa est, quoniam sive crebras gemmas habet, brevior
faciendus est : seu raras, longior. Attamen nec major
pede, nec dodrante minor esse debet : hic, ne per
summa terræ sitiat æstatibus; ille, ne depressus altius,
quum adoleverit, exemptionem difficilem præbeat. Sed
hæc in plano : nam in clivosis, ubi terra decurrit, potest
palmipedalis deponi. Vallis et uliginosi campi situ seri-
mus etiam trigemmem, qui est paulo minor dodrante,
longior utique semipede; isque non ab eo trigemmis di-
ctus est, quod omnino trium oculorum est, quum fere

arrive aux sarments tordus : car, comme leur partie inférieure a été brisée pour les détacher du tronc maternel,
la moelle reste à découvert, et, par l'effet de l'eau et des
insectes dont je viens de parler, les vignes qui proviennent de telles marcottes ne tardent pas à dépérir. C'est
pourquoi la saine raison prescrit de planter droites les
marcottes, dont alors la tête, en se trouvant engagée
entre les deux dents de la houe, y est facilement contenue et pressée, vu la gorge étroite de cette partie de
l'instrument. Ainsi comprimé le plant pousse promptement des racines nourricières : car il en projette aussi
du point qui a été coupé pour le séparer de sa mère,
lesquelles, en croissant, ferment la cicatrice de la marcotte ; cette plaie d'ailleurs tournée en bas ne reçoit
pas tant d'humidité que celle d'un rameau courbé, où
elle est tournée en haut : formant alors une sorte d'entonnoir, elle introduit dans la moelle tout ce qu'elle
reçoit des eaux pluviales.

Quelle longueur doit avoir la marcotte.

XIX. On est peu d'accord sur la longueur que doit
avoir la marcotte, puisqu'il faut la couper plus ou moins
courte, selon qu'elle a beaucoup ou peu de bourgeons.
Cependant elle ne doit pas avoir plus d'un pied ni
moins de neuf pouces : trop courte, elle aurait à la
surface du sol à souffrir de l'été ; trop longue et enfoncée profondément, elle deviendrait après sa croissance
difficile à arracher. Mais ceci ne doit s'appliquer qu'aux
terrains plats ; car sur les côteaux, d'où la terre tend
naturellement à se détacher, on peut enfoncer ce plant
à un pied et un palme. De même, dans les vallées et
les champs humides nous plantons des marcottes trigemmes : ce qui fait un peu moins de neuf pouces, et
toutefois un peu plus d'un demi-pied. Si on les appelle

circa plagam, qua matri abscissus est, plenus sit gemmarum; sed quod his exceptis, quibus est frequens in ipso capite, tres deinceps articulos, totidemque gemmas habet. Super cetera illud quoque sive malleolum, sive viviradicem serentem præmoneo, ne semina exarescant, immodicum ventum, solemque vitare, qui uterque non incommode arcetur objectu vestis, aut cujuslibet densi tegminis. Verumtamen præstat eligere sationi silentis vel certe placidi spiritus diem; nam sol umbraculis facile depellitur.

Sed illud etiam quod nondum tradidimus, antequam disputationi clausulam imponamus, dicendum est : an plurium generum vites habendæ sint, eæque separatæ et distinctæ specialiter, an confusæ et mixtæ catervatim.

Prius disseremus de eo, quod primum proposuimus.

Quot genera vitium ponenda sint.

XX. Prudentis igitur agricolæ est, vitem, quam præcipue probaverit, nulla interveniente alterius notæ stirpe conserere, numerumque quam maximum ejus semper augere; sed providentis est, diversa quoque genera deponere. Neque enim unquam sic mitis ac temperatus est annus, ut nullo incommodo vexet aliquod vitis genus : sive enim siccus est, id quod humore proficit contristatur; seu pluvius, quod siccitatibus gaudet; seu frigidus et pruinosus : quod non est patiens uredinis; seu fervens, quod vaporem non sustinet. Ac ne nunc mille

trigemmes, ce n'est pas qu'elles n'aient réellement que trois yeux, car vers le point détaché de la mère, elles en sont remplies ; mais c'est parce que, sans compter ceux-ci, il ne leur en reste que trois aux trois nœuds de cette fraction de sarment. Au reste, j'avertis le vigneron, qu'il plante des marcottes enracinées ou non, d'éviter, pour qu'elles ne se dessèchent pas, les grands vents et le soleil : il les en préservera efficacement par l'interposition d'un vêtement ou d'un tissu quelconque, suffisamment serré. Toutefois le mieux est de choisir pour cette opération un jour où le vent se tait, ou, du moins, ne souffle que modérément; quant au soleil, il est facile de s'en préserver par quelque ombrage.

Avant de terminer cette discussion, il nous reste à parler d'objets que nous n'avons pas encore traités : par exemple, convient-il d'avoir plusieurs variétés de vignes, et, dans ce cas, faut-il les tenir spécialement séparées et distinctes, ou confondues et mêlées ensemble?

Nous allons d'abord discuter la première de ces questions.

Quelles sont les espèces de vignes que l'on doit planter.

XX. Un agriculteur circonspect doit se borner à planter la variété qu'il croit la meilleure, sans mélange d'aucun plant de nouvelle espèce, et à la multiplier le plus qu'il peut; mais, s'il est prévoyant, il en emploiera de diverses natures. En effet, il ne se présente jamais d'année favorable et tempérée au point que quelque espèce de vigne n'ait à en souffrir : car si elle est sèche, l'espèce qui a besoin d'humidité dépérit; si elle est pluvieuse, c'est un contre-temps pour celle qui veut de la sécheresse; si elle est froide et brumeuse, le cépage qui ne peut supporter ces conditions de température réussit mal; si enfin elle est brûlante, elle fait tort à celui qui craint les grandes chaleurs. Sans entrer dans le

tempestatum injurias persequar, semper est aliquid, quod
vineas offendat. Igitur si unum genus severimus, quum
id acciderit, quod ei noxium est, tota vindemia priva-
bimur; neque enim ullum erit subsidium, cui diversa-
rum notarum stirpes non fuerint. At si varii generis
vineta fecerimus, aliquid ex iis inviolatum erit, quod
fructum perferat. Nec tamen ea causa nos debet compellere ad multas vitium varietates : sed quod judicave-
rimus eximium genus, id, quantæ multitudinis possumus, efficiamus; deinde quod proximum a primo; tum
quod est tertiæ notæ, vel quartæ quoque : eatenus velut
lectarum quodam contenti simus tetradio; satis est enim
per quatuor vel summum quinque genera vindemiæ fortunam opperiri.

De altero, quod mox proposueram, nihil dubito,
quin per species digerendæ vites disponendæque sint in
proprios hortos, semitis ac decumanis distinguendæ :
nec quod ipse potueram a meis familiaribus obtinere,
ut ante me quisquam eorum, qui quam maxime id probaverit, effecerit : est enim omnium rusticorum operum
difficillimum, quia et summam diligentiam legendis desiderat seminibus, et nonnihil discernendis : in quo
maxima plerumque felicitate et prudentia opus est,
sed interdum (quod ait divinus auctor Plato) rei nos
pulchritudo trahit, vel ea consectandi, quæ propter
infirmitatem commortalis naturæ consequi nequeamus.
Istud tamen, si ætas suppetat, et scientia facultasque cum

détail de mille intempéries, il survient toujours quelque temps fâcheux pour certaines vignes. Ainsi, en ne plantant qu'une espèce, si le temps qui lui est défavorable survient, nous serons privés de vendange, et il ne restera pas de ressource à celui qui n'aura pas cultivé plusieurs variétés; tandis que si nous composons notre vignoble de plusieurs espèces, il y en aura toujours quelqu'une de préservée, qui nous donnera ses fruits. Toutefois ce motif ne doit pas nous déterminer à multiplier beaucoup ces variétés : réunissons la meilleure dans une quantité convenable; puis celle qui en approche le plus, enfin une troisième ou même une quatrième qualité : alors contentons-nous de ce que nous appellerons ce quatuor d'élite. Il est bien suffisant de tenter la fortune par quatre chances de vendange ou par cinq tout au plus.

Pour la seconde des questions que je viens de me proposer, je n'en doute nullement, il est à propos de classer et de distribuer par espèces les vignes chacune dans son quartier, que l'on séparera par des sentiers et des chemins ouverts du levant au couchant; c'est ce que je n'avais pu moi-même obtenir de mes gens, c'est ce que je n'ai pas vu exécuter, même par ceux qui m'approuvaient le plus : une telle symétrie est, en effet, une œuvre très-difficile pour tous les paysans, parce qu'elle exige beaucoup d'attention dans l'examen et le choix des plants. Pour y parvenir, il faut le plus souvent seconder les hasards heureux par la prudence, et quelquefois (comme dit Platon, ce divin auteur) être attiré, par le charme du beau, vers un objet que la faiblesse de notre nature mortelle ne nous laisse guère l'espoir d'atteindre. Au surplus, si le temps nous le permet, si la science et notre pouvoir y concourent, nous ferons

voluntate congruant, non ægerrime perficiemus; quamvis non omnino minimo ætatis spatio perseverandum sit, ut magnus numerus per aliquot annos discernatur; neque enim omne tempus permittit ejus rei judicium; nam vites, quæ propter similitudinem coloris, aut trunci, flagellorumve dignosci nequeunt, maturo fructu foliisque declarantur. Quam tamen diligentiam, nisi per ipsum patremfamilias, exhiberi posse, non affirmaverim; nam credidisse villico, vel etiam vinitori, secordis est, quum, quod longe sit facilius, adhuc perpaucissimis agricolis contigerit, ut nigri vini stirpe careant, quamvis color uvæ possit vel ab imprudentissimo deprehendi.

Utrum distinctis generibus vitium horti conserendi sint?

XXI. Illa tamen una mihi ratio suppetit, celerrime, quod proposuimus, efficiendi, si sint veteranæ vineæ, ut separatorum surculorum cujusque generis singulos hortos inseramus : sic paucis annis multa nos millia malleolorum ex insitis percepturos, atque ita discreta semina per regiones consituros, nihil dubito. Ejus porro faciendæ rei nos utilitas multis de causis compellere potest : et ut a levioribus incipiam, primum, quod ad omnem rationem vitæ, non solum agricolationis, sed cujusque disciplinæ, prudentem delectant impensius ea, quæ propriis generibus distinguuntur, quam quæ passim velut abjecta, et quodam acervo confusa sunt. Deinde quod vel alienis-

très-volontiers ce travail, quoique pour une telle œuvre il faille une assez longue existence, en raison du grand nombre de ceps qui demandent quelques années pour être reconnus ; car toute sorte de temps n'est pas propre à cette étude, et telles vignes qu'à cause de la ressemblance de la couleur, du bois, et des sarments, on ne saurait distinguer, seront reconnues par leur feuillage et par leurs fruits parvenus à la maturité. Je n'affirmerai pourtant pas que, quelque zèle qu'on mette dans l'examen, il puisse être conduit à bien par un autre que par le père de famille. La négligence seule pourrait s'en rapporter à un fermier et même à un vigneron : car, quoique la chose soit facile, très-peu d'agriculteurs sont capables de déterminer quels sont les ceps qui produisent du vin noir, quoique pourtant la couleur de la grappe soit apparente pour le moins habile.

Doit-on planter par quartiers distincts les diverses espèces de vignes ?

XXI. Je connais un moyen de faire en peu de temps, si le vignoble est ancien, ce que nous nous sommes proposé pour la plantation des marcottes de chaque espèce dans des compartiments respectifs, et je ne doute point qu'ainsi on puisse se procurer en peu d'années des milliers de sujets tirés des cépages greffés, et qu'il ne soit ainsi possible de faire des plants de vignes différentes et distribuées par régions. Plusieurs motifs d'utilité peuvent nous déterminer à agir de cette manière. Pour commencer par les moins puissants, je dirai d'abord que dans toutes les positions de la vie, non-seulement pour l'agriculture, mais encore pour toute autre science, un homme de sens est plus satisfait de voir chaque chose classée par espèces distinctes, plutôt que jetée, en quelque sorte, au hasard et perdue dans la foule. Ensuite, la personne la plus étrangère à la vie rustique, venant dans un champ régulière-

simus rusticæ vitæ, si in agrum tempestive consitum
veniat, summa cum voluptate naturæ benignitatem
miretur, quum istinc bituricæ fructibus opimæ, hinc
pares iis helvolæ respondeant : illinc arcellæ, rursus
illinc spioniæ basilicæve conveniant, quibus alma tellus
annua vice (velut æterno quodam puerperio) læta, mortalibus distenta musto demittit ubera. Inter quæ favente
Libero fœtis palmitibus, vel generis albi, vel flaventis
ac rutuli, vel purpureo nitore micantis, undique versi-
coloribus pomis gravidus collucet autumnus. Sed hæc
quamvis plurimum delectent, utilitas tamen vincit vo-
luptatem; nam et paterfamilias libentius ad spectaculum
rei suæ, quanto est ea luculentior, descendit, et, quod
de sacro numine poeta dicit,

Et quocumque Deus circum caput egit honestum,

verum quocumque domini præsentis oculi frequenter
accessere, in ea parte majorem in modum fructus exuberat. Sed omitto illud, quod indescriptis etiam vitibus
contingere potest; illa, quæ sunt maxime spectanda,
persequar.

Diversæ notæ stirpes nec pariter deflorescunt, nec ad
maturitatem simul perveniunt. Quam ob causam, qui
separata generibus vineta non habet, patiatur alterum
incommodum necesse est, ut aut serum fructum cum
præcoque elevet, quæ res mox acorem facit; aut si maturitatem serotini exspectet, amittat vindemiam præco-

ment planté, admirera avec un grand plaisir les bienfaits
de la nature en voyant des bituriques, riches de leurs
grappes; des helvoles, qui les égalent en fécondité; là les
arcelles, ici les spionies et les royales, dont une terre
fertile se couvrant tous les ans, semblable à une mère
qui ne cesse d'enfanter, offre aux mortels ses mamelles
gorgées de moût. Parmi tant de richesses, grâce à Bac-
chus, on contemple l'automne resplendissant de rameaux
chargés de grappes ou blanches, ou jaunes, ou rouges,
ou brillant de l'éclat de la pourpre, et multipliant de
toutes parts des fruits de toutes les couleurs. Quoique
ce spectacle enchante les regards, l'utilité y surpasse encore le plaisir de la vue. Le père de famille descend
d'autant plus volontiers de la ville pour en jouir, que
sa terre est plus opulente; et ce que le poëte dit en parlant d'une divinité sacrée :

« Le vrai beau se présente partout où le dieu porte ses regards, »

peut s'appliquer au propriétaire visitant fréquemment
son domaine, et par sa présence y faisant naître les fruits
en plus grande abondance. Je passe sur cet avantage, qui
peut aussi être remarqué dans les vignes non classées; et
je vais continuer à examiner ce qui, dans les premières,
doit surtout attirer notre attention.

Les diverses espèces de vignes ne défleurissent pas en
même temps, et leurs raisins ne parviennent pas ensemble
à la maturité. Il en résulte que celui qui n'a pas fait la
séparation que je viens d'indiquer, subira nécessairement
un de ces deux inconvénients : ou il recueillera le fruit
tardif avec le précoce, et alors le vin éprouvera de l'aci-
dité, ou bien il attendra que le tardif soit mûr, et il perdra la vendange du hâtif qui, exposée à la voracité des

quem, quæ plerumque populationibus volucrum, plu-
viisque aut ventis lacessita dilabitur. Si verb interjecti-
bus capere cujusque generis fructum aveat, primum necesse est, ut vindemiatorum aleam subeat : neque enim
singulis totidem antistites dare potest, qui observent,
quique præcipiant, ne acerbæ uvæ cum maturis deme-
tantur : deinde etiam quarum vitium maturitas competit, quum diversæ notæ sint, melioris gustus ab deteriore corrumpitur, confususque in unum multarum sapor, vetustatis impatiens fit; atque ideo necessitas cogit
agricolam musti annonam expedire : quum plurimum
pretio accedat, si venditio vel in annum, vel in æstatem
certe differri possit.

Jam illa generum separatio summam commoditatem
habet, quod vinitor suam cuique facilius putationem
reddet, quum scit, cujus notæ sit hortus, quem deputet :
idque in vineis consemineis observari difficile est, quia
major pars putationis per id tempus administratur, quo
vitis neque folium notabile gerit. At multum interest,
pluresne an pauciores materias pro natura cujusque stirpis vinitor submittat, prolixisve flagellis incitet, an angusta putatione vitem coerceat.

Quin etiam, quam cœli partem spectat genus quodque vineti, plurimum refert; neque enim omne calido
statu, nec rursus frigido lætatur, sed est proprietas in
surculis, ut alii meridiano axe convalescant, quia rigore

oiseaux, au vent et à la pluie, ne peut guère échapper à ces trois fléaux. Si, au contraire, il s'attache à recueillir séparément les raisins de chaque variété, il faut qu'il s'attende à être trompé par les vendangeurs : car il n'est pas possible de donner à chacun d'eux des inspecteurs qui les observent et qui prescrivent de ne pas mêler le raisin vert avec le mûr. D'ailleurs, quand même toute la vendange serait également mûre, si les espèces sont différentes, le goût de la meilleure sera altéré par celui de la moins bonne, outre que plusieurs saveurs confondues ne permettent pas au vin de vieillir. Dans une telle circonstance la nécessité contraindra le cultivateur de vendre au plus tôt sa récolte de vin, tandis que le prix en augmenterait s'il pouvait, sans crainte d'altération, différer sa vente jusqu'à l'été ou à l'année suivante.

La séparation des variétés offre un avantage éminent, en ce que le vigneron procède plus facilement à la taille quand il connaît la nature du quartier sur lequel il va opérer : ce qu'il est difficile d'observer dans les vignes mélangées, parce que la majeure partie de la taille a lieu à une époque où la vigne ne porte pas encore de feuilles qui puissent les faire reconnaître. D'ailleurs il est fort important que, suivant la nature de chaque espèce, le vigneron laisse beaucoup ou peu de bois, de manière à les lancer en leur laissant de longs sarments, ou bien à les contenir par une taille plus courte.

L'orientation du vignoble n'est pas non plus à négliger : car toute espèce ne se plaît pas indifféremment à une exposition ou froide ou chaude, puisque, parmi les vignes, les unes ont la propriété de se fortifier au midi parce que le froid leur est dommageable, les autres de désirer

vitiantur; alii septentrionem desiderent, quia contristentur æstu; quidam temperamento lætentur orientis, vel occidentis. Has differentias servat pro situ et positione locorum, qui genera per hortos separat.

Illam quoque non exiguam sequitur utilitatem, quod et laborem vindemiæ minorem patitur et sumptum; nam et quæ maturescere incipiunt, tempestive leguntur, et quæ nondum maturitatem ceperunt uvæ, sine dispendio differuntur; nec pariter vetus atque tempestivus fructus præcipitat vindemiam, cogitque plures operas quantocumque pretio conducere. Jam et illud magnæ dotis est, posse gustum cujusque generis non mixtum, sed vere merum condere, ac separatim reponere, sive est ille bituricus, seu basilicus, seu spionicus; quæ genera quum sic diffusa sunt, quia nihil intervenit diversæ naturæ, quod repugnet, per potus tamen nobilitantur; neque enim post annos quindecim, vel paulo plures, deprehendi potest ignobilitas in gustu : quoniam fere omne vinum [post id tempus] eam qualitatem sortitur, ut vetustate acquirat bonitatem.

Quare, ut dicere instituimus, utilissima est generum dispositio; quam si tamen obtinere non possis, secunda est ratio, ut diversæ notæ non alias conseras vites, quam quæ saporem consimilem, fructumque maturitatis ejusdem præbeant. Potes jam, si te cura pomorum tangit, ultimis ordinibus in ea vineti fine, qua subjacet septentrionibus, ne quum increverint obumbrent, cacu-

le nord parce que la grande chaleur les chagrine; quelques autres préfèrent la température modérée de l'orient ou du couchant. Celui qui classe ses espèces par divisions distinctes, a égard à ces différences d'après la situation et l'exposition du sol.

Il se présente encore un avantage qui n'est pas de peu d'importance, puisqu'il tend à diminuer le travail et la dépense de la vendange. En effet, on peut recueillir à temps les raisins à mesure de leur maturité, et sans inconvénient on diffère la récolte de ceux qui ne l'ont pas encore atteinte. Ainsi on n'est pas exposé à gâter sa vendange par le mélange du raisin qui est mûr depuis quelque temps avec celui qui n'est qu'à son point, et on n'est point forcé de se pourvoir d'un grand nombre d'ouvriers à quelque prix que ce soit. C'est, en outre, un grand avantage, de pouvoir mettre à part chaque nuance de vin d'après son goût, et de le serrer dans toute sa pureté et séparément, soit qu'il provienne de la biturique, soit qu'il sorte de la royale ou de la spionée. Ces espèces ainsi serrées, comme leur goût n'est altéré par aucun mélange, ont tout de suite la qualité qu'elles doivent à leur origine : car, après quinze années ou un peu plus, le goût ne sait plus saisir les défauts d'un vin vulgaire, et alors presque tous les vins offrent cette particularité, que l'âge leur procure de la bonté.

C'est pourquoi, comme nous l'avons dit plus haut, le classement des variétés est d'une grande utilité. Si on ne pouvait l'effectuer, il faudrait recourir à un second procédé, qui consiste à ne rapprocher d'autres espèces de vignes que celles qui offrent une même saveur, et qui produisent des fruits qui mûrissent à la même époque. Vous pouvez encore, si vous êtes amateur de fruits, planter aux derniers rangs, vers le septentrion, pour n'avoir pas à souffrir de leur ombre, des figuiers, des

mina ficorum, pirorumve et malorum, depangere, quæ vel inseras interposito biennii spatio, vel si generosa sint, adulta transferas.

Hæc de positione vinearum. Superest pars antiquissima, ut præcipiamus etiam cultus earum, de quibus sequenti volumine pluribus disseremus.

poiriers et des pommiers à haute tige que vous grefferez au bout de deux ans, ou, s'ils sont de bonne espèce, que vous y transplanterez quand ils seront assez élevés.

Voilà ce que j'avais à dire sur la plantation des vignes. Il me reste à traiter de la partie la plus importante de leur culture, sur laquelle nous nous étendrons dans le livre suivant.

DE RE RUSTICA

LIBER IV.

Contra opinionem Attici et Celsi, non esse satis altos scrobes bipedaneos vineaticis seminibus.

1. Quum de vineis conserendis librum a me scriptum, Publi Silvine, compluribus agricolationis studiosis relegisses, quosdam repertos esse ais, qui cetera quidem nostra praecepta laudassent, unum tamen atque alterum reprehendissent : quippe seminibus vineaticis nimium me profundos censuisse fieri scrobes, adjecto dodrante super altitudinem bipedaneam, quam Celsus et Atticus prodiderant; singulasque viviradices singulis adminiculis parum prudenter contribuisse, quum permiserint iidem illi auctores minore sumptu geminis diductis duo continua per ordinem vestire pedamenta. Quae utraque ambiguam magis habent aestimationem, quam veram. Etenim (ut, quod prius proposui, prius refellam) si contenti bipedanea scrobe futuri sumus, quid ita censemus altius pastinare tam humili mensura vitem posituri? Dicet aliquis, ut sit inferior tenera subjacens terra, quae non arceat, nec duritie sua repellat novas irrepentes radiculas. Istud

DE L'ÉCONOMIE RURALE

LIVRE IV.

Contre l'opinion d'Atticus et de Celse : que des tranchées de deux pieds de profondeur ne sont pas suffisantes pour la plantation des marcottes de vigne.

I. Lorsque vous eûtes lu, devant plusieurs agronomes, Publius Silvinus, le livre que j'ai écrit sur la plantation des vignes, vous dîtes qu'il s'en trouva quelques-uns qui, tout en donnant des éloges à mes autres préceptes, en critiquèrent deux : d'abord ils pensent que je fais creuser trop avant les tranchées pour les marcottes de vigne, en ajoutant neuf pouces à la profondeur de deux pieds qu'avaient fixée Celse et Atticus ; ensuite ils n'approuvent pas que je ne donne qu'un soutien à chaque marcotte enracinée, quand ces deux auteurs permettent, pour diminuer la dépense, d'écarter du pied de chacune deux sarments pour leur faire couvrir deux échalas sur la même ligne d'une rangée. Ces deux assertions reposent plutôt sur une phrase ambiguë que sur la vérité. En effet (pour réfuter d'abord ce qui d'abord est contesté), pourquoi, si nous devons nous contenter d'une fosse de deux pieds, disons-nous qu'on doit labourer au-dessous du point où nous plaçons la vigne ? On dira que c'est pour qu'il se trouve sous elle de la terre ameublie qui, par sa dureté, n'écarte pas ou ne repousse pas les nouvelles radicules qui se développent. Mais ce but ne sera-t-il pas atteint lorsque le fonds aura été remué au louchet,

quidem contingere potest etiam, si ager bipalio movea-
tur, et deprimantur semina in regesto, quod est fer-
mentatum, plus dupondio semisse; nam semper in
plano refusius egesta humus tumidior est, quam gradus
soli crudi. Nec sane positio seminum sibi altum cubile
substerni desiderat : verum abunde est semipedaneam
consitis resolutam vitibus terram subjicere, quæ velut
hospitali atque etiam materno sinu recipiat incrementa
virentium. Exemplum ejus rei capiamus in arbusto, ubi,
quum scrobes defodimus, admodum exigui pulveris vi-
viradici subjicimus.

Verior igitur causa est, depressius pastinandi, quoniam jugata vineta melius consurgunt altioribus demissa
scrobibus; nam bipedanei vix etiam provincialibus agricolis approbari possunt, apud quos humili statu vitis
plerumque juxta terram coercetur, quum quæ jugo destinatur, altiore fundamento stabilienda sit : et, si modo
scandit excelsius, plus adjumenti terræque desiderat. Et
ideo in maritandis arboribus nemo minorem bipedanea
scrobem vitibus comparat. Ceterum illa parum prosunt
agricolarum studio præcipua commoda humilis positionis, quod et celeriter adolescant semina, quæ non fati-
gantur multo soli pressa pondere, fiantque uberiora,
quæ leviter suspensa sunt; nam utraque ista Julii Attici
ratio convincitur exemplo arbustivæ positionis, quæ scilicet multo validiorem fertilioremque stirpem reddit;

et que la marcotte aura été placée dans une fosse de
deux pieds et demi de profondeur où on aura préalablement répandu du fumier? Car, la terre remuée d'une
surface plane est plus gonflée que ne l'est le sol durci
par le temps. Assurément les plantations ne demandent
pas à reposer sur un lit fort profond, et l'on peut affirmer qu'il suffit d'ameublir sous les jeunes vignes une
couche d'un demi-pied de terre qui reçoi▮ ▮enfance de
ces végétaux comme dans un sein hospitalier et maternel.
Citons à l'appui les vignes mariées à des arbres : quand
nous creusons des fosses destinées à recevoir des marcottes, ne se borne-t-on pas à répandre un peu de
terre ameublie sous elles.

La meilleure méthode est donc de défoncer profondément la terre avec la houe à deux dents, puisque la
vigne destinée au joug s'élève d'autant mieux que les
fosses sont plus profondément creusées. Celles de deux
pieds peuvent à peine être employées par les cultivateurs
des provinces, qui, le plus souvent, arrêtent leurs vignes
très-bas et presque à la surface du sol; car pour celles
qui sont destinées au joug, elles veulent être établies
sur un fondement plus profond, et plus elles s'élèvent
haut, plus elles demandent le secours d'une forte couche
de terre. Aussi, lorsqu'on veut marier la vigne à des
arbres, personne ne donne moins de deux pieds à la profondeur des tranchées. Au reste, les avantages attribués par les cultivateurs à une excavation peu profonde
leur profitent peu : ces avantages, selon eux, consistent
en ce que le plant n'étant point fatigué par la pression
d'un poids considérable de terre pousse promptement,
et que, plus légèrement fixé, il devient plus fécond.
Ces deux raisons sur lesquelles s'appuie Jules Atticus sont
réfutées par l'exemple de la vigne mariée aux arbres,

quod non facerent, si laborarent altius demersa semina.
Quid, quod repastinata humus, dum est recens soluta
laxaque, velut fermento quodam intumescit? quum deinde
non longissimam cepit vetustatem, condensata subsidit,
ac velut innatantes radices vitium summo solo destituit?
Hoc autem ●●●us accidit nostræ sationi, in qua majore
mensura vitis demittitur. Nam quod in profundo semina
frigore laborare dicuntur, nos quoque non diffitemur;
sed non est dupondii et dodrantis altitudo, quæ istud
efficere possit; quum præsertim, quod paulo ante retulimus, depressior arbustivæ vitis satio tamen effugiat prædictum incommodum.

Non oportere unius viviradicis duos palos vestire, sed singula semina singulis
adminiculis esse contribuenda.

II. Alterum illud, quod minori impensa duos palos
unius seminis flagellis censent maritari, falsum est. Sive
enim caput ipsum demortuum est, duo viduantur statumina, et mox viviradices totidem substituendæ sunt,
quæ numero suo rationem cultoris onerant; sive vivit,
et ut sæpe venit, vel nigri est generis, vel parum fertilis, non in uno, sed in pluribus pedamentis fructus
claudicat: quanquam etiam generosæ stirpis vitem sic
in duos palos divisam rerum rusticarum prudentiores
existimant minus fertilem fore, quia cratem factura sit.
Et idcirco veteres vineas mergis propagare[1] potius, quam

laquelle produit incontestablement des ceps plus vigoureux et plus féconds : ce qui n'aurait pas lieu, si le plant
plus enfoncé souffrait de sa position. Ajouterai-je que le
fonds labouré à la houe s'enfle comme sous l'action d'un
levain, pendant que la terre est encore fraîchement remuée et ameublie; puis, quelque temps après, s'affaisse,
se durcit, et laisse à fleur de sol les racines qui semblent
y nager? Cet inconvénient se présente moins souvent dans
notre méthode, qui consiste à recouvrir la vigne d'une
plus épaisse couche de terrain. Quant à ce qu'on dit,
que les jeunes plants trop avant enfoncés en terre,
souffrent du froid, nous n'en disconvenons pas; mais
une profondeur de deux pieds neuf pouces ne peut offrir
cet inconvénient, puisque, comme nous l'avons dit un
peu plus haut, l'enfoncement des vignes mariées aux
arbres effectué à une plus grande profondeur n'occasionne même pas ce désavantage.

Qu'il ne faut pas unir une même marcotte enracinée à deux pieux, mais qu'il faut que chacun d'eux ait sa vigne particulière.

II. C'est une opinion erronnée, que celle qui pose en
principe qu'il y a moins de dépense à faire en mariant
à deux pieux les sarments d'une même vigne : car ou
elle vient à périr, et, les deux tuteurs restant vides, il
faut bientôt la remplacer par deux marcottes enracinées, qui augmentent les frais de culture; ou bien cette
vigne subsiste, et alors, comme il arrive souvent, ou elle
donne du raisin noir, ou elle est peu productive, et le
fruit manque, non pas sur ██ échalas, mais sur plusieurs. Les hommes les plus instruits en agriculture pensent que, fût-elle d'une espèce généreuse, une telle vigne,
divisée sur deux échalas, sera toujours moins féconde,
parce qu'elle formera la claie. C'est ce qui a déterminé
Atticus lui-même à prescrire de multiplier plutôt les
vieilles vignes par sautelles, que de les étendre à terre

totas sternere, idem ipse Atticus præcipit : quod mergi
mox facile radicantur, ita ut quæque vitis suis radicibus
tanquam propriis fundamentis innitatur. Hæc autem,
quæ toto prostrata corpore quum inferius solum quasi
cancellavit, atque irretivit, cratem facit, et pluribus
radicibus inter se connexis angitur, nec aliter, quam si
multis palmitibus gravata, deficit. Quare per omnia
prætulerim duobus potius seminibus depositis, quam
unico periclitari, nec id velut compendium consectari,
quod in utramque partem longe majus afferre possit
dispendium.

Sed jam prioris libri disputatio repetit a nobis pro-
missum sequentis exordium.

Novam consitionem vineæ, nisi assidua cultura adjuvetur, celeriter interire.

III. In omni genere impensarum, sicut ait Græcinus,
plerique nova opera fortius auspicantur, quam tuentur
perfecta. Nam quidam, ut inquit, ab inchoato domos
exstruunt, nec peræedificatis cultum adhibent. Nonnulli
strenue fabricant navigia, nec consummata perinde instruunt armamentis ministrisque. Quosdam emacitas in
armentis, quosdam exercet in comparandis mancipiis;
sed iisdem tuendis, nulla cura tangit. Multi etiam bene-
ficia, quæ in amicos contulerunt, levitate destruunt.

Ac ne ista, Silvine, miremur, liberos suos nonnulli
nuptiis votisque quæsitos avare nutriunt, nec disciplinis,

dans toute leur étendue, parce que les sautelles s'enra-
cinent vite et facilement, de manière que chaque nouvelle vigne s'affermit sur ses racines comme sur des
fondements. Il n'en est pas de même de celle qui, étendue tout de son long en terre, s'y est enchevêtrée en
manière de grille, y forme comme les mailles d'un filet,
souffre de l'enlacement de plusieurs de ses racines, et
dépérit autant que si elle était surchargée d'une multitude de sarments. C'est pourquoi, après tout, je
préfèrerais la plantation de deux marcottes au risque
qu'offre une seule, et je ne regarderais pas comme une
économie, ce qui, dans tous les cas, peut conduire à une
dépense plus considérable.

Mais la dissertation qui a fait l'objet du livre précédent
exige que nous nous occupions sans plus tarder de la matière que nous avons promis de traiter dans celui-ci.

**Qu'une nouvelle plantation de vigne ne tarde pas à périr, si on ne la féconde
par une culture assidue et bien faite.**

III. Dans toute espèce de dépenses, comme dit Grécinus, l'homme déploie en général plus d'énergie pour entreprendre une nouvelle opération que pour en suivre le
perfectionnement. Certaines personnes, ajoute-t-il, commencent des édifices depuis leurs fondements, et après l
grosse construction, ne s'occupent plus des embellisse-
ments. Quelques-unes mettent beaucoup d'activité à construire des navires, et quand ils sont achevés, elles ne
les pourvoient ni d'agrès ni de matelots. Tel a la manie
d'acheter des bestiaux, tel autre celle d'acquérir des esclaves; mais ni l'un ni l'autre ne s'inquiète de leur entretien.
Beaucoup de gens aussi détruisent par leur légèreté les
bienfaits dont ils ont favorisé leurs amis.

Ces conséquences, Silvinus, ne doivent point nous
étonner, puisque nous voyons des hommes qui nourris-

aut ceteris corporis excolunt instrumentis. Quid iis colligitur? scilicet plerumque simili genere peccari etiam ab agricolis, qui pulcherrime positas vineas, antequam pubescant, variis ex causis destituunt. Aliisumptum annuum refugientes, et hunc primum reditum certissimum existimantes, impendere nihil, quasi plane fuerit necesse vineas facere, quas mox avaritia desererent. Nonnulli magna potius, quam culta, vineta possidere pulchrum esse ducunt. Cognovi jam plurimos, qui persuasum haberent, agrum bonis ac malis rationibus colendum. At ego, quum omne genus ruris, nisi diligenti cura, sciteque exerceatur, fructuosum esse non posse judicem, tum vel maxime vineas. Res enim est tenera, infirma, injuriæ maxime impatiens, quæ plerumque nimio labore et ubertate consumitur, peritque, si modum non adhibeas, fecunditate sua. Quum tamen aliquatenus se confirmavit, et veluti juvenile robur accepit, negligentiam sustinet. Novella vero, dum adolescit, nisi omnia justa perceperit, ad ultimam redigitur maciem, et sic intabescit, ut nullis deinceps impensis recreari possit. Igitur summa cura ponenda sunt quasi fundamenta, et ut membra infantium a primo statim die consitionis formanda : quod nisi fecerimus, omnis impensa incassum recidat, nec prætermissa cujusque rei tempestivitas revocari queat. Experto mihi crede, Silvine, bene positam vineam bonique generis et bono cultore, nunquam non cum magno

sent chichement des enfants que de tous leurs vœux ils
demandaient au mariage, et qui ne cultivent ni les dispositions de leur esprit ni celles de leur corps. Qu'en faut-il
conclure? que des fautes semblables sont ordinairement
commises par ces cultivateurs qui, par divers motifs, abandonnent, avant qu'elles soient mises en état de produire,
les vignes que pourtant ils avaient admirablement plantées.
D'autres, voulant éviter une dépense annuelle, et regar-
dant comme le premier et le plus certain revenu l'absence
de toute dépense, abandonnent bientôt par avarice leur
vignoble, comme s'ils avaient été contraints à le planter.
On en voit qui tiennent beaucoup plus à la grande étendue qu'à la bonne culture de cette exploitation. J'ai connu
bon nombre de gens qui étaient persuadés qu'il suffisait
de cultiver un champ, bien ou mal. Quant à moi, je juge
que toute espèce de terre, et surtout les vignobles, ne
peut bien produire, si elle n'est travaillée avec un grand
soin et par un homme habile. En effet, la vigne est un
arbrisseau délicat, faible, redoutant surtout les intempéries, qui souvent se consume par ses efforts excessifs
et ses surabondantes productions, et qui périt par sa
propre fécondité, si on ne sait pas la modérer. Cependant lorsque, au bout de quelque temps, elle a pris de
la force et est parvenue à une sorte de vigueur juvénile,
elle ne souffre pas trop de la négligence; mais, pendant
sa première jeunesse, si on ne lui donne pas les soins
convenables, elle est bientôt réduite à une extrême maigreur, et elle s'exténue tellement, que désormais aucune
dépense ne peut la rétablir. Il faut donc poser, en quelque sorte, ses fondements avec un grand soin, et dès le
premier jour de sa plantation, s'occuper de ses membres
comme de ceux d'un enfant : si on ne procède pas ainsi,
toute dépense tombera en pure perte, et le moment
propre à chaque opération n'ayant pas été saisi, il sera
impossible d'y revenir. Croyez-en mon expérience, Sil-

fœnore gratiam reddidisse. Idque non solum ratione,
sed etiam exemplo nobis idem Græcinus declarat eo libro,
quem de vineis scripsit, quum refert, ex patre suo sæpe
se audire solitum, Paridium quemdam Veterensem vicinum suum duas filias, et vineis consitum habuisse fundum; cujus partem tertiam nubenti majori filiæ dedisse
in dotem, ac nihilo minus æque magnos fructus ex duabus partibus ejusdem fundi percipere solitum ; minorem
deinde filiam nuptui collocasse in dimidia parte reliqui
agri, nec sic ex pristino reditu detraxisse. Quo quid
conjicit? nisi melius scilicet postea cultam esse tertiam
illam fundi partem, quam antea universam.

Prosterni vitem in scrobem et recurvatam usque ab imo solo rectam calamo
applicari oportere.

IV. Et nos igitur, Publi Silvine, magno animo vineas
ponamus, ac majore studio colamus; quarum consitionis
sola illa commodissima ratio est, quam priore tradidimus exordio[2], ut facta in pastinato scrobe, [tota] vitis a
media fere parte sulci prosternatur, et ad frontem ejus
ab imo usque recta materies erigatur, calamoque applicetur; id enim præcipue observandum est, ne similis
sit alveo scrobs, sed ut expressis angulis velut ad perpendiculum frontes ejus dirigantur. Nam vitis supina, et
velut recumbens in alveo deposita, postea quum abla-
queatur, vulneribus obnoxia est; nam dum exaltare
fortius orbem ablaqueationis fossor studet, obliquam

vinus, une vigne bien plantée, de bonne espèce, et cultivée par un bon vigneron, récompense largement des soins qu'elle a coûtés. Grécinus, que nous venons de citer, nous le prouve, non-seulement par le raisonnement, mais encore par l'exemple qu'il en donne dans le livre qu'il a écrit sur la culture des vignes : il y rapporte qu'il a fréquemment entendu dire à son père, qu'un certain Paridius de Vetera, son voisin, avait deux filles et un vignoble, et qu'après avoir donné le tiers de sa propriété en dot à l'aînée qu'il maria, il n'obtint pourtant pas un moindre revenu des deux tiers qui lui restaient. Ensuite, ayant marié sa seconde fille, il lui assigna la moitié de ce qui lui restait de son fonds; et du tiers qu'il conserva il tira un produit égal à celui que lui donnait sa vigne entière. Que conclure de là, si ce n'est que le dernier tiers de son fonds fut mieux cultivé par la suite que ne l'avait été d'abord la totalité?

Qu'il faut coucher la vigne dans la fosse, et, après l'avoir conduite courbé depuis le fond, la dresser le long d'un roseau.

IV. Plantons donc des vignes avec une grande ardeur, Publius Silvinus, et cultivons les avec un plus grand soin encore. La seule bonne méthode de plantation est celle que nous avons donnée dans le livre précédent, et qui consiste à coucher les marcottes dans une fosse pratiquée dans un terrain bien labouré à la houe, vers le milieu de la tranchée, de manière à dresser le plant depuis ce point jusqu'au sommet de l'excavation, pour l'attacher ensuite à un roseau. On aura soin surtout de ne pas rendre cette tranchée semblable à une auge, mais de la tailler perpendiculairement et de lui donner des angles bien droits. En effet, un plant étendu et comme couché sur les parois d'une auge, est exposé à des blessures quand on vient à le déchausser; car, lorsque le fossoyeur s'applique à creuser profondément dans le cercle qu'il trace pour le déchaussement, il atteint souvent cette vigne inclinée, et

vitem plerumque sauciat , et nonnunquam præcidit. Meminerimus ergo usque ab imo scrobis solo rectum adminiculo sarmentum applicare, et ita in summum per-
ducere. Tum cetera, ut priore libro præcepimus. Ac
deinde duabus gemmis superexstantibus terram coæquare.
Deinde malleolo inter ordines posito, crebris fossionibus
pastinatum resolvere atque in pulverem redigere. Sic
enim malleoli, et viviradices, et reliqua semina, quæ
deposuerimus, convalescent, si mollis ac tenera humus
nullis herbis irrepentibus humorem stirpibus præbuerit :
nec duritia soli novellas adhuc plantas velut arcto vinculo compresserit.

A consitione omnibus mensibus fodiendum et curandum ne herbæ nascantur.

V. Numerus autem vertendi soli bidentibus, ut verum
fatear, definiendus non est , quum quanto crebrior sit,
plus prodesse fossionem conveniat. Sed quoniam impensarum ratio modum postulat , satis plerisque visum est,
ex kalendis martiis usque in octobres tricesimo quoque
die novella vineta confodere, omnesque herbas, et præcipue gramina exstirpare : quæ nisi manu eliguntur, et
in summum rejiciuntur, quantulacumque parte adobruta
sunt, reviviscunt, et vitium semina ita perurunt, ut
scabra atque retorrida efficiant.

De pampinatione malleolis et viviradicibus facienda.

VI. Ea porro sive malleolo , seu viviradice deposui-

quelquefois même la coupe entièrement. N'oublions donc pas de tenir droit depuis le fond de la fosse le sarment bien soutenu, et de le conduire ainsi jusqu'en haut. Pour le surplus, on se conformera à ce que nous avons prescrit dans notre premier livre; puis on aplanira la terre au-dessus de laquelle s'élèveront deux yeux de la marcotte; et le plant ayant été bien aligné, on ameublit le terrain par de fréquents binages à la houe, et on le rend léger comme de la poussière. Ainsi les sarments, les marcottes enracinées, et tous autres plants mis en terre, croissent vigoureusement, pourvu qu'un terrain meuble et tendre, débarrassé des herbes parasites, fournisse de la sève aux racines, et qu'un sol compact n'étreigne pas dans un lien serré la plante nouvellement plantée.

Depuis la plantation il faut serfouir tous les mois, et veiller à ce qu'il ne pousse pas d'herbes.

V. A vrai dire, on ne saurait déterminer combien de binages on doit faire avec la houe à deux dents, puisque, plus ils seront répétés, plus les plantes en tireront avantage; mais, comme la dépense est naturellement bornée, il paraît généralement suffisant de fouir les nouveaux vignobles tous les trente jours, à partir des calendes de mars jusqu'à celles d'octobre, et d'extirper toutes les mauvaises herbes, surtout le chiendent : ces herbes, si on ne les sarcle pas à la main, et qu'on ne les jette pas sur la superficie du sol, repoussent, quelque petite que soit la partie qui reste en terre, et brûlent tellement les jeunes plants de vigne, qu'ils deviennent galeux et rabougris.

De l'épamprement à faire aux marcottes tant simples qu'enracinées.

VI. Que notre plantation ait été faite, soit en sar-

mus, optimum est, ab initio sic formare, ut frequenti pampinatione supervacua detrahantur; nec patiamur plus, quam in unam materiam, vires et omne alimentum conferre. Primo tamen bini pampini submittuntur, ut sit alter subsidio, si alter forte deciderit. Quum deinde paulum induruere virgæ, tum deteriores singulæ detrahuntur. Ac ne, quæ relictæ sunt, procellis ventorum decutiantur, molli et laxo vinculo assurgentes subsequi conveniet, dum claviculis suis quasi quibusdam manibus adminicula comprehendant. Hoc si operarum penuria facere prohibet in malleolo, quem et ipsum pampinare censemus : at certe in ordinariis vitibus utique obtinendum est, ne pluribus flagellis emacientur, nisi si propaginibus futuris prospiciemus : sed ut singulis materiis serviant, quarum incrementa elicere debebimus, applicato longiore adminiculo, per quod prorepant in tantum, ut sequentis anni jugum exsuperent, et in fructum curvari possint. Ad quam mensuram quum increverint, cacumina infringenda sunt, ut potius crassitudine convalescant, quam supervacua longitudine attenuentur. Idem tamen sarmentum, quod in materiam submittimus, ab imo usque in tres pedes et semissem pampinabimus, et omnes ejus intra id spatium nepotes enatos sæpius decerpemus. Quidquid deinde supra germinaverit, intactum relinqui oportebit. Magis enim convenit proximo autumno falce deputari superioram partem, quam æstivo tempore pampinari : quoniam ex eo loco, unde nepotem

ments, soit en marcottes enracinées, il est très-important de bien façonner la vigne dès le principe, de la débarrasser des parties superflues par un fréquent épamprement, et de diriger toutes les forces et toute la nourriture de chaque plant vers une tige unique. Toutefois on maintient d'abord deux rameaux, afin que l'un d'eux serve de ressource si l'autre venait à périr. Lorsqu'ils ont pris de la consistance, on détache le moins vigoureux; et pour que le survivant ne soit pas exposé à être brisé par l'impétuosité des vents, il sera convenable de le soutenir, tandis qu'il grandit, avec un lien mou et peu serré jusqu'à ce qu'il puisse, comme avec des mains, s'attacher de ses vrilles à ses supports. Si le défaut d'ouvriers empêche de faire ce travail pour les simples marcottes, que nous croyons devoir aussi être épamprées, on ne saurait s'en dispenser pour les vignes enracinées, qui seraient bientôt affaiblies par trop de sarments, à moins pourtant qu'on n'ait en vue de faire plus tard des provins. Quant au bois conservé, nous devons faciliter son accroissement en lui adaptant un long échalas, au moyen duquel il s'étend assez pour surpasser le joug qui doit le supporter l'année suivante, et pouvoir être courbé de manière à donner du fruit. Parvenue à cette hauteur, la cime de la vigne sera cassée, afin qu'elle se fortifie par la grosseur au lieu de s'exténuer par un prolongement superflu. Au surplus, nous épamprerons jusqu'à la hauteur de trois pieds et demi le sarment conservé pour devenir cep, et nous enlèverons souvent tous les rejetons intermédiaires entre le pied et la cime; mais il faut laisser intactes toutes les pousses supérieures. Il vaudra mieux, dans l'automne prochain, tailler à la serpe ces sommités, que de les épamprer durant l'été, parce qu'il reparaît aussitôt, au point où vous avez arraché un rejeton, un nouveau bourgeon dont la naissance empêche qu'il ne reste sur

ademeris, confestim alterum fundit : quo enato, nullus relinquitur oculus in ipsa materia, qui sequenti anno cum fructu germinet.

VII. Omnis autem pampinationis ea est tempestivitas, dum adeo teneri palmites sunt, ut levi tactu digiti decutiantur; nam si vehementius induruerint, aut majore nisu convellendi sunt, aut falce deputandi; quod utrumque vitandum est : alterum, quia lacerat matrem [si revellere coneris], alterum, quia sauciat, quod in viridi et adhuc stirpe immatura fieri noxium est. Neque enim eatenus plaga consistit, qua vestigium fecit acies : sed æstivis caloribus falce vulnus penitus impressum latius inarescit ita, ut non minimam partem de ipso matris corpore enecet. Atque ideo, si jam caulibus duris falcem adhibere necesse est, ii paululum ab ipsa matre recidendi, et velut reseces relinquendi sunt[3], qui caloris excipiant injuriam, eatenus, qua nascuntur a latere palmites; ultra enim non serpit vaporis violentia. In malleolo similis ratio est pampinandi, et in longitudinem eliciendi materiam, si eo velimus anniculo uti, quod ego sæpe feci; sed si propositum est utique recidere, ut bimo potius utamur, quum ad unum pampinum jam redegeris, et ipse excesserit pedalem longitudinem, decacuminare conveniet, ut in cervicem potius confirmetur, et sit robustior. Atque hæc positorum seminum prima cultura est.

le bois des yeux qui, l'année suivante, auraient porté fruit.

Que le moment favorable pour l'épamprement est celui où l'on peut casser les jets avec les doigts.

VII. Le temps le plus propre à tout épamprement est celui où les pampres sont encore assez tendres pour céder à la moindre action du doigt; car, s'ils avaient pris plus de consistance, il faudrait plus d'effort pour les arracher, ou recourir au tranchant de la serpe, deux choses qu'il faut éviter : l'une, parce qu'en s'efforçant de détacher les pampres, on déchire la mère; l'autre, parce qu'on fait une blessure qui est toujours grave dans une plante verte et qui n'est point encore mûre. La plaie d'ailleurs ne se borne pas à l'aire de la coupure; mais il arrive que, sous les chaleurs de l'été, la blessure profonde que fait la serpe cause un dessèchement tellement étendu, qu'il tue la plus grande partie du corps de la mère. C'est pourquoi, s'il faut employer le fer pour retrancher des pampres déjà durs, on ne les coupera qu'à une certaine distance de la mère, et on les traitera comme les coursons, afin qu'ils supportent seuls le mauvais effet de la chaleur; cette opération s'étendra jusqu'au nœud où naissent des bourgeons latéraux : la violence de la chaleur ne se communique pas au delà. On suit la même méthode, et je l'ai mise en pratique, pour épamprer les simples marcottes, comme pour exciter le bois dont on peut se servir dès la première année en l'allongeant convenablement. Si, au contraire, on se propose de les couper entièrement pour n'en faire usage qu'à deux ans, après les avoir réduites à un seul sarment, on l'étêtera dès qu'il aura plus d'un pied de longueur, afin qu'il se fortifie vers le haut et devienne plus robuste. Tels sont les premiers soins qu'exigent les jeunes plants de vignes.

Per autumnum ablaqueandam esse vineam.

VIII. Sequens deinde tempus, ut prodidit Celsus, et
Atticus, quos in re rustica maxime nostra ætas proba-
vit, ampliorem curam deposcit. Nam post idus octobris,
priusquam frigora invadant, vitis ablaqueanda est : quod
opus adopertas ostendit æstivas radiculas, easque prudens agricola ferro decidit. Nam si passus est convale-
scere, inferiores deficiunt, atque evenit, ut vinea summa
parte terreni radices agat, quæ et frigore infestentur,
et caloribus majorem in modum æstuent, ac vehementer sitire matrem in ortu caniculæ cogant. Quare quidquid intra sesquipedem natum est, quum ablaqueaveris,
recidendum est. Sed hujus non eadem ratio est amputandi, quæ traditur in superiori parte vitis. Nam minime
allevanda plaga est, minimeque applicandum ferramentum ipsi matri : quoniam si juxta truncum radicem præ-
cideris, aut ex cicatrice plures enascentur, aut hiemalis,
quæ ex pluviis consistit [4] in lacusculis ablaqueationis,
aqua, brumæ congelationibus nova vulnera peruret, et
ad medullam penetrabit : quod ne fiat, recedere ab ipso
codice instar unius digiti spatio conveniet, atque ita
radiculas præcidere; quæ sic ademptæ non amplius pullulant, et a cetera noxa truncum defendunt. Hoc opere
consummato, si est hiems in ea regione placida, patens
vitis relinquenda est; sin violentior id facere prohibet,
ante idus decembris prædicti lacusculi æquandi sunt. Si

On doit déchausser la vigne en automne.

VIII. Ainsi que le disent Celse et Atticus, dont notre
siècle apprécie les connaissances en agriculture, le temps
qui suit la première année demande de plus grands soins
que tout autre. En effet, après les ides d'octobre, et
avant l'invasion des froids, la vigne doit être déchaussée.
Par cette opération, on met au jour les radicules qui ont
poussé durant l'été, et que tout cultivateur sensé coupe
avec le fer : car, s'il leur donnait le temps de se fortifier, elles affaibliraient les racines inférieures, et il en
résulterait que la vigne en projetterait à fleur de terre, qui
seraient incommodées de l'âpreté du froid, et, durant les
chaleurs, échauffées outre mesure, feraient souffr de la soif
la tige mère au lever de la canicule. C'est pourquoi, après
le déchaussement, on coupe tout ce qui s'élève en deçà
d'un pied et demi. Mais on n'use pas, pour cette amputation, des mêmes procédés que pour les rameaux de la
vigne; car il ne sera pas nécessaire de parer la plaie, ni
de porter le fer jusqu'à la racine mère; puisque, si l'on
coupait tout près de ce tronc, plusieurs radicules renaî-
traient près de la cicatrice, et que, durant l'hiver, l'eau
des pluies, qui se fixe dans les cavités de la fosse de déchaussement, brûlerait, par les gelées du solstice de
cette saison, les blessures récentes encore, et pénétrerait
jusqu'à la moelle. Pour que cet accident n'ait pas lieu, il
conviendra d'opérer à la distance d'un doigt de la partie
dégarnie, et d'y retrancher les radicules, qui, ainsi enle-
vées, ne repousseront pas et n'occasionneront plus d'inconvénient à la vigne. Cet ouvrage étant terminé, si
dans la contrée l'hiver est doux, on laissera à nu la
partie déchaussée; mais s'il y est rigoureux, on rem-
plira les cavités et on aplanira le sol avant les ides de
décembre. Si l'on a à redouter des froids excessifs, il faudra même, avant de rechausser, étendre sur les racines

vero etiam præ   gelida frigora regionis ejus suspecta erunt,
aliquid fimi, vel, si est commodius, columbini stercoris,
aut in hunc usum præparatæ veteris urinæ senos sextarios, antequam vitem adobruas, radicibus superfundes.
Sed ablaqueare omnibus autumnis oportebit, primo
quinquennio, dum vitis convalescat : ubi vero truncus
adoleverit, fere triennio intermittendus est ejus operis
labor; nam et minus ferro crura vitium læduntur, nec
tam celeriter radiculæ inveterato jam codice enascuntur.

Quemadmodum ablaqueata vinea putetur.

IX. Ablaqueationem deinde sequitur talis putatio, ut
ex præcepto veterum auctorum vitis ad unam virgulam
revocetur, eaque recidatur duabus gemmis juxta terram
relictis. Quæ putatio non debet secundum articulum
fieri, ne reformidet oculus, sed medio fere internodio ea
plaga obliqua falce fit; ne, si transversa fuerit cicatrix,
cœlestem superincidentem aquam contineat. Sed nec ad
eam partem, qua est gemma, verum ad posteriorem de-
clinatur, ut in terram potius devexa, quam in germen
delacrumet : namque defluens humor cæcat oculum, nec
patitur frondescere.

Quod sit optimum tempus putandi.

X. Putandi autem duo sunt tempora; melius autem,
ut ait Mago, vernum, antequam surculus progerminet,
quoniam humoris plenus facilem plagam, et levem, et
æqualem accipit, nec falci repugnat. Hunc autem sequuti

une légère couche de fumier, ou, si l'on veut, de la
fiente de pigeon, ou encore six setiers d'urine vieillie préparée pour cet usage. Durant les cinq premières années,
il sera nécessaire, tous les automnes, de déchausser la
jeune vigne pour qu'elle pousse avec force; mais, quand
son tronc sera devenu fort, on pourra n'opérer le
déchaussement que tous les trois ans environ : car alors
on est moins exposé à blesser avec le fer le pied de
l'arbrisseau, et les radicules renaissent moins vite sur
un tronc qui a acquis de la consistance.

Comment on doit tailler la vigne déchaussée.

IX. Après le déchaussement suit la taille, qui, d'après
les préceptes des anciens auteurs, doit être exécutée de
manière que la vigne soit réduite à un seul sarment que
l'on étêtera à la hauteur de deux yeux au-dessus du sol.
La coupe ne doit pas être faite près d'un nœud, dans la
crainte d'altérer l'œil voisin ; mais la serpe atteindra
obliquement le point intermédiaire entre l'œil conservé
et le premier des nœuds qu'on supprime, de peur que,
si la cicatrice était horizontale, elle ne retînt l'eau de
pluie qui tomberait dessus. Cette coupe ne descendra pas
du côté de l'œil, mais du côté opposé, afin que les pleurs
de la vigne tombent plutôt à terre que sur le bourgeon :
car, en coulant sur lui, cette humeur éteindrait l'œil et
ne lui permettrait pas de donner des feuilles.

Quel est le meilleur temps pour la taille.

X. Deux époques sont favorables à la taille; mais la
meilleure, suivant Magon, est le printemps, avant la germination des sarments, parce que, pleins de sève alors, ils
permettent une amputation facile, légère et unie, et ne
résistent pas à la serpe. Celse et Atticus ont suivi ce pré-

sunt Celsus et Atticus. Nobis neque angusta putatione
coercenda semina videntur, nisi si admodum invalida sunt;
neque utique verno recidenda ; sed primo quidem anno,
quo sunt posita, frequentibus fossionibus, omnibus mensibus dum frondent , ac pampinationibus adjuvanda sunt,
ut robur accipiant, nec plus quam uni materiæ serviant;
quam ut educaverint, autumno, vel vere, si magis competit, abradenda , et nepotibus , quos pampinator in superiore parte omiserat , liberanda censemus, atque ita
in jugum imponenda. Ea enim levis et recta sine cicatrice
vinea est , quæ se primi anni flagello supra jugum extu-
lit : quod tamen apud paucos agricolas, et raro contingit. Ideoque prædicti auctores primitias vitis resecare
censuerunt. Sed nec utique verno omnibus regionibus
melior putatio est : ubi vero aprica loca sunt, mollesque
hiemes, optima et maxime naturalis est autumnalis :
quo tempore, divina quadam lege et æterna, fructum
cum fronde stirpes deponunt.

Quomodo malleolus resecandus sit.

XI. Hoc facere, sive viviradicem, sive malleolum con-
severis, censeo; nam illam veterem opinionem damnavit usus, non esse ferro tangendos anniculos malleolos,
quod aciem reformident; quod frustra Virgilius et Saserna, Stolonesque et Catones timuerunt : qui non solum
in eo errabant , quod primi anni capillamenta seminum

cepte. Quant à nous, il nous semble qu'on ne doit pas
tailler trop court, ce qui arrêterait l'essor de la pousse,
à moins que le jet ne soit faible; ni tailler toujours
au printemps : mais, dans la première année de la plantation, on secondera la végétation par de fréquents serfouissages que l'on pratiquera durant tous les mois pendant
lesquels elle développe des feuillages, et par des épam-
prements qui fortifieront la tige unique que l'on aura conservée. Quand elle sera devenue forte, nous pensons qu'on
doit la nettoyer en automne, ou au printemps si on le
juge plus convenable, et la débarrasser des rejets que celui
qui aura épampré a mal à propos laissés dans la partie
supérieure du sarment : alors on pourra la fixer au joug.
En effet, la vigne doit être svelte et droite, sans cicatrices,
pour que le jet de la première année s'élève au-dessus de
cet appui : c'est pourtant ce qui se voit rarement et ce
dont s'inquiètent peu de cultivateurs. Aussi les auteurs
que je viens de citer pensent-ils qu'on doit couper les premières pousses. Quant à la taille, la meilleure n'est pas
pour tous les pays celle du printemps : et là où le sol est
bien échauffé par le soleil, où l'hiver est doux, la taille
la plus avantageuse et la plus naturelle est celle qui se
pratique en automne, puisque à cette époque les arbres,
en vertu d'une loi divine et éternelle, déposent leurs
fruits et leur feuillage.

Comment on doit tailler la marcotte.

XI. Voilà ce que je crois à propos de faire pour les
plants. L'usage a condamné l'ancienne opinion, qu'il ne
fallait pas toucher avec le fer les marcottes d'un an,
parce qu'elles souffrent de son tranchant : erreur qui a
été partagée par Virgile, Saserna, les Stolon et les Caton, qui ne se sont pas trompés sur ce point seulement
en défendant de toucher au chevelu des plants d'un an,
mais encore en faisant au bout de deux ans couper tota-

intacta patiebantur, sed et post biennium quum viviradix recidenda erat, omnem superficiem amputabant solo tenus juxta ipsum articulum, ut e duro pullularet. Nos autem magister artium docuit usus, primi anni malleolorum formare incrementa, nec pati vitem supervacuis frondibus luxuriantem silvescere; nec rursus in tantum coercere, quantum antiqui præcipiebant, ut totam superficiem amputemus, nam id quidem maxime contrarium est. Primum quod quum ad terram decideris, semina, velut intolerabili affecta vulnere, pleraque intereunt, et nonnulla etiam, quæ pertinaciter vixerunt, minus fecundas materias afferunt : siquidem e duro quæ pullulant, omnium confessione, pampinaria, sæpissime fructu carent. Media igitur ratio sequenda est, ut neque solo tenus malleolum recidamus, nec rursus in longiorem materiam provocemus; sed annotato superioris anni pollice, supra ipsam commissuram veteris sarmenti unam, vel duas gemmas relinquemus, ex quibus germinet.

Quemadmodum pedanda sit vinea, et de canterio.

XII. Putationem sequitur jam pedandæ vineæ cura : verum hic annus nondum vehementem palum, aut ridicam desiderat : notatum est enim a me, plerumque teneram vineam melius adminiculo modico, quam vehementi palo acquiescere. Itaque aut veteres (ne novæ radicem agant) arundines binas singulis vitibus applicabimus, aut si regionis conditio permittit, vetera depo-

lement la marcotte enracinée rez terre, près du premier
nœud, pour que le nouveau jet sortît du bois dur.
L'expérience, cette maîtresse des arts, nous a enseigné,
au contraire, qu'on doit disposer les pousses des marcottes
dès leur première année, et ne pas permettre à la vigne,
luxuriante de feuillages superflus, de jeter trop de bois,
et qu'il ne faut pas non plus la refréner autant que les
anciens le prescrivaient, en la coupant tout entière, ce
qui lui est très-préjudiciable. En effet, lorsqu'on a pratiqué l'amputation rez terre, les jeunes plants, atteints
d'une blessure à laquelle ils ne sauraient guère survivre, meurent pour la plupart, et, s'il en est qui aient
assez de vigueur pour survivre, ils ne produisent que
des sarments peu féconds; et tous les vignerons sont en
cela d'accord que les pampres qui pullulent sur le bois
dur donnent rarement du fruit. Il faut donc adopter un
moyen terme, en ne coupant point la marcotte rez
terre, et en ne provoquant pas un trop grand essor des
pousses; on doit remarquer le jet de l'année précédente,
pour laisser, au-dessus du point de départ du vieux sarment, un ou deux yeux desquels sortiront les nouveaux
jets.

De l'échalassement de la vigne, et de l'appui dit cantère.

XII. Après la taille de la vigne suit le travail de l'écha-
lassement. Il est vrai que cette première année n'exige pas
encore des pieux ou des échalas très-forts : car j'ai remarqué que, le plus souvent, la vigne qui est jeune s'arrange
mieux d'un appui médiocre que d'une grosse perche.
C'est pour cela que nous placerons, auprès de chaque
vigne, deux roseaux secs, de peur que, nouveaux, ils ne
prennent racine; ou, si la nature du lieu ne s'y oppose pas,
nous poserons de vieux piquets auxquels, vers le bas,

nemus hastilia, quibus annectantur singulæ transversæ
perticæ in imam partem ordinis : quod genus jugi can-
terium vocant rustici. Plurimum id refert esse, quod
paulum infra curvationem vitis prorepens pampinus statim apprehendat, et in transversa potius se fundat, quam
in edita, ventosque facilius sustineat subnixus canterio.
Idque jugum intra quartum pedem conveniet allevari,
dum se vinea corroboret.

Quomodo vitis alliganda sit.

XIII. Impedationem deinde sequitur alligator : cujus
officium est, ut rectam vitem producat in jugum; quæ
sive juxta palum est posita, ut quibusdam placuit auctoribus, observare debebit, [qui annectit] ne in alliganda
materia flexum pali, si forte curvus est, sequendum putet;
nam ea res uncam vitem facit; sive, ut Attico et nonnullis aliis agricolis visum est, inter vitem et palum
spatium relinquetur, quod nec mihi displicet, recta
arundo adjungenda stirpi est, et ita per crebra retina-
cula in jugum perducenda. Vinculi genus quale sit, quo
religantur semina, plurimum refert. Nam dum novella
vinea est, quam mollissimo nectenda est : quia, si viminibus salicis aut ulmi ligaveris, increscens vitis se ipsam
præcidit. Optima est ergo genista, vel paludibus desectus
juncus, aut ulva; non pessime tamen in umbra siccata
faciunt in hunc usum arundinum quoque folia.

nous assujettirons des perches transversales : c'est cette espèce de palissade que les paysans appellent cantère. Il est fort important qu'un peu au-dessous de la courbure de la vigne, les pampres, en s'allongeant, trouvent aussitôt un point où ils s'accrochent, et qu'ils se prolongent plutôt horizontalement que perpendiculairement, parce que, soutenus par le cantère, ils résistent plus facilement aux vents. Il sera bon que ce joug ne s'élève pas jusqu'à quatre pieds tant que la vigne n'aura pas pris beaucoup de force.

Comment on doit lier la vigne.

XIII. Après avoir échalassé la vigne, il faut la lier. Cette opération a pour objet de diriger la vigne en ligne droite sur le joug. Si le pieu est placé près d'elle, comme il plaît à quelques auteurs, celui qui l'attache doit alors veiller à ce que son bois ne suive pas les courbures du pieu, s'il en a, parce qu'elle deviendrait elle-même tortue ; mais si, d'après l'avis d'Atticus et de quelques autres agriculteurs, ce qui ne me déplaît pas non plus, on laisse un peu d'espace entre la vigne et le pieu, il faut joindre le cep à un roseau bien droit, l'y attacher sur plusieurs points, et le conduire ainsi au joug. Il n'est pas indifférent de déterminer l'espèce de ligature avec laquelle on lie les vignes. Tant que leur bois est tendre, le lien ne doit pas être dur, parce que, si on employait le saule ou l'orme, la vigne en croissant se couperait elle-même. Pour cet usage, le genêt, le jonc coupé dans les marais et le glaïeul sont les plantes qui conviennent le mieux ; des feuilles de roseaux séchées à l'ombre ne sont pas non plus à dédaigner en cette occasion.

Malleolis jugum imponendum et quam alte canterius allevandus sit.

XIV. Sed et malleolorum similis cura agenda est, ut ad unam aut duas gemmas deputati autumno vel vere, priusquam germinent, jugentur. Is, ut dixi, canterius propius a terra, quam vitibus ordinariis submittendus est : neque enim editior esse debet pedali altitudine, ut sit, quo teneri adhuc pampini se capreolis illigent suis, ne ventis explantentur. Insequitur deinde fossor, qui crebris bidentibus æqualiter et minutim soli terga convertat. Hanc planam fossuram maxime nos probamus; nam illa, quam in Hispania hibernam appellant, quum terra vitibus detrahitur, et in media spatia interordiniorum confertur, supervacua nobis videtur : quia jam præcessit autumnalis ablaqueatio, quæ et nudavit summas, et ad inferiores pervenit radiculas, et hibernos transmisit imbres. Numerus autem fossionis aut idem esse debet, qui primi anni, aut una minus : nam utique frequenter solum exercendum est, dum id incremento suo vites inumbrent, nec patiantur herbam succrescere. Pampinationis eadem debet esse ratio hujus anni, atque prioris : adhuc enim compescenda quasi pueritia seminum est, nec plus quam in unum flagellum est submittenda : tanto quidem magis, quod tenera ejus ætas non sustinet et fœtu et materiis onerari.

Qu'il faut dresser les jeunes vignes au joug, et quelle hauteur on doit donner au cantère.

XIV. Les marcottes exigent le même soin que nous venons de prescrire : taillées dans l'automne ou dans le printemps, à un ou deux yeux, on les attachera avant qu'elles ne bourgeonnent. Le cantère, dont j'ai parlé, sera pour les marcottes plus rapproché de terre que pour les vignes qui sont dans les rangées. Ainsi il ne sera pas élevé de plus d'un pied, afin que les pampres, tendres encore, le trouvant à leur proximité, puissent s'y attacher avec leurs vrilles, et n'aient plus rien ainsi à redouter des vents. Puis le fossoyeur, par de fréquents labours à la houe à deux dents, fera en sorte que la surface du sol soit toujours unie et très-meuble. Nous approuvons beaucoup ce binage fait à plat : car par celui qu'en Espagne on appelle binage d'hiver, et que l'on pratique en déchaussant les vignes et en rangeant la terre dans l'intervalle des lignes, il nous paraît superflu, en raison de ce que le déchaussement d'automne qui vient d'avoir lieu a découvert les radicules supérieures et a profité aux inférieures en ouvrant un accès aux pluies d'hiver. On pratiquera ce serfouissage autant de fois qu'à la première année, ou une fois de moins : car on doit surtout remuer souvent le terrain, jusqu'à ce que les jeunes vignes aient assez de sarments pour lui procurer de l'ombrage et empêcher l'herbe de croître sous elles. On procède à l'épamprement de cette année comme à celui de l'année précédente : car il faut, pour ainsi dire, contenir encore l'enfance de ce plant, et ne lui laisser qu'un sarment, d'autant plus que son âge tendre ne lui permet pas de se charger de beaucoup de bois et de beaucoup de fruits.

XV. Sed quum annicula mensiumque sex ad vindemiam
perducta est, sublato fructu protinus frequentanda est,
et præsidiarii malleoli propagandi sunt, qui in hunc
usum fuerant depositi; vel, si ne hi quidem sunt, ex
ordinaria vite in alterum palum mergus est attrahendus;
nam plurimum interest, adhuc nova consitione, pedamen omne vestiri; nec mox vineam tum subseri, quum
fructus capiendus est. Mergi genus est, ubi supra terram
juxta adminiculum vitis curvatur, atque ex alto scrobe
submersa perducitur ad vacantem palum : tum ex arcu
vehementer citat materiam, quæ protinus applicata suo
pedamento ad jugum evocatur. Sequente deinde anno
insecatur superior pars curvaturæ, usque ad medullam,
ne totas vires matris propagatum flagellum in se trahat,
et ut paulatim condiscat suis radicibus ali. Bima deinde
præciditur proxime palmam, quæ ex arcu submissa est;
et id, quod a matre abscissum recens erit, confestim alte
circumfoditur, et, scrobiculo facto, ad imum solum præciditur, adobruiturque, ut et radices deorsum agat,
nec ex propinquo negligenter in summa terra resectum
progerminet. Tempus autem non aliud magis idoneum
est hunc mergum amputandi, quam ab idibus octobris
in idus novembris, ut hibernis mensibus suas radices
confirmet; nam si vere id fecerimus, quo gemmare palmites incipiunt, matris alimentis subito destitutus lan-
guescit.

Comment on doit traiter la nouvelle vigne, et comment on doit faire les provins.

XV. Quand, au bout de dix-huit mois, la vigne est parvenue à la vendange, il faut, aussitôt son raisin cueilli, la repeupler, propager les marcottes réservées que l'on a mises à part pour cet usage, ou bien, si l'on n'en a pas, on attirera, des vignes qui sont dans les rangées, des sautelles vers un échalas particulier : car il est bien important, dans cette plantation nouvelle encore, de ne laisser aucun échalas inoccupé, et de ne coucher aucun sarment au moment où l'on est sur le point d'en cueillir le fruit. La sautelle est cette espèce de rameau que l'on couche près de l'échalas d'une vigne, et que l'on recouvre de terre dans une fosse suffisamment profonde, pour le conduire à un échalas vacant : alors de la partie qui fait l'arc sort un bois vigoureux qui, aussitôt attaché à un soutien, est conduit au joug. L'année suivante, on coupe jusqu'à la moelle la partie supérieure de la sautelle à l'endroit où commence la courbure, de peur que les sarments qu'elle produit n'attirent à eux toutes les forces maternelles, et pour qu'elle apprenne peu à peu à se nourrir avec ses propres racines. A deux ans, on coupe la sautelle très-près du jet sorti de la partie arquée, puis on foule profondément la terre autour de cette nouvelle plante; on la rabat au fond de la fossette qu'on lui a ménagée, puis on ramène de la terre afin qu'elle puisse pousser ses racines en bas et ne jette pas de pampre : ce qui aurait lieu si l'amputation avait, par négligence, été pratiquée à fleur de terre. Nul temps n'est plus favorable à la coupe des sautelles que celui qui est compris entre les ides d'octobre et les ides de novembre, parce que les racines ont le temps de s'affermir durant les mois d'hiver. Si l'on pratiquait cette opération au printemps, les sarments commençant alors à germer, la sautelle, privée tout à coup des aliments de sa mère, ne manquerait pas de languir.

Quo tempore viviradix transferenda sit.

XVI. Eadem ratio est in transferendo malleolo; nam in secundo autumno, si cœli et loci qualitas patitur, commodissime post idus octobris exemptus conseritur: sin autem aliqua terræ vel aeris repugnat injuria, tempestivitas ejus in proximum ver differtur; neque diutius in vineis relinquendus est, ne soli vires absumat, et ordinaria semina infestet : quæ quanto celerius liberata sunt consortio viviradicum, tanto facilius convalescunt; at in seminario licet trimam atque etiam quadrimam vitem resectam, vel anguste putatam custodire : quoniam non consulitur vindemiæ. Quum mensem tricesimum excesserit posita vinea, id est tertio autumno, vehementioribus staminibus statim impedanda est, idque non ut libet, aut fortuito faciendum.

Nam sive prope truncum defigitur palus, pedali tamen spatio recedendum est, ne aut premat, aut radicem vulneret, et ut fossor ab omni parte semina circumfodiat; isque palus sic ponendus est, ut frigorum et aquilonum excipiat violentiam, vitemque protegat : sive medio interordinio pangetur, vel defodiendus est, vel prius paxillo perforato solo, altius adigendus, quo facilius et jugum et fructum sustineat. Nam quanto propius truncum ridica statuitur, etiam leviter defixa stabilior est : quoniam contingens vitem mutua vice sustinetur, et sustinet. Statu-

En quel temps on doit transplanter les marcottes enracinées.

XVI. La transplantation des marcottes se fait d'après la même méthode. Pourvu que la température et la nature du terrain ne s'y opposent pas, on l'effectue avantageusement pendant la seconde partie de l'automne, après les ides du mois d'octobre. Si, au contraire, l'état du terrain et de l'atmosphère ne sont pas favorables, il est à propos de renvoyer l'opération au printemps prochain. On ne laissera pas trop longtemps les marcottes dans les vignes, de peur qu'elles n'en épuisent les forces et ne nuisent aux ceps des lignes. Plus tôt les vignes sont délivrées de la société des marcottes enracinées, plus facilement elles prospèrent. Dans la pépinière, au contraire, on peut conserver des vignes de trois ans, et même de quatre, pourvu qu'on les coupe entièrement ou qu'on les taille très-court, car leur objet n'est pas de donner immédiatement du fruit. Lorsque la vigne sera parvenue à son trentième mois de plantation, c'est-à-dire à son troisième automne, elle sera sans retard attachée à des échalas plus forts que ceux qui la soutenaient; et c'est un travail qu'on ne doit faire ni arbitrairement ni au hasard.

Si l'on fixe l'échalas près du tronc de l'arbrisseau, à la distance toutefois d'un pied, pour ne pas trop le comprimer, ni blesser ses racines, et afin que le fossoyeur puisse fouir tout autour du pied des plants; ce pieu sera placé de telle sorte qu'il reçoive toute la violence du froid et des aquilons, et en garantisse la vigne. Si on l'établit au milieu des lignes, il faut creuser bien avant, ou préparer son entrée au moyen d'un piquet, afin qu'il soit assez enfoncé pour supporter facilement et le joug et les fruits. Plus l'échalas est planté près du tronc, lors même qu'il est peu enfoncé, plus il a de force, puisque, touchant à la vigne, il est soutenu par elle, en même temps qu'il la soutient. On lie ensuite à leurs

minibus deinde firmiora juga sunt alliganda, eaque vel
saligneis perticis, vel compluribus quasi fasciculis arundinum connectuntur, ut rigorem habeant, nec pandentur
onere fructuum; nam binæ jam materiæ singulis seminibus submittendæ erunt : nisi si tamen gracilitas vitis alicujus angustiorem putationem desiderabit, cujus unus
palmes, atque idem paucorum oculorum erit relinquendus.

Quomodo jugum faciendum sit.

XVII. Perticæ jugum firmius faciunt, minusque ope-
rosum. Arundines pluribus operis jugantur, quoniam et
pluribus locis nectuntur; eæque inter se conversis cacuminibus vinciendæ sunt, ut æqualis crassitudo totius jugi
sit; nam si cacumina in unum competunt, imbecillitas
ejus partis gravata pondere jam maturum fructum pro-
sternit, et canibus ferisque reddit obnoxium. At quum
jugum in fascem pluribus arundinibus alterna cacuminum vice ordinatum est, fere quinquennii præbet usum.

Neque enim est alia ratio putationis, aut ceteræ culturæ, quam quæ primi biennii : nam et autumnalis
ablaqueatio sedulo facienda, nec minus vacantibus palis
propagines applicandæ: hoc enim opus nunquam inter-
mittendum est, quin omnibus instauretur annis. Neque
enim ea, quæ seruntur a nobis, immortalia esse possunt;
attamen æternitati eorum sic consulimus, ut demortuis
seminibus alia substituamus : nec ad occidionem universum genus perduci patimur complurium annorum ne-

appuis de forts jougs, qui sont un assemblage ou de perches de saule, ou de roseaux réunis en petits faisceaux,
afin qu'ils aient de la roideur, et qu'ils ne fléchissent pas
sous le poids des raisins : alors on peut conserver deux
sarments à chaque plant, à moins que, trop grêles, quelques-uns d'eux n'exigent une taille plus rapprochée : ce
qui forcerait à ne conserver qu'un jet, auquel même on
ne laisserait qu'un petit nombre d'yeux.

Comment on construit le joug.

XVII. Le joug le plus solide et le moins coûteux est
fait avec des perches. Il faut plus de travail pour assem-
bler les roseaux, parce qu'on les lie en plusieurs points
de leur longueur, et parce qu'on les assujettit en plaçant
alternativement leurs cimes d'un côté et de l'autre, pour
que tout le joug offre une égale épaisseur ; autrement, la
partie faible, cédant au poids, fléchirait et entraînerait
à terre le fruit mûr, qui y serait plus exposé aux chiens
et aux autres animaux ; tandis que, composé de roseaux
assemblés en faisceaux, et présentant alternativement le
pied et la tête, le joug peut durer près de cinq ans.

Pour la taille et les autres opérations de la culture,
la méthode à suivre ne diffère point de celle qui est mise
en pratique pour les deux premières années : ainsi on fera
exactement le déchaussement en automne, et on regar-
nira de provins les pieux vacants. Ce dernier travail ne
doit jamais être interrompu, et une année ne doit pas
s'écouler sans qu'il ait été fait : car, comme nos plantations ne sauraient être immortelles, nous leur assurerons
ainsi l'éternité en substituant de nouveaux plants à ceux
qui ont péri ; et nous nous épargnons la douleur de voir
périr toute l'espèce par une négligence qui aurait duré

gligentia. Quin etiam crebræ fossiones dandæ, quamvis possit una detrahi culturæ prioris anni. Pampinationes quoque sæpe adhibendæ; neque enim satis est semel aut iterum tota æstate viti detrahere frondem supervacuam. Præcipue autem decutienda sunt omnia quæ infra trunci caput egerminaverint; item si oculi singuli sub jugo binos pampinos emiserint, quamvis largos fructus ostendant, detrahendi sunt eis singuli palmites, quo lætior, quæ superest, materia consurgat, et reliquum melius educet fructum. Post quadragesimum et alterum mensem perfecta vindemia, sic instituenda est putatio, ut, submissis pluribus flagellis, vitis in stellam dividatur. Sed putatoris officium est, pedali fere spatio circa jugum vitem compescere, ut e capite, quidquid tenerum est per brachia emissum, provocetur, et per jugum inflexum præcipitetur, ad eam mensuram, quæ terram non possit contingere. Sed modus pro viribus trunci servandus est, ne plures palmites submittantur, quam quibus vitis sufficere queat. Fere autem prædicta ætas læto solo, truncoque tres materias, raro quatuor desiderat, quæ per totidem partes ab alligatore dividi debent : nihil enim refert jugum in stellam decussari, atque diduci, nisi et palmites adjugentur; quam tamen formam non omnes agricolæ probaverunt : nam multi simplici ordine fuere contenti; verum stabilior est vinea, et oneri sarmentorum, et fructui ferendo, quæ ex utraque parte jugo devincta pari libramento, velut ancoris quibus-

plusieurs années. Il faut aussi donner à la vigne de fréquents binages, quoique pourtant on puisse en faire un
de moins que la première année; on l'épamprera souvent,
car il ne suffirait pas de lui enlever une fois ou deux, dans
le cours de l'été, les feuilles superflues. On doit principalement s'attacher à couper tous les rejetons qui naissent au-dessous de la tête du tronc; et si chaque œil a
poussé deux sarments sous le joug, il faut, quoiqu'on y
voie plusieurs grappes, en supprimer un, afin que l'autre
acquière plus de force et puisse mieux nourrir le fruit
qu'on lui aura laissé. Après quarante et un mois, la vendange finie, on procédera à la taille, de manière que la
vigne, au moyen de plusieurs sarments conservés, présente l'apparence d'une étoile. Le devoir du vigneron est
d'arrêter par la taille la vigne à près d'un pied au-dessous
du joug, afin que toutes les branches tendres qui de sa
tête viendraient à pousser à travers ses bras soient sti-
mulées, et qu'en se recourbant sur le joug elles se pré-
cipitent vers la terre, sans toutefois pouvoir la toucher.
Il faut néanmoins consulter les forces du tronc, pour ne
pas conserver plus de ces pousses que la vigne n'en pourrait nourrir. Ordinairement à cet âge, en terre fertile,
une vigne ne veut sur son tronc que trois sarments, rarement quatre, que le vigneron doit attacher de manière
à les diriger vers autant de points différents. Dans ce
cas, il n'est pas nécessaire que le joug forme une étoile
et s'étende ainsi, à moins qu'on ait assez de sarments à y
étendre. Au reste, tous les agriculteurs n'approuvent pas
cette forme; plusieurs d'entre eux se contentent de la
disposition ordinaire. Il n'en est pas moins vrai que la
vigne est plus affermie sous le poids des sarments et du
fruit qu'elle doit porter, quand elle est de deux côtés fixée
au joug, dans un certain équilibre, comme retenue par
plusieurs ancres. Alors elle projette son bois par ses bras,
et le développe plus facilement appuyée de toutes parts,

dam, distinetur; tum etiam per plura brachia materias diffundit, et facilius eas explicat undique subnixa,
quam quæ in simplici canterio frequentibus palmitibus stipatur. Potest tamen, si vel parum late disposita vinea, vel parum fructuosa, cœlumque non tur-
bidum, nec procellosum habeat, uno jugo contenta esse;
nam ubi magna vis et incursus est pluviarum, procella-
rumque, ubi frequentibus aquis vitis labefactatur, ubi
præcipitibus clivis velut pendens plurima præsidia desiderat; ibi quasi quadrato circumfirmanda est agmine; calidis vero et siccioribus locis in omnem partem jugum
porrigendum est, ut prorepentes undique pampini jun-
gantur, et condensati cameræ more, terram sitientem
obumbrent; contra, frigidis et pruinosis regionibus sim-
plices ordines instituendi : nam et sic facilius insolatur
humus, et fructus percoquitur, perflatumque salubrio-
rem habet : fossores quoque liberius et aptius jactant
bidentes, meliusque perspicitur a custodibus fructus, et
commodius legitur a vindemiatore.

Quomodo in hortulos vineæ dividendæ sint.

XVIII. Sed quando vineta placuerit ordinare, centenæ
stirpes per singulos hortos semitis distinguantur : vel,
ut quibusdam placet, in semijugera omnis modus diri-
matur; quæ distinctio præter illud commodum, quod
plus solis et venti vitibus præbet, tum etiam oculos et
vestigia domini, res agro saluberrimas, facilius admittit,

que celle qui, sur un simple cantère, est surchargée d'un grand nombre de sarments. Toutefois elle peut se contenter d'un seul joug, si elle ne s'étend pas beaucoup, si elle donne peu de fruits, et si le climat n'est pas sujet aux tempêtes et aux orages; tandis que, sous un ciel où les pluies et les tempêtes sont fréquentes, où l'abondance des eaux l'ébranle, où elle est comme suspendue sur des coteaux escarpés, il ne faut pas lui épargner les appuis : là elle doit être défendue comme par un bataillon carré. Dans les lieux chauds et secs, on donnera de l'extension au joug de tous les côtés, afin de réunir les pampres éparpillés qui, rassemblés en forme de voûte, ombrageront le sol altéré. Au contraire, dans les régions froides et sujettes aux frimas, on dressera les pampres sur une ligne unique : par ce moyen la terre reçoit plus facilement les rayons du soleil, le raisin mûrit mieux et jouit d'un air plus salubre; les fossoyeurs ont, en outre, plus d'aisance pour le travail de leur houe, le fruit est mieux vu de ceux qui le gardent, et les vendangeurs le recueillent plus facilement.

Comment les vignes doivent être divisées en quartiers.

XVIII. Quand on jugera à propos de classer son vignoble, on séparera par des sentiers chaque compartiment dans lequel on plantera cent ceps; ou bien, comme il convient mieux à certaines personnes, on divisera le tout par demi-jugères. Une bonne division, outre l'avantage qu'elle a d'offrir plus d'accès au soleil et à l'air, permet plus facilement au maître de parcourir et examiner son vignoble, ce qui lui est toujours avantageux, et de

certamque æstimationem in exigendis operibus præbet;
neque enim falli possumus per paria intervalla jugeribus
divisis. Quin etiam ipsa hortulorum descriptio, quanto
est minoribus modulis concisa, fatigationem veluti minuit, et simul eos, qui opera moliuntur, ad festinan-
dum invitat : nam fere vastitas instantis laboris animos
debilitat. Nonnihil etiam prodest, vires et proventum
cujusque partis vinearum nosse, ut æstimemus quæ magis aut minus colenda sint. Vindemiatoribus quoque hæ
semitæ, et jugum, pedamentaque sarcientibus opportu-
nam laxitatem præbent, per quam vel fructus, vel statumina portentur.

De positione jugi, et quatenus a terra levandum.

XIX. De positione jugi, quatenus a terra levandum
sit, hoc dixisse abunde est : humillimam esse quatuor
pedum, celsissimam septem. Quæ tamen in novellis seminibus vitanda est : neque enim hæc prima constitutio vinearum esse debet, sed per annorum longam seriem ad
hanc altitudinem vitis perducenda est. Ceterum quanto
humidius est solum et cœlum, placidioresque venti,
tanto est altius attollendum jugum : nam lætitia vitium
patitur se celsius evagari, fructusque submotus a terra
minus putrescit : et hoc uno modo perflatur ventis, qui
nebulam et rorem pestiferum celeriter assiccant, mul-
tumque ad deflorescendum, et ad bonitatem vini conferunt. Rursus exilis terra, et acclivis torrensque æstu, vel

rendre plus exacte l'appréciation des journées de travail,
sur lesquelles on ne saurait tromper quand les jugères
sont partagées en portions égales. Bien plus, la fatigue
semblera d'autant moindre qu'on donnera à ces carrés
des dimensions moindres, et l'ardeur des ouvriers sera
d'autant plus grande : car souvent l'immensité d'un travail qui presse inspire le découragement. Il n'est pas
moins utile de pouvoir connaître les forces et le produit
de chaque partie du vignoble pour juger le point qui réclame plus ou moins la main du vigneron. En outre, ces
sentiers offrent aux vendangeurs et aux ouvriers une voie
commode et assez large tant pour la réparation des jougs
et des échalas, que pour le transport des appuis et celui des récoltes.

De la position du joug, et combien il doit être élevé au-dessus du sol.

XIX. Pour la position du joug, il suffit de dire à
quelle distance il doit être au-dessus du sol : cette distance
sera de quatre pieds au moins, et de sept au plus. Cette
dernière élévation cependant ne conviendrait pas aux
jeunes plants : car ils ne doivent pas d'abord atteindre
cette hauteur, mais n'y parvenir qu'après un longue suite
d'années. Au reste, plus le sol et l'air sont humides, moins
les vents sont violents, plus haut doit être élevé le joug ;
car alors la vigueur des vignes permet de leur laisser
prendre plus d'élévation ; les grappes, d'ailleurs, plus éloignées de la terre, sont moins exposées à pourrir ; outre
que c'est le seul moyen de tirer un parti avantageux des
vents qui sèchent ainsi promptement les brouillards et
l'humidité malfaisante, ils contribuent puissamment à faciliter la défloraison de la vigne et à donner de la qualité au
vin. Au contraire, un terrain maigre, ou situé en pente, ou
brûlé par l'ardeur du soleil, ou exposé à l'impétuosité des

quæ vehementibus procellis obnoxia est, humilius jugum
poscit. At si cuncta competunt voto, justa est altitudo
vineæ pedum quinque : nec tamen dubium quin vites
tanto melioris saporis præbeant mustum, quanto in edi-
tiora juga consurgunt.

De cura et modo alligandarum vitium.

XX. Pedatam vineam, jugatamque sequitur alligatoris
cura, cui antiquissimum esse debet, ut supra dixi,
rectam conservare stirpem, nec flexum ridicæ persequi,
ne pravitas statuminum ad similitudinem sui vitem confi-
guret. Id non solum ad speciem plurimum refert, sed ad
ubertatem et firmitatem, perpetuitatemque. Nam rectus
truncus similem sui medullam gerit, per quam velut quodam itinere sine flexu atque impedimento facilius terræ
matris alimenta meant, et ad summum perveniunt; at
quæ curvæ sunt et distortæ, non æqualiter alliduntur,
inhibentibus nodis, et ipso flexu incursum terreni humoris, veluti salebris, retardante. Quare quum ad summum
palum recta vitis extenta est, capistro constringitur, ne
fœtu gravata subsidat, curveturque; tum ex eo loco,
quod proximum jugo ligatum est, brachia disponuntur
in diversas partes, palmæque superpositæ deorsum versus curvantur vinculo; itaque id, quod jugo dependet,
fructu impletur : rursusque curvatura juxta vinculum
materiam exprimit. Quidam eam partem, quam nos

tempêtes, demande un joug plus bas. Mais si tout répond à nos vœux, la hauteur de cinq pieds est celle qui doit être donnée à la vigne. Toutefois il n'est pas douteux que les ceps fournissent une liqueur d'une saveur d'autant plus parfaite qu'ils se dressent sur un joug plus élevé.

Du soin à donner aux vignes, et de la manière de les attacher.

XX. La vigne ayant reçu l'échalas et le joug, le premier soin du vigneron est de la lier. Dans cette opération, il devra surtout s'appliquer, comme je l'ai dit plus haut, à conserver la tige bien droite, et éviter de lui faire suivre les courbures que pourraient présenter les pieux, dans la crainte que la vigne ne contracte le vice de leur conformation. Cette pratique n'a pas seulement pour but de plaire à l'œil, mais surtout de favoriser la fécondité, la solidité et la durée de l'arbuste; car un tronc tenu bien droit donne la même direction à sa moelle, par laquelle, comme par un chemin, circulent plus facilement, sans détour et sans obstacle, et montent à la cime les sucs de la terre qui doivent lui servir d'aliments; tandis que, si ce tronc est recourbé et tortu, la sève ne se répartit pas également, en raison de l'obstacle que lui opposent les nœuds et les sinuosités, qui ne lui laissent qu'un chemin difficile à parcourir. C'est pourquoi, lorsque la vigne bien droite est étendue jusqu'au haut du pieu, on la fixe avec un lien, pour l'empêcher de s'affaisser sous le poids de ses fruits et de perdre sa bonne direction. Alors du point où elle a été liée au joug, on dispose ses bras de divers côtés, et on ramène vers le bas les sarments à fruit, qui, courbés convenablement, sont aussi attachés avec un lien. Par ce moyen, les rameaux qui retombent du joug se couvrent de beaucoup de raisins, et la partie courbée jette son bois près du point attaché. Quelques

præcipitamus, supra jugum porrigunt, et crebris viminibus innexis continent: quos ego minime probandos puto.
Nam dependentibus palmitibus, neque pluviæ, neque
pruinæ, grandinesve tantum nocent, quantum religatis,
et quasi tempestatibus oppositis. Iidem tamen palmites
prius, quam fructus mitescant, variantibus adhuc et
acerbis uvis, religari debent, quo minus roribus queant
putrescere, aut ventis ferisque devastentur. Juxta decu-
manum atque semitas, palmites intrinsecus flectendi sunt,
ne prætereuntium incursu lædantur.

Et hac quidem ratione tempestiva vitis ad jugum perducitur; nam quæ vel infirma, vel brevis est, ad duas
gemmas recidenda est, quo vehementiorem fundat materiam, quæ protinus emicet in jugum.

Novella vinea quomodo putanda sit.

XXI. Quinquennis vineæ non alia est putatio, quam
ut figuretur, quemadmodum supra instituimus, neve su-
pervagetur; sed ut caput trunci pedali fere spatio sit inferius jugo, quaternisque brachiis, quæ duramenta quidam vocant, dividatur in totidem partes. Hæc brachia
sat erit interim singulis palmitibus in fructum submitti,
donec vineæ justi sint roboris; quum aliquot deinde annis,
quasi juvenilem ætatem ceperint, quot palmites relinqui
debeant, incertum est: nam loci lætitia plures, exilitas
pauciores desiderat. Siquidem luxuriosa vitis, nisi fructu

vignerons font monter au-dessus du joug les sarments que nous en faisons descendre, et les y retiennent au moyen de ligatures rapprochées : mais cette méthode ne me paraît pas du tout devoir être approuvée. En effet, les pluies, les frimas et la grêle causent moins de dommage aux sarments pendants qu'à ceux qui sont liés et semblent, en quelque sorte, défier les tempêtes. Toutefois ces rameaux doivent être attachés avant que le fruit ne mûrisse, tandis que les grappes commencent à tourner et n'offrent encore qu'une saveur acerbe, afin que les fortes rosées ne puissent les faire pourrir et qu'elles ne soient ravagées par les vents et les animaux. Le long du chemin principal et des sentiers, les sarments doivent être recourbés en dedans du vignoble, pour qu'ils ne soient pas endommagés par le heurt des passants.

Telle est la méthode à suivre pour conduire la vigne à son joug en temps convenable. Ajoutons qu'une vigne faible ou courte doit être rabattue à deux yeux, afin de lui faire produire un bois plus vigoureux et qui d'un seul jet puisse s'élever jusqu'au joug.

Comment on doit tailler les nouvelles vignes.

XXI. Il n'y a pas d'autre taille à faire à une vigne de cinq ans, pour qu'elle conserve une bonne forme et ne jette pas trop de bois au-dessus du joug, que celle que nous avons prescrite ci-dessus ; sa tête doit donc être maintenue à un pied environ au-dessous de cet appui, et ses quatre bras, que quelques personnes appellent des duraments, seront dirigés dans tout autant de directions. Il suffira de laisser à ces bras un seul sarment à fruit, jusqu'à ce que la vigne ait acquis une force convenable ; mais quand, après quelques années, elle sera parvenue à l'âge juvénile, le nombre de sarments à conserver ne sera plus déterminé : une terre fertile permet d'en laisser une assez grande quantité, un sol maigre n'en souffre que fort peu. Si la végétation

compescitur, male deflorescit, et in materiam frondemque effunditur : infirma rursus, quum onerata est, affligitur. Itaque pingui terra singulis brachiis licebit bina jungere flagella, nec tamen numerosius oneráre, quam ut una vitis octo serviat palmitibus; nisi si admodum nimia ubertas plures postulabit : illa enim pergulæ magis, quam vineæ figuram obtinet, quæ supra hunc modum materiis distenditur. Nec debemus committere, ut brachia pleniora trunco sint : verum assidue, quum e lateribus eorum flagella licuerit submittere, amputanda erunt superiora duramenta, ne jugum excedant : sed novellis palmis semper vitis renovetur; quæ si satis excreverint, jugo superponantur : sin aliqua earum vel perfracta, vel parum procera fuerit, locumque idoneum obtinebit, unde vitis anno sequenti renovari debeat, in pollicem tondeatur, quem quidam custodem, alii resecem, nonnulli præsidiarium appellant, id est sarmentum gemmarum duarum, vel trium, ex quo quum processere fructiferæ materiæ, quidquid est supra vetusti brachii amputatur, et ita ex novello palmite vitis pullulascit.

Atque hæc ratio bene institutarum vinearum in perpetuum custodienda erit.

Quemadmodum veteranæ vineæ restituantur.

XXII. Si vero aliter formatas acceperimus vineas, et multorum annorum negligentia supervenerint jugum, considerandum erit cujus longitudinis sint duramina,

du cep est luxuriante, il défleurira mal et se répandra en
bois et en feuillage, à moins qu'on ne réduise ses branches à fruit; si elle est faible, il souffrira de l'abondance
de sa production. En conséquence, en terre grasse on
permettra à chaque bras de garder deux flèches; il ne
faudra pas toutefois surcharger le cep au point de lui
imposer plus de huit sarments à fruit à nourrir, à moins
que la fertilité extraordinaire du sol n'autorise absolu-
ment cet excédant. Un cep surchargé de bois au delà de
ce qui a été prescrit ci-dessus prend plutôt la forme d'une
treille que d'une vigne. On ne doit pas souffrir, non plus,
que les bras soient plus gros que le tronc; mais, quand
des côtés des bras on laissera croître des flèches, on devra
exactement en couper la cime de manière qu'elle ne dépasse pas le haut du joug et que la vigne soit sans cesse
renouvelée par le jeune bois, que l'on attache au joug
lorsqu'il a atteint une longueur suffisante. Si quelque
partie de ce bois vient à se briser ou ne s'élève pas assez,
et qu'il se trouve dans un endroit qui, l'année suivante,
puisse servir au renouvellement de la vigne, on le taillera
pour en faire une sorte de pouce qui est appelée par les
uns réserve, par les autres courson, par d'autres encore
garnisaire : c'est un sarment de deux ou trois yeux, au
moyen duquel, quand il a produit du bois à fruit, on
supprime tout le surplus du vieux bras; et ainsi du
nouveau jet la vigne se régénère.

Cette méthode, par laquelle les vignes auront prospéré,
devra toujours être suivie à l'avenir.

Comment on régénère les vignes vieillies.

XXII. Si nous devenons possesseurs de vignes dirigées
autrement que nous venons de le prescrire, et que, par
une négligence de plusieurs années, elles se soient élevées
au-dessus du joug, on examinera quelle est la longueur

quæ excedunt prædictam mensuram. Nam si duorum
pedum, aut paulo amplius fuerint, poterit adhuc universa vinea sub jugum mitti, si tamen palus trunco est
applicitus: is enim a vite submovetur, et in medio spatio duorum duraminum ad lineam pangitur; transversa
deinde vitis ad statumen perducitur, atque ita jugo sub-
jicitur. At si duramenta ejus longius excesserint, aut in
quartum, vel etiam in quintum statumen prorepserint,
majore sumptu restituentur mergis; his namque, quod
nobis maxime placet, propagata celerrime provenit. Hoc
tamen, si vetus et exesa est superficies trunci, majorem;
at si robusta et integra, minorem operam desiderat.

Quippe hiberno tempore ablaqueata fimo satiatur,
angusteque deputatur, et inter quartum ac tertium pedem a terra viridissima parte corticis acuto mucrone
ferramenti vulneratur. Frequentibus deinde fossuris terra
permiscetur, ut incitari vitis possit, et ab ea maxime
parte, quæ vulnerata est, pampinum fundere. Plerumque autem germen de cicatrice procedit : quod sive longius prosiluerit, in flagellum submittitur; sive brevius,
in pollicem; sive admodum exiguum, in furunculum : is
ex quolibet vel minimo capillamento fieri potest. Nam
ubi unius aut alterius folii pampinus prorepsit e duro,
dummodo ad maturitatem perveniat, sequente vere, si
non abnodatus neque abrasus est, vehementem fundit
materiam : quæ quum convaluit, et quasi brachium fecit,
licet tunc supervagatam partem duramenti recidere, et

des bras qui excèdent cet appui. Car s'ils n'ont que deux pieds ou un peu plus, la vigne entière pourra encore être ramenée sous le joug, pourvu toutefois que le pieu ait été appliqué au tronc même : il suffira pour lors d'écarter ce pieu de la vigne et de le planter au milieu de l'intervalle qui existe entre les deux bras, et dans le même alignement; ensuite la vigne inclinée sera conduite au pieu, et se trouvera ainsi ramenée au joug. Si, au contraire, les bras ont acquis plus de longueur et ont atteint le quatrième ou même le cinquième échalas, on pourra, mais avec plus de frais, la rétablir au moyen de sautelles : propagée par cette méthode, et c'est ce qui nous plaît beaucoup, elle pousse très-rapidement. Au reste, si la surface du tronc est vieille et galeuse, elle occasionnera de notables frais de main-d'œuvre, mais qui seront petits, si elle est robuste et saine.

Pendant l'hiver, après l'avoir déchaussée, on la rassasie de fumier, on la taille de court, et, à la hauteur de trois à quatre pieds au-dessus du sol, on ouvre avec le tranchant aigu d'un instrument de fer la partie la plus verte de l'écorce. Ensuite on mêle la terre par de fréquents binages, afin de pouvoir stimuler la vigne et faire jaillir un pampre à cette partie qui a été ouverte par le fer. Ordinairement il part de cette cicatrice un bourgeon qui, s'il s'étend beaucoup, devient une flèche; sinon on le taille en courson, ou s'il est tout à fait court, en furoncle : ce dernier peut être formé du plus mince filament. En effet, quand un pampre, pourvu d'une ou de deux feuilles, est sorti du bois dur, il ne manquera pas, au printemps suivant, pourvu qu'il soit parvenu à maturité, et qu'il n'ait été ni privé de ses nœuds, ni tranché, de jeter une grande abondance de bois. Quand cette nouvelle pousse aura pris de la force et formé une espèce de bras, on pourra couper la portion de l'ancien bras qui avait trop monté, et attacher le surplus au joug. Pour gagner du

ita reliquam jugo subjicere. Multi sequentes compendium temporis, tales vineas supra quartum pedem de-
truncant, nihil reformidantes ejusmodi resectionem:
quoniam fere plurimarum stirpium natura sic se commo-
dat, ut juxta cicatricem novellis frondibus repullescant.
Sed hæc quidem ratio minime nobis placet; siquidem
vastior plaga, nisi habeat superpositam valentem materiam, qua possit inolescere, solis halitu torretur : mox
deinde roribus putrescit et imbribus. Attamen quum est
utique vinea recidenda, prius ablaqueare, deinde paulum infra terram convenit amputare, ut superjecta humus vim solis arceat, et e radicibus novellos prorum-
pentes caules transmittat, qui possint vel sua maritare
statumina, vel si qua sunt vidua in propinquo, propaginibus vestire. Hæc autem ita fieri debebunt, si vineæ
altius positæ, nec in summo labantes radices habebunt,
et si boni generis erunt; namque aliter incassum depen-
ditur opera, quoniam degeneres etiam renovatæ pristinum servabunt ingenium; at quæ summa parte terræ vix
adhærebunt, [eæ] deficient, antequam convalescant.
Altera ergo vinea fructuosis potius surculis inserenda
erit, altera funditus exstirpanda et reserenda, si modo
soli bonitas suadebit. At si [quum] ejus vitio consenuit,
nullo modo restituendam censemus. Loci porro vitia
sunt, quæ fere ad internecionem vineta perducunt, macies et sterilitas, terra salsa vel amara, uligo, præceps
et prærupta positio, nimium opaca, et soli aversa, valles

temps, beaucoup de vignerons étêtent ces vignes au-
dessus de quatre pieds, sans craindre les résultats d'une
telle amputation : car la nature de la plupart des arbres
se prête à la reproduction de nouveaux jets auprès de la
cicatrice qu'on leur a faite. Mais ce procédé n'a nullement
notre approbation; car une large plaie, si elle n'a au-
dessus d'elle une portion de bois bien portante avec laquelle elle puisse prendre de la consistance, est brûlée par
l'ardeur du soleil, et bientôt les rosées et les pluies y déterminent la pourriture. Si pourtant il est nécessaire de
couper un cep, on commencera par le déchausser; ensuite
on l'amputera un peu au-dessous du sol, afin que la terre
dont on le recouvrira le protège contre la violence du
soleil, et permette le passage des nouveaux sarments qui
s'élanceront des racines, lesquels pourront, soit être mariés à leurs échalas, soit revêtir de provins ceux qui se
trouveraient vacants à leur proximité. Ces opérations ne
devront avoir lieu que dans le cas où les vignes sont plantées profondément, n'ont pas leurs racines vacillant à
fleur de terre, et sont d'une bonne espèce ; autrement,
ce serait en pure perte qu'on ferait un tel travail, puisque
des ceps dégénérés, même étant ainsi renouvelés, conservent le vice de leur origine, et que ceux qui tiennent à
peine au fonds périssent avant d'avoir poussé. Il vaut
donc mieux, dans le premier cas, greffer sur cette vigne
une essence féconde; dans le second, l'extirper entièrement et en planter une autre si le sol est assez bon pour
y engager. Si elle dépérit à cause de la mauvaise nature
du terrain, nous croyons qu'il n'existe aucun moyen de
la rétablir. Or, les vices du sol qui finissent presque toujours par tuer les vignobles, sont la maigreur et la stérilité, une terre salée ou amère, l'humidité constante,
une situation abrupte et escarpée, un pays trop couvert,
la privation du soleil, les vallées sablonneuses aussi bien
qu'un tuf sablonneux et un sable trop maigre et dépourvu

arenosæ, arenosus etiam tofus, et plus justo jejunus sabulo, nec minus terreno carens ac nuda glarea, et si qua
est proprietas similis, quæ vitem non alit. Ceterum si
vacat iis et horum similibus incommodis, potest ea ratione fieri restibilis vinea, quam priore libro præcepimus. Illa rursus mali generis vineta, quæ quamvis
robusta sint, propter sterilitatem fructu carent, ut diximus, emendantur insitione facta, de qua suo loco disseremus, quum ad eam disputationem pervenerimus.

Quemadmodum eædem putentur.

XXIII. Nunc quoniam parum videmur de putatione
vinearum loquuti, maxime necessariam partem propositi
operis diligentius persequemur. Placet ergo, si mitis ac
temperata permittit in ea regione, quam colimus, cœli
clementia, facta vindemia secundum idus octobris auspicari putationem : quum tamen æquinoctiales pluviæ
præcesserint, et sarmenta justam maturitatem ceperint :
nam siccitas seriorem putationem facit. Sin autem cœli
status frigidus et pruinosus hiemis violentiam denuntiat,
in idus februarii hanc curam differemus. Atque id licebit facere, si erit exiguus possessionis modus. Nam ubi
ruris vastitas electionem nobis temporis negat, valentis-
simam quamque partem vineti frigoribus; macerrimam
vere, vel autumno : quin etiam per brumam meridiano axi oppositas vites; aquiloni per ver et autumnum
deputari conveniet. Nec dubium quin sit horum vir-

d'humus, comme le gravier pur, et en général tout terrain qui, en raison de circonstances analogues, ne donne pas aux vignes une nourriture suffisante. Au reste, si le sol n'a pas ces inconvénients et autres semblables, on pourra en faire un vignoble qui produira tous les ans sans se reposer, en suivant la méthode que nous avons exposée dans le livre qui précède. Au surplus, les mauvais vignobles, qui, quoique robustes, sont si stériles qu'ils ne produisent pas de fruits, nous le répétons, seront améliorés par la greffe, dont nous parlerons en son lieu, quand nous serons parvenus à cet article de notre discussion.

Comment on taille les vignes vieillies.

XXIII. Maintenant, comme il semble que nous avons peu parlé de la taille des vignes, nous allons mettre tous nos soins à traiter cette partie éminemment importante du travail que nous avons entrepris. Il convient donc, si, dans la contrée où nous cultivons, la bénignité douce et tempérée de l'atmosphère le permet, de commencer la taille, après la vendange, aux ides d'octobre, pourvu toutefois que les pluies de l'équinoxe soient tombées et que les sarments aient acquis une consistance suffisante : car la sécheresse forcerait de différer cette opération. Au contraire, si le froid et les gelées blanches font prévoir un hiver rigoureux, on remettra ce travail aux ides de février. On aura d'ailleurs tout le loisir de le faire, si le vignoble n'est pas considérable. Il n'en est pas de même là où un vaste domaine ne permet pas le choix du temps : alors on taillera, malgré le froid, les portions les plus vigoureuses du vignoble, les plus maigres en automne ou au printemps; celles qui sont exposées au midi, pendant le solstice d'hiver, et celles qui sont inclinées au nord, pendant le printemps ou l'automne. Il est hors de doute que la nature de ces

gultorum natura talis, ut quanto maturius detonsa sint, plus materiæ; quanto serius, plus fructus afferant.

Quæ bonus vinitor in constituta jam vinea vitare aut sequi debeat.

XXIV. Quandocumque igitur vinitor hoc opus obibit, tria præcipue custodiat. Primum, ut quam maxime fructui consulat; deinde, ut in annum sequentem quam lætissimas jam hinc eligat materias; tum etiam, ut quam longissimam perennitatem stirpi acquirat: nam quidquid ex his omittitur, magnum affert domino dispendium. Vitis autem quum sit per quatuor divisa partes, totidem cœli regiones aspicit. Quæ declinationes quum contrarias inter se qualitates habeant, variam quoque postulant ordinationem pro conditione suæ constitutionis a parte . . vitium. Igitur ea brachia, quæ septentrionibus objecta sunt, paucissimas plagas accipere debent, et magis si putabuntur ingruentibus jam frigoribus, quibus cicatrices inuruntur. Itaque una tantummodo materia jugo proxima, et unus infra eam custos erit submittendus, qui vitem mox in annum renovet. At e contrario per meridiem plures palmites submittantur, qui laborantem matrem fervoribus æstivis opacent, nec patiantur ante maturitatem fructum inarescere. Orientis atque occidentis haud sane magna est in putatione differentia, quoniam solem pari horarum numero sub utroque axe vitis accipit. Modus itaque materiarum is erit quem dictabit humi atque ipsius stirpis lætitia.

Hæc in universum; illa per partes custodienda sunt.

arbrisseaux est telle que, plus tôt on les taille, plus ils
donnent de bois, et que plus tard on fait cette coupe,
plus ils rapportent de fruit.

Quelles choses le bon vigneron doit éviter ou pratiquer dans une vigne établie.

XXIV. Au surplus, à quelque époque que le vigneron
procède à la taille, il y a trois considérations principales
qui doivent le diriger : d'abord il s'occupera surtout du
fruit à faire produire ; ensuite il réservera pour l'année
suivante le meilleur bois ; puis il pourvoira à la longue
durée des ceps : la négligence d'un de ces points, quel
qu'il soit, causerait le plus grand préjudice au maître. Le
vignoble étant divisé en quatre parties, chacune d'elles
regarde un des points cardinaux de l'horizon. Ces expo-
sitions ayant chacune des propriétés différentes, demandent aussi pour les vignes différents moyens de les
traiter qui soient en rapport avec l'aspect qui leur a
été donné. En conséquence, les bras étendus au septentrion doivent recevoir peu de plaies, surtout si les
amputations ont lieu à l'approche des froids, qui brû-
leraient infailliblement les cicatrices. On ne laissera
donc qu'un sarment près du joug, et l'on conservera au-
dessous un courson qui, l'année suivante, renouvellera
la vigne. Au contraire, du côté du midi, on ménage plusieurs sarments à fruit qui fourniront de l'ombrage à leur
mère exposée à souffrir des ardeurs de l'été, et empê-
cheront les raisins de se dessécher avant leur maturité.
Pour les points exposés soit à l'orient, soit à l'occident,
il y a peu de différence à faire relativement à la taille,
puisque les ceps reçoivent le soleil pendant autant d'heures
sous l'une que sous l'autre de ces positions. C'est pourquoi il faudra agir d'après ce que dicteront la nature du
terrain et la qualité du plant.

Voilà pour le principe général ; parlons ensuite de son

Nam ut ab ima vite, quasi a quibusdam fundamentis, incipiam, semper circa crus dolabella [5] dimovenda terra est; et si soboles, quam rustici suffraginem vocant, radicibus adhæret, diligenter explantanda ferroque allevanda est, ut hibernas aquas respuat : nam præstat ex vulnere sobolem repullescentem vellere, quam nodosam et scabram plagam relinquere. Hoc enim modo celeriter cicatricem ducit, illo cavatur atque putrescit. Percuratis deinde quasi pedibus, crura ipsa, truncique circumspiciendi sunt, ne aut pampinarius palmes internatus, aut verucæ similis furunculus relinquatur : nisi si jugo superjecta vitis desiderabit ab inferiore parte revocari. Si vero trunci pars secta solis afflatu peraruit, aut aquis noxiisve animalibus, quæ per medullas irrepunt, cavata vitis est, dolabella conveniet expurgare, quidquid emortuum est : deinde falce eradi vivo tenus, ut a viridi codice ducat cicatricem. Neque est difficile, mox allevatas plagas terra, quam prius amurca madefeceris, linire : nam et teredinem formicamque prohibet, solem etiam et pluvias arcet ejusmodi litura, propter quæ celerius coalescit, et fructum viridem conservat. Cortex quoque aridus fissusque, per summa trunci dependens, corpore tenus delibrandus est : quod et melius vitis quasi sordibus liberata convalescit, et minus vino fæcis affert. Jam vero muscus, qui more compedis crura vitium devincta comprimit, situque et veterno macerat, ferro distringendus et eradendus est. Atque hæc in ima parte vitis.

application particulière. Pour commencer par le pied de
la vigne, je dirais presque par ses fondements, on en
écarte la terre avec la doloire, et s'il sort des racines
quelques-uns de ces rejetons que les paysans appellent
suffragants, il faut les arracher avec soin, et polir avec
le fer la plaie qui en résulte, afin que les pluies d'hiver
ne s'y introduisent pas : car il vaut mieux arracher les
rejetons qui poussent d'un endroit qui a été taillé que d'y
laisser une plaie noueuse et raboteuse. Dans le premier
cas, la cicatrice ne tarde pas à se fermer; dans le second,
elle se cave et pourrit. Après avoir ainsi donné des soins
au pied de la vigne, on visitera les jambes et le tronc
pour n'y pas laisser les pampres parasites qui auraient pu
y naître, ni ces furoncles qui ressemblent à des verrues,
à moins que la vigne, s'élevant au-dessus du joug, n'ait
besoin d'être renouvelée par les sarments inférieurs. Si
une portion du tronc a été coupée et se dessèche au soleil; si la vigne a été creusée par les pluies ou par les
animaux qui s'insinuent dans la moelle, il faut retrancher à la doloire tout le bois mort, puis nettoyer jusqu'au
vif avec la serpette, afin que la cicatrice se forme sur une
aire saine. Il n'est pas difficile d'enduire aussitôt les
plaies bien polies avec de la terre détrempée dans de la
lie d'huile : cet enduit conserve au fruit sa vigueur,
éloigne les vers et les fourmis, et protége la plaie contre
le soleil et les pluies, outre qu'il la cicatrise promptement.
On arrachera jusqu'à l'écorce vive les vieilles écorces sèches et effilées qui pendent le long du tronc : par ce moyen
la vigne, débarrassée de ces sortes d'ordures, pousse
mieux et communique au vin moins de lie. La mousse
aussi qui, comme une entrave, comprime le pied des
vignes qu'elle lie, et qui les fait dépérir par la moisissure
et par la saleté, doit être grattée et enlevée avec le fer.
Voilà ce qu'il convient de faire pour la partie inférieure
de la vigne.

Nec minus ea, quæ in capite servanda sint, deinceps
præcipiantur. Plagæ, quas in duro vitis accipit, obliquæ
rotundæque fieri debent; nam citius convalescunt, et
quamdiu cicatricem non obduxerint, commodius aquam
fundunt : transversæ plus humoris et excipiunt, et continent; eam culpam maxime vinitor fugito. Sarmenta
lata, vetera, male nata, contorta, deorsum spectantia,
recidito; novella et fructuaria recta submittito. Brachia
tenera et viridia servato; arida et vetera falce amputato.
Ungues custodum annotinos resecato. In quatuor ferme
pedes supra terram vitem elatam totidem brachiis com-
ponito, quorum singula spectent decussati jugi partes;
tum vel unum flagellum, si macrior vitis erit; vel duo,
si plenior, brachio cuique submittito, eaque jugo superposita præcipitato. Sed meminisse oportebit, ne in
eadem linea, unoque latere brachii esse duas materias,
pluresve patiamur; namque id maxime vitem infestat,
ubi non omnis pars brachii pari vice laborat, atque æqua
portione succum proli suæ dispensat : sed ab uno latere
exsugitur; quo fit, ut ea vena, cujus omnis humor assu-
mitur, velut icta fulgure arescat.

Vocatur etiam focaneus palmes[6], qui solet in bifurco
medius prorepere, et idcirco eum prædicto vocabulo
rustici appelant, quod inter duo brachia, qua se dividit
vitis, enatus velut fauces obsidet, atque utriusque duramenti alimenta præripit. Hunc ergo tanquam æmulum
diligenter iidem amputant et abnodant, priusquam cor-

Il n'est pas moins utile de connaître les pratiques qui ont pour objet la conservation de sa partie supérieure. Les blessures qu'elle reçoit sur son tronc doivent être rendues obliques et rondes : elles se guérissent ainsi plus promptement et, jusqu'à ce que la plaie soit cicatrisée, l'eau s'en écoule avec plus de facilité ; tandis que lorsqu'elles sont horizontales elles reçoivent et retiennent plus d'eau. Le vigneron évitera donc cette faute avec soin ; il retranchera les sarments qui s'étendront trop, ainsi que ceux qui auront vieilli, qui seront de mauvaise venue, tortus et tournés vers le sol ; et respectera les jeunes brins droits promettant du fruit. Il conservera les bras tendres et verts ; coupera avec la serpe ceux qui sont desséchés et vieillis ; rognera les ergots des coursons de l'année. Quand la vigne se sera élevée à quatre pieds environ au-dessus du sol, il lui formera quatre bras dont chacun sera tourné du côté de l'X du joug ; alors il donnera à chaque bras un sarment s'il est maigre, ou deux s'il est bien nourri, et les conduira sans retard vers le joug. Mais il ne devra pas perdre de vue qu'il ne faut pas souffrir deux rameaux ou un plus grand nombre sur la même ligne ni sur un seul côté du bras : car il est très-préjudiciable à la vigne que toutes les parties de ses bras ne travaillent point également : elle veut distribuer à ses enfants leur nourriture par portions égales. Sucée d'un seul côté, toute la sève s'y porte, y est épuisée, et la plante se dessèche comme si elle avait été frappée de la foudre.

On appelle focané le sarment qui s'élève entre deux branches ; les paysans lui ont donné ce nom, parce que, né entre les deux bras dans lesquels la vigne se divise, il occupe cette sorte de gorge, et intercepte la nourriture de l'une et de l'autre de ces branches. Aussi, avant qu'il ait eu le temps de se fortifier, l'amputent-ils soigneusement comme un rival dangereux et aplanissent-ils le nœud qu'il a formé. Cependant, s'il a pris tellement

roboretur. Si tamen ita prævaluit, ut alterutrum brachium afflixerit, id, quod imbecillius est, tollitur, et
ipse focaneus submittitur. Reciso enim brachio, æqualiter utrique parti vires mater subministrat. Igitur caput
vitis pede infra jugum constituito, unde se pandant quatuor, ut dixi, brachia, in quibus quotannis vitis renovetur, amputatis veteribus, et submissis novis palmitibus,
quarum delectus scite faciendus est. Nam ubi magna materiarum facultas est, putator custodire debet ne aut
proximas duro, id est a trunco et capite vitis relinquat,
aut rursus extremas : nam illæ minimum vindemiæ conferunt, quum exiguum fructum præbent, similes scilicet
pampinariis : hæ vitem exhauriunt, quia nimio fœtu
onerant, et usque in alterum ac tertium palum, quod vi-
tiosum esse diximus, se extendunt. Quare medio in brachio
commodissime palmæ submittentur, quæ nec spem vindemiæ destituant, nec emaciant stirpem suam. Nonnulli fructus avidius eliciunt, extrema et media flagello submittendo, nec minus proximum duro sarmentum in custodem
resecando : quod faciendum, nisi permittentibus soli et
trunci viribus, minime censeo : nam ita se induunt uvis, ut
nequeant maturitatem capere, si benignitas terræ, atque
ipsius trunci lætitia non adsit. Subsidiarius idemque custos
in pollicem resecari non debet, quum palmæ, ex quibus
proximi fructus sperantur, idoneo loco sitæ sunt : nam
ubi ligaveris eas, et in terram spectantes deflexeris, infra
vinculum materias exprimes. At si longius quam ritus

de force, que les deux bras en aient souffert, il faut enlever le plus faible et laisser subsister le focané. Ce bras étant coupé, la mère nourrit également les deux parties conservées. En conséquence, on fixera à un pied au-dessous du joug la tête de la vigne, dont s'écarteront les quatre bras dont j'ai parlé, et sur lesquels on la renouvellera tous les ans, en coupant les vieux sarments et les remplaçant par des nouveaux, dont le choix sera fait avec discernement. En effet, là où beaucoup de sarments poussent avec force, le vigneron doit veiller à n'en pas laisser qui soient trop voisins du bois dur, c'est-à-dire près du tronc et de la tête, ni à leurs extrémités : ceux-là produisent peu pour la vendange, en ne donnant que de petites grappes, comme font les pampinaires ; ceux-ci épuisent la vigne, parce qu'ils se chargent de trop de fruit, et se prolongent jusqu'au second ou au troisième pied, ce qui offre des inconvénients, ainsi que nous l'avons dit. Il faut donc conserver pour plus d'avantage les branches du milieu des bras, lesquelles n'enlèvent pas l'espoir d'une bonne récolte, et n'amaigrissent pas le cep. Quelques agriculteurs provoquent, par excès d'avidité, une abondance de fruits, en dressant les jets de l'extrémité et du milieu, et en coupant pour courson le sarment le plus rapproché du bois dur : ce que je ne crois pas bon à faire, à moins que l'excellence du sol et la force du tronc le permettent : car dans cet état les grappes se pressent tellement entre elles qu'elles ne sauraient acquérir une maturité parfaite, si elles ne sont favorisées par la fertilité de la terre et la vigueur du tronc. Le sarment subsidiaire et le courson ne doivent pas être rabattus en manière de pouce, quand les branches, dont on attend de prochains fruits, sont établies convenablement : car, où vous les aurez liées et courbées vers la terre, vous provoquerez au-dessous de la ligature l'émission de nouveaux jets. Si, au contraire, de la tête de

agricolarum permittit, et a capite vitis emicuerit, et
brachiis in aliena jugorum compluvia perrepserit, custodem validum, et quam maximum juxta truncum duorum
articulorum, vel trium relinquemus, ex quo quasi pollice, proximo anno citata materia formetur in brachium :
ut sic recisa vitis ac renovata intra jugum contineatur.

Sed in submittendo custode hæc maxime sunt obser-
vanda. Primum, ne resupina cœlum, sed prona potius
plaga terram spectet : sic enim et gelicidiis ipsa se pro-
tegit, et ab sole obumbratur; deinde, ne sagittæ, sed
ungulis quidem similis fiat resectio : nam illa celerius
et latius emoritur, hæc tardius et angustius reformidat. Quodque etiam usurpari vitiosissime animadverto,
maxime vitandum est : nam dum serviunt decori, quo
sit brevior custos, et similis pollici, juxta articulum sarmentum recidunt. Id autem plurimum officit, quoniam
secundum plagam posita gemma pruinis et frigore, tum
deinde æstu laborat. Optimum est igitur, medio fere internodio subsidiarium tondere palmitem, devexamque
resectionem facere post gemmam, ne, ut jam antea diximus, superlacrymet, et gemmantem cæcet oculum. Sed si
resecis facultas non erit, circumspiciendus est furunculus,
qui, quamvis angustissime præcisus in modum verrucæ,
proximo vere materiam exigat, quam vel in brachium, vel
in fructuarium remittamus. Si neque is reperiatur, sau-
cianda ferro est atque exulceranda vitis in ea parte, qua

la vigne s'élancent des sarments plus longs que n'ont coutume de le permettre les cultivateurs, et qu'elle projette ses bras jusque sur les auvents que forment les autres jougs, nous laisserons sur le tronc un fort courson et le meilleur qu'il sera possible de conserver, pourvu de deux ou de trois nœuds, duquel, comme d'un pouce, s'élancera, l'année suivante, un jet dont on formera un bras nouveau. Ainsi coupée et renouvelée, la vigne sera contenue dans les bornes de son joug.

Pour la conduite du courson, voici ce qu'il faut observer avec attention. D'abord la plaie ne doit pas être horizontale et regarder le ciel, mais oblique et dirigée vers la terre : par cette précaution, elle se garantit elle-même des frimas et de l'ardeur du soleil. Ensuite la taille se fera non pas en forme de flèche, mais en forme d'ongle : en effet, la première méthode fait mourir le bois plus tôt et dans une plus grande étendue, tandis que la seconde l'empêche plus longtemps de sécher et restreint le mal dans un moindre espace. Il faut surtout éviter une pratique des plus funestes, inconsidérément suivie par nombre de vignerons qui, n'ayant égard qu'au coup d'œil, tranchent le sarment près du nœud, afin que le courson soit plus court et ressemble au pouce. Ce mode d'amputation est très-préjudiciable, en ce que l'œil, trop rapproché de la plaie, a beaucoup à souffrir des frimas, du froid, et aussi de la chaleur. Il est donc préférable de couper le sarment subsidiaire vers le milieu de deux nœuds, et de donner à la section une inclinaison qui soit dirigée du côté opposé à œil, de peur que, comme nous l'avons dit, elle ne l'inonde de ses pleurs et ne le fasse tomber quand elle bourgeonnera. Dans le cas où il ne serait pas possible de faire un courson, il faut tâcher de faire naître un furoncle, qui, quoique coupé très-court en manière de verrue, poussera, au printemps suivant, un bois propre à être disposé en bras ou en sarment à fruit. Si on n'a pas même

pampinum studemus elicere. Jam vero ipsos palmites,
quos vindemiæ præparamus, claviculis ac nepotibus libe-
randos magnopere censeo. Sed in iis recidendis alia conditio est, atque alia in iis, quæ procedunt e trunco : nam
quidquid est, quod e duro prominet, vehementius applicata falce abnodatur atque eraditur, quo celerius ob-
ducat cicatricem. Rursus quidquid e tenero processit,
sicut nepos, parcius detondetur : quoniam fere conjun-
ctam gerit ab latere gemmam, cui consulendum est, ne
falce destringatur; pressius enim si abnodes applicato
ferro, aut tota tollitur, aut convulneratur : propter
quod palmes, quem mox in germinatione citaverit, im-
becillis ac minus fructuosus erit; tum etiam magis ob-
noxius ventis; scilicet quia infirmus de cicatrice pro-
repserit. Ipsius autem materiæ, quam submittemus,
longitudini modum difficile est imponere. Plerique tamen
in tantum provocant, ut curvata, et præcipitata per jugum nequeat terram contingere. Nos subtilius dispicienda
illa censemus. Primum vitis habitum : nam si robusta
est, ampliores materias sustinet; deinde soli quoque
pinguitudinem : quæ nisi adest, quamvis validissimam
vitem celeriter necabimus procerioribus emaciatam flagellis. Sed longi palmites non mensura, verum gemmarum numero æstimantur : nam ubi majora sunt spatia
inter articulos, licet eo usque materiam producere, dum
pæne terram contingat : nihilo minus enim paucis fron-

cette ressource, la vigne sera entamée avec le fer, et l'on irritera la place au point d'où l'on veut faire jaillir un pampre. Je crois encore qu'il est urgent de débarrasser des vrilles et des rejets les sarments dont on veut obtenir du fruit. Mais, pour les enlever, il ne faut pas opérer de la même manière que pour ceux qui sortent du tronc : en effet, tout ce qui provient du bois dur doit être, sans ménagement, coupé ras, et raclé avec la serpe, afin que la plaie se cicatrise plus promptement. Quant aux pampres qui naissent sur des sarments tendres, comme les simples rejetons, on les rabat avec plus de douceur, parce qu'ils portent presque toujours un bourgeon latéral qu'il faut prendre garde de toucher avec la serpette ; en effet, si on appliquait le fer trop rudement, on enlèverait en totalité, ou du moins on endommagerait ce bourgeon ; d'où il résulterait que le sarment, qui est près de germer, se trouverait affaibli, produirait moins, et serait moins capable de résister aux vents, puisqu'il serait sorti de la cicatrice dépourvu de toute vigueur. Il est difficile de fixer la longueur que doit avoir le sarment conservé. Cependant les vignerons, pour la plupart, la déterminent de manière que, recourbé au sommet du joug et descendant de là, il ne puisse arriver jusqu'au sol. Nous pensons qu'il faut considérer la chose d'une manière moins superficielle. On doit donc avoir égard, d'abord, à la nature de la vigne : car, si elle est vigoureuse, elle peut porter de plus longs bois ; ensuite à la qualité du terrain : car, s'il est maigre, la vigne la plus robuste ne tarderait pas à périr exténuée par des sarments trop étendus. A la vérité, on juge de la longueur des branches bien moins par leur étendue que par le nombre de leurs yeux : aussi, lorsqu'il y a un grand espace entre les nœuds, on peut les laisser filer jusqu'à ce qu'elles touchent presque la terre : car alors elles ne donnent que peu de pampres ; quand, au contraire, les nœuds sont très-rapprochés les uns des autres et que les yeux

descet pampinis; at ubi spissa internodia, frequentes-
que oculi sunt, quamvis breve sarmentum, multis palmitibus virescit, et numeroso fœtu exuberat : quare modus talis generis necessario maxime est adhibendus, ne
procerioribus fructuariis oneretur.

Et ut consideret vinitor, proximi anni magna, necne,
fuerit vindemia : nam post largos fructus parcendum est
vitibus, et ideo anguste putandum; post exiguos, im-
perandum. Super cetera illud etiam censemus, ut duris
tenuissimisque et acutissimis ferramentis totum istud
opus exsequamur : obtusa enim et hebes et mollis falx
putatorem moratur, eoque minus operis efficit, et plus
laboris affert vinitori; nam sive curvatur acies, quod
accidit molli; sive tardius penetrat, quod evenit in re-
tuso et crasso ferramento, majore nisu est opus. Tum
etiam plagæ asperæ atque inæquales vites lacerant; neque
enim uno, sed sæpius repetito ictu res transigitur : quo
plerumque fit, ut, quod præcidi debeat, perfringatur,
et sic vitis laniata, scabrataque putrescat humoribus,
nec plagæ consanentur. Quare magnopere monendus
putator est, ut prolixet aciem ferramenti, et quantum
possit, novaculæ similem reddat. Nec ignoret in quaque
re, qua parte falcis utendum sit : nam plurimos per hanc
inscitiam vastare vineta comperi.

Figura falcis.

XXV. Est autem sic disposita vinitoriæ falcis figura,

sont nombreux, le sarment, quoique court, se couvre de beaucoup de bois à fruit et produit des grappes en abondance : aussi est-il nécessaire d'user dans ce cas de beaucoup de mesure, afin de ne pas donner une surcharge de fruits à des branches qui dépasseraient la juste proportion.

Le vigneron doit encore considérer si la vendange de l'année précédente a été abondante ou non : car après une ample récolte, on doit épargner la vigne, et dès lors tailler court; tandis qu'après une vendange chétive, on est en droit d'exiger davantage. Au reste, nous pensons encore que tout cet ouvrage doit être exécuté avec des instruments bien trempés, à lame mince et bien affilée: car une serpe émoussée, ébréchée et de mauvaise qualité retarde le vigneron, l'empêche de faire beaucoup d'ouvrage, et le fatigue davantage. En effet, soit que le tranchant se courbe, ce qui arrive quand le fer est trop tendre, soit qu'il pénètre mal, ce qui a lieu quand il est émoussé ou trop épais, il exige de plus grands efforts. Il faut dire aussi que les plaies raboteuses et inégales déchirent les vignes, quand l'amputation a eu lieu, non d'un seul coup, mais de plusieurs coups répétés. Il en résulte que souvent on brise ce qui devait être tranché net, et que la vigne, ainsi déchirée et couverte d'aspérités, pourrit sous l'influence des pluies, et que ses blessures ne se cicatrisent pas. Il faut donc avant tout prévenir le vigneron de bien aiguiser ses outils, et, autant qu'il est possible, de leur donner un fil aussi tranchant que celui d'un rasoir. Il doit savoir aussi de quelle partie de son fer il faut faire usage pour telle ou telle nature de son travail; car j'ai vu beaucoup d'ouvriers qui, faute de cette connaissance, ruinaient les vignobles.

Description de la serpe.

XXV. Voici la description de la serpe du vigneron,

ut capulo pars proxima, quæ rectam gerit aciem, culter
ob similitudinem nominetur; quæ flectitur, sinus; quæ
a flexu procurrit, scalprum; quæ deinde adunca est,
rostrum appellatur; cui superposita semiformis lunæ
species, securis dicitur; ejusque velut apex pronus im-
minens, mucro vocatur.

Harum partium quæque suis muneribus fungitur, si
modo vinitor gnarus est. Nam quum in adversum pressa
manu desecare quid debet, cultro utitur; quum autem
retrahere, sinu; quum allevare, scalpro; quum incavare,
rostro; quum ictu cædere, securi; quum in angusto aliquid expurgare, mucrone.

Major autem pars operis in vineam ductim potius,
quam cæsim facienda est : nam ea plaga, quæ sic effici-
tur, uno vestigio allevatur; prius enim putator applicat
ferrum, atque ita, quæ destinavit, præcidit; qui cæsim
vitem petit, si frustratus est, quod sæpe evenit, pluribus
ictibus stirpem vulnerat. Tutior igitur et utilior putatio
est, quæ, ut retuli, ductu falcis, non ictu, conficitur.

De cura adminiculandæ jugandæque vineæ.

XXVI. His peractis, sequitur, ut ante jam diximus,
adminiculandæ jugandæque vineæ cura, cui stabiliendæ
melior est ridica palo, neque ea quælibet : nam est præcipua cuneis fissa olea, quercus, et suber, ac si qua sunt
similia robora; tertium obtinet locum pedamen teres,

telle qu'elle doit être disposée : la partie la plus rapprochée du manche et dont le tranchant est droit, s'appelle
le couteau, à cause de sa ressemblance avec cet instrument; on appelle courbure, la partie concave; scalpel, le
tranchant qui descend de la courbure; bec, la pointe recourbée du tranchant; hache, l'espèce de croissant qui
est placé au-dessus du bec; et glaive, la pointe horizontale qui se trouve à l'extrémité.

Pour le vigneron tant soit peu expérimenté, chacune
de ces parties a sa destination particulière. En effet, quand
il doit couper en avant des branches qu'il contient de la
main, il emploie le couteau; quand il les attire à lui, il se
sert de la courbure; pour polir une plaie, il use du scalpel;
le bec lui sert pour creuser; la hache, pour couper en
frappant; et le glaive, pour nettoyer les endroits qui présentent une certaine profondeur.

La plus grande partie du travail des vignes s'exécute
plutôt en ramenant la main vers soi qu'en frappant : car
la plaie faite de la première manière se trouve polie du
même trait; et le vigneron appliquant son instrument
au point qu'il désire atteindre, le coupe mieux. Au contraire, celui qui frappe, s'il manque la portée de son
coup, ce qui arrive souvent, blesse le cep de plusieurs
atteintes. L'amputation la plus sûre et la plus avantageuse
est celle qui, comme je l'ai dit, s'opère en ramenant la
serpe vers soi, et non par le choc de l'instrument.

Du soin à donner aux vignes qu'on veut soutenir et soumettre au joug.

XXVI. Ces opérations terminées, suit, comme nous
l'avons déjà dit, le soin de soutenir la vigne et de la
mettre au joug. Pour l'étayer, l'échalas est meilleur que
le pieu; toutefois, il y a encore un choix à faire. Les bons
échalas se font d'olivier, de chêne, de liége, et autres variétés de ces dernières essences, lesquels ont été fendus

idque maxime probatur ex junipero, et lauru, et cu-
pressu; recte etiam faciunt ad eam rem silvestres pinus,
atque etiam sambuci probabilis usus. Tamen in his hæc
eorumque similia pedamenta post putationem retractanda
sunt, partesque eorum putres dedolandæ; atque alia
convertenda, quæ sinceritatem habent : alia submovenda,
quæ vel cariosa, vel justo breviora sunt, eorumque in
vicem idonea reponenda, jacentia statuenda, declinata
corrigenda. Jugo, si non erit opus nova sartura, recen-
tia vincula inserantur : si restituendum videbitur, antequam vitis palo applicetur, perticis vel arundinibus con-
nectatur, ac tum demum (sicut in novella præcipimus)
vitem juxta caput, infraque brachia colligemus cum ridica:
idque facere non oportebit omnibus annis eodem loco,
ne vinculum incidat, et truncum strangulet. Brachia
deinde sub stella quadripartito locabimus, tenerosque
palmites super jugum ligabimus nihil repugnantes naturæ, sed ut quisquis obsequetur, leviter curvabitur, ne
deflexu frangatur, neve jam tumentes gemmæ deter-
geantur; atque ubi duæ materiæ per unam partem jugi
mittentur, media pertica interveniat, directæque palmæ
per jugorum compluvia decurrant, et velut mersæ cacuminibus in terram despiciant. Id ut scite fiat, meminerit alligator, ne retorqueat sarmentum, sed tantum
inflexum devinciat, et ut omnis materia, quæ modo potest præcipitari, jugo superponatur, ut potius innixa
perticæ, quam e vinculo pendeat. Sæpe enim notavi,

avec des coins. On met au troisième rang en qualité les échalas ronds, dont les meilleurs sont de genièvre, de laurier et de cyprès. On emploie encore fort bien à cet usage le pin sauvage et même le sureau. Au surplus, quels que soient les appuis qu'on adopte, il faut les soigner, retrancher à la doloire les parties pourries, retourner ceux qui sont restés sains, enlever ceux qui seraient cariés ou devenus trop courts, les remplacer par de plus convenables, relever ceux qui seraient abattus, et redresser ceux qui seraient inclinés. Si le joug n'a pas besoin d'être reconstruit, on y mettra de nouveaux liens; s'il paraît hors de service, on assemblera des perches ou des roseaux pour y attacher la vigne avant de la fixer à son pieu, et enfin, de même que nous l'avons conseillé pour les jeunes plants, nous la lierons à son échalas vers sa tête et au-dessous de ses bras. Il ne faudra pas placer le lien au même point tous les ans, de peur qu'il ne la coupe et n'étrangle son tronc. Nous donnerons ensuite aux bras les quatre directions que présente l'étoile du joug sur lequel nous lierons les jeunes sarments à fruit, sans contrarier la nature, mais en les courbant légèrement, selon qu'ils s'y prêteront, pour ne pas les briser par une inflexion forcée et ne pas faire tomber les bourgeons déjà gros. Lorsque deux branches se dirigent vers un même point du joug, on place entre elles une perche qui les sépare et qui dirige ces sarments à fruit sur la partie supérieure du joug, d'où, plongeant en quelque sorte, ils descendent vers la terre. Pour faire sciemment cette opération, le vigneron qui attache les liens se souviendra de ne pas tordre le sarment en le fixant, mais de se borner à l'incliner, de manière que tout le bois qui peut être conduit en bas paraisse plutôt appuyé sur la perche que suspendu au lien. J'ai souvent remarqué que, par inattention, les paysans attachent au joug leurs sarments à fruit, de manière qu'ainsi liés, ils pendent de leur ligature seule; ce qui a

per imprudentiam rusticos subjicere jugo palmam, et
ita colligare, ut solo vimine suppendeat; quæ vinea
quum accipit pampini et uvarum pondus, infringitur.

Quæ bonus vinitor in constituta jam vinea vitare aut sequi debeat.

XXVII. Sic deinde ordinata vineta festinabimus emun-
dare, sarmentisque et calametis liberare. Quæ sicco tamen solo legenda sunt, ne lutosa humus inculcata majorem fossori laborem præbeat, qui protinus adhuc
silentibus vineis inducendus est : nam si palmis incipien-
tibus progemmantibusque fossorem immiseris, magnam
partem vindemiæ decusseris. Igitur antequam gemment,
per divortium veris atque hiemis quam altissime fo-
diendæ vineæ sunt, quo lætius atque hilarius pullulent :
eæque ubi se frondibus et uvis vestierint, teneris caulibus nec dum adultis modus adhibendus est. Idemque
vinitor, qui ante ferro, nunc manu decutiet, umbrasque
compescet, ac supervacuos pampinos deturbabit; nam
id plurimum refert, non inscite facere, siquidem vel
magis pampinatio, quam putatio vitibus consulit; nam
illa, quamvis multum juvat, sauciat tamen et resecat :
hæc clementius sine vulnere medetur, et anni sequentis
expeditiorem putationem facit; tum etiam vitem minus
cicatricosam reddit : quoniam id, ex quo viride et tenerum decerptum est, celeriter consanescit. Super hæc
materiæ, quæ fructum habent, melius convalescunt, et
uvæ commodius insolatæ percoquuntur. Quare prudentis

pour résultat de la rompre aussitôt qu'elle a le poids des pampres et des raisins à supporter.

Quelles choses le bon vigneron doit éviter ou pratiquer dans une vigne établie.

XXVII. La vigne étant établie d'après nos préceptes, nous nous hâterons de la nettoyer et de la débarrasser de ses sarments et de ses débris d'échalas. Il est bon toutefois qu'alors le sol soit sec pour les recueillir, sans quoi la terre mouillée, étant piétinée, occasionerait à celui qui doit fouiller la terre une trop grande fatigue dans ce travail qu'on doit faire exécuter sans retard pendant que le cep ne bouge pas encore : car, si l'on mettait l'ouvrier parmi des sarments qui commencent à bourgeonner, il ferait tomber une grande partie de la vendange. Aussi, avant la pousse, entre l'hiver et le printemps, faudra-t-il fouir les vignes profondément, afin que leur végétation soit plus gaie et plus riante; puis, lorsqu'elles se sont revêtues de feuillages et de grappes, on arrêtera les jets tendres et non encore adultes. Le vigneron qui a précédemment employé le fer, n'aura maintenant à recourir qu'à la main pour ce travail, afin de donner de l'air au cep et de retrancher les pampres superflus : il importe que cette opération soit faite avec intelligence, puisque l'épamprement est encore plus profitable aux vignes que la taille : la dernière, en effet, quelque utile qu'elle soit, blesse pourtant l'arbrisseau, puisqu'elle exige qu'on le coupe, tandis que le premier procure sans blessure un traitement plus doux, et prépare pour l'année suivante une taille plus facile; il laisse d'ailleurs moins de cicatrices à la vigne, qui se guérit bien vite de l'enlèvement de branches vertes et tendres. Ajoutons à ces considérations que les sarments qui ont du fruit acquièrent plus de vigueur, et que les raisins exposés aux rayons du soleil arrivent mieux à ma-

est, ac maxime callentis vinitoris, æstimare, ac dispicere, quibus locis in annum debeat materias submittere;
nec orbos tantum detrahere palmites, verum etiam fru-
giferos, si supra modum se numerus eorum profuderit:
siquidem evenit, ut quidam oculi trigeminis palmis egerminent, quibus binos detrahere oportet, quo commodius
singulos alumnos educent. Est enim sapientis rustici re-
putare, num majore fructu vitis se induerit, quam ut
perferre eum possit. Itaque non solum frondem supervacuam debet decerpere, quod semper faciendum est,
verum interdum partem aliquam fœtus decutere, ut
ubere suo gravatam vitem levet. Idque faciet variis de
causis pampinator industrius, etiamsi non erit major
fructus, quam ut maturescere queat. Si autem continuis
superioribus annis dapsili proventu fatigata vitis fuerit,
requiescere ac refici par erit, et sic futuræ materiæ consulendum. Nam cacumina flagellorum confringere luxuriæ comprimendæ causa, vel e dura parte aut a trunco
surgentes pampinos submovere [oportebit], nisi ad re-
novandam vitem unus atque alter servandus est, tum e
capite quidquid inter brachia viret explantare, atque
eos, qui per ipsa duramenta steriles, nequidquam matrem occupant, palmites detergere, cujuslibet vel pueri
est officium.

Quomodo pampinari et quot fossuris vinea excoli debeat.

XXVIII. Tempus autem pampinationis ante, quam

turité. Un vigneron habile, et qui surtout entend ses intérêts, doit donc examiner et juger sur quels points il laissera croître son bois pour l'année suivante, et non-seulement enlever les sarments qui n'ont pas de fruit, mais aussi ceux qui en sont pourvus, si leur nombre est trop considérable : si donc il arrive que certains yeux produisent trois jets, il faudra en retrancher deux pour que celui qui restera puisse facilement se nourrir; car un cultivateur expérimenté doit juger si la vigne est couverte de plus de fruits qu'elle n'en peut porter. C'est pourquoi non-seulement il enlèvera les feuilles superflues, ce qu'il faut toujours faire, mais quelquefois aussi une partie du fruit, pour soulager la vigne accablée par sa propre fécondité. Le vigneron habile agira ainsi par plusieurs motifs, quand même l'arbrisseau n'aurait pas plus de fruit qu'il n'en peut conduire à maturité. En effet, si, pendant plusieurs années, la vigne a été fatiguée par des récoltes abondantes, il convient de la laisser reposer et se refaire, et ainsi préparer l'avenir de son bois. Au reste, casser la pointe des jeunes sarments pour arrêter leur essor excessif; enlever du bois dur ou du tronc tous les pampres qui s'en échappent, à moins qu'on n'en réserve un ou deux pour renouveler la vigne; extirper à la partie supérieure tout ce qui pousse entre ses bras, et la débarrasser des rejetons qui, stériles sur le vieux bois, occupent inutilement leur mère : c'est l'ouvrage du premier venu, et même d'un enfant.

Comment on doit épamprer et combien on doit donner de binages à la vigne.

XXVIII. Le temps le plus avantageux pour l'épampre-

Columelle. 1.

florem vitis ostendat, maxime est eligendum : sed et
postea licet eamdem repetere. Medium igitur eorum
dierum spatium, quo acini formantur, vinearum nobis
aditum negat; quippe florentem fructum movere non expedit : pubescentem vero, et quasi adolescentem convenit religare, foliisque omnibus nudare, tum et crebris
fossionibus implere : nam fit uberior pulverationibus[7].
Nec infitior, plerosque ante me rusticarum rerum magistros tribus fossuris contentos fuisse; ex quibus Græcinus, qui sic refert : « Potest videri satis esse constitutam
vineam ter fodere. » Celsus quoque et Atticus consentiunt,
tres esse motus in vite, seu potius in omni surculo, na-
turales : unum, quo germinet; alterum, quo floreat;
tertium, quo maturescat. Hos ergo motus censent fossionibus concitari. Non enim natura, quod vult, satis
efficit, nisi eam labore cum studio juveris. Atque hæc
colendarum vinearum cura est, quæ finitur vindemia.

De inserendis vitibus, et insitione tuenda.

XXIX. Redeo nunc ad eam partem disputationis, qua
sum professus vitium inserendarum tuendarumque insitionum præcepta. Tempus inserendi Julius Atticus tradidit ex kalendis novembris in kalendas junias, quoad
posse custodiri surculum sine germine affirmat. Eoque
debemus intelligere nullam partem anni excipi, si sit
sarmenti silentis facultas. Id porro in aliis stirpium ge-

ment de la vigne est celui qui précède sa floraison; et
il n'est pas inutile, après cette période végétale, de ré-
péter la même opération : mais il ne faut pas entrer dans
les vignes durant les jours intermédiaires pendant lesquels les grappes se forment, parce qu'il est nuisible au
fruit de l'agiter quand il est encore en fleur. Lorsqu'il
sera parvenu à sa puberté, et presque à l'adolescence,
on le liera, on le dégarnira de tout le feuillage, et on
favorisera son accroissement par de fréquents labours;
car il prend d'autant plus de développement que la terre
est mieux ameublie. Je ne nie pas qu'avant moi la plupart des maîtres en agriculture se contentaient de trois
binages; et Grécinus entre autres s'exprime ainsi : « Pour
un vignoble en état on peut se contenter de trois labours. »
Celse aussi et Atticus s'accordent à dire que la vigne,
ou plutôt tout arbre, a trois mouvements naturels : le
premier, quand elle commence à bourgeonner; le second,
quand elle fleurit; le troisième, quand ses fruits mûrissent. Ces deux derniers auteurs pensent qu'ainsi il est
conséquent d'exciter ces mouvements par des serfouissages. La nature, en effet, ne parvient à faire ce qu'elle
veut, qu'autant qu'elle est secondée par le travail uni à
l'étude. Tels sont les soins que réclame la culture de la
vigne jusqu'au moment de la vendange.

Des vignes à greffer, et des soins à donner aux greffes.

XXIX. Je reviens maintenant à cette partie de ma discussion qui a pour objet la greffe des vignes et les soins
qui doivent suivre cette opération. Jules Atticus fixe
pour pratiquer la greffe tout l'intervalle compris entre
les calendes de novembre et celles de juin, espace durant
lequel il affirme qu'on peut conserver une greffe sans
qu'elle pousse. Nous devons en conclure qu'il n'y a
d'exception pour aucune partie de l'année, pourvu qu'on
puisse empêcher le sarment d'entrer en sève. J'accorde-

neribus, quæ firmioris et succosioris libri sunt, posse
fieri sane concesserim. In vitibus nimis temere tot men-
sium rusticis insitionem permissam dissimulare, non est
fidei meæ : non quod ignorem, brumæ temporibus ali-
quando insitam vitem comprehendere; sed non quid in
uno vel altero experimento casu fiat; verum quid certa
ratione plerumque proveniat, discentibus præcipere debemus. Etenim si exiguo numero periclitandum sit, in quo
major cura temeritati medetur, possum aliquatenus convenire; quum vero vastitas operis etiam diligentissimi
agricolæ curam distendit, omnem scrupulum submovere
debemus.

Est enim contrarium, quod Atticus præcipit; nam
idem per brumam negat recte putari vineam; quæ res,
quamvis minus lædat vitem, merito tamen fieri prohi-
betur, quod frigoribus omnis surculus rigore torpet : nec
propter gelicidia corticem movet, ut cicatricem consa-
net. Atque idem Atticus non prohibet eodem ipso tempore inserere, quod tum, et totius obtruncatione vitis,
et cum ejusdem resectionis fissura, præcipit fieri.

Verior itaque ratio est inserendi tepentibus jam diebus post hiemem, quum et gemmas et corticem naturaliter movent, nec frigus ingruit, quod possit aut surculum insitum, aut fissuræ plagam inurere. Permiserim
tamen festinantibus autumno vitem inserere : quia non

rais volontiers qu'on pût agir ainsi à l'égard de toutes les
espèces d'arbres dont le liber a plus de consistance et de
cambium que la vigne; pour la vigne, ma bonne foi ne
me permet pas de dissimuler qu'il y aurait une témérité
excessive à permettre pendant tant de mois cette greffe
aux agriculteurs : je n'ignore pas.pourtant que quelquefois une greffe opérée au solstice d'hiver a réussi; mais il
ne faut pas se fier au résultat naturellement hasardeux
d'une ou de deux expériences, et il ne faut conseiller à
ceux qui s'instruisent que ce qui, après de nombreuses
observations, a été reconnu arriver le plus souvent. Pourtant, jusqu'à un certain point, je ne m'opposerais pas à
cet essai, si on n'en courait les risques que sur un petit
nombre de sujets, parce qu'alors on pourrait remédier à
cette témérité par un redoublement de soins; mais du
moment où l'immensité du travail absorberait tous les
instants du cultivateur le plus diligent, je dois tout faire
pour le détourner de cette pratique.

Ce que prescrit Atticus est donc contraire à tous les
principes; en effet, lui-même nie qu'on puisse avantageusement tailler la vigne au solstice d'hiver. Cette opération, qui pourtant la blesse moins, doit être à bon
droit interdite, parce que toute jeune plante souffre et
s'engourdit par l'effet du froid, et que les frimas s'opposent aux efforts que fait l'écorce pour recouvrir et guérir
la plaie. Et ce même Atticus ne défend pas de greffer à
cette époque, quoique, d'après ses prescriptions mêmes,
il faille, pour le faire, couper en totalité la tête de la
vigne, et fendre le cep à l'endroit de l'amputation.

Il est plus rationnel de greffer lorsque, après l'hiver,
le temps s'est attiédi; que naturellement l'écorce et les
bourgeons entrent en mouvement, et qu'il n'y a plus à
redouter de froids assez violents pour brûler ou la greffe
insérée, ou la plaie qui résulte de la fente. Je permet-
trais cependant aux cultivateurs qui craignent de s'at-

dissimilis est ejus aeris qualitas vernæ. Sed quocumque
quis tempore destinaverit inserere, non aliam sciat esse
curam surculis explorandis, quam quæ tradita est priore
libro, quum de malleolis eligendis præcepimus; quos ubi
generosos, et fecundos, et quam maturissimos viti de-
traxerit, diem quoque tepidum, silentemque a ventis
eligat. Tum consideret surculum terctem, solidique corporis, nec fungosæ medullæ, crebris etiam gemmis et
brevibus internodiis; nam plurimum interest non esse
longum sarmentum, quod inseratur; et rursus plures
oculos, quibus egerminet, inesse. Itaque si sunt longa
internodia, necesse est ad unam, vel summum duas
gemmas recidere surculum, ne proceriorem faciamus,
quam ut tempestates, et ventos, et imbres immobilis
pati possit. Inseritur autem vitis vel rescissa, vel integra
perforata terebra; sed illa frequentior, et pæne omnibus agricolis cognita insitio; hæc rarior, et paucis usur-
pata. De ea igitur prius disseram, quæ magis in consuetudine est.

Reciditur vitis plerumque supra terram, nonnunquam
tamen et infra, quo loco magis solida est, atque enodis;
quum juxta terram insita est, surculus adobruitur cacumine tenus : at quum editior est a terra, fissura diligenter subacto luto linitur, atque superposito musco liga-
tur, quod et calores et pluvias arceat. Temperatur ita
surculus, ut calamo non absimilis, coagmentet fissuram,
sub qua nodus in vite desideratur, qui quasi alliget eam

tarder, de greffer leurs vignes en automne, parce que
la température de cette saison diffère peu de celle du
printemps. Au surplus, quelle que soit l'époque qu'on
adopte, on n'aura à donner, pour le choix des greffes,
d'autres soins que ceux que nous avons prescrits dans le
livre précédent, quand nous avons parlé du choix des
marcottes. Ainsi, lorsqu'on aura eu coupé ces sarments
vigoureux, féconds et bien mûris, on choisira un jour
où la température sera douce et l'air calme. Alors on examine si le sarment est bien rond, si le bois en est ferme,
si la moelle a de la consistance, si les yeux sont nombreux, et si les entre-nœuds offrent peu d'intervalle :
car il importe que le sarment à insérer ne soit pas long,
et qu'il soit pourvu de plusieurs yeux par où il puisse
germer. Si les entre-nœuds sont fort longs, il faut réduire
ce sarment à un œil ou deux, afin qu'il ne soit pas assez
élevé pour être ébranlé et pour avoir à souffrir des tempêtes, des vents et des pluies. On greffe la vigne soit
en la coupant, soit en perforant son tronc avec une
tarière. La première méthode, la plus répandue, est
connue de presque tous les cultivateurs; la seconde,
moins commune, n'est guère usitée. Je parlerai donc
d'abord de celle qui est le plus en usage.

Ordinairement on coupe la vigne au-dessus du sol,
quelquefois pourtant un peu au-dessous : ce qui, dans
le dernier cas, offre l'avantage de la solidité et de l'absence de nœuds. Quand on greffe rez terre, on enfouit
la greffe jusqu'au haut; mais si elle est au-dessus du sol,
on enduit soigneusement la fente avec de la boue, sur
laquelle on applique de la mousse qu'on assujettit par
une ligature; c'est le moyen de n'avoir rien à redouter
ni des chaleurs ni des pluies. On taille le sarment à insérer comme le bec d'une flûte, de manière qu'il rem-

fissuram, nec rimam patiatur ultra procedere. Is nodus etiamsi quatuor digitis a resectione abfuerit, illigari tamen eum prius, quam vitis findatur, conveniet, ne, quum scalpro factum fuerit iter surculo, plus justo plaga hiet. Calamus autem non amplius tribus digitis debet allevari, æqualiter ex ea parte, qua raditur, ut sit levis : eaque rasura ita deducitur, ut medullam contingat uno latere, atque altero paulo ultra corticem destringatur, figureturque in speciem cunei, sic ut ab ima parte acutus surculus, latere altero sit tenuior, atque altero plenior; perque tenuiorem partem insertus, eo latere arctetur, quo est plenior, et utrinque contingat fissuram : nam nisi cortex cortici sic applicetur, ut nullo loco transluceat, nequit coalescere. Vinculi genus ad insitionem non unum est : alii viminibus obstringunt; nonnulli circumdant libro fissuram; plurimi ligant junco, quod aptissimum; nam vimen, quum inaruit, penetrat, et insecat corticem. Propter quod molliora vincula magis probamus, quæ, quum circumvenere truncum, adactis arundineis cuneolis arctantur.

Sed antiquissimum est, et ante hæc ablaqueari vitem, radicesque summas, vel soboles amputari; et post hæc adobrui truncum; isque quum comprehendit, aliam rursus exigit curam : nam sæpius pampinandus est, quum germinat, frequentiusque detrahendæ sunt soboles, quæ a lateribus radicibusque prorepunt; tum quod ex insito profundit, subligandum, ne vento surculus motus labe-

plisse bien la fente, au-dessous de laquelle il est à désirer qu'il se trouve un nœud pour arrêter cette ouverture et l'empêcher de descendre plus bas. Quand bien même ce nœud serait à quatre doigts au-dessous de l'amputation du cep, il faudrait pourtant le serrer encore avec un lien, afin que lorsque l'on fendra le tronc, le scalpel, ouvrant le chemin à la greffe, ne produise pas une plaie trop béante. Cette greffe ne doit pas être aiguisée sur une hauteur de plus de trois doigts, et cette partie doit être ratissée avec assez de soin pour être bien unie. La coupe sera conduite de manière que, d'un côté, elle atteigne la moelle; que, de l'autre, elle ne dépasse qu'un peu l'écorce, et qu'elle ait la figure d'un coin : ainsi la greffe, aiguisée par le bas, sera plus amincie sur un de ses côtés, et plus pleine sur l'autre. Insérée par ce premier côté, le resserrement s'opèrera sur le plein, et la fente sera entièrement remplie : car si l'écorce ne se joint pas à l'écorce sans laisser aucun jour, la reprise n'aura pas lieu. On assujettit la greffe au moyen de plusieurs sortes de liens : les uns la serrent avec de l'osier; d'autres l'entourent d'écorces; d'autres, et c'est le plus grand nombre, la lient avec du jonc, ce qui est le plus convenable : car l'osier en séchant pénètre et coupe l'écorce de la vigne. C'est pour éviter cet inconvénient, que nous approuvons les ligatures un peu lâches, que l'on peut, après en avoir entouré le tronc, resserrer au moyen de petits coins de roseau.

Ce qui importe avant tout, c'est de déchausser la vigne, de couper les racines qui sont à la surface du sol ou les rejetons, et ensuite de recouvrir le tronc de terre. Quand la greffe sera bien prise, il y aura d'autres soins à donner à la vigne : on l'épamprera souvent, dès qu'elle commencera à bourgeonner, et l'on enlèvera fréquemment les rejetons qui partiront du tronc et des racines. Alors les pousses de la greffe seront assujetties par un lien, de peur qu'agitée par le vent, la greffe elle-même

factetur, aut explantetur tener pampinus : qui, quum
excrevit, nepotibus orbandus est, nisi si propter penu-
riam et calvitium loci submittitur in propagines. Autumnus deinde falcem maturis palmitibus admovet; sed
putationis insitis custoditur ea ratio, ut, ubi nulla desideratur propago, unus surculus evocetur in jugum; alter
ita recidatur, ut adæquetur plaga trunčo, sic tamen, ne
quid radatur e duro. Pampinandum non aliter est, quam in
novella viviradice; putandum vero sic, ut usque in quartum annum parcius imperetur, dum plaga trunci ducat cicatricem. Atque hæc per fissuram insitarum est ordinatio.

In illa autem, quæ fit per terebrationem, primum de
vicino fructuosissimam oportet considerare vitem, ex qua
(velut traducem inhærentem matri) palmitem attrahas,
et per foramen transmittas; hæc enim tutior et certior
est insitio, quoniam, etsi proximo vere non comprehendit, sequente certe, quum increvit, conjungi cogitur, et
mox a matre reciditur, atque ita superficies insitæ vitis
usque ad receptum surculum obtruncatur. Hujus tradu-
cis si non est facultas, tum detractum viti quam recentissimum eligitur sarmentum, et leviter cicumrasum, ut
cortex tantum detrahatur, aptatur foramini, atque ita
luto circumlinitur resecta vitis, ut totus truncus alieni
generis viti serviat; quod quidem non fit in traduce, qui
a materno sustinetur ubere, dum inolescat.

ne soit ébranlée et arrachée, et que le pampre, encore
tendre, ne soit brisé. Dès qu'il a poussé suffisamment, on
lui enlève ses collatéraux, à moins qu'on ne les destine à
des provins en raison du besoin qu'on en a pour garnir
une place vide. Ensuite, à l'automne, on coupe à la serpe
les sarments dont le bois est mûr. La taille sur les greffes,
dans le cas où on n'aura pas besoin de provins, se fera de
la manière suivante : on conduira un seul sarment au joug,
et on coupera le surplus de manière que la plaie soit
faite à ras du tronc, en évitant toutefois de l'écorcer. Le
mode de l'épamprement ne diffère pas de celui qu'on
emploie pour les jeunes marcottes enracinées; mais il faut
couper court les quatre premières années, jusqu'à ce que
la plaie de la fente soit bien cicatrisée. Tels sont les
procédés relatifs à la greffe en fente.

Quant à la greffe par térébration, il est nécessaire de
rechercher le cep le plus fécond dans le voisinage de la
vigne à greffer : vous en attirez un sarment sans le séparer de sa mère, et vous introduisez dans le trou que
vous aurez pratiqué ce brin qui appartient désormais à
deux sujets différents. Cette greffe est la plus sûre et la
plus certaine, puisque, si elle ne prend pas au printemps
prochain, elle sera, au suivant, forcée par l'accroissement
qu'elle aura acquis de se joindre à sa mère adoptive, et
pourra être, par l'amputation, sevrée de sa mère naturelle.
Alors on décapite la vigne greffée au point où elle a admis
le sarment. Si on n'a pas à sa proximité un sarment qu'on
puisse conduire, on en choisit un ailleurs, aussi jeune qu'il
est possible, et, après l'avoir enlevé du cep et l'avoir légèrement ratissé tout autour de manière à n'enlever que l'épi-
derme; on l'adapte au trou pratiqué, puis on enduit de boue
la vigne après l'avoir coupée, afin que tout le tronc soit
employé à nourrir le sarment étranger : ce qui n'est pas nécessaire à l'égard du sarment amené, qui est nourri du sein
maternel jusqu'à ce qu'il ait acquis assez d'accroissement

Sed aliud est ferramentum, quo priores vitem perfo-
rabant, aliud quod ipse usu nunc magis aptum comperi.
Nam antiqua terebra, quam solam veteres agricolæ noverant, scobem faciebat, perurebatque eam partem,
quam perforaverat. Deusta porro raro revirescebat, vel
cum priore coalescebat, in eaque nec insitus surculus
comprehendebat. Tum etiam scobis nunquam sic exime-
batur, ut non inhæreret foramini : ea porro interventu
suo prohibebat corpus surculi corpori vitis applicari.
Nos terebram, quam Gallicam dicimus, ad hanc insitionem commenti, longe habiliorem utilioremque comperimus : nam sic excavat truncum, ne foramen inurat ;
quippe non scobem, sed ramenta facit, quibus exem-
ptis, plaga levis relinquitur, quæ facilius omni parte se-
dentem surculum contingat, nulla interveniente lanugine, quam excitabat antiqua terebra.

Igitur secundum vernum æquinoctium perfectam vitium insitionem habeto, locisque aridis et siccis nigram
vitem inserito, humidis albam. Neque est ulla [ejus]
propagandi necessitas, si modo tam mediocris est crassitudo trunci, ut incrementum insiti plagam possit conte-
gere; et nisi tamen vacuus locus demortui capitis vitem
reposcit; quod quum ita est, alter ex duobus surculis
mergitur, alter eductus ad jugum in fructum submittitur. Neque inutile, ex ea vite, quam merseris, enascen-

L'instrument dont nos ancêtres se servaient pour perforer les vignes, diffère de celui que j'ai trouvé le plus propre à l'opération que je décris ici. L'ancienne tarière, la seule que les anciens agriculteurs connussent, produisait de la sciure et brûlait la partie qu'elle avait perforée. Or, ce point brûlé se rétablissait fort rarement, ou bien il ne croissait pas avec les autres parties, et le sarment qu'on y introduisait ne prenait pas. D'ailleurs, la sciure ne pouvait jamais être assez bien enlevée pour qu'il n'en adhérât pas une portion aux parois du trou : ainsi, par cette interposition, elle empêchait le sarment de s'unir au corps de la vigne. Nous avons découvert que la tarière, que nous appelons gauloise, est pour cette espèce de greffe beaucoup plus avantageuse et plus utile; car elle perce le tronc sans brûler les parois du trou, puisqu'elle ne produit pas de sciure, mais des copeaux qui, enlevés, laissent une plaie bien nette, à laquelle adhère très-facilement et sur toute sa surface le sarment introduit, qui n'est plus en quelque sorte isolé par la bourre que produisait l'ancienne tarière.

Que la greffe de vos vignes soit donc terminée vers l'équinoxe du printemps; et placez la vigne à raisins noirs dans les lieux arides et secs, et celle qui en donne de blancs dans les emplacements humides. Il n'y a aucune nécessité de multiplier les greffes sur un même tronc, quand sa grosseur est tellement médiocre, que la pousse d'un rameau inséré suffit pour recouvrir la plaie, à moins cependant que le sol qui l'avoisine, étant dégarni, ne réclame une vigne pour remplacer un cep mort. Dans ce cas, de deux sarments insérés, l'on enterrerait l'un en forme de sautelle, et l'on ferait monter l'autre au joug pour qu'il y fructifie. Il n'est pas inutile, non plus, d'éle-

tes in arcu propaginis pampinos educare, quos possis
mox, si ita competet, vel propagare, vel ad fructum
relinquere. .

XXX. Quoniam constituendis colendisque vineis, quæ
videbantur utiliter præcipi posse, disseruimus, pedaminum
jugorumque et viminum prospiciendorum tradenda ratio
est. Hæc enim quasi quædam dotes vineis ante præparan-
tur; quibus si deficitur agricola, causam faciendi vineta
non habet, quum omnia, quæ sunt necessaria, extra
fundum quærenda sint : nec emptionis tantum, sicut ait
Atticus, pretium onerat vitis rationem, sed est etiam
comparatio molestissima, convehenda sunt enim tempore iniquissimo hiberno.

Quare radices viminales, atque arundineta, vulga-
resque silvæ, vel consulto consitæ e castaneis, prius·fa-
cienda sunt. Viminalium, ut Atticus putat, singula jugera
sufficere possunt quinis et vigenis jugeribus ligandæ vineæ; arundineti singula jugera vigenis jugandis; casta-
neti jugerum totidem palandis, quot arundineti jugandis. Salicem vel riguus ager vel uliginosus optime, nec
incommode tamen alit planus et pinguis; atque is debet
converti bipalio (ita enim præcipiunt veteres) in duos pedes et semissem [salicto destinatum solum.] Nec refert,
cujus generis vimen seras, dum sit lentissimum; putant
tamen tria esse genera præcipue salicis, Græcæ, Gallicæ,

ver les pampres nés sur l'arc de la sautelle, et l'on pourra
bientôt, s'il est utile de le faire, les provigner, ou les
conserver pour rapporter du fruit.

De la façon des échalas, des liens, et de l'oseraie.

XXX. Puisque nous avons traité les objets qui nous ont
paru les plus utiles à prescrire sur la création et sur la
culture d'un vignoble, il est convenable d'enseigner à
bien choisir les échalas, les jougs et les liens. On les prépare à l'avance comme une sorte de dot à donner aux
vignes. Si le cultivateur n'est pas pourvu de ces objets,
il devra se garder de former des vignobles, puisqu'il lui
faudrait aller hors de sa terre chercher toutes ces choses
indispensables, et qu'alors, comme le dit Atticus, l'acquisition en serait non-seulement onéreuse, et augmenterait d'autant plus les dépenses de ses vignes, mais le
transport difficile, puisqu'il ne pourrait avoir lieu que
dans la saison si défavorable de l'hiver.

C'est pourquoi, avant tout, on doit avoir en sa possession des souches d'osier, des plants de roseaux, des taillis
de bois commun ou des plantations de châtaigniers établies pour cet usage. Atticus pense qu'un jugère d'oseraie
peut suffire pour lier vingt-cinq jugères de vigne; que la
même étendue de roseaux produit assez pour dresser les
jougs de vingt jugères; et qu'un jugère aussi de châtaigne-
raie fournira tous les pieux nécessaires à ces vingt jugères. L'osier, quoique venant assez bien en plaine et en
terre grasse, préfère un sol arrosé ou naturellement
humide. Comme le prescrivent les anciens, le terrain
destiné à l'oseraie sera foui avec la houe à la profondeur de deux pieds et demi Peu importe l'espèce que
vous plantiez, pourvu qu'elle soit très-flexible. Toutefois on compte trois principales variétés de l'osier : le
grec, le gaulois, le sabin, que quelques personnes ap-

Sabinæ, quam plurimi vocant Amerinam. Græca flavi
coloris est; Gallica obsoleti purpurei, et tenuissimi vi-
minis; Amerina salix gracilem virgam et rutilam gerit.
Atque hæ vel cacuminibus, vel taleis deponuntur. Perticæ cacuminum modicæ plenitudinis, quæ tamen dipon-
diarii orbiculi crassitudinem non excedant, optime panguntur eo usque, dum ad solidum demittantur. Taleæ ▸
sesquipedales, terreno immersæ, paululum obruuntur.
Riguus locus spatia laxiora desiderat, eaque senum pedum per quincuncem recte faciunt; siccaneus spissiora,
sic ut sit facilis accessus colentibus ea; quinum pedum
interordinia esse abunde est, ut tamen in ipsa linea consitionis alterna, vacuis intermissis bipedaneis spatiis,
consistant semina. Satio est eorum, priusquam germinent, dum silent virgæ, quas arboribus detrahi siccas
conveniet; nam rosidas si recideris, parum prospere proveniunt; ideo pluvii dies in exputanda salice vitantur.
Fodienda sunt primo triennio salicta crebrius; ut novella
vineta; quum deinde convaluerint, tribus fossuris contenta sunt, aliter culta celeriter deficiunt. Nam quamvis
adhibeatur cura, plurimæ salices intereunt; quarum in
loco ex propinquo mergis propagari debent, curvatis et
defossis cacuminibus, quibus restituatur quidquid in-
tercidit; anniculus deinde mergus decidatur a stirpe, ut
suis radicibus tanquam vitis ali possit.

pellent amérin. Le grec est jaune; le gaulois, pourpre
sale et à brins très-fins; l'amérin porte des baguettes
grêles et rouges. On les plante soit par cimes, soit par
boutures. Les perches des cimes de moyenne grosseur,
pourvu toutefois qu'elles n'excèdent pas celle d'un poids
de deux livres, réussissent fort bien quand on a la précaution de les enfoncer en terre de manière que leur
sommet seul paraisse. Les boutures qui n'ont qu'un pied
et demi ne seront que légèrement recouvertes de terre
après qu'elles y auront été enfoncées. Si le sol est arrosé,
il faut laisser entre les plants plus d'intervalle, et on les
dispose en quinconce à six pieds de distance; en terrain
sec, on rapproche davantage, mais en laissant toutefois
un libre accès aux ouvriers : cinq pieds entre chaque
ligne seront suffisants, et les plants de ces lignes ne devront offrir entre eux qu'un espace vide de deux pieds.
Le moment de planter les osiers est celui qui précède le
développement de leurs bourgeons, tandis que la sève
n'anime point les baguettes. Il ne convient d'enlever
celle-ci aux arbres que lorsqu'elles sont sèches; car si
elles étaient mouillées, elles ne pousseraient qu'avec peu
de vigueur: c'est pourquoi on évite de tailler les saules
les jours où il pleut. Pendant les trois premières années
de la plantation, on binera souvent le sol de l'oseraie,
comme on le fait pour les nouveaux vignobles; mais une
fois que les plants ont pris de la force, ils se contentent
de trois serfouissages : toute autre manière de les cultiver
leur est promptement funeste, puisque, même en suivant
scrupuleusement les prescriptions que nous venons de
donner, il en périt un grand nombre. Pour les remplacer, il faudra avoir recours aux sautelles, qu'on tirera des
cépées les plus voisines, en courbant et enterrant des cimes
propres à suppléer tout ce qui a péri. Au bout d'un an, la
sautelle est séparée du tronc qui l'a produite, pour qu'elle
puisse, comme la vigne, subsister par ses propres racines.

De genista.

XXXI. Perarida loca, quæ genus id virgultorum non recipiunt, genistam postulant; ejus quum sit satis firmum, tum etiam lentissimum est vinculum. Seritur autem semine, quod quum est natum, vel defertur bima viviradix, vel relicta quum id tempus excessit, omnibus annis more segetis juxta terram demeti potest.

Cetera vincula, qualia sunt ex rubo, majorem operam, sed in egeno tamen necessariam exigunt. Perticalis fere salix eumdem agrum, quem viminalis, desiderat: melior tamen riguo provenit, atque ea taleis conseritur, et quum germinavit, ad unam perticam submittitur, crebroque foditur, atque exherbatur, nec minus quam vinea pampinatur, ut in longitudinem ramorum potius, quam in latitudinem evocetur; sic culta quarto demum anno cæditur. Nam quæ vinculis præparatur, potest annicula præcidi ad semissem supra duos pedes, ut e trunco fruticet, et in brachia velut humilis vinea disponatur; si tamen siccior fuerit ager, bima potius resecabitur.

De arundinetis.

XXXII. Arundo minus alte pastinatur, melius tamen bipalio seritur; ea quum sit vivacissima, nec recuset ullum locum, prosperius resoluto, quam denso; humido, quam sicco; vallibus, quam clivis; fluminum ripis, et limitibus ac vepretis commodius, quam mediis agris, deponitur. Seritur bulbus radicis, seritur et talea

XXXI. Les localités très-arides, qui ne peuvent admettre les arbrisseaux dont nous venons de parler, plaisent au genêt. Les liens qu'on en forme sont à la fois assez fermes et très-flexibles. On le multiplie de graines : et deux ans après qu'il est sorti de terre, on le transplante, ou bien, si on le laisse en place, on peut, après ce temps, le couper près de terre tous les ans, comme on le fait pour les moissons.

Les autres espèces de liens, tels que ceux qu'on tire des ronces, exigent plus de soins; mais il est des cas où ces soins deviennent nécessaires. Le saule dont on fait des perches demande le même terrain que celui dont on tire des liens : il pousse mieux toutefois dans un lieu arrosé. On le plante par boutures, et lorsqu'elles ont jeté des rameaux, on les réduit à une seule perche, on serfouit souvent, on arrache les herbes, on ébourgeonne comme on épampre la vigne, afin qu'il pousse en hauteur au lieu de s'étendre en largeur. Ainsi cultivé, il est bon à couper quand il est parvenu à sa quatrième année. Quant à l'osier dont on veut faire des liens, on peut le couper dès la première année à deux pieds et demi au-dessus du sol, afin que de ce point du tronc il produise beaucoup de branches, et soit disposé en bras comme les vignes basses; cependant, si le sol est sec, on ne pourra le couper qu'à l'âge de deux ans.

Des plants de roseaux.

XXXII. Le roseau exige un moindre défoncement du sol; toutefois il vient mieux quand il est planté au louchet. Comme cette plante est très-vivace, elle s'accommode de tous les terrains; elle préfère cependant un sol meuble à une terre compacte, un sol humide à une terre sèche, la vallée au coteau. Il convient mieux aussi de le placer sur les bord des fleuves, sur les lisières des sentiers

calami, nec minus toto prosternitur corpore; bulbus tripedaneis intervacantibus spatiis obrutus anno celerius maturam perticam præbet; talea, et tota arundo serius prædicto tempore evenit; sed sive recisa in dupondium et semissem talea, sive totæ arundines postratæ deponantur, exstent earum cacumina oportet : quod si obruta sunt, totæ putrescunt. Sed cultus arundinetis primo triennio non alius est, quam ceteris; quum deinde consenuit, repastinandum est : ea est autem senectus, quum vel exaruit situ, et inertia plurium annorum, vel ita densatum est, ut gracilis et cannæ similis arundo prodeat. Sed illud de integro refodi debet, hoc potest intercidi et disrarari, quod opus rustici castrationem vocant : quæ tamen resectio arundineti cæca est, quia non apparet in terra, quid aut tollendum sit, aut relinquendum. Tolerabilius tamen arundo castratur ante, quam cæditur : quatenus calami velut indices demonstrant, quid eruendum sit. Tempus repastinandi et conserendi est, priusquam oculi arundinum egerminent; cæditur deinde post brumam : nam usque in id tempus incrementum capit; ac tum compescitur, quum obriguit hiberno frigore. Fodiendum, quoties et vineta; sed et macies ejus, cinere vel alio stercore juvanda est, propter quod cæsum plerique incendunt arundinetum.

et dans les lieux remplis d'épines, qu'au milieu des champs.
On le propage soit au moyen des caïeux, soit par bouture, soit enfin en couchant sa tige entière. Les caïeux
recouverts de terre à trois pieds de distance les uns des
autres, produisent en moins d'un an une perche bien
formée; la bouture et la tige couchée la font attendre
plus longtemps. Soit qu'on emploie une bouture de deux
pieds et demi, soit que l'on couche un roseau tout entier,
il faut que leur sommité s'élève un peu au-dessus du sol;
car si cette partie était sous terre, le tout pourrirait
infailliblement. Durant les trois premières années, on ne
cultive pas le roseau autrement que les autres plants dont
nous venons de parler; plus tard, quand il a vieilli, on
le serfouit de nouveau : on reconnaît qu'il est devenu
vieux lorsqu'il se dessèche et ne produit rien pendant
plusieurs années, ou que la cépée est tellement épaisse
que ses jets sont grêles et semblables à la canne. Dans le
premier cas, on doit en débarrasser entièrement le terrain; dans le second, il suffit de retrancher quelques pieds
pour éclaircir le plant : opération que les paysans appellent
castration. Un tel retranchement toutefois ne peut se faire
qu'aveuglément, puisqu'on ne voit pas au-dessus du sol ce
qu'il faut enlever ou conserver. Au reste, il est plus à
propos de châtrer le roseau avant le moment de la coupe,
puisque les chalumeaux indiquent alors clairement ce
qu'il est convenable d'extirper. Le temps favorable pour
biner et planter les roseaux est celui qui précède la sortie
des yeux. On les coupe ensuite après le solstice d'hiver; car,
jusqu'à cette époque, ils prennent de l'accroissement,
puis ils s'arrêtent quand le froid de l'hiver les engourdit.
On donne aux roseaux autant de labours qu'aux vignobles. Si le terrain est maigre, on vient à son secours en y
répandant de la cendre ou tout autre amendement : c'est
pour cela que la plupart des cultivateurs mettent le feu
dans leurs plans de roseaux après les avoir coupés.

De castaneis et castanetis.

XXXIII. Castanea roboribus proxima est, et ideo stabiliendis vineis habilis; ejus enim in repastinato nux posita celeriter emicat, et post quinquennium cæsa more salicti recreatur, atque in palum formata fere usque in alteram cæsionem perennat. Ea pullam terram et resolutam desiderat; sabulonem humidum, vel refractum tofum non respuit; opaco, et septentrionali clivo lætatur; spissum solum et rubricosum reformidat. Seritur ab novembri mense per totam hiemem sicca terra, et repastinata in altitudinem dupondii et semissis; nuces in ordinem semipedalibus; ordines autem quinum pedum spatiis dirimuntur; in altitudinem dodrantis castanea depressis sulcis committitur; qui ubi nucibus sunt consiti, priusquam complanentur, breves arundines ab latere castanearum panguntur, ut per hos sationis indices cautius fodi et runcari possint. Simulatque semina stillaverint, etiam bima transferri queunt, intervelluntur, ac bini pedes arbusculis vacui relinquuntur, ne densitas plantas emaciet; spissius autem semen propter varios casus deponitur; nam interdum prius, quam enascatur, aut siccitatibus nux inarescit, aut aquarum abundantia putrescit: interdum subterraneis animalibus, sicuti muribus et talpis, infestatur; propter quæ sæpe novella castaneta calvescunt. Atque ubi frequentanda sunt, melius ex vicino, si competit, mergi more, pertica decli-

Des châtaigniers et des châtaigneraies.

XXXIII. Le châtaignier approche beaucoup du chêne-rouvre par ses qualités, aussi est-il très-propre à fournir des soutiens aux vignes. La châtaigne, plantée dans un terrain défoncé avec la houe à deux dents, lève promptement, et, au bout de cinq ans, le plant, recépé comme le saule, donne des pieux qui durent presque jusqu'à la coupe suivante. Il se plaît en terre légère et meuble; il s'accommode aussi de sablon humide ou de tuf brisé; il réussit bien sur les coteaux couverts et inclinés au nord; il redoute un sol compacte et rougeâtre. Pendant tout l'hiver, à partir du mois de novembre, on sème le châtaignier en terre sèche et défoncée à la profondeur de deux pieds et demi. Les châtaignes sont placées à distance d'un demi-pied, et un intervalle de cinq pieds est laissé entre les lignes. La châtaigne doit être déposée dans des sillons creusés à neuf pouces de profondeur. Après cette plantation, avant d'aplanir le terrain, on fiche à côté de chaque semence un petit roseau au moyen duquel le cultivateur peut en toute sûreté retourner la terre et sarcler. Dès que la semence a produit des sujets transportables, et ils sont tels à deux ans, on éclaircit en laissant un intervalle de deux pieds entre chacun des sujets, de peur que, trop pressés, ils ne maigrissent. Ce n'est que pour obvier aux éventualités qu'on a semé plus dru qu'il n'est nécessaire : en effet, il peut arriver que, avant de sortir de terre, la châtaigne se dessèche par l'effet des chaleurs arides, ou pourrisse noyée par des pluies surabondantes; quelquefois aussi elle est dévorée par les animaux souterrains, tels que les mulots et les taupes : aussi voit-on souvent les nouvelles châtaigneraies dégarnies. Quand il faut les repeupler, il vaut mieux, si on le peut, coucher en manière de sautelle une branche de châtaignier voisin, que d'arracher des sujets pour les planter.

---

nata propagatur, quam exempta reseritur; hæc enim velut immota sua sede vehementer germinat; at quæ radicitus exempta et deposita est, biennio reformidat: propter quod compertum est, commodius nucibus, quam viviradicibus, ejusmodi silvas institui. Spatia hujusce sationis, quæ supra scripta sunt, capita castanearum recipiunt MMDCCCLXXX, cujus summæ, sicut ait Atticus, ex facili jugera singula præbebunt statuminum duodena millia. Etenim taleæ propius stirpem recisæ quadrifidas plerumque, ac deinde secundæ taleæ ejusdem arboris bifidas ridicas subministrant: quod genus fissilis adminiculi manet diutius, quam teres palus. Cultus idem est fossionis positionisque, qui vineæ; supputari debet bima, quin etiam trima: nam bis ferro repetenda est veris principio, ut incitetur ejus proceritas.

Potest etiam quercus simili ratione seri, verum biennio tardius, quam castanea deciditur; propter quod ratio postulat, tempus potius lucrari, nisi si dumosi glareosique montes, atque ea genera terræ, quæ supra diximus, glandem magis, quam castaneam postulabunt.

Hæc de vineis Italicis, vinearumque instrumentis, quantum reor, non inutiliter et abunde disserui: mox agricolarum provincialium vineaticos, nec minus nostratis et Gallici arbusti cultus traditurus.

En effet, cette branche restée en quelque sorte immobile
à sa place, pousse vigoureusement, tandis que l'arbre,
transplanté après avoir été arraché avec ses racines,
souffre pendant deux ans de cette opération. Aussi,
d'après cette observation, a-t-on jugé avantageux de former un bois de cette espèce plutôt par le semis que par
la plantation enracinée. D'après les intervalles que nous
avons déterminés ci-dessus pour l'ensemencement des
châtaignes, un jugère en recevra deux mille huit cent
quatre-vingts, qui produiront aisément douze mille
échalas, ainsi que le dit Atticus. En effet, les branches
coupées près du tronc fournissent ordinairement quatre
échalas de fente, et les branches secondaires du même
arbre, fendues aussi, en donnent deux : ces espèces de
soutiens, ainsi fendus, ont plus de durée que les pieux
ronds. La culture du châtaignier, en ce qui concerne sa
plantation et ses labours, est la même que pour la vigne.
On l'émonde à deux ans, même à trois, et, au commencement du printemps, on y applique deux fois le fer
pour l'exciter à prendre de la hauteur.

On peut aussi semer le chêne par le même procédé ;
mais on le coupe deux ans plus tard que le châtaignier.
Aussi est-il raisonnable, pour gagner du temps, de semer
de préférence ce dernier, à moins qu'on ne possède des
montagnes buissonneuses et graveleuses, et de ces espèces
de terre dont nous avons parlé ci-dessus, lesquelles demandent plutôt du gland que de la châtaigne.

J'ai jusqu'ici parlé avec développement et non sans
quelque utilité, je pense, des vignes d'Italie et des instruments qui leur conviennent ; je vais maintenant traiter
de la culture des vignes telle que la pratiquent les agriculteurs des provinces, et en même temps de celle des
plants d'arbres mariés aux vignes dans notre pays et en
Gaule.

NOTES

SUR L'ÉCONOMIE RURALE DE COLUMELLE.

PRÉFACE.

1. — AD PUBLIUM SILVINUM. Silvinus, ami de Columelle, qui lui a dédié son *Économie rurale*, ne nous est connu que par les écrits de ce grand agronome. Publius Silvinus était évidemment un personnage éminent, agriculteur distingué, digne d'être consulté, et pour les opinions duquel Columelle paraît avoir quelque déférence.

2. — *Viatores nominati sunt.* Ces *viatores* ou viateurs étaient, suivant Festus, des officiers chargés de porter à la campagne les convocations au sénat et aux assemblées publiques. Comme l'agriculture était en grand honneur à Rome, la plupart des magistrats habitaient leurs maisons des champs, leurs fermes, qu'ils cultivaient souvent eux-mêmes ou dont ils surveillaient l'exploitation. Ils y résidaient quelquefois avec leurs femmes : c'est pourquoi Columelle, en parlant de la construction des bâtiments ruraux, engage à y entretenir des appartements agréables pour la maîtresse de la maison, afin que le séjour lui plaise. Les viateurs furent plus particulièrement les messagers du sénat, des édiles et des tribuns ; ils étaient aussi aux ordres des consuls et des préteurs.

3. — *Terra quam pullam vocant.* Caton, qui parle de la pulla, l'avait désignée comme une terre légère. Cette terre est grise, de la couleur du dos des lièvres dont parle Varron, liv. II, ch. 12. Au reste, on sait qu'en général le sol de la Campanie, était excellent, comme il l'est encore. De nos jours on appelle cette fertile partie du royaume de Naples la Terre de Labour (*Terra di Lavoro*), parce que nulle part la fécondité du sol ne répond aussi bien au travail du cultivateur. La plaine de Capoue surtout, si fameuse par ses délices qui séduisirent Annibal et ses guerriers, est d'une admirable richesse de production. Bornée au nord par les collines de la Roche Monfine, au sud par celles de Naples, elle descend à l'ouest

jusqu'à la mer, et se lie vers l'est aux plaines de Nole et d'Averse.
« Cette délicieuse et riche plaine, dit le savant naturaliste Scipion
Breislak, est la plus belle partie de la Terre de Labour et celle
qui justifie le plus le surnom d'Heureuse donné à la Campanie. »
Le fonds de cette plaine opulente est partout volcanique. Le voisinage de Capoue et de Sainte-Marie présente des carrières de
tuf (*tufo*) *couleur de cendre*, mêlé de parcelles de mica et de quelques pierres ponces à teinte gris-noirâtre. C'est donc là qu'il
faut chercher cette pulle ou pulla, terre grise qui, en effet, mêlée
d'humus, forme un sol noirâtre éminemment végétal. Ainsi la
pulle est cette terre gris-noire, légère et féconde, que les déjec-
tions volcaniques ont douée d'une grande puissance de fécondité.
Jean Symonds, professeur de l'université de Cambridge, dont on
trouve les judicieuses observations à la suite du *Voyage d'Arthur
Young*, cite la Campanie pour « la prodigieuse fertilité du sol ; »
il le désigne avec raison comme une sorte de glaise noire (ce qui
se trouve d'accord pour la couleur avec ce qu'en dit Columelle),
tout à fait semblable au meilleur terreau de nos jardins, propre
à recevoir toute sorte de cultures et à donner les produits les
plus abondants.

<hr>

LIVRE PREMIER.

1. — Οὐδ' ἂν βοῦς, etc. Ce vers d'Hésiode (*Les OEuvres et les
Jours*, v. 359) est ainsi traduit par Bergier : « Si le laboureur
voit périr son bétail, c'est qu'il a de mauvais voisins. » Ce tra-
ducteur a mal à propos étendu au bétail tout entier ce que le
poëte dit seulement des bœufs. Au reste, ce préjugé de l'influence
pernicieuse des mauvais voisins a, comme toutes les erreurs, traversé les temps, les lieux et les révolutions même religieuses.
Dans l'ouest de la France on croit que si une vache ne produit
pas de beurre, c'est qu'un mauvais voisin possède l'art magique
d'attirer chez lui ce produit du lait. Le proverbe «qui a bon
voisin a bon matin, » était regardé comme vraie par Thémi-
stocle ; car, lorsqu'il fit mettre sa maison en vente, il prescrivit
au crieur public d'annoncer qu'elle offrait le mérite d'un bon voisinage. De nos jours encore, au rapport du docteur napolitain
Savaresi, les Égyptiens croient fortement à la funeste influence
de l'envie de leurs voisins.

2. — *Illa septena jugera.* Le jugère était l'étendue de champ
qu'un attelage (*jugum*) de deux bœufs pouvait labourer dans un

jour. C'est à peu près ce qu'on appelle dans quelques parties de la France journal, journée, joug. Le jugère, ou as, ou demi-hérédie, se composait de 28.800 pieds romains carrés, qui correspondent à 2,499 mètres 72 centimètres carrés ou 24,9972 ares. C'est environ le demi-arpent de Paris, qui représente à peu de chose près l'arpent des Gaulois. Romé de Lisle a évalué le pied romain à 10 pouces 10 lignes 6 dixièmes : ce qui répond à 0ᵐ,2947.

Quant au jugère, voici ses subdivisions :

Le jugère, ou 2 actes carrés ;
L'acte carré. 6 onces ;
L'once..... 4 siciliques.

La sicilique était à l'acte comme 5 est à 4. — L'acte simple, qui avait 4 pieds romains de largeur sur une longueur de 120, s'appelait aussi parque ou sillon : il était à la sextule comme 6 est à 5. — La sextule se divisait en 4 scrupules. — Le scrupule ou scripule équivalait à 100 pieds romains.

3. — *Procuratori supra januam.* Le procurateur proprement dit était un intendant ou surveillant à qui on confiait le soin ou la direction d'une terre ou d'une affaire. Celui dont il est question ici remplaçait à peu près le propriétaire dans la gestion de ses affaires rurales. Aujourd'hui les Italiens ont un employé qui a les mêmes attributions : ils l'appellent ministre (*ministro*).

4. — *Quos appellant siros.* C'est le silo qui fut tant préconisé en 1819. Quelques hectolitres de blé de la récolte de cette année, déposés le 10 décembre à Saint-Ouen dans un silo, en fut extrait deux ans après, le 18 octobre 1821, et donna lieu à un rapport de Cadet de Vaux, inséré dans les *Annales de l'agriculture française*, 2ᵉ série, tome XVIII. On sait que c'est à M. Ternaux que l'on doit l'essai qui fut alors tenté avec un plein succès.

Les pays outre-mer dont parle Columelle sont les côtes barbaresques et l'Égypte. Ce ne sont pas les seuls, au reste, qui aient connu les siros ou silos : l'Espagne, qui peut-être les reçut des Carthaginois ; l'Italie, qui les leur emprunta aussi ; la Gaule, et, dans le Nord, la Pologne ont aussi employé ce mode conservateur de la plus précieuse des substances nutritives.

5. — *Infra mensuram palmi.* Le palme offrait chez les Romains, suivant Maggi, une mesure de 8 pouces 6 lignes et demie (237 millimètres). Le grand palme romain moderne est un peu plus long : il présente 12 doigts ou 9 de nos pouces (250 milli-

mètres). Cette mesure varie beaucoup en Italie, suivant les contrées. Ainsi,

A Rome, le palme ordinaire est de	8 pouces 3 l. ¼		
— le petit palme........	3	»	»
A Naples, le palme commun.....	8	7	»
A Palerme..................	8	5	»
A Gênes.	9	2	»

Ce dernier est précisément l'empan du Languedoc et de la Pro-
vence.

6. — *Sagis cucullis.* On retrouve encore ce vêtement en Italie,
chez les paysans des bords de l'Adriatique, notamment à La Cat-
tolica, où saint François d'Assise semble en avoir pris le modèle
(forme, étoffe et couleur) pour le costume de ses moines, qui en
ont emprunté leur nom de Capucins (de capuce, vêtement avec
une capotte).

7. — *Mediastinus qualiscumque status.* A Rome on appelait
médiastins certains esclaves du rang le plus bas, que l'on chargeait
des travaux infimes, tels que le service des bains, le balayage, etc.,
tant à la ville qu'à la campagne. Voici ce que dit d'eux Cicéron :
*Magnopere contemno exercitum collectum ex senibus desperatis,
ex agresti luxuria et rusticis mediastinis.* Il paraît que ce nom
vient de leur position entre les esclaves ordinaires et les esclaves
à la chaîne. Les médiastins dont il est ici question, étaient subordonnés au vigneron, qui les employait à l'épamprement, à la vendange et à d'autres opérations accessoires, qui ne demandaient
que peu d'intelligence.

LIVRE DEUXIÈME.

1. — *Imbricibus supinis...* Ces tuiles renversées n'auraient pas
produit l'effet désiré, si elles avaient ressemblé à celles dont on
use en France, excepté dans l'Est et le Midi, où l'on a, comme en
Italie, conservé la tuile romaine, qui est creuse et présente la
forme d'un bout de tuyau de poêle coupé en deux sur sa longueur. On la pose en lignes alternatives de manière qu'elle donne
une rigole après une crête de sillon bombé. Elle convient surtout
aux contrées où de larges averses, en tombant sur les toits, bri-
seraient les tuiles plates.

2. — *Singulis binos sextarios.* Le sextarius était la sixième par

tie du conge, qui contenait 10 livres romaines d'eau et, par conséquent, équivalait à 5 litres environ. Le setier, que l'on appelait aussi as, se subdivisait en 2 hémines : il répond à 0,046 de l'ancien boisseau de Paris, qui contenait 13 litres.

3. — *Liras autem rustici vocant easdem porcas.* On voit que les paysans, qui ont toujours une langue à part, désignaient les porques sous le nom de lires : ce sont les petites raies qui occupent la surface entre les sillons, après le hersage.

4. — *Satione trimestri.* Les cultures trimestrielles sont ce qu'on appelle ailleurs trémois (trois mois). Chez nous, en général, c'est un mélange (*farrago*) de froment, d'avoine, de pois, de vesce, de lentilles, même de fèves, que l'on sème mêlés ensemble, pour les donner, coupés en vert, aux bestiaux. On le désigne aussi sous le nom de dragée.

5. — *Instar quinque modiorum.* Le modius, ou tiers d'amphore, était la sixième partie du médimne attique. Il équivaut au 0,77 de l'ancien boisseau de Paris.

6. — *Vehes quatuor et viginti.* La *vehes* ou voie, charretée de fumier, suivant Columelle, liv. xi, ch. 11, contenait 80 modius.

7. — *Triticum et semen adoreum.* Le *triticum* est, à proprement parler, notre blé-froment, dont on a constaté quatre principales variétés, qui servent en Europe à la fabrication du pain. Linnée les désigne ainsi : *triticum hibernum, triticum spelta, triticum monococcum,* et *triticum compositum.* Le premier et ses variétés, soit glabres, soit barbues, soit blanches, soit rouges jaune-doré, sont le blé commun, le froment par excellence, celui que cultivaient les anciens et dont nous avons obtenu quelques variétés et sous-variétés qu'ils n'ont pas connues. L'épeautre (*triticum spelta*) convient aux pays froids et rudes, où les autres blés réussiraient mal.

L'engrain ou petite épeautre (*triticum monococcum*) a les mêmes qualités que le précédent. Quant au *triticum compositum*, c'est le blé de miracle, blé de Smyrne, froment à épi rameux qui ne prospère qu'en bon terrain. où il est même sujet à dégénérer.

Le savant M. Fée a dit, dans une de ses excellentes notes sur Pline le Naturaliste, que « il règne sur l'*ador*, le *far,* le *siligo,* une extrême confusion d'idées. » D'après Columelle, il existait de son temps quatre espèces ou variétés principales de l'*ador* ou *adoreum* : le *far de Clusium,* qui était blanchâtre ; un autre *far,* blanc

comme le précédent, mais offrant plus de pesanteur ; le *far ven-*
nuculum, roux-doré comme notre blé rougeâtre ; et le *far hali-*
castrum, qui était propre aux cultures trimestrielles, puisqu'en
trois mois il parvient de la germination à la maturité, lorsqu'on
l'emploie en semailles printanières.

Il n'est pas facile de qualifier le *robus* autrement que comme
une variété du froment.

Il n'en est pas de même du *siligo*, dont le nom me paraît venir
du verbe latin *seligere*, choisir. C'est, en effet, un blé d'élite,
puisque Pline l'appelle *tritici deliciæ*, et qu'il vante ses excellentes qualités. Les commentateurs croient que le *siligo* est
l'épeautre. M. Fée, dont l'opinion est d'un grand poids, pense
que ce grain préférable est une variété du froment, qu'il est
glabre et que ses balles sont blanches : ce serait le blé blanc de
la Flandre.

8. — *Quia ex eo ptisana est.* Il y a lieu de considérer cette
ptisane, ou tisane, ainsi que nous disons par euphonie, comme
étant de l'orge mondé et broyé, aliment très-nourrissant quand
il est bien préparé, soit au lait, soit au bouillon gras. Hippocrate
en a fait un juste éloge ; et les anciens estimaient beaucoup celui
qu'ils tiraient d'Utique et de la partie de l'Afrique qui leur était
connue, c'est-à-dire depuis l'isthme de Suez jusqu'à Maroc. Notre
mot tisane ne s'applique (par extension) qu'aux breuvages médi-
cinaux, qui ne furent d'abord qu'une décoction d'orge mondé.

9. — *Quam occiderint vergiliæ.* Le coucher des Pléiades, sept
étoiles qui font partie de la constellation du Taureau, avait lieu
vers la fin d'octobre. Les poëtes Hésiode et Virgile, et les géoponiques qui ont écrit en prose, ont fixé cette époque du coucher
cosmique des Pléiades comme le moment le plus favorable pour
l'ensemencement des blés.

10. — *Quidam etiam cantherinum.* L'orge hexastique ou can-
therin tire son premier qualificatif de son épi à six rangs, et son
second de ce qu'il servait à la nourriture des bêtes de somme. Saboureux de La Bonnetrie pense que, d'après ce que Columelle
dit de cette céréale, il s'agit ici non de l'orge, mais du seigle.
Toutefois il paraît que Columelle n'a pas connu le seigle (*secale*) ;
tandis que l'orge (*hordeum*) a toujours été cultivé en Italie, depuis
les Alpes jusqu'au détroit de Messine. Il y sert à la nourriture
des chevaux, notamment dans le royaume de Naples ; en Lombardie on le livre en vert aux bestiaux, qui l'aiment beaucoup ;

moissonné sec, il entre pour une partie notable dans le pain des paysans pauvres de la Lombardie et de la Toscane.

11. — *Cretam reformidat.* — *Creta* signifie argile, et non pas .craie, comme l'ont traduit quelques écrivains. Assurément on ne peut croire que Columelle recommandât de mêler de la craie avec les terres sablonneuses pour les améliorer en leur donnant la liaison et la consistance qui leur manquent : la craie ne produirait pas cet effet; on ne peut l'attendre que de l'argile, qui seule aussi peut servir aux potiers pour faire des vases (liv. III). Columelle ne laisse d'ailleurs aucun doute, puisqu'il dit : *Creta qua utuntur figuli, quamque nonnulli argillam vocant....* L'épithète de *tenax*, que Virgile (*Géorg.*, liv. I, v. 178) donne à la *creta* employée pour faire les aires à battre les grains, ne convient qu'à l'argile. La *creta* des Italiens n'est que l'argile et quelquefois la marne (alumine et carbonate de chaux). La marne set très-commune en Italie sous forme de pierre, excepté dans le territoire vénitien, où elle existe en couches. Au surplus, l'argile à peu près pure ne se rencontre guère dans les États romains ni dans les contrées voisines : ce qu'on y appelle *creta* est un mélange assez variable d'argile proprement dite et de marne imparfaite. Les belles et solides briques que les Romains employaient dans leurs constructions, et qu'on retrouve encore si bien conservées, étaient composées d'argile plastique, et cependant ils l'appelaient *creta*. Concluons donc que le *creta* latin doit être traduit par notre mot argile.

12. — *Septimontialis satio.* On appelait ainsi cet ensemencement, parce qu'il avait lieu à l'époque du *Septimontium*, fête que l'on célébrait dans la première quinzaine de décembre, un peu avant les Saturnales, le jour anniversaire de l'admission de la septième colline dans l'enceinte de Rome.

13. — *Aratri vel rastri.* A ce propos, disons un mot du *pastinum*, que nous avons cru devoir traduire par houe à deux dents, et dont Columelle parle liv. III, ch. 18, en la désignant comme pourvue de deux cornes.

Le *rastrum* était une sorte de herse dont le *rastellum* (râteau) est le diminutif. Il y en avait de fer et de bois, de grands et de petits, selon le genre de travail auquel on voulait les employer. Pour plus de détails, on peut consulter le tome Ier, ch. 19, de l'*Agriculture des anciens*, par Dickson, savant ouvrage dont l'architecte Paris fit, en l'an X (1802), imprimer sous le voile de l'anonyme une bonne traduction, accompagnée de notes utiles.

14. — *Herba medica.* Médique ou luzerne. Il est certain que la médique ou fourrage de Médie n'était pas le sainfoin, mais la luzerne. C'est ce dont on ne saurait douter quand on a lu les géoponiques latins. Pline, qui nous apprend que les Grecs avaient reçu des Mèdes cet excellent fourrage pendant la guerre contre les Perses, dit positivement qu'une fois semé, il dure plus de trente ans : ce qui ne saurait convenir nullement au sainfoin, et n'est, au reste, qu'une exagération relativement au temps que dure la luzerne.

15. — *Singuli cyathi seminis.* Le cyathe répond au 0,0038 de l'ancienne pinte de Paris, qui diffère peu du litre actuel. Cette petite mesure, véritable gobelet, qui contenait autant de vin qu'on en pouvait boire d'un trait, était la douzième partie du setier. La coupe de l'empereur Auguste tenait 2 cyathes, et il la vidait six fois à chaque repas.

16. — *Duodecim libræ.* Chez les Romains comme chez les Grecs, comme aussi chez les Italiens d'aujourd'hui, et ailleurs, la livre poids était composée de 12 onces. Elle était la dixième partie du denier, et portait en outre le nom d'as et de pondo. On la divisait ainsi :

> *Uncia,* once, 12e partie de la livre;
> *Septans,* 2 onces, 6e partie de la livre;
> *Quadrans,* 3 onces, 4e partie de la livre;
> *Triens,* 4 onces, 3e partie de la livre;
> *Quincunx,* 4 onces;
> *Semissis,* 6 onces, moitié de l'as;
> *Septunx,* 7 onces;
> *Septem uncis bessis,* 8 onces, ou les deux tiers de la livre;
> *Dodrans,* 9 onces;
> *Decunx* ou *dextans,* 10 onces;
> *Deunx,* 11 onces.

17. — *Sesami modii novem aut decem.* Il y a lieu de présumer que *sesamus* est ici pour *adoreum* : ce serait une faute des copistes, laquelle par inadvertance a été conservée dans les diverses éditions. En effet, comment, en maintenant *sesamus,* mettre d'accord avec lui-même Columelle, qui dit que, pour 9 ou 10 modius de sésame, il faut employer dix journées et demie de travail, et plus bas, que, pour 6 setiers de cette même semence, il faut quinze journées? Or, le setier n'est qu'une sous-division du modius. La bonne leçon assurément est *ador* ou *adoreum,* et non *sesamus;* ce qui le prouve, c'est que Columelle (liv. II, ch. 9, et XI, ch. 2) dit positivement qu'il faut par jugère semer 4 ou 5

modius de blé-froment (*triticum*) et 9 ou 10 d'*adoreum*. Ajoutons, comme le remarque Saboureux de La Bonnetrie, que « si 4 ou 5 modius de froment demandent dix journées et demie, 9 ou 10 d'*adoreum* doivent en demander autant. En effet, puisque c'est la même quantité de terre à cultiver, et que la culture est la même pour ces deux productions, ce doit être la même quantité de journées. »

18. — *Habetur fœnum*. On est en Lombardie tout à fait d'accord avec Columelle : on y préfère aux foins produits par des prairies soumises au régime, souvent nécessaire, de l'irrigation, ceux qui ont été fauchés sur les prés secs (*prati asciuti*) : tels sont les pâturages des bords du Lagno (l'ancien *Clanius*) dans la terre de Labour, et de la riche vallée de Sybaris. En effet, les foins non baignés ont plus de substance nutritive. Le sol d'ailleurs n'est pas dégraissé par le cours des eaux, qui en enlèvent sans cesse plus ou moins d'humus et favorisent la croissance des joncs, des carex et autres végétaux de mauvaise qualité, toujours au détriment des meilleures graminées.

19. — *Secundum favonii exortum*. Le favonius ou zéphyr était, chez les anciens, le vent d'ouest, ou couchant des solstices.

20. — *Feriis tantum Denicalibus*. On donnait le nom de Dénicales aux fêtes que l'on célébrait pour les morts, le dixième jour après les funérailles. Ce nom vient de *deni dies*.

LIVRE TROISIÈME.

1. — *Singula culleos octonos reddidisse*. Le *culleus* ou *culeus* était la plus grande mesure pour les liquides qui fût en usage chez les Romains : elle équivalait à près de 2 muids, puisqu'elle contenait 540 pintes. C'était une contenance d'environ 5 hectolitres et demi. Or, le muid de vin se composait de 288 pintes, égales à litres 268,2144.

2. — *Primæ vineæ centenas amphoras jugeratim præberent*. L'amphore, qui tirait son nom des deux sortes d'anses qui servaient à la porter, contenait 3 modius : c'était l'amphore pour les liquides. Celle qui servait de mesure pour les substances sèches, répondait à la huitième partie de notre muid ; on appelait aussi cette dernière amphore *cadus* et *quadrantal*. Cette dénomin-

tion venait de ce que cette mesure offrait un pied romain carré ou cube. Le pied romain répondait à 10 pouces 10 lignes 6 dixièmes de notre ancien pied de roi (30 centimètres à peu près).

3. — *Si centenos sestertios in singula jugera efficiant.* Le sesterce est la plus petite des monnaies dont se servaient les Romains. Il valait 2 as et demi (environ 6 centimes). Le sesterce s'appelait aussi *nummus*, mot qui est tiré de *numerare*, parce qu'on l'employait le plus souvent dans les comptes, et qu'il était le plus répandu de tous les signes monétaires romains.

4. — *Quadragenæ urnæ.* Ces 40 urnes font 20 amphores, puisque l'urne était la moitié de l'amphore. L'une se divisait en 4 conges, le conge en 6 setiers, et le setier en 2 hémines.

5. — *Austris Eurisque.* L'Auster ou Notus est le vent brûlant du midi; l'Eurus ou Volturne, celui du sud-est.

6. — *Aquiloni,... Septentrioni.* L'Aquilon, ainsi nommé parce qu'on comparait sa rapidité à celle du vol de l'aigle, est le vent du nord-est, que nous appelons bise; et le Septentrion celui du nord.

7. — *Paribus intervallis distent.* Saboureux de La Bonnetrie, qui a joint à sa traduction des Agronomes latins quelques bonnes notes, donne ici la suivante, qui est fort judicieuse : « Pour comprendre cet arrangement, nous allons en expliquer le calcul à la méthode de Columelle. Il a dit (ch. III) qu'il plantait entre les marcottes 29,000 mailletons dans un jugerum de terre, qui est de 150 pieds de long sur 110 de large. Supposons à présent que l'espace entre les rangées ou entre les marcottes (ce qui est la même chose, puisqu'il s'agit d'un quinconce) soit de 6 pieds, comme il l'a dit dans le ch. xv, on aura d'un côté 40 intervalles de 6 pieds, et de l'autre 20, qui, multipliés l'un par l'autre, donneront 800 intervalles en tout. Si à présent on laisse sur chaque intervalle un pied de vide, de façon que les mailletons les plus voisins des marcottes en soient également éloignés, c'est-à-dire d'un demi-pied chacun, il restera pour chaque intervalle 5 pieds, dont chacun recevra 5 mailletons, et par conséquent il y aura dans chaque intervalle 25 mailletons. Or, 25 multipliés par les 800 intervalles donneront précisément les 20,000 mailletons, nombre supposé par Columelle, ch. III. »

LIVRE QUATRIÈME.

1. — *Mergis propagare.* — *Mergus* signifie proprement plongeon. Peut-être aurais-je dû employer ce mot, qui, dans cet endroit, est une expression figurée très-juste et très-pittoresque; mais on est accoutumé au mot sautelle, et comme il importe avant tout d'être clair et de se faire bien comprendre, j'ai cru devoir le conserver.

2. — *Priore tradidimus exordio.* Columelle avait primitivement distribué son *Économie rurale* en deux livres ou parties; ensuite, ayant revu son ouvrage, il divisa en deux le premier de ces livres. Quant au second, il en fit les IIIe, IVe et V^e de la distribution nouvelle, telle que les éditions la donnent. Ainsi il faut entendre par *priore exordio* (le premier des livres de sa seconde partie) le troisième livre actuel. C'est, comme nous avons traduit, « le livre précédent. » En effet, la citation qu'en fait Columelle se rapporte au chapitre 15 du livre III.

3. — *Reseces relinquendi sunt.* C'est cette espèce de courson que ci-après (ch. XXIV) Columelle appelle *unguis*, ongle ou ergot. L'amputation n'en doit pas être faite de trop près; elle altérerait la vigne : c'est seulement lorsque le courson est desséché que l'on doit couper cet ongle, et polir l'aire de la coupe en même temps qu'on nettoie le tronc et les bras.

4. — *Quæ ex pluviis consistit.* Budée lisait ici *constitit*, et *recedere* au lieu de *recidere*. Nous avons cru devoir adopter la seconde de ces leçons, qui n'offrent, au reste, que de légères différences.

5. — *Circa crus dolabella.* Cette doloire différait beaucoup de l'instrument auquel nous avons donné ce nom. La doloire, *dolabra*, dont *dolabella* est le diminutif, était une sorte de hache dont le tranchant servait à couper les racines supérieures qui gênaient le travail de la charrue. Par ce qu'en disent les agronomes romains, notamment Palladius (liv. II, ch. I et 3), la doloire paraît avoir offert d'un côté un tranchant comme une espèce de hache, et de l'autre une sorte de houe propre à remuer la terre. Ce serait à peu près l'outil que nous appelons hachette de Forsith.

6. — *Focaneus palmes.* Focané, de *fauces*, gorge, détroit, défilé : ce qui désigne bien le point de bifurcation dont il est question ici.

7. — *Uberior pulverationibus.* C'est à tort que quelques auteurs ont pensé que Columelle ait ici conseillé de jeter de la poussière sur les grappes. Il entend par *pulveratio* la réduction de la terre en parties très-ténues, en poussière ; c'est ce que nous prouve ce qu'il dit dans le second chapitre de son livre xi : « Sed frigidioribus regionibus pulverationem faciunt, quam vocant rustici occationem, quum omnis gleba in vineis refringitur et resolvitur in pulverem ; » mais il dit, dans le traité *des Arbres*, ch. xii : « Vites post meridiem fodito, pulveremque excitato. Ea res et a sole et a nebula maxime uvam defendit. » Il nous semble que là il a prescrit de faire soulever la poussière, de manière à la faire retomber sur les grappes pour les préserver de l'ardeur du soleil et de l'effet des brouillards. C'est cette dernière opération que Virgile (*Géorg.*, liv. ii, v. 418) ordonne dans le vers suivant :

Sollicitanda tamen tellus, pulvisque movendus.

TABLE

DES MATIÈRES DU TOME PREMIER.

FIN DU TOME PREMIER.

AVIS A MM. LES SOUSCRIPTEURS

Chaque volume, contenant un seul ou plusieurs Auteurs, se vend séparément.

Les volumes de 25 à 30 feuilles in-8°, sont en tout semblables à ceux de la Première Série de la *Bibliothèque Latine-Française*.

Le prix de chaque volume est de 7 francs, *franc de port* pour Paris et la Province.

Sous presse :

COLUMELLE, *Econ. rur.* (3 vol.), tomes 2 et 3, trad. de M. Louis Du Bois, auteur de plusieurs ouvrages d'agriculture.

LUCILIUS, LUCILIUS JUNIOR, SALEIUS BASSUS, CORNELIUS SEVERUS, AVIANUS, DIONYSIUS CATON, 1 vol., trad. de MM. Corpet et J. Chenu.

SEXTUS AURELIUS VICTOR, 1 vol., trad de M. N.-A. Dubois, professeur.

FLAVIUS VOPISCUS, LAMPRIDIUS, 1 vol., trad. de M. Taillefert, prof. au collége royal de Saint-Louis.

SEXTUS POMPEIUS FESTUS, 1 vol., trad. pour la première fois en français par M. Savagner, ancien élève de l'École des Chartes.

PRISCIANUS, trad. de M. Corpet ; SERENUS SAMMONICUS, MACER, MARCELLUS, trad. de M. Baudet. — 1 vol.

www.ingramcontent.com/pod-product-compliance
Lightning Source LLC
Chambersburg PA
CBHW071952270326
41928CB00009B/1417